曹　操　传

张作耀 著

人 民 出 版 社

目　　录

绪　　言

曹操，一个对于中国历史有着重大影响，但千百年来褒贬不一、终难盖棺论定的人物。20世纪50年代末，郭沫若发表了《谈蔡文姬的〈胡笳十八拍〉》、《替曹操翻案》等文，试图重塑曹操形象。郭沫若替曹操翻案的文章，引发了关于历史上的曹操和《三国演义》、戏剧中的曹操，以及曹操的诸多事功和他在历史上的作用、个人品德等的大讨论。这次讨论，尽管没有取得一致的意见，但对进一步研究曹操大有裨益。70年代有所谓"评法批儒"运动，曹操被推崇为大法家、无神论者、唯物主义者和彻底反对儒家思想的斗士。一时间，光芒四射。但好景不永，随着"文化大革命"的否定，特意加在曹操身上的光彩也自然褪去了。

到底如何看待曹操？本书试图通过系统地评述曹操的事功，并分析他在政治、军事、经济、文学等诸多方面的得失和思想，剖析他的为人，以回答大家颇感兴趣的问题。

曹操生于东汉末年动荡的社会里。正是这个环境，为曹操和一大批人提供了发挥才干的机会。他镇压过农民起义军，并在农民起义中壮大、发展了自己。他是汉末军阀混战的参与者。但形成这种局面的原因不在他，而在于社会制度本身，在于外戚与宦官的斗争以及董卓专权的结果。所以本书认为，没有必要追究曹操镇压农民起义的历史责任。更认为，与其说他是军阀混战的参与者，毋宁说他是试图结束军阀混战的有功人。他不辞鞍马，驰骋疆场,摧灭群雄,统一了北方,使北方社会获得了几十年的相对安定,民人得以安居,经济得到一定恢复,民族关系也有了很大缓和。从这一角度看,曹操不愧是一个对中国历史发展做出了重大贡献的人物。

曹操出身于一个世受皇恩、地位显赫但不显贵的家庭。祖父曹腾曾是宦官的总头领大长秋,封费亭侯;父亲曹嵩是曹腾的养子,官至太尉。这样的家庭,对曹操待人、为政、人生观的形成自然产生了很大影响。他自幼养成了"任侠放荡"、机警而善权数的性格;踏入仕途,有胆量做别人之所不敢做的事。但这样的家庭出身,自然又不为士人所重,甚至还有点被人瞧不起。因而使曹操处事容易不受传统观念的束缚,同时又易于产生某种自卑的心理。他选人唯才是举,用人不拘一格,婚娶不受门第的束缚,为文"通脱"而不受拘束,但又多疑,常以谲诈之心度人;他时有"小人得志"的某些表现,容易产生骄傲和浮躁情绪,以致处事不慎,造成重大失误。

曹操是一个世所共认的军事家。这是时代的要求所使然,也是他自我研习兵法理论和长期战争实践的结果。他自幼"博览群书,特好兵法";他鞍马劳顿,倥偬一生,御军三十余年。诸家兵法理论帮助他认识战争规律,得知了战略战术之要,从而游刃于战乱之机;战争的实践,加深了他对历代兵家,特别是对《孙子兵法》的理解,从而发展了兵法理论。他的著作,富有独到的军事见解;他的实践,既有成功之举,也有失败之例,但不管是成功的还是失败的,均同他的军事著作一样,无不体现着他的军事思想。

他是一个政治家。他的政治抱负有一个合乎逻辑的发展过程。他说,"孤始举孝廉,年少,自以本非岩穴知名之士,恐为海内人之所见凡愚,欲为一郡守,好作政教以建立名誉,使世士明知之","后征为都尉,迁典军校尉,意遂更,欲为国家讨贼立功,欲望封侯作征西将军",及至身为宰相,自谓"人臣之贵已极,意望已过矣"。这种发自建安十五年《让县自明本志令》的话,反映了他封公建国前的真实思想。他重视集权,"不慕虚名",自始至终都是他为政的指导思想。他设天子旌旗而不为天子,是典型的不慕虚名而重实权思想的体现。曹操的经济建树,也有不少产生了很大的历史影响。抑制兼并,"无令强民有所隐藏,而弱民兼赋"是他的重要经济思想之一;他在河北推行的按亩计租、按户收绢绵的政策,实开中国租调制之先;他在广泛的地区内"行屯田以资军食"的主张和措施,长期为后世所效法。

曹操是中国历史上承前启后、很有成绩的文学家。他继承了乐府的传统,推动了五言诗的发展,焕发了四言诗的新生,开一代诗风。他所以取得如此成绩,有时代的因素,也有自身的因素。刘勰说"观其时文,雅好慷慨,良由世积乱离,风衰俗怨,并志深而笔长,故梗概而多气也"(《文心雕龙·时序》),此当是一个共性的原因;曹丕说操"雅好诗书文籍,虽在军旅,手不释卷"(《典论·自叙》),曹植说操"既总庶政,兼览儒林,躬著雅颂,被之琴瑟"(《武帝诔》),此当是曹操特有的因素。生活丰富,雅好诗文,勤于写作,喜欢音乐,自然都会是他获得成功的重要条件。曹操是建安文人集团的组织者和领导者,"古直悲凉"(钟嵘语)的文学风格影响着他的儿子和建安七子。因此,所谓"建安风骨",首先是曹操的风骨。

曹操掌握了很大权力,汉天子已是一个可怜的傀儡,但他为什么最终没有篡汉自立?本书在考察他的家源以及所作、所为、所言的过程中试图回答这个问题,并且指出,他在最后的岁月里说"若天命在吾,吾为周文王矣",又在洛阳构筑建始殿,实际是他准备篡汉的明确表态和行动。如果他能多活几年的话,他会自己完成这件事。他死了,曹丕没有那么多的顾忌,所以加快了步伐,仅用几个月的工夫就把汉献帝赶下了台。

曹操的治国方略是霸王道杂之。他的诸多言论和行动,都受儒家的思想影响,根基属于儒家思想范畴,崇尚仁义礼让,主张以先王之道办教育,并以儒家的学说勾画自己的理想蓝图。他光辉的不拘一格用人思想中,同样包含着将德才兼备的"贤人君子"作为人才的最高标准的意愿,所以他发出了"今天下得无有至德之人放在民间"的慨叹(《举贤勿拘品行令》)。至于说"吾亦冀众人仰高山慕景行也"(《三国志·杜畿传》注引《杜氏新书》),更是这个意思。但另一方面,他又表现出重法尚法的一面。他是一个矛盾统一体。陈寿说,曹操"揽申、商之法术,该韩、白之奇策"(《三国志·武帝纪》);傅玄说,"魏武好法术而天下重刑名"(《晋书·傅玄传》);刘勰也说,"魏之初霸,术兼名法"(《文心雕龙·论说篇》)。这里必须注意的是,诸论都是在不谈主体思想的前提下,特意突出其有别于众的思想和主张,所以用了"揽"、"该"(通赅,包容)、"好"、"兼"等字。这个主体的东西就是曹操自己所说的"先王之道",就是儒家思想。

曹操做事善谋,为人谲诈。多疑、嗜杀的性格,常为历史所非。他的"宁我负人,毋人负我"的极端利己主义做人信条,应该给予否定。他的两重性的矛盾性格,表现突出,既嗜杀,动辄数万、数十万的杀人,又时而表现出极大的宽容;他"不念旧恶"(陈寿语),甚至对杀了自己儿子的人如张绣也可以用,但又睚眦必报,不管功劳多大,才能多高,既不我用,即予除之。他甚至把人杀了,还嘘唏流涕,表现出心有不忍。他把人家的儿子杀了,还写信并送去礼物表示慰问。他能够借别人的人头以缓解军士对自己克扣军粮的不

4

满。他竟设下圈套,杀死亲近的身边人,以证明"人欲危己,己辄心动"的诡言。诸此种种,常人殊难理解,但这正是封建时代诸多政治家性、术之所在,只不过是他表现得更加典型而已。这其中,如果究其原因,政治利益上的考虑当然是主要的,但同时与他的家庭出身以及少年养成的习性很有关系。所以对他的谲诈之行,也要区别情况,作历史的分析:有的出于大局的考虑,有的则为性之所使,有的则兼而有之。

概言之:肯定曹操的事功和诸多有影响的思想,有区别的对待其谲谲之情,非议其嗜杀以及酷虐变诈的为人。这就是本书贯彻始终的对待曹操的基本态度。

第一章　动荡的社会背景

曹操,姓曹名操,一名吉利,字孟德,小字阿瞒,沛国谯(今安徽亳州市)人。他死于东汉献帝建安二十五年正月庚子(公元 220年 3 月 15 日),终年六十六岁。据此推算,他的生年当在东汉桓帝永寿元年(公元 155 年)。

曹操处在一个社会动荡的时代,社会矛盾空前尖锐。

俗话说,乱世出英雄。此话很有道理。正是这种特殊的历史环境培育了曹操,并且为一大批人,特别是为曹操提供了发挥才干、表演自己,最终实现自我价值的舞台。换言之,如果没有东汉中晚期的社会动乱,东汉则不会灭亡得那么快,也不会出现曹操、诸葛亮、刘备、孙权等一批叱咤风云的人物。

本来,东汉初期国家复归统一,摒弃了王莽的诸多扰民措施,陆续实施了一系列缓和社会矛盾的政策,省减刑法,释放奴婢,假民公田(把公田租借给民),轻徭薄赋,劝民农桑,整顿吏治,"广求民瘼(mò,疾苦),观纳风谣(反映风土民情的歌谣),故能内外匪懈,百姓宽息"[①],并规定后宫之家,不得封侯与政。社会的确出现了一段相对稳定和经济发展的时期。但好景不长,前后不过六十多年。嗣后,统治集团很快走向腐败,巧取豪夺,谋权谋利,互相倾

---

① 《后汉书·循吏列传》。

轧,最终把社会推向动荡不安,把东汉朝廷推向灭亡。这其中影响最为深远的莫过于外戚和宦官的专权及其斗争。

宦官并没有夺取汉家的皇位,但治史者称"宦官亡汉"。这是很有道理的。史载,东汉章帝(公元76—88年)死后,年仅十岁的和帝(公元89—105年)继位,窦太后临朝,窦宪专权,父子兄弟并为卿校,充满朝廷。窦宪兄弟把持朝政,和帝想夺回权力,但无法同内外臣僚接近,只有宦官在自己身边,于是便同中常侍郑众定计除掉了窦宪。郑众因功封侯,迁大长秋,乘势豫政。宦官用权自此开始。这个头一开,竟至不可收拾,遂使以后百余年间的东汉朝廷的内部斗争更加迅速激化。时而太后临朝,外戚掌权;时而宦官得势,专断朝廷。皇帝成了他们的傀儡。

在这些外戚和宦官的专权及其斗争中,有几次对曹操的出身、为人和事业的影响尤为微妙和深刻。顺帝、桓帝期间,外戚梁商、梁冀父子先后为大将军。梁氏父子为了巩固自己的地位,曾试图同宦官相勾结,把许多宦官的子弟荐举到地方做官。曹操的先祖、宦官曹腾同梁氏父子完全站在同一条战线上。史载,汉顺帝死后,冲帝夭亡,质帝继位年八岁,少而聪慧,但不懂事,当面竟说梁冀是"跋扈将军",不久被梁冀毒死。在立嗣问题上,太尉李固、司徒胡广、司空赵戒等三公要员都向梁冀建议"详择其人,务存圣明",皆以为"清河王蒜,明德著闻,又属最尊亲,宜立为嗣"。据说,"朝臣莫不归心",梁冀亦在犹豫。曹腾因曾受到过刘蒜的怠慢,心有不满,因而当夜造访梁冀,对冀说:"将军累世有椒房(皇后住的宫殿。此指皇后)之亲,秉摄万机,宾客纵横,多有过差。清河王严明,若果立,则将军受祸不久矣,不如立蠡吾侯,富贵可长保也。"这段出于私心拒立严明之君的说辞深深地打动了梁冀图谋长久专断朝政的心。于是梁冀第二天便重会公卿,"意气凶凶,言辞激

7

切"，宣布立蠡吾侯刘志（即桓帝）①。梁冀专权，得到了宦官曹腾的支持，这在外戚与宦官的斗争中是极为特殊的一页。这不仅使梁冀得以长时间秉政，而且也使曹腾获得比其他宦官要好得多的名声。曹操出身于宦官家庭，但并不袒护宦官，甚至反对作恶的宦官，主张杀掉罪恶大的宦官，但他又不同意尽诛宦官，于此可以体察到一点微妙的因素。

延熹二年（公元159年），桓帝同宦官单超等五人共谋杀死梁冀及其宗亲，连及公卿，列校、刺史、二千石，死者数十人，故吏、宾客免者三百余人。宦官再次专权，单超等五人皆被封为县侯，世称"五侯"。"五侯"贪纵专权，"皆竞起第宅，楼观壮丽，穷极伎巧……兄弟姻戚皆宰州临郡，辜较（垄断）百姓，与盗贼无异。"②"五侯"死后，中常侍侯览、小黄门张让相继用权。宦官势力越来越大，"猥受过宠，执政操权，附会者因公褒举，违忤者求事中伤，居法王公，富拟国家，饮食极肴膳，仆妾盈纨素。"③桓帝死，外戚窦武与中常侍曹节等迎立十二岁的刘宏为帝（即灵帝，公元168—189年）。窦武与太傅陈蕃等痛恨宦官曹节、王甫等窃弄国权、混乱海内，谋划将他们除掉。谋泄，宦官王甫等先发制人，假传圣旨逮捕窦武等人，武等以兵相抗，不敌而死。窦太后也被软禁起来。事后，宦官的权力更加大了，甚至在设官立制上确立了他们的地位。诸如让曹节兼朝官，领尚书令。不久，赵忠、张让等十常侍贵宠用事，皇帝将他们比之如父母，竟说："张常侍是我公，赵常侍是我母"④。并先后以赵忠为车骑将军，小黄门蹇硕为上军校尉，授

---

① 《资治通鉴》卷53，汉质帝本初元年。
② 《后汉书·宦者列传》。
③ 《资治通鉴》卷55，汉桓帝延熹八年。
④ 《后汉书·宦者列传》。

予兵权。

公元189年汉灵帝死,皇子刘辩即位,何太后临朝,何进掌握了政权。先是宦官想杀何进,何进幸免;何进掌权后,"愤塞硕图己,阴规诛之",把塞硕杀了。袁绍劝何进尽诛宦官,何进尚在犹豫不决之时,宦官首先发难,杀死何进。然后,袁绍尽杀宦官二千余人,继而董卓引兵入洛阳,废刘辩,杀何太后,立刘协,是为汉献帝。自此,一场历时数十年、规模空前的军阀混战开始了。

经过宦官与外戚的专权与斗争,中央的权力和威望削弱了,地方官的权力增大了,一些州郡牧守,竞相扩充自己的势力,手握重兵,成了实际上的各据一方之主。汉末军阀,包括曹操充分利用了这一条件。谁有地盘,谁有兵,而且指挥得当,谁就能不断发展自己,壮大自己,最后取得一定成功。曹操是最为成功中的一个。正如刘昭所说:灵帝"大建尊州之规,竟无一日之治。故刘焉牧益(州)土,造帝服于岷、峨;袁绍取冀,下制书于燕、朔;刘表荆南,郊天祀地;魏祖(曹操)据兖(州),遂构皇业"。① 更如范晔所说:"自曹腾说梁冀,竟立昏弱。魏武(操)因之,遂迁龟鼎(元龟、九鼎,国之重器。此指皇位)。"②

党锢是影响东汉末年社会的又一重大事件。外戚与宦官交互专权,竞相贪暴,不管那方上台,带给人民的都是灾难。特别是宦官势力的发展,"权倾海内,宠贵无极,子弟亲戚,并荷荣任"③,阻断了官僚士大夫的进迁之路,引起了士族知识分子的强烈不满,起而反抗,最终酿成"党锢之祸"。党锢虽然禁锢了党人,但在客观上却活跃了党人的思想,推动了士族知识分子公开议论朝政的风

---

① 《后汉书·百官五》。

② 《后汉书·宦者列传》。

③ 《资治通鉴》卷54,汉桓帝延熹六年。

气的形成。史载，"李膺等虽废锢，天下士大夫皆高尚其道而污秽朝廷，希之者唯恐不及，更共相标榜，为之称号。"①士人势力没有削弱，反而增强了。外戚集团想依靠他们、利用他们。许多中央和地方的官僚以自己能同"党人"沾点边为荣。宦官集团内部也起了分化，不少人同情"党人"，站到"党人"一边，他们的子弟也着力自觉地脱离同宦官的干系，而想方设法使自己士人化。曹操就是这样的一个宦官的后代。

士人议论朝政、褒贬人物，形成风气。这种风气，影响着已经做官的士族知识分子，同时也激励着诸多隐士关心社会。东汉末年及三国期间有那么多在朝的或乡居的知天下大势的智谋人物出现，都可在这里找到其最初的直接或间接的联系。

东汉末年，黄巾起义，继而军阀混战，是曹操得以成其大业的再一重要历史背景。宦官与外戚交互专权，加速了统治集团的腐败，增重了农民的负担。宦官们"典据（掌控）州郡，辜榷（垄断）财利，侵掠百姓，百姓之冤，无所告诉，故谋议不轨，聚为盗贼"②。又加天灾频仍，水灾、旱灾、蝗灾、风灾、雹灾、震灾等等接连发生。天灾人祸，民不堪命，流离失所，饿殍遍地。劳动人民为了活命，不得不铤而走险——造反、暴动。诸多农民起义，虽然失败了，但鼓舞了劳动人民的反抗斗志，同时也给汉朝政权以沉重打击，动摇了它的根基。汉灵帝光和七年（是年末改年号为中平元年。公元184年），一场大规模的全国性的农民起义——黄巾起义终于爆发了。

黄巾起义是张角兄弟发动的。张角，河北钜鹿人，创太平道，以宗教形式宣传群众，组织群众。史称张角"奉事黄老道，畜养弟

---

① 《资治通鉴》卷56，汉灵帝建宁二年。
② 《后汉书·宦者列传》。

子,跪拜首过,符水咒说以疗病,病者颇愈,百姓信向之"。张角分遣弟子周游四方,发动群众,十余年间徒众数十万,自青、徐、幽、冀、荆、扬、兖、豫八州之人,莫不毕应。起义军"所在燔烧官府,劫略聚邑,州郡失据,长吏多逃亡,旬日之间,天下响应,京师震动"。[1] 声势浩大的农民起义,吓坏了汉朝统治者,急发"天下精兵",遣中郎将卢植、皇甫嵩、朱儁等讨黄巾军。

黄巾起义虽然被镇压下去了,但它的历史影响却是不可估量的。它使汉王朝的统治势力削弱了,根基动摇了;它点燃了反抗汉朝统治者的烈火;另一方面,在镇压黄巾起义的过程中,用兵者和州郡守、地方豪强,甚至一些野心家趁机招兵买马发展了自己的势力,很快形成了一些各霸一方的军事集团,客观上为军阀混战创造了条件。

军阀混战给人民带来了更深的灾难。数十年间,群雄割据,"大者连郡国,中者婴(占据)城邑,小者聚阡陌"[2],你争我夺,无有休止之时。这些大大小小的封建军阀,就是各个地方事实上的大小皇帝。军阀混战,受苦受难最多最大的是老百姓。老百姓渴望安定和统一。有本事的割据称霸者,相对得到老百姓的支持,在战争中发展了自己,成为一方之主;平庸之辈和逆潮流者、对广大民众施暴不恤者,受到历史的惩罚,由强变弱,由大变小,最终或被吞并,或被消灭。

曹操是最善于在这历史的大风大浪中游泳的健将。他有效而成功地利用历史提供的机遇,从相对微弱的力量基点起步,在镇压农民起义和军阀混战过程中,发展了自己,壮大了自己。他虽然带

---

① 《后汉书·皇甫嵩传》。
② 《三国志·魏书·文帝纪》注引曹丕《典论·自叙》。

着未能最终统一中国的历史遗憾而死去,但也无时不自我流露出成功的自豪。不可否认,曹操是最大的成功者。他适应并改造着这一历史环境,戎马倥偬,驰骋疆场,智诈并用,为自己的子孙打下一方天下。在这一过程中,他重视发展自己的势力,同时也重视不断总结现实和历史的经验教训,丰富自己的思想。所以,到头来人们可以骂他的为人,但不得不承认他是一位了不起的军事家、政治家、思想家。

第二章　家世源流及其青少年时代

曹操是一代皇祖,家世本应早就清清楚楚了,但至今模模糊糊,诸多疑点,竟然成了不解之谜。

一、"莫能审其生出本末"

《三国志·魏书·武帝纪》对于曹操的家世记载很简单,除了提到他是西汉相国曹参之后外,仅有三十几个字:"桓帝世,曹腾为中常侍大长秋,封费亭侯。养子嵩嗣,官至太尉,莫能审其生出本末。嵩生太祖。"太祖即曹操。

裴松之注《三国志》时引录司马彪《续汉书》对上述记载作了一些补充。根据这些补充得知,曹腾的父亲名曹节,字元伟,"素以仁厚称"。据说,"邻人有亡豕者,与节豕相类,诣门认之,节不与争;后所亡豕自还其家,豕主人大惭,送所认豕,并辞谢节,节笑而受之。由是乡党贵叹焉。"关于曹节的名字,《艺文类聚》卷94引《续汉书》说:"曹腾父萌。""节"(節)、"萌"字形相近,"萌"误作"節"的可能是有的,惜无复证。曹节大概没有做过官,否则,曹操及其后继者定会大事张扬。这一点,《三国志·魏书·刘晔传》引魏明帝诏即可证明,诏曰:"自我魏室之承天序,既发迹于高皇、太皇帝,而功隆于武皇、文皇帝。至于高皇之父处士君,潜修德让,行动神明,斯乃乾坤所福飨,光灵所从来也。"《三国志集解》卷1

说："所云'处士君'，即曹节也。""处士"古来有特定的含义，就是不官于朝而家居或隐居的有才德的人士。所以说，曹节不曾做官，却仁厚而富有。曹节有四个儿子，最小的一个就是曹腾。

曹腾，字季兴，是东汉中期以后颇有名气的宦官，所以范晔《后汉书》专门为其立传。安帝时，年龄不大的曹腾即入内禁做了黄门从官。永宁元年(公元120年)，邓太后让黄门令选中黄门从官年少温谨者侍候太子读书写字，"腾应其选"。曹腾年少谨厚，很得太子的喜欢，太子常常给予他不同于众的饮食和赏赐。五年后，太子即位(顺帝)，曹腾做了小黄门，继而升为中常侍。中常侍是个权力很大的内官，负责传达诏令、掌管文书，是皇帝的紧随要员，易于对皇帝发生影响。桓帝立，曹腾又以拥立之功，被封为费亭侯，迁大长秋，加位特进。大长秋是最大的宦官，执掌奉宣中宫令，秩二千石，俸秩比丞相和太尉稍低一点。根据历史记载，曹腾虽然也做过一些不光彩的事，诸如前面提到的为私愤而夜说梁冀不立清河王刘蒜等，但相比之下，他是个相当不错的大宦官。"腾用事省闼(宫中。闼，音 tà)三十余年，奉事四帝，未尝有过"①，而且"好进达贤能"，"其所称荐，若陈留虞放、边韶、南阳延固、张温、弘农张奂、颍川堂谿典等，皆致位公卿"②。曹腾还有一个好处就是同他的父亲曹节一样待人宽厚，即使予人以好处，也从不居功，从不自夸、卖好。史载：

> 蜀郡太守因计吏修敬于腾，益州刺史种暠于函谷关搜得其笺，上太守，并奏腾内臣外交，所不当为，请免官治罪。帝曰：'笺自外来，腾书不出，非其罪也。'乃寝暠奏。腾不以介

---

① 《后汉书·曹腾传》。
② 《三国志·魏书·武帝纪》注引《续汉书》。

意，常称叹暠，以为暠得事上之节。暠后为司徒，语人曰：'今
日为公，乃曹常侍恩也。'腾之行事，皆此类也。①

曹腾做的最大的事，莫过于协助梁冀拥立桓帝。"曹腾参建桓之
策"，为外戚、宦官更加激烈的斗争埋下了危机，同时也并非自觉
地为曹操建立大业创造了条件。

曹操的父亲曹嵩，字巨高，是曹腾的"养子"。允许宦官"养
子"，大概是从东汉开始的。这是时代的产物。因为当时的宦官
"高官长剑，纡金怀玉者，布满宫闱"，"府署第馆，棋列于都鄙（京
都和边邑）"，金银财宝"盈仞珍藏"，嫱媛舞女之玩"充备绮室（华
丽的房子）"②。爵封、财货都需要人来继承，没有亲生儿子怎么
办？"养子"便应运而生了。曹腾之前权宦郑众、孙程、良贺都有
"养子"，而且均得袭爵封侯。在既成事实和权宦的压力下，皇帝
不能不承认其"合法性"，阳嘉四年（公元135年）二月，年轻的汉
顺帝下诏，"初听中官得以养子为后，世袭封爵。"③此项规定开了
历史的先河，自此而后，直至明清，宦官"养子"便成了无可非议的
"成例"被沿袭下来。

既然是"养子"，必然另有所出。那么曹操的祖宗到底姓什么
呢？陈寿作《三国志》和司马光编《资治通鉴》时都还没有搞明白，
所以只好存疑，说"莫能审其生出本末"。

袁绍发布的讨曹操檄文说，"父嵩乞丐携养"，只是点到出身
卑微，而没有说他姓什么。首先提到曹嵩姓氏的是裴松之注《三
国志》时引录的吴人作《曹瞒传》及晋人郭颁《世语》："嵩，夏侯氏
之子，夏侯惇之叔父。太祖于惇为从父兄弟。"后来，元人胡三省

---

① 《三国志·魏书·武帝纪》注引《续汉书》。
② 《后汉书·宦者列传》。
③ 《后汉书·顺帝纪》。

15

注《资治通鉴》也说，"曹氏，夏侯氏之出也。"此说并非无稽。曹操对夏侯诸兄弟，的确视同本家。陈寿作《三国志》合诸夏侯与诸曹同传，亦非偶然。论者或谓，曹操把自己的女儿清河公主嫁给夏侯惇的儿子夏侯楙，夏侯渊的儿子夏侯衡也娶了曹操弟海阳哀侯之女，按照"同姓不婚"的封建传统是不允许的。其实，不宜把事情看得太绝对，古人对"血缘"同婚姻的利害关系，虽然已有认识，但并不彻底。他们认为，曹嵩既然已经成了别人的嗣子，就不再是本姓人了，其后代相互嫁娶并不违背"同姓不婚"之教。

曹嵩"质性敦慎，所在忠孝"。他虽然出身卑微，但受曹氏家风的熏陶，待人接物很是谦逊得体，因此常常被人称道。曹嵩曾为司隶校尉，灵帝时擢拜大司农、大鸿胪。后来有点官迷心窍，做了一件很不光彩的事：通过贿赂宦官、出钱一万万得到太尉的职位。因此而被袁绍臭骂为"因臧（赃）买位，舆金辇宝输货权门，窃盗鼎司，倾覆重器"①。其实，卖官鬻爵乃为朝廷所倡，并不完全是曹嵩的过错。中平年间，天下大乱，到处用兵，又复大疫，宫殿失火，朝廷财政发生了很大困难。正常的租赋不能满足军事需要，也满足不了朝廷的挥霍需要。于是，汉灵帝在宦官张让、赵忠的纵容下便出台了三项措施，一是"敛天下田，亩十钱，以修宫室，铸铜人"；一是"诏发州郡材木文石，部送京师"修宫殿，并通过压级压价，"强折贱买"，聚敛钱财；第三项就是卖官，"刺史、二千石及茂才、孝廉迁除，皆责助军、修宫钱，大郡至二三千万，余各有差"，凡是要去做官的，"皆先至西园谐价，然后得去"。所谓"谐价"，就是讨价还价。据载，"是时三公往往因常侍（宦官）、阿保（保姆）入钱西园而得之"。当时比较有点名气的人也是这样干的，"段颎、张温等虽

---

① 《三国志·魏书·袁绍传》注引《魏氏春秋》载袁绍《讨操檄文》。

有功勤名誉,然皆先输货财,乃登公位。(崔)烈因傅母入钱五百万,故得为司徒。"①可见,风气所在,对于曹嵩来说虽然不光彩,但也算不了什么。

曹嵩在史书上没有留下什么政绩,从为官的角度看,大概为官平平,固非大憝,亦无勋功。

曹嵩性情质朴,对待儿子似乎也很重视"做人"的教育,但常被儿子的假象所迷惑。他没有曹操那样大的胆量,也没有儿子那样大的野心,花大价钱买的"太尉"之职,不到半年便被免去了。儿子起兵后,他没有积极支持,也没有坚决反对,但"不肯相随",带着小儿子曹德跑到琅邪(今山东胶南境)避乱,结果被徐州刺史陶谦的部属杀死。曹操的亲生母亲可能早逝,所以他自叹说:"自惜身薄祜,夙贱罹孤苦。既无三徙教,不闻过庭语。"(《善战行》)三徙教,指母教,相传孟子的母亲为了选择好的环境以便教育好儿子而三次搬家;过庭语,指父训,借典孔子要求儿子认真读《诗》。

综上可见,曹操生长在既有权势,又有财力的大宦官、大官僚的家庭里。当时,受曹腾之荫,曹氏家族很多人都做了官,有的官至尚书令,有的做了地方上的太守。社会关系很广泛,盘根错节,已形成一股势力。这样的家庭和社会关系,特别是乃祖的影响,为曹操的成长,以至顺利踏入仕途铺平了最初的道路。曹操人格上的矛盾特性,既智又诈,既傲又卑,既自信又多疑,以及放荡任性,不畏强暴,敢做敢为,善于纵横捭阖,专断嗜杀等,都可在这个家庭环境中找到最初的渊薮。

这里特别要说的是,把家世搞得模模糊糊,始作俑者就是曹操

---

① 以上参见《资治通鉴》卷58,汉灵帝中平四年。

本人。

东汉末年,重视门第的风气已很盛行。曹操虽然讨厌重门第轻才干的风气,但他为了政治上的需要,不得不想方设法提高自己的身世。曹操对自己的亲祖宗,讳莫如深,从不讲起,这是情有可原的。其一,按照中国传统,为人"养子"或过继给别人(包括同宗叔伯)为嗣子,名义上就不再是原父母的儿子了,从继统上说便同父母断绝了父子或母子关系;其二,曹氏为当代世族,家势显赫,父亲曹嵩因曹氏而进而贵,官至太尉。如果曹操无视荣华富贵自曹氏而来,继别立宗,无异自取其辱;第三,自己的祖宗同曹氏相比差别甚巨,即使不像袁绍所说的曹嵩为"乞丐携养",但肯定不是富豪人家,否则不会作人家的养子。质言之,曹操隐其所出,在很大程度上是为了政治上的需要。他把自己的家世置于同各政敌的家世相等或相近的地位,无疑便在客观上增加了自己的号召力、凝聚力。

曹操提高自己家世的第二个办法就是贵荣曹氏祖先。这完全是有意而作的,因为没有坚实可靠的根据,所以即使他的后代人也常常表示怀疑。对于曹氏先祖之原,他的后继者的说法,竟然是完全不同的,甚至是对立的。

曹操曾作《家传》,自称是"曹叔振铎之后"。振铎是周文王的儿子,周武王的弟弟,封于曹,因以为姓。曹操死后,他的儿子曹植作《武帝诔》时,维护乃父的说法,亦称"于穆武皇,胄稷胤周"。他们都自认为是后稷及周文王的后代,与周同宗,源自姬姓。但此说从未得到人们的认可。

《三国志·武帝纪》注引王沈《魏书》认为,其先出于黄帝,当高阳世,陆终之子名安,得曹姓。周武王克殷,为存先世之后,封曹安的后代曹侠于邾。邾国在战国时代被楚国灭掉,子孙分流,有的定居于沛。曹参沛人,跟随刘邦起事,以功封平阳侯①。这就是说,曹氏虽然与周同出黄帝,但并非姬氏之后,更难同曹叔振铎扯在一起。

魏明帝时,侍中高堂隆论郊祀时,"以魏为舜后,推舜配天"。太尉蒋济提出反驳,著《立郊议》,认为"舜本姓妫,其苗曰田,非曹之先"。蒋济在文中还引用了《曹腾碑文》:"曹氏族出自邾";并认为"魏非舜后而横祀非族,降黜太祖,不配正天,皆为缪妄。"蒋济的意见没有为皇帝所接受,"(魏)明帝从高堂隆议,谓魏为舜后"②。景初元年(公元237年)冬,"营洛阳南委粟山为圜丘"祀天,发诏文说:"曹氏系世,出自有虞氏,今祀圜丘,以始祖帝舜配"③。这一提法,一直影响到魏亡,魏元帝被废时写的《禅晋文》仍称"昔我皇祖有虞"。

说法各异,甚至互相诘难,表明曹氏先世实属难考。挂靠前贤,完全是出于政治上的需要。魏明帝推翻乃祖之说,实为笨拙之举,说明他远不及乃祖曹操聪明,有政治头脑。诸曹所称之先祖,均难免附会。所以,顾炎武《日知录》卷23评云:"汉时碑文,所述氏族之始,多不可据。魏蒋济《郊议》,王沈《魏书》,俱云曹出自邾,魏武家传、陈思王诔,则又云姬姓之后,以国为氏。明帝从高堂隆议,以魏为舜后。……夫一代之君,而三易其祖,其不可笑,况士大夫?"俗谓旁观者清,窃以为王沈《魏书》所记当近事实,而且已有曹腾碑文作证:"曹氏族出自邾"。

曹操本姓什么?为什么当时的人们,包括政敌也不提及曹操的真正祖先呢?这主要是因为,第一,如前所述,在时人的眼里,曹

① 《三国志·魏书·武帝纪》注。

② 《三国志·魏书·蒋济传》并注。

③ 《三国志·魏书·明帝纪》并注。

嵩既为曹家"养子",其后人就是曹氏的后代,不应有别的话可说;第二,在某些人,特别是政敌看来,把曹操视为"奸阉遗丑"的后代,臭骂一通,更为痛快,何计其他!

二、任侠放荡的少年时代

曹操出身于既具权势、又甚富有的家庭,幼年养成放荡不羁的性格。

史称:"太祖(曹操)少机警,有权数,而任侠放荡,不治行业,故世人未之奇也"①。这是对曹操少年为人及其行径的简单而又确切地概括。机警、权数,说的是曹操年少时即表现出极大的聪明,思想敏锐,反应快捷,诡谲多诈,工于心计,善于随机应变;任侠放荡、不治行业,说的是曹操年少时无所拘束,随意所至,任性行事,"飞鹰走狗,游荡无度",从不认真读书习武,没有什么专长;世人未之奇,说的是少年曹操并没有引起众人的注意。历史往往具有极大的讽刺,庞大的帝国大厦倒塌了,不可一世的权势人物消失了,而一些不被世人看得起的小人物,适应时代,抓住机遇,骤然成了意想不到的驾驭时代风云的大人物,创出一片天下。诸如汉家先祖刘邦年少时不也是"不事家人生产作业"吗?据说,连他的老父亲都看不起他;试为吏,好酒及色,狎侮同事。但时代为他提供了施展才能的机会,他成功了。

对曹操少年诡谲、任侠放荡的行为,《三国志·武帝纪》未作详细记述。但裴松之注引的不少著作在实际上为其作了生动的注脚。

---

① 《三国志·魏书·武帝纪》。

《三国志》注引吴人《曹瞒传》说：

> 太祖（曹操）少好飞鹰走狗，游荡无度，其叔父数言之于嵩（曹操父）。太祖患之，后逢叔父于路，乃阳败面喎口（嘴歪。喎，音wāi）。叔父怪而问其故，太祖曰："卒中恶风。"叔父以告嵩。嵩惊愕，呼太祖，太祖口貌如故。嵩问曰："叔父言汝中风，已差（chài，通瘥，病除）乎？"太祖曰："初不中风，但失爱于叔父，故见罔耳。"嵩乃疑焉。自后叔父有所告，嵩终不复信，太祖于是益得肆意矣。

这是曹操为了对付叔父在他父亲面前给他告状想出的恶作剧。这种恶作剧，一般常人是很难在长辈面前从容不迫、面无愧色地做出来的，但曹操却能。他略施小技，便把叔父在父亲面前的信誉摧垮了，从而为自己过去的、"叔父数言之嵩"的一切恶行作了辩解，同时为自己今后更加放荡扫除了一大障碍。

南朝人刘义庆在《世说新语》中讲述了不少魏晋时人的故事，其中《假谲篇》讲到曹操：

> 魏武少时，尝与袁绍好为游侠。观人新婚，因潜入主人园中，夜叫呼云："有偷儿贼！"青庐（古代的一种婚俗，以青布为屋迎娶新娘，称青庐）中人皆出观。魏武乃入，抽刃劫新妇，与绍还出，失道坠枳棘中，绍不能得动，复大叫云"偷儿在此。"绍遑迫，自掷出，遂以俱免。

这个故事，宋人李昉编《太平广记》也作了引述。故事中两个生动的人物形象跃然纸上。这说明曹操少年朋友多如袁绍一类权贵之家子弟。他们在一起，什么令人啼笑皆非的怪事都能做得出；也说明曹操少时即比袁绍更有心计，更有胆量，胜袁绍一筹。

《三国志集解》卷一引刘昭《幼童传》说：

> 太祖幼而智勇。年十岁，常浴于谯水，有蛟逼之，自水奋

击,蛟乃潜退。浴毕而还,弗之言也。后有人见大蛟,奔退,太祖笑之曰:'吾为蛇所击而未惧,斯畏蛇而恐耶!'众问乃知,咸惊异焉。

这一记载,有无欺诈,不得而知。从曹操的为人,见人看见大蛟(蛟,当指鳄鱼)而惊慌奔逃的样子,而故出大话以欺人不是没有可能。但我们还是姑信其实,因为年仅十岁的孩子,并不甚晓搏蛟的危险,偶尔为之,不是没有可能。古人把这件口传故事形诸文字,使其流之永远,说明少年曹操在人们的心目中的确是一位有智有勇,有胆有识的人物。

另外,孙盛《异同杂语》也记载了一个令人信疑参半的故事:

太祖尝私入中常侍张让室,让觉之,(操)乃舞手戟于庭,逾垣而出。才武绝人,莫之能害。

只身入室谋刺权宦,且手舞兵器逾墙而出,绝非小孩子所能为,但又绝非入仕之后的曹操所为。曹操年二十,举孝廉为郎,时张让权势方炽,如果曹操敢出此举,必遭缉捕,但历史上并无这样的记载。所以,有两种可能,一是曹操在十四五岁或稍大一点的时候,确曾干过此事。如果是这样,不仅证明了曹操胆壮气盛,才武过人,好为惊人之举,而更重要的是它说明曹操此时已非只知游荡无度,而是已经开始认识社会,已经有了渐趋成型的思想。他眼见宦官专权为害社会,残杀士人,因而痛恨宦官专权。他要用自己的行动证明出身于宦官家庭,但不与权宦为伍。当然也说明,此时的曹操还很幼稚,任侠放荡,意气用事,缺乏深思远谋之虑。第二种可能是,曹操根本没有干过这件事。因为即是懵懵之童敢去刺杀张让,特别是他已被张让发觉了,张让怎么能放过他呢?

如上所述,少年曹操不断闹出点事来,所以在实际上不可能不引起人们的注意。但多数人并没有认识到曹操将成大业于世,甚至有的人还非常卑视他。据《世说新语》卷三《方正》记载，"南阳宗世林，魏武同时，而甚薄其为人，不与之交。"刘孝标注引《楚国先贤传》说："宗承字世林……魏武弱冠，屡造其门，值宾客猥积，不能得言，乃伺承起往要之，捉手请交，承拒而不纳。"但也确实有些名人已经觉察到曹操的匡世能力，预知曹操必成大器。其中，最著名的是桥玄和何颙。

桥玄，梁国睢阳（今河南商丘南）人，灵帝初为河南尹，转少府，大鸿胪，迁司空、司徒，光和六年（公元183年）迁太尉。《三国志·武帝纪》注引张璠《汉纪》说，"玄历位中外，以刚断称，谦俭下士，不以王爵私亲。光和中为太尉，以久病策罢，拜太中大夫，卒，家贫乏产业，柩无所殡。当世以此称为名臣。"据说，曹操微时，人莫知者，曾去看望桥玄，玄见而异之，说："天下将乱，安生民者，其在君乎！"并愿以妻子为托。曹操常感其知己，及后征战，"经过玄墓，辄凄怆致祭"，并写过一篇很漂亮的祭文，文曰：

> 故太尉桥玄，懿德高轨，泛爱博容。国念明训，士思令谟。幽灵潜翳，邈哉缅矣！操以幼年，逮升堂室，特以顽质，见纳君子。增荣益观，皆由奖助。……士死知己，怀此无忘。又承从容约誓之言："徂没之后，路由经由（意谓路过于此），不以斗酒只鸡过相沃酹，车过三步，腹痛勿怨。"虽临时戏笑之言，非至亲之笃好，胡肯为此辞哉？怀旧惟顾，念之凄怆。奉命东征，屯次乡里，北望贵土，乃心陵墓。裁致薄奠，公其享之！①

由此可见，曹操固曾滥杀，但也颇重人情，怀旧念恩，不忘知己。

---

① 《后汉书·桥玄传》。《三国志·魏书·武帝纪》注引《褒赏令》载文略有不同。

何颙,南阳襄乡人,因为与陈蕃、李膺相善,曾被宦官陷害,"乃变姓名,亡匿汝南间。所至皆亲其豪杰,有声荆豫之域",暗与袁绍往来,结为奔走之友。党锢解除以后,在司空府做官。董卓秉政时,何颙曾同司空荀爽、司徒王允共谋除卓,后"以它事为卓所系,忧愤而卒"。史载,何颙见到少年曹操时,叹曰:"汉家将亡,安天下者必此人也。"①为此曹操对何颙亦感激不忘。

桥玄为了让少年曹操及早成名,曾对曹操说:你现在还没有名气,要想出名,可以去结交许劭。因此曹操常常"卑辞厚礼"去找许劭。许劭其人,"少峻名节,好人伦",以看人看得准而被人所称赞。他每月初一日,即与一些有名气的人共同"核论乡党人物",称之为"月旦评"。曹操问许劭,"我何许人也?"据说,许劭鄙其为人而不肯对,操固问之,劭曰:"君清平之奸贼,乱世之英雄。"②此话在《三国志·武帝纪》注引的孙盛《异同杂语》中被倒置了一下,而且成为家喻户晓的评语被流传至今,这就是"子治世之能臣,乱世之奸雄"。无疑,综观曹操一生,《后汉书》的记载当更近事实,与其把曹操看为"乱世之奸雄"不如把他看成是"乱世之英雄"。况且只有这样的评语才会使曹操高兴,"大悦而去"。因为天下即将大乱,已无"清平"、"治世"可言,做"奸贼",或做"能臣"都是无所谓的,不管给什么评语,都属飘忽无稽之言;而做"乱世英雄"却正是有志于世的英雄豪杰,特别是曹操者流的心愿。因此可以断定,许劭对曹操的能力是相当看重的,而且看得很准。曹操因许劭而名当世,许劭也因评论曹操而名流千古。当然,许劭谓其"英雄"是从大处着眼,至于为人,就另当别论了。

---

①　《后汉书·何颙传》。
②　《后汉书·许劭传》。

对少年曹操极为看重,而且对曹操施以鼓励的还有布衣之交的王儁。王儁,汝南人,为人"外静而内明,不应州郡三府之命",后来也不应曹操之征。就是说,此人没有做过官,但是很有名气。"公(曹操)之为布衣,特爱儁;儁亦称公有治世之具。及袁绍与弟术丧母,归葬汝南,儁与公会之,会者三万人。公于外密语儁曰:'天下将乱,为乱魁者必此二人也。欲济天下,为百姓请命,不先诛此二子,乱今作矣!'儁曰:'如卿之言,济天下者,舍卿复谁?'相对而笑。"①后来,王儁还曾帮过曹操的忙,劝说刘表断绝与袁绍的交往而归操。曹操对此很感激,闻王儁死"而哀伤","及平荆州,自临江迎丧,改葬(儁)于江陵,表为先贤也"。此亦曹操重感情、重情义之例。

还有一人对年轻时候的曹操也很赏识,这就是李膺的儿子李瓒。《后汉书·党锢列传》载,"膺子瓒,位至东平相。初,曹操微时,瓒异其才,将没,谓子(李)宣等曰:'时将乱矣,天下英雄无过曹操。张孟卓(邈)与我善,袁本初(绍)汝外亲,虽尔勿依,必归曹氏。'诸子从之,并免于乱世。"

综上可见,少年曹操狂荡无羁,曾与袁绍等人为伴,做过不少荒唐滑稽的事情;但同时他的天才和能力也得到非凡的表现,从而被有识之士刮目相看。如果说,初始是任侠放荡,有点纨绔子弟的泼皮之性;那么稍长则已不然,至少在其弱冠入仕之前,他对社会已经有了一些认识,知社会之必乱,并立有"匡世"之志。他开始博览群书,抄集诸家兵法,积极为驰骋天下之志向而作准备。他虽然没有想到事业竟发展到如后来之巨,但他始终在做着"乱世英雄"之梦,并为此而陶醉着、奋斗着。

① 《三国志·魏书·武帝纪》注引皇甫谧《逸士传》。

三、初入仕途，勇向权贵和陋习挑战

曹操二十岁的时候，举孝廉为郎，被任命为洛阳北部尉。

举孝廉是两汉选举官吏的科目之一，意谓推举孝子、廉洁之士出来做官。始自西汉武帝时。当初，董仲舒是针对"任子"的弊病提出的，所以举孝廉与贤良之制开始尚好，发挥过积极作用，但后来逐渐变了味道，成了变相的"任子"制。荐举被官僚和世家大族所把持，互相吹捧，竞相荐举，什么样的毫无德行的人都被举为孝廉，所以当时就有了"举秀才不知书，察孝廉父别居"之讽。这就是说，曹操以"孝廉"为进阶，很可能也是一种形式，真正起作用的原因应当是他的家庭背景。

郎，指郎官。汉制，不管是"任子"，还是荐举出的孝廉与贤良，第一步都先为郎。郎是郎中令属官，"掌守门户，出充车骑，有议郎、中郎、侍郎、郎中，皆无员，多至千人。"①按规定，郎官任满，即可派出做县令、丞、尉。开始时还要经过试用，到东汉和帝永元元年（公元89年），"初令郎官诏除者（除，授官），得占丞尉，以比秩为真（意谓以为郎时间长短为依据）"，免去了试用期。看来，曹操就是直接由皇帝"诏除"的郎官，没有试用期，就做了正式的洛阳北部尉。

尉是掌兵事或刑狱的官。秦汉时，在中央，有太尉掌武事，廷尉掌刑辟，卫尉掌宫门屯卫；另外还有中尉、都尉、校尉等等。《汉书·百官公卿表》注引应劭曰："自上安下曰尉，武官悉以为尉。"就是说，称"尉"的官很多。汉时，郡有郡尉，县有县尉，负责维持

---

① 《汉书·百官公卿表序》。

地方治安。据《后汉书·百官志》说:"尉,大县二人,小县一人。"实际上大县还不止二尉。据《汉旧仪》和《唐六典》说,长安县"凡四尉",后汉洛阳"置四尉,皆孝廉作,有东部、西部、南部、北部尉"。曹操做的就是其中的北部尉。推举他去就任这个差事的是当时的尚书右丞、京兆尹、司马懿的父亲司马防。曹操自己的意愿是想做洛阳令,可主其事的选部尚书梁鹄根本不考虑曹操的要求。所以,直到后来,曹操对司马防和梁鹄始终耿耿于怀。据《三国志·武帝纪》注引《曹瞒传》说,建安二十一年曹操封王以后特意把司马防召到邺,一边饮酒,一边开玩笑地对司马防说:"孤今日可复作尉否?"司马防很风趣地回答说:"昔举大王时,适可作尉耳!"曹操听到司马防如此风趣的回答,大笑。

1. 棒杀违禁,敢在宦官头上"动土"

洛阳北部尉是个小官,但曹操很看重这个仕途上的第一站。他要在这里施展才能,一鸣惊人,以期引起朝廷的注意;他并没有想在这里永远做下去,但要在这初入仕途之际把自己的抱负展示于众。

《三国志·武帝纪》注引《曹瞒传》说:

> 太祖初入尉廨,缮治四门。造五色棒,县(悬)门左右各十余枚,有犯禁者,不避豪强,皆棒杀之。后数月,灵帝爱幸小黄门蹇硕叔父夜行,即杀之。京师敛迹,莫敢犯者。

这是一条言简意赅、生动而实在的记载。第一,记录了曹操急于干出一番事业让人看看的心情;第二,反映了曹操的嗜杀性格和令行禁止的主张。一朝权在手,便把令来行,为了社会治安或政治上的目的,不惜杀人;第三,突出了曹操不避强豪、疾恨宦官专权的立场。

曹操把皇帝最为宠幸的宦官蹇硕的叔父杀了,立即轰动了京师。京师的人们,包括皇帝老子和一些豪强权贵都知道了北部尉曹操的厉害,从此再没有人敢违禁夜行了。曹操不畏权势、反对宦官当道的形象第一次亮相即收到了轰动效应。曹操的目的达到了。曹操入仕后的这一次不畏豪贵的行动,应当得到历史的肯定。

曹操的行动,沉重地打击了宦官的气焰。宦官们对曹操恨之入骨,但哑巴吃黄连有苦说不出,因为早已有言在先,"有犯禁者,不避豪强,皆棒杀之"。宦官们在"咸疾之,然不能伤"的情况下,想出了以退为进的计策,"于是共称荐之",说曹操有本事应该升官,从而把曹操赶出了洛阳,"迁为顿丘令"(今河南清丰县西南)。

据《三国志·曹植传》载,"太祖征孙权,使植留守邺,戒之曰:'吾昔为顿丘令,年二十三,思此时所行,无悔于今。'"可见曹操做顿丘令时是二十三岁,时在灵帝熹平六年(公元 177 年)。从曹操对曹植说的话来看,在他做顿丘令一年左右的时间里,肯定有一些自以为豪的作为,可惜于史无征。

曹操在顿丘令任上没有呆得住。灵帝光和元年(公元 178 年),宋皇后被废,其父及兄弟皆被诛。皇后的兄弟濊强侯宋奇是曹操的从妹夫,曹操因而"从坐免官",离开了顿丘,非常颓丧地回到了家乡谯。

2. 书谏时弊,勇说三公之非

曹操回到家乡,一住数年。曹操有妻丁氏,在此期间,又纳卞氏为妾。

就在这期间,光和三年(公元 180 年)六月,汉灵帝"诏公卿举能通《尚书》、《毛诗》、《左氏》、《谷梁春秋》各一人,悉除议郎"。[1]

---

[1] 《后汉书·灵帝纪》。

此时的曹操已非放荡少年,他利用家居期间博览群书,丰富了自己的知识和思想,成为公认的有学问的人,因而"以能明古学,复征拜议郎"①。

议郎是个"秩比六百石"的官,《后汉书·百官二》说:"凡大夫、议郎皆掌顾问应对,无常事,唯诏令所使。"可见,议郎是顾问性质的官,没有具体的执掌,随时听从皇帝的调遣,可以发表议论。曹操在其位而谋其职,先后做了两件事。

第一件事,上书为大将军窦武、太傅陈蕃等鸣冤。《三国志·武帝纪》注引《魏书》说:

> 先是大将军窦武、太傅陈蕃谋诛阉官,反为所害。太祖上书陈武等正直而见陷害,奸邪盈朝,善人壅塞,其言甚切。

这是曹操又一次向宦官势力开炮,明确地站在"党人"一边,试图为"党人"翻案。这件事,更进一步证明了曹操反对宦官专权的态度的坚决。当时,正是宦官得势的时候,灵帝完全在他们的包围之中。曹操的上书,理所当然的不被接受。所以其言虽"甚切",但"灵帝不能用"。

第二件事,上书言三公所举不当。

光和五年(公元182年),灵帝下诏书"敕三府,举奏州县政理无效,民为作谣言者,免罢之"。(谣言,指民间流传的讽刺贪官污吏的歌谣。)三公们乘机大捞好处,贪赃枉法,不秉公办事,史载:"三公倾邪,皆希世见用,货赂并行,强者为怨(害),不见举奏,弱

---

① 《三国志·魏书·武帝纪》注引《魏书》。论者或谓,曹操顿丘令之后为议郎,此次是从坐免官之后的又一次为议郎。似非是。《三国志》正文中此时只有一次"征拜议郎"的记载,注引《魏书》所说"从坐免官,后以能明古学,复拜议郎"似指同一回事。"从坐免官",不是免议郎而是免其顿丘令;"复拜"之"复"是指免官之后再次起用,而不是第二次拜议郎的意思。

者守道,多被陷毁。"①据《后汉书·刘陶传》载:"时太尉许馘、司空张济承望内官,受取货赂,其宦者子弟宾客,虽贪污秽浊,皆不敢问,而虚纠边远小郡清修有惠化者二十六人。吏人诣阙陈诉,(陈)耽与议郎曹操上言:'公卿所举,率党其私,所谓放鸱枭而困鸾凤。'其言忠切,帝以让(责)馘、济,由是诸坐谣言征者悉拜议郎。"②《三国志·武帝纪》注引《魏书》简单地记载了曹操上书的过程及其作用,说:曹操痛恨三公所作所为,借着皇帝"以灾异博问得失,因此复上书切谏,说三公所举奏专回避贵戚之意。奏上,天子感悟,以示三府责让之,诸以谣言征者皆拜议郎"。③ 这件事,表面上看来得到了皇帝的支持,许馘、张济等受到了责备,实际上馘、济同宦官势力勾结得很紧,不久即行反扑,上任不久的司徒陈耽便被免官,"宦官怨之,遂诬陷耽死狱中"④。曹操官居微职,宦官们没有把他看得像陈耽一样重要,所以放过了他,幸免于难。

曹操上书切谏时弊,说明他不畏权贵,疾恶如仇,一身正气。官职虽小,表现出一个鼎革立新的政治家的气魄。但随着陈耽等收死狱中,他逐渐看清了汉室沉疴非一人所能治,更加"是后政教日乱,豪猾益炽,多所摧毁",世风日下,政治腐败已到了无公理可言的地步,他知道汉室已不可匡正,于是"不复献言"。"不复献言",不是逃避现实,而是表明他对现实有了更深入的认识。

3. 奏免污吏,禁断淫祀

光和七年(公元184年)二月,黄巾起义,"旬日之间,天下响

---

① 《三国志·魏书·武帝纪》注引《魏书》。
② 《后汉书·刘陶传》。
③ 《三国志·魏书·武帝纪》注引《魏书》。
④ 《后汉书·刘陶传》。

应,京师震动"。东汉统治集团慌了手脚,灵帝急忙下诏,命令州郡"修理攻守,简练器械"①,在各主要关隘之地置都尉把守,任命外戚、将作大匠、河南尹何进为大将军,"率左右羽林五营士屯都亭,修理器械,以镇京师"②。同时召集群臣紧急会议,研究对策。灵帝听从了北地太守皇甫嵩的意见,解除党禁,把国库的钱和西园的厩马发给军队。于是发天下精兵,博选将帅,以讨黄巾。当时黄巾主力主要集中在三个地区,一是冀州,由张角兄弟直接指挥;二是颍川,由波才等指挥;三是南阳,由张曼成率领。灵帝任命尚书卢植为北中郎将,持节,"将北军五校士,发天下诸郡兵",征冀州张角③;以皇甫嵩为左中郎将,持节,"与右中郎将朱儁,共发五校、三河骑士及募精勇,合四万余人,嵩、儁各统一军,共讨颍川黄巾"④。就在这个时候,曹操三十岁,被正式授以军职,"拜骑都尉",讨颍川黄巾。骑都尉是二千石的官。所以,这是曹操仕途上的一次重要晋升。据历史记载,皇甫嵩、朱儁讨颍川黄巾,出师不利,被波才领导的颍川黄巾军打败,包围在孤城长社(今河南长葛东)之内;后来皇甫嵩用火攻,因夜纵烧,黄巾军疏于戒备,乱了阵脚。这时曹操正好率兵赶到,遂与皇甫嵩、朱儁合兵共战,大破颍川黄巾,"斩首数万级"。

曹操参与镇压黄巾军,立了功,得到了提拔,"迁为济南相"。

汉代实行郡国制,郡直属中央,国是分封给诸侯王的领地。郡、国是同一级的地方最高行政区划单位。后来,王国势力被削弱,西汉景帝令"诸侯王不得复治国,天子为置吏",诸王食禄而

---

① 《后汉书·皇甫嵩传》。
② 《后汉书·何进传》。
③ 《后汉书·卢植传》。
④ 《后汉书·皇甫嵩传》。

已,"令相治民,如郡太守"。因此诸侯王国中真正的统治者、实权人物就是由皇帝任命的国相。

济南国,辖境相当于今山东济南市、章丘、济阳、邹平等十余市县。曹操在济南相任上,又干了两件彪炳史册的事。

第一件:奏免贪官污吏。

> (济南国)国有十余县,长吏多阿附贵戚,赃污狼藉,于是奏免其八。①

> 长吏受取贪饕,依倚贵势,历前相不见举;闻太祖至,咸皆举免,小大震怖,奸宄遁逃,窜入他郡。政教大行,一郡清平。②

县官令长,贪赃枉法,因为后台太硬,历任国相均不敢管,曹操上任一下子就奏免了百分之八十。或谓"奏免其八"是免了八个,斟酌前后文,当以十之八为是。这是何等的不畏宦官,不畏权贵,疾恶如仇,雷厉风行。由此可见,曹操初政之时,即表现出重教尚法、倡廉惩污的政治家风范。因此也可以说,他终成大业,实非偶然。

第二件:禁断淫祀。

> 初,城阳景王刘章以有功于汉,故其国为立祠,青州诸郡转相仿效,济南尤盛,至六百余祠。贾人或假二千石舆服导从作倡乐,奢侈日甚,民坐贫穷,历世长吏无敢禁绝者。太祖到,皆毁坏祠屋,止绝官吏民不得祠祀。及至秉政,遂除奸邪鬼神之事,世之淫祀由此遂绝。③

刘章是西汉初人,高祖刘邦的孙子。刘邦死后,吕后称制,诸

---

① 《三国志·魏书·武帝纪》。
② 《三国志·魏书·武帝纪》。
③ 《三国志·魏书·武帝纪》注引《魏书》。

吕欲作乱，"朱虚侯（刘）章与太尉（周）勃、丞相（陈）平等诛之。章首先斩吕产，太尉勃等乃尽除诸吕"[①]。汉文帝因诛吕之功封他为城阳景王。城阳（治今山东莒县），辖今莒、沂南、蒙阴等县。刘章兄弟九人均封为王，其王国所在地亦均在今山东境内。所以为刘章立祠之风起，诸郡转相仿效，遂成一害。

淫祀风盛，民坐贫穷，为什么数百年间愈演愈烈，而历世长吏没有一个敢出来禁绝呢？这是因为要触动权贵和世族，要触动因此而得到好处的一大批贪官污吏和乡绅，还涉及变易民风民俗的问题。据东汉末年曾任泰山太守应劭写的《风俗通义》称："自琅邪、青州六郡，及渤海都邑乡亭聚落，皆为（刘章）立祠……备置官属，烹杀讴歌，纷籍连日，转相诳曜，言有神明，其谴问祸福立应，历载弥久，莫之匡纠，唯乐安太守陈蕃、济南相曹操，一切禁绝，肃然政清。"

曹操全然不顾来自各方面的压力和阻力，表现出一个政治家的气魄和胆识。他毫无所惧，因为这是别人想做不敢做的为国除弊、为民造福之举。同时也证明曹操青年气壮，心怀坦荡，是个不怕鬼神的人。固然，这还不能证明他是无神论者，但至少说明他不信邪神乱鬼，反对滥祭。他的行动实际上得到了人民的支持，因而取得了效果，"禁断淫祀，奸宄逃窜，郡界肃然"。但是不是"世之淫祀由此遂绝"了呢？看来不可如此绝对。应该说，应劭在《风俗通义》中的另一句话可能更客观些："陈（蕃）、曹（操）之后，稍复如故。"

这是从思想的角度略作评论，至于曹操当时大刀阔斧地做这两件事的动机，他自己在《让县自明本志令》中已说得非常明白：

①　《汉书·刘章传》。

孤始举孝廉，年少，自以本非岩穴知名之士，恐为海内人之所见凡愚，欲为一郡守，好作政教以建立名誉，使世士明知之，故在济南，始除残去秽，平心选举，违忤诸常侍。

曹操急于建立名誉，一鸣惊人，以期引起朝廷与世人注意的心情，初入仕，棒杀违禁，即已表现出来。时过十年余，国相任上，此种心情依然如炽。曹操一生，好大喜功，概由然也。

四、不愿违道取容，称疾归里

曹操对他为济南相时所做的两件事，虽然并不后悔，但也感到后怕。《三国志·武帝纪》注引《魏书》说，当时"权臣专朝，贵戚横恣，太祖不能违道取容，数数干忤，恐为家祸，遂乞留宿卫"。主动提出辞去济南相，并请求留在京城做宫禁保卫方面的差事。曹操在十几年后的《让县自明本志令》中追述他当时的心情也说，"故在济南……违忤诸常侍，以为豪强所忿，恐致家祸，故以病还。"

曹操的担心不是没有道理的。诸常侍和豪强怎么能容忍他如此损害他们的利益呢？曹操乞留宿卫，纯属以退为进，实非本意。但就是这点心愿，宦官和贵戚们也不能让他得到满足。权贵们的心计是既要把他调离济南相位，又要把他排挤在京师以外。于是"征还为东郡太守"。东郡太守与济南国相地位相等，用现在的话说是同级调动。且就当时的地域重要性而言，东郡地位和济南国地位也不相上下。曹操由这次调动验证了自己的担心，因此托疾不就。因为不去做东郡太守，朝廷便再次给了他一个闲差事，任命他为议郎。此时他的头脑很清醒。他既要躲祸，又要试图从另一个方面建立自己的名誉。因此对于议郎一职也是"常托疾病，辄告归乡里"。据记载，曹操回到家乡谯之后，"筑室城外，春夏习读书传,秋冬弋猎,以自娱乐"。① 应该说,鉴于当时的情势,曹操称疾归乡里,实乃韬光养晦,沽名钓誉的绝好机会,也是充实头脑、锻炼身体的好机会。曹操常以"非岩穴知名之士"而自憾,如果能得机会做一段"隐士",当是莫大快事。由此看来,曹操在《让县自明本志令》中说的另一段话也是可信的。他说:

> 去官之后,年纪尚少,顾视同岁(指同年举孝廉者)中,年有五十,未名为老,内自图之,从此却去二十年,待天下清,乃与同岁中始举者等耳。故以四时归乡里,于谯东五十里筑精舍,欲秋夏读书,冬春射猎,求底下之地,欲以泥水自蔽,绝宾客往来之望,然不得如意。

无疑,曹操确曾做过长时间隐居的准备。第一,既然"不能违道取容",隐居当是最好的选择;第二,天下大乱之势已定,既然不能立即驰骋沙场,"待天下清"后而再举亦是最安全之策。当然,绝不能认为曹操已经准备终生做隐士。如果那样,他就不成其为曹操了。他的落脚点是即使不得已等二十年再做官也不算晚。所以说,曹操"称疾归乡里"的最终目的是待机乡间。他作了长时间隐居的思想准备,但更重要的是隐居乡间窥视局势,等待时代的召唤。

说实在的,曹操称疾乡里,的确有屡屡干忤宦官和贵戚的原因,怕为家族带来大祸。但从另一个角度看,曹操正是利用了自己

---

① 《三国志·魏书·武帝纪》注引《魏书》。论者或谓,曹操辞济南相后,两次托疾归乡里。第一次是辞济南国相后,乞留宿卫"拜议郎",托疾归里;第二次是"征还为东郡太守,不就,称疾归里"。此论似是而非。操从辞济南相到后来征为都尉不过年余,不太可能两辞两归。再者,似应完整地理解《三国志·武帝纪》的记载,《纪》云:"迁为济南相……久之,征还为东郡太守,不就,称疾归里。"从济南相到不就太守之间并没有谈到别的什么职务,所以"拜议郎"当在不就太守之后,一次而已。

的家族地位才敢于"不就"官而装病乡下。据记载,曹操约在三十岁时(光和七年,公元 184 年)为济南相,当年或次年辞官,三十二岁被征为都尉。这二三年间,正是他父亲曹嵩走红的时候。时,灵帝卖官营造西园,曹嵩原为司隶校尉,历官大司农、大鸿胪,出钱一亿,得太尉之职。太尉就是"三公"了,家庭根基不可谓不硬。

第三章　陈留起兵到中原始逐鹿

曹操称疾归乡里年余，中平三年（公元 186 年），征为都尉。曹操没有想到来得这么快，他那"秋夏读书，冬春射猎"、"欲以泥水自蔽（指住在简陋的房子里），绝宾客往来"的愿望没有得到很好地实现。尽管已经取得了一些名望，但他还是带着"不能得如意"的惋惜心情离开乡间，再踏仕途。

一、拒绝参加"谋废灵帝"的行动

曹操十余年间所表现出的胆识和能力，已经世所公认，虽然称病隐居乡下，但明眼人无不知其计之所在；及至被征为都尉，手中有了点兵权，更被一些人所看重，因而凡举大事者总会想起曹操。所以，做了都尉，一朝兵权在握，便很快就有人找上门来了。《三国志·武帝纪》载，不久，冀州刺史王芬、南阳许攸、沛国周旌等"连结豪杰，谋废灵帝，立合肥侯，以告太祖"，曹操拒绝参加，"芬等遂败"。

王芬谋划起兵废灵帝，约在中平五年（公元 188 年）。对于这次情同儿戏的谋废灵帝的行动和曹操拒王芬之辞，《三国志·武帝纪》注引司马彪《九州春秋》和《魏书》均有记述。

于是陈蕃子逸与术士平原襄楷会于芬坐，楷曰："天文不利宦者，黄门、常侍真灭族矣。"逸喜。芬曰："若然者，芬愿驱除。"于是与攸等结谋。灵帝欲北巡河间旧宅,芬等谋因此作难,上书言黑山贼攻劫郡县,求得起兵。会北方有赤气,东西竟天,太史上言"当有阴谋,不宜北行",帝乃止。敕芬罢兵,俄而征之。芬惧,自杀。

可以看出,王芬等人既无深谋,又无胆识,更不了解国之大势,完全是盲目行动,试图侥幸成大事。

曹操时年三十四岁。此时的曹操已非昔比,虑事周到不说,重要的是政治上已趋成熟,对于社会和时局已有自己完整的看法。他完全知道王芬等必败,因此拒绝参加,而且劝王芬等不可贸然行事。《魏书》载曹操拒王芬辞全文,其辞颇能说明曹操关于"废立"问题的见解。

> 夫废立之事,天下之至不祥也。古人有权成败、计轻重而行之者,伊尹、霍光是也。伊尹怀至忠之诚,据宰臣之势,处官司之上,故进退废置,计从事立。及至霍光受托国之任,藉宗臣之位,内因太后秉政之重,外有群卿同欲之势,昌邑即位日浅,未有贵宠,朝乏谲臣,议出密近,故计行如转圜,事成如摧朽。今诸君徒见曩者之易,未睹当今之难。诸君自度,结众连党,何若七国?合肥之贵,孰若吴楚?而造作非常,欲望必克,不亦危乎!

这篇言真意切、剖析透理的说辞,竟然没有说动王芬等人。在这里,我们看到曹操已对汉季情势了解得很透彻,他认为"废立"之事不是不可行,但必须权成败、计轻重而行之,如果具备了商臣伊尹废放太甲和汉霍光迎废昌邑王的条件和能力,则可行,但当时不具备这种条件,王芬等也不具备这种能力。曹操此一见解,影响着他数十年的政治生涯。他对废立之事,始终都是慎重的。就他自己来说,也是宁"挟天子以令诸侯",而自己不做天子;他把人家让他做皇帝视作是把他放在火炉上烤。曹操在未获天下统一之前决不做皇帝的思想是一贯的,即使他的权力远驾皇帝之上,也不做名义上的皇帝,而要的是真正的权力。这种慎待废立的思想,终生一贯。这里是他最初的表露。

二、陈留起兵

东汉中平年间,黄巾军初起之主力虽然被镇压了,但其余部不断更以新帅,再聚力量,攻城略池;同时,在黄巾军影响下,各地义军蜂起,天下"骚动",朝廷一片慌乱。

为了对付混乱的局势,中平五年(公元188年)八月,朝廷"置西园八校尉",以小黄门蹇硕为上军校尉,虎贲中郎将袁绍为中军校尉,屯骑都尉鲍鸿为下军校尉,议郎曹操为典军校尉,赵融为助军左校尉,冯芳为助军右校尉,谏议大夫夏牟为左校尉,淳于琼为右校尉,凡八校尉,皆统于蹇硕。"帝以蹇硕壮健而有武略,特亲任之,以为元帅,督司隶校尉以下,虽大将军亦领属焉。"①这就是说,连大将军何进也要归蹇硕统辖。

不久,中平六年(公元189年)四月,灵帝死了。灵帝死前,以为何皇后所生皇子刘辩"轻佻无威仪,不可为人主",遗诏蹇硕立王贵人所生皇子刘协。蹇硕明白,要立刘协,必须先除何氏势力,结果谋不得逞。皇子刘辩即位,何太后临朝,外戚、大将军何进秉政。蹇硕与中常侍赵忠等谋杀何进,走漏了消息,反被何进所杀。何进杀死蹇硕后,准备按袁绍建议"尽诛宦官",何太后不同意。袁绍又给何进出了个臭主意,"多召四方猛将及诸豪杰,使并引兵

---

① 《后汉书·何进传》。

向京城，以胁太后。"何进因此召并州刺史董卓等人进京。何进此举，很多人不以为然。主簿陈琳入谏曰："今将军总皇威，握兵要，龙骧虎步，高下在心，此犹鼓洪炉燎毛发耳。夫违经合道（违背经典，但合道义），天下所顺，而反委释利器，更征外助。大兵聚会，强者为雄，所谓倒持干戈，授人以柄，功必不成，祗为乱阶。"①侍御史郑泰、尚书卢植等也都进言不宜召卓，何进根本听不进去。曹操更知何进此举必将失败，认为时值天下混乱之际，招致四方之兵进京是非常危险的。所以，当他得知何进、袁绍准备尽诛宦官时，笑之曰："阉竖之官，古今宜有，但世主不当假之权宠，使至于此。既治其罪，当诛元恶，一狱吏足矣，何必纷纷召外将乎？欲尽除之，事必宣露，吾见其败也。"②

在这里，寥寥数语，曹操道出了关于宦官问题的完整看法。曹操认为，从古至今宦官都是应该有的，但不能使他们恃宠擅权。由此也可以看出，曹操所有反对宦官的举动，均是针对宦官擅权预政，为害士民，而不是反对宦官制度本身。

事情果如曹操所料，董卓还未到京，何进就被宦官张让、段珪等杀了。然后何进的部属和袁绍、袁术等，尽诛宦官二千余人。张让、段珪等挟少帝刘辩和陈留王刘协逃出洛阳，被尚书卢植和河南中部掾闵贡赶上，闵贡斩杀数人，张让被迫投河而死。

董卓，字仲颖，陇西临洮（今甘肃岷县）人，"粗猛有谋"，"膂力过人"，因军功官居并州刺史，封鳌乡侯，是雄居西北的一方势力。朝廷多次征召，均不肯就，或托之说"所将湟中义从及秦胡兵……牵挽臣车，使不得行"，或诡称"士卒大小相狎弥久，恋臣畜养之

---

① 《后汉书·何进传》。
② 《三国志·魏书·武帝纪》注引《魏书》。

恩，为臣奋一旦之命，乞将之北州，效力边垂"。他本"驻兵河东，以观事变"，得到何进之召，知道实现自己野心的时候到了，"即时就道"，但"未至而何进败"。当他赶到洛阳郊区时，"远见火起，引兵急进；未明到城西，闻少帝在北芒，因往奉迎。"①

董卓初入洛阳，兵不过三千，自嫌兵少，恐不为远近所服，每天深夜把部队偷偷拉出去，早晨大张旗鼓地再开回来，以造成又一批"西兵"到了的假象；同时收编了何进及其弟何苗所领部曲；又使吕布杀执金吾丁原而并其众。卓兵大盛，遂挟太后，废少帝刘辩为弘农王，立陈留王刘协，是为汉献帝。随后把何太后也杀了，自为太尉，领前将军事，加节传、斧钺，继而又自升为相国，封郿侯，"赞拜不名，剑履上殿"。朝内"群臣含悲，莫敢言者"。董卓得专废立，"残忍不仁"，为人甚劣，明人皆知其"有异志"。董卓带兵入京后，纵其士兵大肆掳掠。史载，"是时，洛中贵戚，室第相望，金帛财产，家家殷积，卓纵放士兵，突其庐舍，淫略妇女，剽虏资物，谓之'搜牢'。人情崩恐，不保朝夕。"董卓本人借葬何太后掘开灵帝墓之机，悉取墓中珍物，"又奸乱公主，妻略宫人，虐刑滥罚，睚眦必死，群僚内外莫能自固。"②京都扰攘，一片大乱。

董卓为把曹操拉在自己一边，表荐曹操为骁骑校尉，"欲与计事"。曹操既知董卓之为人，又知天下汹汹，董卓必败，更知天下大乱乃成大业之机。因此，"遂不就拜"，"变易姓名，间行东归"，逃回乡里，自图发展③。

曹操间行东归途中，有两件事被后人串在一起演义成一个家喻户晓的故事"捉放曹"。第一件，据说，曹操逃归乡里，经过成皋

---

① 《后汉书·董卓传》。
② 《后汉书·董卓传》。
③ 《三国志·魏书·武帝纪》。

（今河南荥阳汜水镇）故人吕伯奢家,伯奢出行,五子备宾主礼,曹操闻食器声,以为图己,遂夜杀八人而去,既而知道杀错了,凄怆曰:"宁我负人,毋人负我!"①对此,无需为其辩解。这正是曹操矛盾性格的另一面的写照,多诈、多疑,为了自己的利益,不念故旧,不惜杀人。他一生中,这种疑人图己而把人置于死地的事还有多起,后将述及。

第二件事,据说,曹操继续东逃,走到中牟县（今河南中牟）,为亭长所疑,被解押到县里。这时,中牟县已经收到董卓缉拿曹操的文书,县功曹心知是曹操,"以世方乱,不宜拘天下雄俊",因请县令把他放了。这个县令是谁? 正史没有记载,《三国演义》说是陈宫,并把前后两件事颠倒了一下②,于是便有了陈宫捉曹与放曹的事。此皆演义之说,不可为本。

县令竟把要犯放了,说明曹操已颇有名气,影响已及于僻壤,一个县的功曹小官竟然知其是"天下雄俊"人物。可见,这时的曹操已经具有相当的影响和号召力。

曹操并没有回到老家谯去,过了中牟,东走不远到了陈留（今河南开封境）便停下来。史载,"太祖至陈留,散家财,合义兵,将以诛卓。冬十二月,始起兵于己吾（今河南宁陵西南）,是岁中平六年也。"③

---

① 《三国志·魏书·武帝纪》注引《世语》、孙盛《杂记》。另注引《魏书》说异,谓曹操"从数骑过故人成皋吕伯奢,伯奢不在,其子与宾客共劫太祖,取马及物,太祖手刃击杀数人"。此说显然不合理,几个村民怎敢对几个军武之人起此歹心。概为曹讳之辞。

② 《三国志·魏书·武帝纪》注引《世语》。成皋在西,中牟在东,只能先经成皋后到中牟。因此,即使中牟县令是陈宫,也不可能同他一起又西返到了吕伯奢家。

③ 《三国志·魏书·武帝纪》。

曹操何以在陈留停下来？首先,这表明曹操此时谋大事的决心已定;第二,陈留地理适中,如谋大事,西取洛阳,陈留要比谯好得多;第三,陈留太守张邈是自己的朋友,当时亦在酝酿起兵,两人意气相投,既便安身,又便共同起事。

　　曹操在陈留、襄邑(陈留郡属县,今河南睢县境)等地散家财、招兵买马;有时甚至同工匠一起打造兵器。据虞世南等编《北堂书钞》和李昉等撰《太平御览》引曹操《军策令》说:"孤先在襄邑,有起兵意,与工师共作卑手刀。时北海孙宾硕来候孤,讥孤曰:'当慕其大者,乃与工师共作刀耶?'孤答曰:'能小复能大,何苦!'"

　　"与工师共作刀",看起来是小事,但从曹操说的话看出,他是因为"有起兵意"而为之。这反映了曹操军事思想的一个侧面:重视军事后勤,重视战前武器装备;"能小复能大",是其思想的一种表露,只有干好这些"小事"才能干成大事。

　　曹操在陈留,得到朋友张邈和孝廉卫兹的支持。张邈,字孟卓,少以侠闻,士多归之,以骑都尉迁陈留太守。曹操到陈留,二人共议举兵。卫兹,字子许,颇有家财,曹操初至陈留,兹曰:"平天下者,必此人也。"曹操数访兹共议大事,兹曰:"乱生久矣,非兵无以整之。"因以家财资曹操,助操起兵。

　　在曹操将起兵之时,曹氏家族为了支持曹操成大事,纷纷从沛郡谯县到了发难之地陈留从军。操以兄弟辈夏侯惇,为裨将,夏侯渊、曹仁、曹洪等为别部司马;以子侄辈曹休、曹真等统领警卫部队。

　　据记载推测,曹操于中平六年九月逃出洛阳,只经过三个月的紧张准备,便合兵五千人。这五千人就是曹操最初起家的本钱。

　　首为天下者倡,曹操合义兵以讨董卓的行动,极大地鼓舞、支持了全国反董卓的势力,促进了全国性反董卓联合行动的形成。

三、"诸君北面,我自西向"

初平元年(公元190年)正月,后将军袁术、冀州牧韩馥、豫州刺史孔伷、兖州刺史刘岱、河内太守王匡、勃海太守袁绍、陈留太守张邈、东郡太守桥瑁、山阳太守袁遗、济北相鲍信,同时俱起兵,众各数万,共推袁绍为盟主。

就当时的家世、地位和势力来说,袁绍是理所当然的盟主,别人皆不能比。袁绍,字本初,汝南汝阳人,自高祖父袁安为司徒,四世三公,累代宠贵;自己曾为西园八校尉之一,诛杀宦官出了名。董卓欲废少帝,立陈留王,袁绍伪许之,然后亡奔冀州,董卓知袁氏树恩四世,门生故吏遍天下,怕袁绍"收豪杰以聚徒众,英雄因之而起"①,不敢治其罪,反而封袁绍为勃海太守,邟乡侯。这正得袁绍之意。他有了块立身之地,便即起兵,主盟,自号车骑将军,领司隶校尉。

当时,曹操不是朝廷命官,没有官职,袁绍让他行奋武将军。行,是暂代的意思。可见,当时曹操因为势力太弱,尚不能以同等地位与盟。

董卓"以山东豪杰并起,恐惧不宁。初平元年二月,乃徙天子都长安",并尽徙洛阳人数百万口于长安,"步骑驱蹙,更相蹈藉,饥饿寇掠,积尸盈路",把宫庙官府居家烧了个净光,"二百里内无复孑遗",又指示吕布发掘诸帝陵及公卿以下冢墓,"收其珍宝"②。

---

① 《三国志·魏书·董卓传》。
② 《后汉书·董卓传》。

董卓徙天子于长安,自己统兵留屯洛阳。随后被长沙太守孙坚打败,并杀其枭将华雄。孙坚攻进洛阳,扫除宗庙,平塞诸陵,得到文曰"受命于天 既寿永昌"的汉朝传国玺,同时分兵出函谷关,至新安、渑池间,以截卓后。董卓在败退中,一面布置防御,一面让朝廷派人持节拜自己为太师,位在诸侯王上,然后回到长安。

董卓到了长安,乘青盖金华车,俨然如天子。以弟董旻为左将军,兄子董璜为中军校尉,宗族内外并列朝廷,连侍妾怀抱中幼子,亦皆封侯,弄以金紫。又筑坞于郿(今陕西眉县),高厚七丈。坞墙的高厚,差不多相当于长安城墙,号曰"万岁坞",里面积谷"为三十年储",自称"事成,雄据天下,不成,守此足以毕老"①。董卓在长安大耍其威风,羞辱大臣,并杀死袁绍的叔父太傅袁隗及袁术兄太仆袁基两家五十余口。

董卓所为,引起天下人的不满,曹操尤感气愤,后来因作《薤露》乐府诗一首:

惟汉二十二世,所任诚不良。沐猴而冠带,知小而谋强。犹豫不敢断,因狩执君王。白虹为贯日,己亦先受殃。贼臣持国柄,杀主灭宇京。荡覆帝基业,宗庙以燔丧。播越西迁移,号泣而且行。瞻彼洛城郭,微子为哀伤。②

在这首挽歌体诗里,以"沐猴"喻何进,以贼臣称董卓,表达了曹操对此二人的看法:何进是小人一个,志大而才疏;董卓则是荡覆汉室基业的贼子。

董卓回到长安的时候,袁绍等已做了初步的军事部署:袁绍屯

---

① 《三国志·魏书·董卓传》。

② (宋)郭茂倩:《乐府诗集》卷27,中华书局1979年版,下同。"薤露",乐府曲词名;"二十二世"指从汉高祖刘邦到汉灵帝刘宏;"所任诚不良"指何进;"贼臣"指董卓;"微子"操以自比。

兵河内（治今河南武陟西南），张邈、刘岱、桥瑁、袁遗屯酸枣（今河南延津西南），袁术屯南阳，孔伷屯颍川，韩馥在邺城。但是袁绍等人惧怕董卓兵强"莫敢先进"。曹操见此情形，很是着急，因为当时正是消灭董卓兵力的最好机会，于是对袁绍等人说：

> 举义兵以诛暴乱，大众已合，诸君何疑？向使董卓闻山东兵起，倚王室之重，据二周之险（指据有西周长安、东周洛阳两地之险要），东向以临天下，虽以无道行之，犹足为患。今焚烧宫室，劫迁天子，海内震动，不知所归，此天亡之时也。一战而天下定矣，不可失也。①

这是体现曹操军事思想的第一篇说辞。在曹操看来，（1）兵以义举则气势盛，应适时用其势；（2）乘敌未稳而伐之，如果敌人把皇帝控制起来而且据有地势之利，即使他是无道的，也很难对付；（3）敌人烧杀掳掠，天下震动，不得人心，正是消灭敌人的好机会。

曹操没有说动袁绍，于是自引兵向西。曹操的大胆行动，只有济北相鲍信表示同情和全力支持。鲍信，少有大节，宽厚爱人，沉毅有谋，在董卓初入京时，曾劝袁绍袭卓，绍不敢发，因知袁绍不足成大事。他很看重曹操，虽然当时曹操的地位还不如自己，但他知道将来成功者会是曹操。因此在别人依附袁绍的时候，他却对曹操说："夫略不世出，能总英雄以拨乱反正者，君也。苟非其人，虽强必毙。君殆天之所启。"②此话中的"苟非其人"指的是袁绍，暗喻曹袁必争，最后失败的是袁绍。另外，给予曹操一点支持的还有同举义兵的陈留太守张邈，他让部属卫兹带上一小部兵跟随曹操。

---

① 《三国志·魏书·武帝纪》。
② 《三国志·魏书·鲍勋传》注引《魏书》。

曹操军到荥阳汴水，正好遇上董卓部将徐荣，因为兵力相差悬殊，与战不利，鲍信受伤，卫兹和鲍信的弟弟裨将军鲍韬阵亡，士卒死伤甚多。曹操也被乱箭射中，战马受了重伤不能动了。情况紧急，从弟曹洪立即把自己的马给了他。曹操辞让，曹洪说："天下可无洪，不可无君。"①曹操骑上曹洪的马，曹洪步行紧跟，趁夜黑逃出险境。然后，渡过汴水，向自己的家乡谯奔去。

初战失败，曹操并未气馁。回到家乡立即把曹氏、夏侯氏各家动员起来。仅曹洪一家就出家兵一千多人。随后，乃与曹洪、夏侯惇等到扬州募兵，刺史陈温、丹阳太守周昕与兵四千余人。但往回走的时候，士卒多叛。"兵谋叛，夜烧太祖（操）帐，太祖手剑杀数十人，余皆披靡，乃得出营，其不叛者五百余人。"②后来又招兵千余人。于是，他带着这三千左右的人马进屯袁绍驻地河内。曹操在《让县自明本志令》中曾不无自我解嘲地说起当时的心情。

> 遭值董卓之难，兴举义兵。是时合兵能多得耳，然常自损，不欲多之；所以然者，多兵意盛，与强敌争，倘更为祸始。故汴水之战数千，后还到扬州更募，亦复不过三千人，此其本志有限也。

时机未成熟，在各地牧守无不据兵称雄的情况下，曹操不愿把自己搞得太显眼，以免招来麻烦，其情当是真的。但认为他完全不想扩大自己的势力，恐亦非是。

曹操把自己的小股兵马在河内安扎下来后，到酸枣（今河南延津西南）去了一趟。他看到的是完全另一种情形：张邈等诸军兵十余万，"日置酒高会，不图进取"。曹操很气愤，对他们进行了

---

① 《三国志·魏书·曹洪传》。
② 《三国志·魏书·武帝纪》。

指责，同时剖析形势，又一次献出很有针对性的用兵谋略。曹操对张邈等人说：

> 诸君听吾计，使勃海（袁绍）引河内之众临孟津，酸枣诸将守成皋，据敖仓（今河南荥阳东北），塞轘辕（今河南偃师东南）、太谷（今河南洛阳东南），全制其险；使袁将军（术）率南阳之军军丹（丹水县在今河南淅川西）、析（今河南西峡），入武关（今陕西商南西北），以震三辅（此指长安周围的京兆、左冯翊、右扶风三个地区）：皆高垒深壁，勿与战，益为疑兵，示天下形势，以顺诛逆，可立定也。今兵以义动，持疑而不进，失天下之望，窃为诸君耻之！①

当时各路军名为结盟，实际上各有各的打算，谁也不愿把自己的兵马置于前阵。因此，曹操这种据险、示势、疑敌、引而不发的战略思想，依然不为张邈等用。

不久，联军内便起了内讧，兖州刺史刘岱杀死东郡太守桥瑁，以王肱领东郡太守。袁绍、韩馥则谋立幽州牧刘虞为帝。他们的借口是，"朝廷（献帝）幼冲，逼于董卓，远隔关塞，不知存否，以虞宗室长者，欲立为主。"②他们要曹操等给予支持。另立皇帝，这是同曹操的慎待废立的思想完全对立的，因而"拒之"。曹操给袁绍如下答复：

> 董卓之罪暴于四海，吾等合大众，兴义兵而远近莫不响应，此以义动故也。今幼主微弱，制于奸臣，未有昌邑亡国之衅，而一旦改易，天下其孰安之？诸君北面，我自西向。③

所谓"诸君北面，我自西向"，即你们拥立刘虞（虞为幽州牧，

---

① 《三国志·魏书·武帝纪》。
② 《后汉书·刘虞传》。
③ 《三国志·魏书·武帝纪》注引《魏书》。

在北),我则仍然拥护幼主刘协(献帝,时在长安,在西)。这表明了他与袁绍在政治态度上的根本分歧,也表明了他的力量尚弱,诸多政治的、军事的正确意见得不到袁绍等人的重视。

据载,袁绍曾得到一方玉印,举向曹操看,曹操"笑而恶焉",由此更想到袁绍拥立刘虞则是别有用心的,从而也更加坚定了不听袁绍的决心。袁绍又派人对曹操威胁说,"今袁公势盛兵强,二子已长,天下群英,孰逾于此?"曹操还是没有答应。曹操与袁绍本少年奔走之友,早知袁绍有大乱天下之意,现在更清楚了袁绍不是好人,所以暗下决心,"图诛灭之"①。

初平二年(公元191年)二月,袁绍、韩馥不顾曹操等的反对,遂立刘虞为帝。刘虞,虽姓刘,但"与时主疏远",做人尚好,"为政仁爱,念利民物",接到袁绍等的上尊号书,不禁出了一身冷汗,厉色叱之曰:"今天下崩乱,主上蒙尘。吾被重恩,未能清雪国耻。诸君各据州郡,宜共戮力,尽心王室,而反造逆谋,以相垢误邪!"②刘虞头脑还算清醒,没有敢当这个皇帝。

是年四月,董卓回长安,坐镇朝廷,滥杀无辜。甚至预设帐幔,一边饮酒,一边诱降北地反者数百人入帐,"于坐中先断其舌,或斩手足,或凿眼,或下镬煮之"。与会的公卿们吓得"皆战栗亡失匕箸,而卓饮自若"。太尉张温"素不善卓,卓心怨之,因天有变,欲以塞咎,使人言温与袁术交关,遂笞杀之"。他还使人记录吏民"有为子不孝,为臣不忠,为吏不清,为弟不顺"者,统统杀掉,借以树威。因此,史称董卓"法令苛酷,爱憎淫刑,更相被诬,冤死者千数。百姓嗷嗷,道路以目"③。

① 《三国志·魏书·武帝纪》注引《魏书》。
② 《后汉书·刘虞传》。
③ 《三国志·魏书·董卓传》。

董卓淫威大作、百姓嗷嗷待救之时,亦应是讨伐董卓的机会,但以袁绍为盟主的联军,始终未曾走出这一步,而是忙于保自己、争地盘。不久,袁绍便迫使韩馥让出冀州,而自领冀州牧,韩馥自杀。

曹操已完全认识到袁绍等是靠不住的,而自己力量又太弱,不可能与他们相抗衡。此时,鲍信对曹操说了一番使他很受启发的话:"奸臣乘衅,荡覆王室,英雄奋节,天下响应者,义也。今绍为盟主,因权专利,将自生乱,是复有一卓也。若抑之,则力不能制,祗能遘难,又何能济?且可规大河之南,以待其变。"①曹操非常同意鲍信的见解,自此不再指望袁绍什么,而是以积极的态度去扩充、积蓄力量,以待事变。

四、在镇压农民起义中壮大自己

人们常说,曹操是以镇压农民起义起家的。从一定意义上说,这话是对的。因为,曹操的确是在镇压农民起义过程中,壮大了自己,成了一方诸侯,从而奠定了自己进一步发展的根基,并以收编的农民军为主力,打下了半壁江山。

前述曹操起初不愿拥兵太多,怕多兵意盛,与强敌争,反自招祸。如果说,刚开始时他斟酌形势,怕过分引起人们的注意,确曾有过这种不宜多兵的想法的话,那末,不久铁的事实教育了他,他意识到,没有自己相当的兵力和地盘,第一,必然受制于人;第二,说话没人听;第三,靠仅有的微弱的兵力难成大事。因此,后来的曹操已不是"不欲多兵",而是急于扩大自己的势力。地盘和兵源

① 《三国志·魏书·鲍勋传》注引《魏书》。

哪里来?

时机终究到了。而最初为他提供这种机会的是袁绍,袁绍派他去镇压农民起义军。

1.破黑山,得官东郡太守

东汉中期以后,农民起义接连不断,真可谓彼伏此起,前赴后继。起义地区遍及全国。虽然最初的黄巾主力被镇压了,但它的余部和在它之前就已起义的以及在它影响下的新的起义,依然风起云涌,势所难挡。史载,"自张角之乱,所在盗贼并起,博陵(今河北蠡县南)张牛角、常山(今河北元氏西北)褚飞燕及黄龙、左校、于氏根、张白骑、刘石、左髭丈八、平汉大计、司隶缘城、雷公、浮云、白雀、杨凤、于毒、五鹿、李大目、白绕、眭固、苦蝤之徒,不可胜数,大者二三万,小者六七千人。"①其中,张牛角与褚飞燕的两股势力最强,他们合军攻瘿陶(今河北宁晋西南),张牛角中流矢,死前"令其众奉飞燕为帅",因而褚飞燕改姓张。飞燕本名燕,因其轻勇矫捷,所以军中称"飞燕"。其他一些零星义军也大多归附于飞燕,所以部众很快发展到差不多一百万人。因其活动于今河北、山西诸山谷间,号曰"黑山"。据说,"河北诸郡县并被其害,朝廷不能讨,燕乃遣使至京师,奏书乞降,遂拜燕平难中郎将,使领河北诸山谷事。"②董卓乱起,"天下兵数起,燕遂以其众与豪杰相结"。不久,公孙瓒与袁绍争冀州,他帮助公孙瓒,"与绍战,为绍所败,人众稍散。"这就是说,黑山军虽曾投靠了朝廷,但同袁绍是敌对的。

---

① 《通鉴纪事本末》卷8《黄巾之乱》。
② 《通鉴纪事本末》卷8《黄巾之乱》;《三国志·魏书·张燕传》。

初平二年（公元 191 年）秋，黑山军于毒、白绕、眭固等十余万众攻略魏郡（治邺，今河北磁县南）、东郡（治今河南濮阳西南），并把东郡太守王肱打得大败。当时，袁绍刚从韩馥手中得到冀州，自领冀州牧。魏郡属冀州，黑山又是宿敌，所以袁绍欲必除之，于是让曹操去镇压黑山军。这正是曹操欲要"规大河之南以待其变"所求之不得的。据载，曹操"引兵入东郡，击白绕于濮阳（今河南濮阳西南），破之。"①这一仗是如何打的，不得而知。但有一点是可以肯定的，当时曹操的兵并不多，而是以少胜多的一场战争。

曹操击败黑山军白绕部后，袁绍表荐曹操为东郡太守，治东武阳（今山东莘县南）。自此曹操算是有了自己的地盘。自然，郡国之兵也即为自己所用，势力便大增了。如果说曹操是由镇压农民起义军起家的，那么这算是第一步。

初平三年（公元 192 年）春，曹操屯军顿丘（今河南清丰西南），黑山军于毒等攻东武阳，曹操"乃引兵西入山，攻毒等本屯。毒闻之，弃武阳还"②。据说，当于毒等攻东武阳时，诸将皆以为应当还兵自救，曹操对大家说，"孙膑救赵而攻魏，耿弇欲走西安攻临菑。使贼闻我军西攻而还，武阳自解也；不还，我能败其本屯，虏不能拔武阳必矣。"③事情果然是这样，于毒弃武阳而还救本屯，武阳围解。曹操乘势用兵，随后"要击眭固"，大获全胜。

当时，匈奴南单于的儿子於扶罗因助汉镇压起义留在内地，天下扰乱之后，遂与黑山军联合，破太原，攻河内，抄略诸郡。曹操击败眭固以后，又击於扶罗于内黄（今县），亦获全胜。

曹操接连得胜，从政治上说，反映出他的维护地主阶级统治利

---

① 《三国志·魏书·武帝纪》。
② 《三国志·魏书·武帝纪》。
③ 《三国志·魏书·武帝纪》注引《魏书》。

益的立场是非常坚定的。但从军事上说,我们不能不承认,他表现出了非凡的军事才能。他熟读兵法,并能将其运用于军事实践。他以少胜多,一举打败于毒、白绕、眭固等十余万众;他用孙膑"围魏救赵"之计,解除了郡治东武阳之围;他用"要(邀)击"的战术,乘义军不备,将行进中的眭固兵拦在途中进行袭击;同时,他还利用击敌于立足未稳的机会,大胜於扶罗于内黄。诸此,均已显出,曹操不仅善于用兵,而且甚通古代兵法。

曹操虽然打败了黑山军的于毒、白绕、眭固等部,但并没有同黑山军形成严重的军事对立。所以,建安初年,当曹操讨伐河北袁绍父子时,黑山军果断地站在曹操一边。史载:"太祖将定冀州,(张)燕遣使求佐王师,拜平北将军。"曹操平定冀州后,张燕"率众诣邺,封安国亭侯,邑五百户。"①"率众诣邺"意谓率领部众归属了曹操。可见,黑山军同黄巾军一样,都曾是曹操军队的重要组成部分,都曾在曹操的统一战争中发挥过重要的作用。

2. 收黄巾,自领兖州刺史

中平末年(公元188—189年),随着大乱之机,各地黄巾军再次壮大起来,郭大等黄巾余部再起西河白波谷(今山西襄汾西),攻掠太原,河东;白波黄巾与南匈奴单于於扶罗联合,攻河南、东郡;马相、赵祇以黄巾为号,在四川绵竹举行起义,攻县夺郡,势力很快波及益州北部地区;何仪、何曼等汝南、颍州诸部黄巾军众各数万集中于葛陂(今河南新蔡西)再行起义,打败西园下军校尉鲍鸿;青州、徐州的黄巾,有众百万,转战于青、徐、兖、冀四州。

初平二年(公元191年),青州黄巾三十万众攻入太山郡,与

---

① 《三国志·魏书·张燕传》。

太山太守应劭的军队作战受阻,前后牺牲数千人,被迫退出;北渡黄河进入勃海郡,"众三十万,欲与黑山合",被公孙瓒击败,"死者数万";然后,经过一段时间的休整,再次发展了兵力。

初平三年(公元 192 年)四月,黄巾军以百余万之众攻入兖州,杀任城(治今山东济宁市南)相郑遂,转入东平(今县)。任城国、东平国均辖属于兖州。兖州牧刘岱欲发兵攻黄巾,济北国(今山东长清南)相鲍信分析当时的军事形势,对其上司刘岱说,现在黄巾有众百万,"百姓皆震恐,士卒无斗志,不可敌也。观贼众群辈相随,军无辎重,唯以钞略为资,今不若畜士众之力,先为固守。彼欲战不得,攻又不能,其势必离散,后选精锐,据其要害,击之可破也。"①刘岱不接受鲍信的建议,领兵与黄巾战,结果战败,被黄巾杀死。

刘岱既死,兖州无主。真可谓是黄巾军为曹操提供了大发展的机会。时曹操正在注视着局势的变化,加紧操练兵马,以谋新的进取。曹操部属东郡人陈宫看准了曹操的心计,因而向曹操献计说:"州今无主,而王命断绝,宫请说州中(指各郡国),明府(指曹操)寻往牧之,资之以收天下,此霸王之业也。"②曹操当然很同意。于是陈宫对兖州别驾(州牧的副手)、治中(州牧助理)们说:"今天下分裂而州无主;曹东郡,命世之才也,若迎以牧州,必宁生民。"济北相鲍信本来就看重曹操,更有此念,因而"乃与州吏万潜等至东郡迎太祖领兖州牧"③。

汉时全国分十三州刺史部,初为中央派出的监督机构,东汉末期刺史(后称州牧)已是地方上最高的一级军政长官。所以说,此

① 《三国志·魏书·武帝纪》。
② 《三国志·魏书·武帝纪》注引《世语》。
③ 《三国志·魏书·武帝纪》注引《世语》。

时的曹操虽然是代理(领)性质的,但今非昔比了。他不再仰人鼻息,成了真正的事实上的一方之主。

曹操领兖州牧后,立即带兵击黄巾于寿张东。曹操开始一度用偷袭的办法率领步骑千余人,边走边勘察地形,摸索到黄巾驻地,结果交战不利,死者数百人,被迫率余部退回。黄巾"兵皆精悍",乘胜前进;曹操"旧兵少,新兵不习练,举军皆惧"。情势紧急,曹操"被甲婴胄,亲巡将士,明劝赏罚,众乃复奋,承间讨击",黄巾被迫"稍折退"。据说,当时黄巾曾给曹操一封信,意思是想劝曹操迷途知返。信中说:"昔在济南,毁坏神坛,其道乃与中黄太乙同,似若知道,今更迷惑。汉行已尽,黄家当立。天之大运,非君才力所能存也。"曹操见信,"呵骂之",遂设奇伏,昼夜会战。曹军屡屡得手,"战辄禽获",黄巾军因不敌而被迫退走。①

在战斗中,鲍信战死。鲍信是曹操的支持者、朋友。鲍信死后,曹操没有找到尸体,"众乃刻木如信形状,祭而哭焉"②。

冬十二月,曹操追黄巾到济北(今山东长清南)。黄巾被迫乞降,曹操收降卒三十余万,男女百余万口,收其精锐者,号"青州兵"。

曹操收编黄巾三十余万众,切实奠定了以后大发展的根基。根据历史记载分析,曹操镇压农民起义军虽然非常坚决,但从来不像袁绍、公孙瓒之流那样残酷屠杀。袁绍讨黑山于毒,"围攻五日,破之,斩毒及其众万余级";进击左髭丈八等,皆斩之;又击刘石、青牛角等,"复斩数万级,皆屠其屯壁"③。公孙瓒逆击青、徐黄巾军于东光(今县)南,"斩首三万余级";黄巾奔走渡河,瓒因其半

---

① 《三国志·魏书·武帝纪》注引《魏书》。

② 《三国志·魏书·武帝纪》。

③ 《后汉书·袁绍传》。

济而攻之，又杀黄巾数万，流血丹水①。而曹操却没有这样的记录。可见，曹操其人虽然常常不以杀人为介，但对待义军却因另有所图而不嗜杀。论者往往只注意曹操以镇压义军起家，而没有注意到这种不同。

这就是曹操的高明之处。曹操对天下大势始终保持着清醒的认识，他知道天下大乱、地方割据、军阀混战已是不可避免，要在这种局面下立住脚跟，进而扩大地盘、发展自己、战胜对手，没有足够的兵力为基础是不可能的。兵力哪里来？曹操早已瞄准了起义军这个庞大的军事集团。所以曹操对待起义军实行的是两手政策，即镇压与诱降相结合。

曹操取敌以资己的军事思想，在实践中成功了。他正是以收编来的这股兵力和自领州牧得到的地方兵为本钱，并不断扩大，最后取得逐鹿中原的成功。

*　　　*　　　*

史实证明，曹操秉握汉政之前，人生道路上的每一重大转折，都同镇压农民起义军有着直接的干系，所以我们不能不承认，曹操的确是由镇压农民起义起家的。如前所述：第一，光和末年（即中平元年，公元 184 年）曹操是在黄巾起义的情况下被拜为骑都尉的，并以讨颍川黄巾之"功"，封官济南相；第二，初平二年（公元 191 年），曹操引兵入东郡打败黑山义军白绕部于濮阳，因此，袁绍表荐其为东郡太守，再次官列二千石之秩；第三，初平三年（公元 192 年），兖州刺史刘岱被青州黄巾军杀死，曹操遂被鲍信、陈宫、万潜等拥戴而领兖州牧；第四，是年，曹操追黄巾至济北，受降黄巾军卒三十余万。有了这三十万众，曹操

---

① 《后汉书·公孙瓒传》。

的势力便真正地壮大起来。这是他起家的最大一笔本钱。终其一生,青州兵始终是其最具战斗力的主力部队。根据记载看,青州兵在曹操的军事力量中,一直是作为单独建制存在的。建安初,曹操讨张绣失利,青州兵沿途抢劫,于禁向曹操数其罪状;建安末,曹操病死,"青州兵擅击鼓相引去",贾逵怕激化矛盾,酿成事变,"作长檄,告所在给其廪食"[1],都可证明这一点。所以说,曹操打下半壁江山,在军事上青州兵起了重要作用;在经济上,青州兵为屯田积谷也付出了辛劳。

曹操既然是以镇压农民起义军起家的,那么对此终究应作何种评价呢? 以往,不管是肯定曹操还是否定曹操的,抑是主张两分评操的,对此基本上都是持否定态度。力主"为曹操翻案"的诸大家,通常是在肯定其攻打农民军不对的前提下,然后从另外的角度进行分析和演绎,从而肯定其功绩,如郭沫若说,曹操打过东汉末年的农民起义军——黄巾,是其一生中"最不光彩的一页"。但他认为,"曹操虽然是攻打黄巾起家的,但我们可以说他是继承了黄巾运动,把这一运动组织化了。由黄巾农民组成的青州军,是他的武力基础。"[2]所以,"曹操虽然打了黄巾,但没有违背黄巾起义的目的"[3]。

窃以为不宜笼统地论说曹操镇压农民起义的是非。对此我在《曹操评传》一书中作了较多的评论。事实证明,大规模的农民起义大都发生在政治腐败、经济凋敝的社会环境下,它给了腐朽的统治集团以极大的打击,同时也给新的统治者以警示,所以积极历史

---

① 《三国志·魏书·贾逵传》注引《魏略》。
② 郭沫若:《谈蔡文姬的〈胡笳十八拍〉》。《曹操论集》第 10 页,三联书店 1960 年 1 月版(下同)。
③ 郭沫若:《替曹操翻案》。《曹操论集》第 47 页。

作用是不可否认的。但另一方面,这绝不意味着农民起义军理所当然地应该存在下去。事实同样证明,农民起义的破坏性及其历史副作用是极大的。历史的法则是,农民战争总是要在战争中结束的。战争的发动者和战争的结束者,都代表着一种历史的必然,所以对其都在一定意义上给予肯定,并指出其局限性与消极的一面是可以并行不悖的。

五、中原始逐鹿

曹操自领兖州牧,收编青州兵,正在意气风发谋取更大发展的时候,初平三年,朝廷"诏以京兆金尚为兖州刺史"。这件事使曹操受到很大刺激,他哪里容得自己好不容易得到的成果被别人占有,因而即派轻兵迎头痛击金尚于途中。金尚抱头鼠窜,投奔了袁术。

朝廷派人来做兖州牧,促使曹操加紧实现谋划中的两件大事,第一,必须得到朝廷的正式策命,进而西迎皇帝,把皇帝控制在自己手里,奉天子以令不臣;第二,中原逐鹿,以武力平天下。

这时,各路诸侯均在积极发展自己的势力。袁绍、公孙瓒混战于幽、冀,袁术据南阳做起"皇帝梦"。曹操明白,形势容不得犹豫,只有积极参与到你争我夺的激流中,才能够生存和发展,也才能够有机会成为最后的胜利者。

1. 破袁术

曹操大破袁术,逼袁术南去,是其第一次加入军阀大战之中。

袁术,字公路,汝南汝阳(治今河南商水西北)人,袁绍异母兄弟,"少以侠气闻,数与诸公子飞鹰走狗,后颇折节。举孝廉,累迁至河南尹、虎贲中郎将"①。董卓入洛阳后,以袁术为后将军,袁术怕为董卓所不容,出奔南阳。袁术到南阳,正是长沙太守孙坚在荆州地带发展势力,先后以"素遇无礼"和兵过南阳"而道路不治,军资不具"为由杀死荆州刺史王叡、南阳太守张咨②,并打出讨伐董卓旗号的时候。孙坚引兵与袁术相结。袁术表荐孙坚代理豫州刺史。新任荆州刺史刘表荐袁术为南阳太守。

袁术到南阳不久即开始做起皇帝梦来。史载,"术在南阳,户口尚数十百万,而不修法度,以钞掠为资,奢恣无厌,百姓患之。"他相信谶语,很迷信。他小的时候曾见一谶书,言"代汉者当涂高",自以为名"术"(古代称邑中路为术)和字"公路"之"路"都是"涂"(路)的意思,所以正应谶书之语;又以袁氏出自陈为舜之后,土德,"以黄代赤",正附德运代行的次序;当他得知孙坚得汉传国玺,遂拘孙坚妻而夺之。手上有了传国玺,更以为是天命所归了。于是便大会群下,说:"今海内鼎沸,刘氏微弱,吾家四世公辅,百姓所归,欲应天顺民,于诸君何如?"③大家甚知当时袁术根本不具备做皇帝的条件,所以有的不说话,有的婉转地给他泼了点冷水,皇帝梦没有立即付诸实现。但不久之后,约在建安二年,他还是不顾当时更严峻的形势,僭号称帝,成了众矢之的。这是后话。

袁绍、袁术虽为兄弟,但矛盾很深。起初,当袁术以孙坚领豫州刺史时,袁绍"遣其将会稽周昕夺坚豫州。术怒,击昕走之";袁绍欲立刘虞为帝,"术好放纵,惮立长君,托以公义不肯同,积此衅隙遂成。乃各外交党援,以相图谋,术结公孙瓒,而绍连刘表。"据载,"豪杰多附于绍,术怒曰:'群竖不吾从,而从吾家奴乎!'又与

① 《后汉书·袁术传》。
② 《三国志·吴书·孙坚传》。
③ 《后汉书·袁术传》。

公孙瓒书,云绍非袁氏子,绍闻大怒。"①初平三年(公元 192 年),袁术遣孙坚攻刘表,公孙瓒亦使刘备与袁术共谋攻袁绍;袁绍则与曹操联合,会击袁术。

曹操在力量尚感不强的时候,毫不犹豫地先站在袁绍一边,共战公孙瓒和袁术。这是出于一种重大的战略考虑:少树敌,先发展,打掉一个,再谋进取。

初平四年春,曹操军驻鄄城(山东今县)。时袁术遣孙坚攻刘表失利,孙坚战死。"荆州牧刘表断术粮道,术引军入陈留,屯封丘(河南今县)"②。这时黑山别部及匈奴於扶罗也归服了袁术,势力颇盛。袁术在南面失利,便想转而向北发展。

陈留郡及其属县封丘均是兖州刺史部的管辖范围,袁术进驻此地就是直接侵犯了曹操的领地,而且从封丘到曹操的大本营鄄城已不甚远。此等态势,当然是不能容忍的。于是,曹操率兵迎击,首战于鄄城与封丘之间的匡亭(今河南长垣西南),大败袁术;袁术退保封丘,不敌,然后又逃奔襄邑(今河南睢县)、宁陵(河南今县);曹操穷追不舍,连破袁术军,袁术率其余众急奔九江(郡治今安徽寿县)。袁术虽然兵败,但野心不死。九江郡归扬州刺史部管,袁术乘其不备,杀刺史陈温而自领扬州刺史③,又兼称徐州伯。他的意思是想表明此时的扬州、徐州两刺史部都是他的天下。

同年夏,曹操凯旋,军还定陶。

曹操战袁术,起初是被迫迎战,后来是主动出击。战争中,曹

① 《后汉书·袁术传》。
② 《三国志·魏书·武帝纪》。
③ 《后汉书·袁术传》。《三国志·袁术传》裴松之案引《英雄传》说,陈温先为扬州刺史,自病死,袁术更用陈瑀为刺史,术败封丘,南向寿春,瑀拒术不纳,术更军攻瑀,瑀走下邳。其说不同。

操再次展示了自己的军事才能。先是长驱近百公里,围歼袁术军前头部队于匡亭,继而又围袁术本部于封丘,追敌途中"决渠水灌城",追敌不能立足,然后以追穷寇之势穷追敌人。俗云,兵败如山倒。曹操在军事行动中迅即形成不可阻挡的态势,袁术兵不能敌,不得不远遁而去。

曹操第一次与兵力很强的军阀大战即取得了胜利的结果,从而增大了力量,鼓舞了斗志,更加坚定了谋取大业的雄心。

2. 征陶谦

曹操军还定陶,略事休整,不久便再次用兵。初平四年秋,率兵击陶谦。

陶谦,字恭祖,丹阳(今安徽宣城)人。史载,其人性刚直,有大节,少察孝廉,拜尚书郎,除(任命为)舒(今安徽庐江县西南)令(或谓举茂才,除卢令),迁幽州刺史,征拜议郎,参车骑将军张温军事,西讨韩遂;黄巾军起,被任为徐州刺史;董卓之乱,天子都长安,四方断绝,而陶谦却经常遣使行致贡献,朝廷因而升了他的官,封为安东将军、徐州牧。陶谦为人,并不像《三国演义》里说得那样好。本来,"徐州百姓殷盛,谷米丰赡,流民多归之,而谦背道任情",疏远忠直,亲近小人,"刑政失和,良善多被其害,由是渐乱"①。

曹操为什么要征陶谦呢?历史上通常强调的是为父报仇,这的确是重要原因之一。

关于曹操的父亲曹嵩被陶谦所杀之事,说法不一。《三国志·武帝纪》说,"太祖父嵩去官后还谯,董卓之乱,避难琅邪,为

---

① 《三国志·陶谦传》。

陶谦所害,故太祖志在复仇东伐。"①这是一种说法。第二种说法是,曹嵩当时在泰山郡华县,曹操"令泰山太守应劭送家至兖州,劭兵未至,陶谦密遣数千骑掩捕。嵩家以为劭迎,不设备。谦兵至,杀太祖弟德于门中。嵩惧,穿后垣,先出其妾,妾肥,不时得出,嵩逃于厕,与妾俱被害,阖门皆死。劭惧,弃官赴袁绍。"②这两种说法,被害地点和情节虽然不同,但都认为陶谦完全是有意杀了曹操的父亲及其全家。另一类说法则不同,说:"太祖迎嵩,辎重百余辆。陶谦遣都尉张闿将骑二百卫送,闿于泰山华、费间杀嵩,取财物,因奔淮南。太祖归咎于陶谦,故伐之。"③说法如此不同,哪种为是? 就当时的情势看,曹操其势正盛,陶谦似不可能出杀其全家之下策。如果果出此策,则必须做好迎战曹操的准备。事实上,曹操征陶谦,陶谦完全是处于被动挨打、惊慌失措的状态中。所以说,"士卒利嵩财宝,遂袭杀之"④之第二类说法,似乎更近情理。

当然,不管那种说法,陶谦都难辞其咎,因为是在陶谦地盘上被陶谦的人杀的。就曹操的性格来说,此仇是必定要报的。

其实,曹操征陶谦还有另一个更重要的原因,这就是他急于壮大自己,扩大地盘。兖州地处冀、豫、青、徐之间。冀州、青州主要是袁绍的势力范围,曹操当时无力与其争衡;豫州曾大多是袁术的势力范围,前期一仗,袁术已将其大本营迁到扬州境界;徐州则是陶谦的势力范围,力量相对为弱,且与兖州的关系重大。兖州刺史的势力要发展,必须努力把青、徐置于自己的控制之下。于是陶谦便成了继袁术之后的曹操第二个讨伐的对象。

① 《三国志·魏书·武帝纪》。
② 《三国志·魏书·武帝纪》注引《世语》。
③ 《三国志·魏书·武帝纪》注引《吴书》。
④ 《后汉书·陶谦传》。

当时,正好有一件事为曹操提供了借口。这也可算是原因之一。即,"下邳(今江苏睢宁西北)人阙宣聚众数千人,自称天子,徐州牧陶谦与共举兵,取泰山华、费,略任城(今山东济宁境)。"①或谓陶谦与阙宣"始与合从,后遂杀之而并其众"②。这就是说,你陶谦竟曾助人谋逆,我当然有理由讨伐你了。(历史上,对于陶谦与阙宣的"合从"问题向有不同分析,如胡三省说,"谦据有徐州,托义勤王,何借宣数千之众而与之合从!盖谦别将与宣共袭曹嵩,故曹操以此为谦罪而伐之耳。"③这种可能性是有的。)

曹操率领大军击陶谦,势如破竹,连连攻拔十余城,很快便打到陶谦的大本营彭城(今江苏徐州市),陶谦兵败东奔,走保郯(今山东郯城)。

这时,曹操被一种交织的夺地和复仇的心情激励着,已达到疯狂而不能自已的程度。据记载,"谦退保郯,操攻之不能克,乃还。过拔取虑(今江苏睢宁西南)、睢陵(今江苏睢宁)、夏丘(今安徽泗县),皆屠之。凡杀男女数十万人,鸡犬无余,泗水为之不流,自是五县城保,无复行迹。初三辅遭李傕乱,百姓流移依谦者皆歼。"④

兴平元年(公元194年)春二月,陶谦告急于青州刺史田楷,田楷与平原相刘备来救。刘备自有兵数千人,陶谦又拨给他四千人,并表荐他为豫州刺史。这时,曹操军粮已尽,难以持久,引兵还鄄。

经过几个月休整与扩充军备,这一年夏天,曹操以荀彧、程昱守鄄城,自己带兵第二次攻陶谦,连拔五城,遂略地至东海。回兵

①　《三国志·魏书·武帝纪》。
②　《后汉书·陶谦传》。
③　《资治通鉴》卷60,汉献帝初平四年。
④　《后汉书·陶谦传》。《三国志·魏书·陶谦传》所记不同,说"死者万数"。

过郯。陶谦部将曹豹与刘备屯郯东,拦击曹操,曹操打败了他们,遂攻拔襄贲,依然屠杀无辜,"所过多所残戮"。①

陶谦惊恐万状,正当准备逃归老家丹阳的时候,事情突然起了变化。曹操得知自己的后院起火,陈留太守张邈和陈宫叛操迎吕布入兖州,因而急急引军而还。

曹操这次拓地、用兵,在那天下纷争胜者王的时代,无可非议。但在政治和策略上却犯了大错误,几乎丧失了自己的根据地,断送了自己的前程。这次复仇与拓地之战把他诡诈、多疑、残忍、嗜杀之性完全暴露出来,从而大失民心,搞得士大夫皆恐惧,甚至一些朋友和亲信也心不自安而急于离开他,或铤而走险,或另谋发展。

3. 战吕布

曹操征陶谦,不以杀人为意,很快得到报应。他的朋友张邈和亲信属将陈宫以及所属郡县大都心不自安而叛离了他。

张邈,少时同曹操、袁绍都很要好,而同曹操友情更笃。董卓之乱,共同起兵。"袁绍既为盟主,有骄矜色,邈正议责绍"。袁绍曾令曹操去杀掉张邈,操不听,说:"孟卓(张邈字),亲友也,是非当容之。今天下未定,不宜自相危也。"②曹操第一次征陶谦,志在必死,出发前把自己的家属托付给张邈。可见两人是很友好的。但也有人早就看出,他们二人各有芥蒂,早晚是要翻脸的。陈留人高柔对乡人说:"曹将军虽据兖州,本有四方之图,未得安坐守也。而张府君先得志于陈留,吾恐变乘间作也。"③

陈宫,本是曹操的亲信属下,给曹操出过许多好主意,尤其是

---

① 《三国志·魏书·武帝纪》。

② 《三国志·魏书·张邈传》。

③ 《三国志·魏书·高柔传》。

劝曹操领兖州刺史一事,无疑是曹操人生历程中重要的建策和转折。曹操视陈宫为心腹,所以带兵外出,辄以陈宫留守东郡。

张邈怕曹操最终会为了袁绍而杀自己,心不自安;陈宫性情刚直,内亦自疑。于是,陈宫乘曹操用兵在外之机,同从事中郎许汜、王楷及张邈之弟张超等共谋叛操。陈宫对张邈说:"今天下分崩,雄杰并起,君拥十万之众,当四战之地,抚剑顾眄,亦足以为人豪,而反受制,不以鄙乎?今州军东征,其处空虚,吕布壮士,善战无前,迎之共据兖州,观天下形势,俟时事变通,此亦从横一时也。"①邈从之。

陈宫先时拥曹操为兖州牧,应该说不失为聪明之举;此时仅因自疑而更拥吕布为兖州牧,则就是意气用事、见人不明、自取其祸了。

吕布,字奉先,五原郡九原(今内蒙古包头西)人,以骁武著称。起初,并州刺史丁原为骑都尉,屯河内,以布为主簿,甚见亲待。后来,丁原受何进召将兵进入洛阳为执金吾,掌京师戒司非常水火之事,并主兵器。董卓入京,将为乱,欲杀丁原而并其众。吕布不念旧谊,受董卓之诱,杀死丁原,投靠了董卓;董卓以吕布为骑都尉,誓为父子,继迁中郎将,封都亭侯。据载,董卓恐人谋己,常以吕布自卫。布因便与卓侍婢私通,恐事发觉,心常惴惴。董卓还曾以小失意,拔手戟向吕布投去,吕布险些被杀。司徒王允利用了他们之间的矛盾,以布为内应杀了董卓。后来,吕布被李傕、郭汜赶出长安,投袁术,袁术恶其反复,拒而不受;投袁绍,袁绍阳为重用,内实患之,想把他杀掉;然后,走河内,想去投靠并州刺史张杨,在经过陈留时,张邈与陈宫推其为兖州牧以代曹操。

① 《后汉书·张邈传》。

张邈迎吕布为兖州牧,派人诡告荀彧:"吕将军来助曹使君击陶谦,宜亟供其军食。"荀彧知张邈为乱,即勒兵设备,急召东郡太守夏侯惇于濮阳。是时,留守之督将、大吏多与张邈、陈宫通谋,"兖州诸城皆应布",唯鄄、范、东阿三县赖荀彧、程昱之力不动。[1]

曹操从讨陶谦的前线匆匆赶回东阿,见形势大变,头脑也清醒了许多,又开始认真而审慎地思考问题。他握着程昱的手说:"微(无)子之力,吾无所归矣。"[2]因以程昱为东平相,屯范。吕布攻鄄城,荀彧固守,不能下,西屯濮阳。吕布屯濮阳,使曹操松了一口气,他断定吕布不会有所作为,从而也看出了吕布的无能。曹操对部属们说:

> 布一旦得一州,不能据东平(山东今县),断亢父(治今山东济宁南)、泰山之道乘险要我,而乃屯濮阳,吾知其无能为也。[3]

兴平元年(公元194年)秋八月,曹操主动发军攻吕布,先袭濮阳西之吕布别屯,身自搏战,从早至晚,数十回合。曹操募人陷阵,司马典韦应募。典韦舞戟于敌阵,抵者无不应手倒毙。吕布以骑兵攻击操之青州兵,青州兵溃奔,曹操营乱,急急后撤,以至掉下马来,幸司马楼异将其扶上马,得免。还有一个很有趣的故事说,曹操围濮阳,濮阳大姓田氏为其内应,打开城门,曹操得入城。曹操入城后,烧毁濮阳东门,表示决不后退。及战,军败,吕布的骑兵追上曹操,但不知是曹操,问道:"曹操何在?"曹操诡答:"乘黄马走者是也。"吕布的骑兵于是舍曹操而追骑黄马者。曹操急返城

---

① 《三国志·魏书·荀彧传》。

② 《三国志·魏书·程昱传》。

③ 《三国志·魏书·武帝纪》。

门,大火犹盛,突火而出。①

曹操与吕布相持百余日。史载,此时蝗虫起,百姓大饥,吕布的军粮亦尽,因而各引兵去。秋九月,曹操还鄄城,吕布到乘氏(治今山东巨野西南),为其县人李进所破,东屯山阳(治今山东金乡西北)。是岁,"谷一斛五十余万钱,人相食"②;陶谦病死,刘备代为徐州牧。

兴平二年春正月,曹操再起兵袭吕布于定陶。夏,曹操攻布将薛兰、李封于巨野,布救兰等,不胜而走,操斩兰等,军屯乘氏。

曹操到了乘氏,又想起陶谦。因为再前进不远就又到了徐州管界。这时陶谦已死,可见曹操征陶谦最重要的目的是地盘而不仅是复仇。他想先取了徐州,然后再回头解决吕布。荀彧及时说服了曹操,打消了他这个错误念头。荀彧对曹操讲了很长的一段话:

> 昔高祖保关中,光武据河内,皆深根固本以制天下,进足以胜敌,退足以坚守,故虽有困败而终济大业。将军本以兖州首事,平山东之难,百姓无不归心悦服。且河、济,天下之要地也,今虽残坏,犹易以自保,是亦将军之关中、河内也,不可以不先定。今以破李封、薛兰,若分兵东击陈宫,宫必不敢西顾,以其间勒兵收熟麦,约食畜谷,一举而布可破也。破布,然后南结扬州,共讨袁术,以临淮、泗。若舍布而东,多留兵则不足用,少留兵则民皆保城,不得樵采。布乘虚寇暴,民心益危,唯鄄城、范、卫可全,其余非己之有,是无兖州也。若徐州不定,将军当安所归乎?且陶谦虽死,徐州未易亡也。彼惩往年之

---

① 《三国志·魏书·武帝纪》注引《献帝春秋》。
② 《三国志·魏书·武帝纪》。

败，将惧而结亲，相为表里。今东方皆以收麦，必坚壁清野以待将军，将军攻之不拔，略之无获，不出十日，则十万之众未战而自困耳。前讨徐州，威罚实行，其子弟念父兄之耻，必人自为守，无降心，就能破之，尚不可有也。夫事固有弃此取彼者，以大易小可也，以安易危可也，权一时之势，不患本之不固可也。今三者莫利，愿将军熟虑之。①

荀彧在这篇说辞中，深切地剖析了"固本以制天下"的道理，讲了"舍布而东"而必致失掉兖州的严重后果，同时也讲了徐州未必能取，取而未必能有的预测。一句话，弃此取彼，乃是以大易小，以安易危，不考虑本之不固，不值得。

曹操接受了荀彧的意见，表现出纳谏的胸怀，避免了一次重大的失误。

五月，吕布略事整顿之后，再次从东缗（今山东东明）与陈宫率兵万余人来战，曹操因地设伏，大破吕布。史载，吕布与陈宫来战时，操兵皆外出收麦，"在者不过千人，屯营不固。太祖乃令妇人守陴（pí，城墙上之女墙），悉兵拒之。屯西有大堤，其南树木幽深，布疑有伏，乃相谓曰：'曹操多谲，勿入伏中。'引军屯南十余里。明日复来，太祖隐兵堤里，出半兵堤外。布军益进，乃令轻兵挑战，既合，伏兵乃悉乘堤，步骑并进，大破之，获其鼓车，追至其营而还。"吕布夜走，曹操再占定陶，然后分兵平定附近各县。吕布东奔刘备。张邈到袁术处求救，路上被自己的士兵杀死。"张邈从布，使其弟张超将家属屯雍丘"，操围城数月，破城后，灭张邈三族。②

---

① 《三国志·魏书·荀彧传》。
② 参见《三国志·魏书·武帝纪》注引《魏书》、《后汉书·吕布传》。

史载，"时刘备领徐州，居下邳，与袁术相拒于淮上"。袁术为了拉拢吕布攻击刘备，大大夸奖吕布一番，并送米二十万斛。"吕布即勒兵袭下邳，获备妻子，备败走海西（今江苏东海县南），饥困，请降于布。"吕布其人，反复无常，继而"又恚术运粮不复至，乃具车马迎备，以为豫州刺史，遣屯小沛，布自号徐州牧"。①

曹操在劣势的情况下，能够出奇制胜，大破吕布等军，再平兖州，又一次展现了他的军事才能。

---

① 《后汉书·吕布传》。

第四章　迎帝都许

曹操收编青州兵，继而以兖州为基地破袁术、征陶谦、战吕布之时，也正是长安大乱之时。

初平三年(公元 192 年)四月，司徒王允与吕布杀董卓。消息传出，"士卒皆称万岁，百姓歌舞于道。长安中士女卖其珠玉衣装，市酒肉相庆者，填满街肆。"[1]可见，董卓被诛，百姓是何等的欢快。但事态的发展却完全出人意料。

董卓诛后，司徒王允录尚书事，吕布为奋威将军，假节，封温侯，共秉朝政。

王允其人，初惧董卓，折节事之，既灭董卓，自认为不会再有患难，居功自傲，"及在际会，每乏温润之色，杖正持重，不循权宜之计"，作了不少不得人心的事。诸如学冠当时的左中郎将蔡邕只是听到董卓被杀的消息惊叹了一声，就被王允收死狱中。所以，群下逐渐疏远了他。当然，更重要的是此人不善谋略，眼光短浅，缺乏应变能力，处事犹豫不决。他本想赦免董卓部曲，忽而又变了卦，不给董卓属军以出路。董卓部将李傕、郭汜等无所依，派人到长安求赦，王允断然拒绝。傕、汜求赦无望，孤注一掷，遂即酿成更大的祸乱。[2]

---

① 《后汉书·董卓传》。
② 参见《后汉书·王允传》、《后汉书·董卓传》。

六月,李傕、郭汜攻长安,杀王允,击吕布,吏民死者万余人。吕布战败,率兵逃出长安。前已述及,他逃出后先投袁术,后投袁绍,继而被张邈等迎为兖州牧。

董卓刚死时,长安三辅之民还有数十万户,李傕等放兵劫掠,加以饥馑,两年间民相食,人烟便很少了。史载,"是岁谷一斛五十万,豆麦二十万,人相食啖,白骨盈积,残骸余肉,臭秽道路。"[1]

不久,李傕、郭汜互相猜疑,起了内讧,一人劫天子,一人质公卿。二人相攻数月,死者以万数,搞得长安城乌烟瘴气。

兴平二年(公元 195 年)元月,原董卓部将张济说服李傕、郭汜和解,并想迁皇帝至弘农(今河南灵宝北)。皇帝也想念旧京洛阳,遣使对李傕、郭汜宣谕十次,他们才各以女儿为质而和解。秋七月,献帝车驾出长安,在后将军杨定、兴义将军杨奉、安集将军董承(原皆董卓部曲)护卫下,历经数月,终于挣脱李傕、郭汜的追击,渡过黄河,于十二月乙亥,到达安邑(今山西夏县西北)。

建安元年(公元 196 年)五月,杨奉、韩暹等奉帝东还,六月到闻喜,七月还洛阳,住故中常侍赵忠宅。献帝东还,河内太守张杨以粮迎于道路。八月,以张杨为大司马、杨奉为车骑将军、韩暹为大将军领司隶校尉。

这时的洛阳,因为宫室已被烧尽,百官无地方住,只得"披荆棘,依墙壁间",群僚饥乏,"尚书郎以下自出采稆(lǔ,野生稻谷),或饥死墙壁间,或为兵士所杀"[2]。

军阀混战,天下大乱,一时之间谁也吃不掉谁,愚者自做"皇帝梦",智者谋迎天子,以便举起天子的大旗讨伐不服。所谓愚者

---

① 《晋书·食货志》。
② 《后汉书·献帝纪》。

就是袁绍、袁术、吕布者流。当时袁绍的谋士沮授看得很清楚。沮授对袁绍说："将军累叶台辅，世济忠义。今朝廷播越（流亡），宗庙残毁，观诸州郡，虽外托义兵，内实相图，未有忧存社稷恤人之意。且今州城粗定，兵强士附，西迎大驾，即宫邺都，挟天子而令诸侯，蓄士马以讨不庭（不庭，指不朝于朝廷者），谁能御之？"袁绍听了沮授的话，有点犹豫。另两个谋士郭图、淳于琼不同意沮授的主张，则说："汉室凌迟，为日久矣，今欲兴之，不亦难乎？且英雄并起，各据州郡，连徒聚众，动有万计，所谓秦失其鹿，先得者王。今迎天子，动辄表闻，从之则权轻，违之则拒命，非计之善者也。"沮授又说："今迎朝廷，于义为得，于时为宜。若不再定，必有先之者焉。夫权不失几（机），功不厌速，愿其图之。"[①]沮授的话说得很是透彻，讲明了"挟天子而令诸侯"的重大作用，指出了如果迟疑，必有抢先者。但袁绍听不进去。因为他想当皇帝。至于袁术，那就更是鬼迷心窍，看不到这一步。曹操则完全不同，相比之下，真可谓是站得高，看得远。

一、迎帝都许

曹操对待天子之废立，一向看得很重，前述拒王芬谋废灵帝、立合肥侯，拒袁绍谋立刘虞等是这一思想的表现。

曹操认识到，一时间汉天子这面旗子仍不失为重要武器，仍有号召力，谁把它举起来，谁就能提高自己的权威，占有主动权，就能以天子之名行己之欲，就会产生意想不到的威势和力量。因此，他占有兖州之后，除了以武力争衡天下外，一直在考虑谋迎天子的

---

① 《后汉书·袁绍传》。

问题。

史载,曹操刚刚自领兖州牧,他自己任命的治中从事毛玠即对曹操说:"今天下分崩,国主迁移,生民废业,饥馑流亡,公家无经岁之储,百姓无安固之志,难以持久。"又说:"夫兵义者胜,守位以财,宜奉天子以令不臣,修耕植,畜军资,如此则霸王之业可成也。"①这些话,正合曹操之意。于是立即使从事王必到河内太守张杨处"借路"西去长安。张杨不听。当时正好袁绍任命的魏郡太守董昭因得不到袁绍的信任而刚离开袁绍,意欲经河内去长安,为张杨所留,董昭因说张杨:"袁、曹虽为一家,势不久群。曹今虽弱,然实天下之英雄也,当故结之。况今有缘,宜通其上事,并表荐之;若事有成,永为深分。"②当时,曹操尚倚持于袁绍,而董昭竟能看出将来成功者是曹操而不是袁绍,亦可谓是善断大事而识人者。经董昭一点,张杨豁然明白,于是准许曹操的使者经过他的地盘而到长安上事,并表荐曹操。同时,董昭还以曹操的名义写信给长安诸将李傕、郭汜等,并且到处打点送礼。

曹操的使者到了长安,李傕、郭汜等以为关东军阀都想自立为天子,现在曹操虽有使者,但也不一定诚实,准备把使者扣留,以示拒绝。黄门侍郎钟繇劝傕、汜说:"方今英雄并起,各矫命专制,唯曹兖州乃心王室,而逆其忠款,非所以副将来之望也。"③李傕、郭汜听从了钟繇的意见,对操"厚加答报"。自此开始曹操便有使者通皇帝。

所谓"厚加答报",其中最主要的是指兴平二年(公元 195 年)十月承认了曹操自领兖州牧的合法性,献帝"拜操为兖州牧"。

---

① 《三国志·魏书·毛玠传》。

② 《三国志·魏书·董昭传》。

③ 《三国志·魏书·钟繇传》。

曹操得到拜授之命,立即写了一份《领兖州牧表》给献帝:

> 入司兵校,出总符任。臣以累叶受恩,膺荷洪施,不敢顾命。是以将戈帅甲,顺天行诛,虽戮夷覆亡不暇。臣愧以兴隆之秩,功无所执,以伪假实,条不胜华,窃感讥请,盖以维谷。①

妙哉!文字不长,曹操竟充分表达了三层意思,第一,不忘皇恩,忠于汉室之心不变,以至不敢顾惜性命;第二,将戈帅甲,征伐不暇,都是顺天行诛,是符合你皇帝的意愿的,从而把自己的连年用兵的真实用心掩盖过去;第三,说愧对皇帝的恩封,深感功、秩不相称,怕别人讥笑,有点进退两难。这样的表章,既接受了授命,又出言得体,理所当然地得到朝廷的赞赏。

建安元年秋八月,曹操在许(治今河南许昌东),谋迎天子,部属中的许多人觉得条件不具备,认为山东(亦称关东,泛指崤山、华山以东)未定,韩暹、杨奉居功自傲,暴戾恣睢,很难控制。荀彧力排众议,劝曹操说:"昔晋文公纳周襄王,而诸侯景从;汉高祖为义帝缟素,而天下归心。自天子蒙尘,将军首唱义兵,徒以山东扰乱未遑远赴,虽御难于外,乃心无不在王室,今銮驾旋轸,东京榛芜,义士有存本之思,兆人怀感旧之哀。诚因此时奉主上以从人望,大顺也;秉至公以服天下,大略也;扶弘义以致英俊,大德也。四方虽有逆节,其何能为?韩暹、杨奉,安足恤哉!若不时定,使豪杰生心,后虽为虑,亦无及矣。"②这里,荀彧据引历史,讲述了迎纳天子的好处,也指出了迎纳天子的紧迫性,若不马上决定,就来不及了;同时还给曹操戴了高帽,说他"虽御难于外,乃心无不在王室",说明现在正是表现自己的最好时机,进而指明,此时迎纳天

---

① 《艺文类聚》卷50。
② 《后汉书·荀彧传》。

子是"大顺"、"大略"、"大德"之事。

荀彧、曹操在对待汉室这一重大问题上,本质是完全不同的,前者的确出自"忠心",后者则视为"权宜"。尽管如此,他们在即时迎纳天子这一点上是一致的。

曹操接受了荀彧的意见,立即派遣扬武中郎将曹洪率兵西迎天子,但"卫将军董承与袁术将苌奴据险,洪不得进"①。此时,董昭已在天子身边,诏拜议郎。他又一次帮了曹操的忙。董昭考虑到杨奉兵马虽强,但比较孤立,便于笼络,所以再次以曹操的名义作书。这封以曹操名义发给杨奉的信中说:"吾(操)与将军闻名慕义,便推赤心。今将军拔万乘之艰难,反之旧都,翼佐之功,超世无畴,何其休哉!方今群凶猾夏,四海未宁,神器至重,事在维辅;必须众贤以清王轨,诚非一人所能独建。心腹四支,实相恃赖,一物不备,则有阙焉。将军(指杨奉)当为内主,吾为外援。今吾有粮,将军有兵,有无相通,足以相济,死生契阔,相与共之。"董昭这封捉刀代笔信,颇具曹操风采,先把杨奉吹了一通,然后表示诚心联合,死生与共。据说,杨奉收到信后很高兴,对诸将说:"兖州(指操)诸军近在许耳,有兵有粮,国家所当依仰也。"②于是表荐曹操为镇东将军,袭爵费亭侯。

曹操得封以后,内怀潜喜,外诈谦抑,连上三表。三让而后就。头一份表章,后人称为《上书让封》。

> 臣诛除暴逆,克定二州(指青州、兖州),四方来贡,以为臣之功。萧相国以关中之劳,一门受封;邓禹以河北之勤,连城食邑。考功效实,非臣之勋。臣祖父中常侍侯,时但从辇,

① 《三国志·魏书·武帝纪》。
② 《三国志·魏书·董昭传》。

扶翼左右，既非首谋，又不奋戟，并受爵封，暨臣三叶。臣闻《易·豫卦》曰："利建侯行师。"有功乃当进立以为诸侯也。又《讼卦》六三曰："食旧德，或从王事。"谓先祖有大德，若从王事有功者，子孙乃得食其禄也。伏惟陛下垂乾坤之仁，降云雨之润，远录先臣扶掖之节，采臣在戎犬马之用，优策褒崇，光耀显量，非臣尪（音汪）顽所能克堪。①

曹操毫不客气地表述了自己的"诛逆"之功和祖父中常侍曹腾的勋绩，并推及"先祖有大德，若从王事有功者，子孙乃得食其禄也"。这就是说，自己受封袭爵是应该的，是在情理之中的。但他忽而笔锋一转，言不由衷地说对于皇帝的"优策褒崇"，不是如自己之愚弱无能所担当得起的。

汉献帝收到曹操的"让封"表后，又下了第二次"策命"，复述前意。曹操"读前后策命"之后，也再次上书，文虽有异，意则略同，最后依然归结为："臣自三省，先臣虽有扶辇微劳，不应受爵，岂逮臣三叶；若录臣关东微功，皆祖宗之灵佑，陛下之圣德，岂臣愚陋，何能克堪。"②

随后，曹操得到第三次"策命"，于是遂上《谢袭费亭侯表》，接受了皇帝的恩封，其中有云："比荷殊宠，策命褒绩，未盈一时，三命交至。双金重紫，显以方任，虽不识义，庶知所尤。"③"未盈一时，三命交至"，可见三让而就是在一个不长的时间里完成的。

曹操每有晋迁，辄三让之，即使后来大权独握"自封"自己，也不忘三让的程式。他运用这种程式的目的不在"让"，而是要通过它把自己的功劳摆出来，记录在案；所以，意不在谦逊，而在服众，

---

① 《艺文类聚》卷51。
② 《艺文类聚》卷51。
③ 《艺文类聚》卷51。

在表无愧于受封。

正当曹操积极谋划进驻洛阳以迎天子的时候,时局发生了戏剧性变化。本来是董承凭险拒操,但这时曹操突然收到董承"潜召"。史载,韩暹矜功专恣,董承患之,于是"潜召"操,操乃引兵进驻洛阳;进了洛阳,曹操当机立断,趁其他兵众大多在外之机,"因奏韩暹、张杨之罪,暹惧诛,单骑奔杨奉"。①

这时张杨、杨奉之兵均在外,韩暹又跑了,洛阳城中兵势最大的就是曹操。他甚知如何利用天子,更知如何对付反对力量,因此当即依靠暴力夺取了权力。

献帝七月甲子到洛阳,八月癸卯封张杨为大司马,韩暹为大将军,杨奉为骑将军,辛亥曹操自领司隶校尉,录尚书事。前后不到五十天,汉天子便落到了曹操的控制之中。

曹操一旦大权在握,为了树立权威,立即做了三件事,第一,杀了侍中台崇、尚书冯硕等三人,谓"讨有罪也";第二,封卫将军董承为辅国将军、伏完等十三人为列侯,谓"赏有功也";第三,追赠射声校尉沮儁为弘农太守,谓"矜死节也"②。与此同时,曹操在考虑当时有没有条件把皇帝移出洛阳,一时拿不定主意。他让董昭坐到自己身旁,问曰:"今孤来此,当施何计?"董昭回答说:"将军兴义兵以诛暴乱,入朝天子,辅翼王室,此五伯之功也。此下诸将,人殊意异,未必服从,今留匡弼,事势不便,惟有移驾幸许耳。然朝廷播越,新还旧京,远近跂望,冀一朝获安。今复徙驾,不厌众心。夫行非常之事,乃有非常之功,愿将军算其多者。"董昭在这里分析了形势,进而鼓励曹操要行非常之事,就不要管那么多。董昭一

①　《后汉书·董卓传》。
②　《后汉书·献帝纪》。

番话坚定了曹操的决心,说:"此孤之本志也。"当时曹操怕杨奉兵精为累,董昭又为他作了分析:"奉少党援,将独委质。镇东、费亭之事,皆奉所定,……宜时遣使厚遗答谢,以安其意,说'京都无粮,欲车驾暂幸鲁阳。鲁阳近许,转运稍易,可无县乏之忧'。奉为人勇而寡虑,必不见疑,比使往来,足以定计,奉何能为累?"①曹操很钦佩董昭的分析,利用对方弱点,先安其意以成自己的大事,然后徐图之。这正是曹操之所长,因而立即遣使到杨奉那里,先给杨奉一粒定心丸;同时立即布置挟帝出京之事。

八月庚申(公元196年10月7日),也就是在其自领司隶校尉的第九天,曹操趁诸多外兵尚无察觉自己的意图的情况下,按照原来的谋划,迅即"移驾"(实是挟持)出洛阳,经辕(今河南偃师东南)而东,迁都于许。

许县完全在曹操的统制之下。献帝别无所依,为了收拢曹操,到许之后,亲自到曹操军营,封曹操为大将军、武平侯。曹操原来袭爵是"亭侯",现在新封是"县侯",高了一个等级。

朝廷封赏,实同"自领",但曹操还是再次表演了一番辞让之伎,连上《上书让增武平侯》、《上书让增封》,其文仍然是先述谦抑之词,并隐含表己之劳和祖先之功,如谓"伏自三省,姿质顽素,材志鄙下,进无匡辅之功,退有拾遗之美。虽有犬马微劳,非独臣力,皆由部曲将校之助;陛下前念先臣微功,臣受不赏之分,未有丝发以自报效",等等,后陈"不克负荷"之恳切辞让之"诚"。如果不谙背景,读来无不受其感动。如谓:没有非同寻常的功劳,而接受非同寻常的恩赏,成了自己的一块心病;但连连上表,始终得不到皇上的允许,本知"让不过三",但还是要把心里的话说出来,至于四

---

① 《三国志·魏书·董昭传》。

五，这是"上欲陛下爵不失实，下为臣身免于苟取"。最后两句终于点明了屡屡让封的本意，就是让天下人承认皇帝的爵赏是合理的，即"爵不失实"；就是要让天下人承认我曹操接受增封并非"苟取"，而是理所应得的。

二、百官总己以听

曹操迁天子都许，使皇帝完全摆脱了其他军事力量的控制，而置于自己的掌握之中。对立的军事力量赶走了，但随驾的诸多文武大臣则必须准其入许。这些随驾入许的大臣，尤其是颇有名望的三公宰辅，对于自己握权以总的目标仍不失为一种威胁。

曹操很明白，要解除这种威胁，必须两手兼用，或罢杀之，或封赏之。对此，曹操从入洛迎帝即已开始。都许以后，曹操急于稳定局势，巩固并提高自己的权势，以利大业和征讨不臣之事，因而加紧步伐，剪除异己。其实，许多人很难算得上是异己，只不过是稍出微词或略示愠色而已。

曹操首先向最有影响力的三公发难。

建安元年九月，罢太尉杨彪、司空张喜。杨彪，四世太尉，德业相继，与袁氏俱为东汉名族，自董卓乱起，尽节卫主，从洛阳到长安，又从长安回到洛阳，继而从东都许，"崎岖危难之间，几不免于害"。既有如此之位，又有如此之功的人，对于曹操无疑是一种权力威胁。史载，天子新迁，大会公卿，曹操上殿，见杨彪脸色不悦，怕被暗算，未等摆好宴席，便借口腹痛上厕所，回营去了。曹操未及宴设而出，对天子和朝臣都是很大震动，杨彪自知危险，主动请求"以疾罢"。但曹操并不以此为满足。据说，杨彪与袁术有姻亲之干系，"时袁术僭乱，操托彪与术婚姻，诬以欲图废置，奏收下狱,劾以大逆。"大逆,属于杀无赦之罪。《后汉书·杨彪传》注引《献帝春秋》说,"杨彪获罪,惧者甚众"。"惧众",正是曹操的真正目的,或说是重要目的之一。将作大匠孔融得知杨彪下狱,来不及穿好朝服,即往见曹操,说:"杨公四世清德,海内所瞻。《周书》父子兄弟罪不相及,况以袁氏归罪杨公。《易》称'积善余庆',徒欺人耳。"操回答说:"此国家(指皇帝)之意。"融说:"假使成王杀邵公,周公可得言不知邪?今天下缨緌缙绅(谓整冠系带,意指高级官吏),所以瞻仰明公者,以公聪明仁智,辅相汉朝,举直厝枉,致之雍熙也。今横杀无辜,则海内观听,谁不解体!孔融鲁国男子,明日便当拂衣而去,不复朝矣。"[1]曹操大概觉得孔融的话很有道理,现在既已把杨彪的威风打下去了,留下也无妨,于是便把杨彪放了。四年后还给了杨彪一个掌管宗庙礼仪的官——太常卿。孔融谏阻杀杨彪虽然成功了,但也伏下不容于操的危机。

司空张喜是以什么理由罢的,史无可征。但总会有个不成理由的理由,因为官居公卿是不能随便罢黜或杀的。

至于非公卿之一般官吏,虽然也不能随便滥杀,但就当时来说,根本无需通过什么程序,曹操如果觉得讨厌即可杀掉。议郎赵彦,曾向皇帝陈言时策,曹操知道后很不高兴,就把赵彦杀了。《后汉书·伏皇后纪》说:"自帝都许,守位而已,宿卫兵侍,莫非曹氏党旧姻戚。议郎赵彦尝为帝陈言时策,曹操恶而杀之。其余内外,多见诛戮。"

在诛戮朝中异己的同时,曹操为了许都的安宁和便于行使权力,立即着手对近许之敌对势力用兵。当时兵马最强、离许最近的是杨奉。杨奉曾相信董昭以操名义写的信,以为操能与自己"死

---

[1] 《后汉书·杨彪传》。

生契阔,相与共之",因而表举曹操为镇东将军,袭爵费亭侯。及至曹操"移驾",杨奉始知上了当,曾想发兵截击,但没有来得及。杨奉驻梁(今河南商丘境)是直接影响朝廷稳定的一股势力,因而曹操把杨奉视为心腹之患,确定为第一个用兵目标。冬十月,曹操发兵征杨奉,杨奉、韩暹南奔袁术,从而解除了近兵之忧。

打跑了杨奉之后,曹操开始想法对付最大的一个妨碍自己的对手袁绍。曹操深知,靠武力是不行的,但太软也不行,于是便采用了硬软兼施的两面政策,先是以皇帝诏书的名义责绍"地广兵多,而专自树党,不闻勤王之师,而但擅相讨伐"①。既然是天子诏书,袁绍不能不认真对待,否则更授曹操以柄,因而写了很长的一封信进行辩解。这一招,无疑是曹操初试奉天子之令的成功之举,袁绍果然诚惶诚恐,反复表白。诏责袁绍,沉重地打击了袁绍的气焰。继而,曹操使出第二手,以皇帝名义拜袁绍为太尉,封邺侯。当时,曹操已自为大将军,袁绍耻为操下(东汉时三公是荣职而无多大实权,因而实际上大将军位在三公之上),怒曰:"曹操当死数矣,我辄救存之,今乃背恩挟天子以令我乎?"②于是上表不受。袁绍表辞太尉实是装装样子,并非真心,但因为袁绍的势力太大,曹操尚不能与之相拒,所以"大惧"。曹操权衡形势,甚知最重要的决策无过于稳住袁绍,能屈能伸方可成其大事,何必拘于名位,只要天子在自己的手里就好办,因而即以大将军让绍。随后,"使将作大匠孔融持节拜绍为大将军,锡弓矢节钺,虎贲百人,兼督冀、青、幽、并四州"③。

异己势力清除了、打击了;党旧姻戚把持要津、实权在握了;近

---

① 《后汉书·袁绍传》。
② 《三国志·魏书·袁绍传》注引《献帝春秋》。
③ 《后汉书·袁绍传》。

敌打跑了;袁绍稳住了;许都自然也相对平静了。至此,进一步控制权力的条件更加具备。"冬十一月丙戌,曹操自为司空,行车骑将军事,百官总己以听"①。当然,名义上还是由皇帝拜授的。所以,曹操还得写一份《让还司空印授表》。

明明是自拜自受,却要走一下辞让的程式,明明把权力拿在手里,而反说自己不堪其任,看来滑稽,但其意义是重大的,因为曹操要在这不断折腾中塑造自己的形象,巩固自己的权力。这份辞让表是这样写的:

> 臣文非师尹之佐,武非折冲之任,遭天之幸,干窃重授。内钟伯禹司空之职,外承吕尚鹰扬之事,斗筲处之,民其瞻观。水土不平,奸宄未静,臣常愧辱,忧为国累。臣无智勇,以助万一,夙夜惭惧,若集水火,未知何地可以殒越(坠落,指死亡)。②

曹操在这里又讲了三层意思,第一,自谦自抑,蒙皇帝之赐,忝辱重位;第二,司空、车骑将军都是很重要的位置,由我担任更将引起众人注目;第三,常怀忧国之心,做好了不惜为国捐躯的思想准备。

这时的曹操已经走上最高的历史舞台,所以对于这份奏章不宜与其他一般辞让同等看待,应该撇开其形式,挖掘其思想内涵。从形式上看表章是写给皇上的,而实际上则是自说自话,所以它反映着曹操的一定思想真实。

无疑,曹操对当时的整个形势有着清醒的分析,他深知如要把天下平定下来,进而成其大业并非易事;他已认识到民心思定,老

---

① 《后汉书·献帝纪》。
② 《艺文类聚》卷67。

百姓对于自己的所作所为将极为关注;他必须做好失败的思想准备,以至牺牲自己的性命。事实证明,他的疑虑不是没有道理。他的急遽的集权行动,很快引起汉献帝和一些大臣的不满。他们试图削弱曹操的权力,以至除掉他。本来曹操已经"行车骑将军事",建安四年献帝又"以董承为车骑将军,开府"。"开府"就是为其置僚属,设机构,赋予了实际的权力。这当然是曹操所不能容忍的。两股势力展开了明争暗斗,史载:"自都许之后,权归曹氏,天子总己,百官备员而已。帝忌操专逼,乃密诏董承,使结天下义士共诛之。承遂与刘备同谋,未发,会备出征,承更与偏将军王服、长水校尉种辑、议郎吴硕结谋。事泄,承、服、辑、硕皆为操所诛。"[1]建安五年正月,董承等人被夷三族,"董承女为贵人,操诛承而求贵人杀之。"当时,贵人已经怀孕,献帝恳求免贵人一死,"累为请,不能得"。董承以及皇帝的贵嫔被杀产生了极大的威慑力量,汉宫内外无不惊骇。曹操进一步巩固和发展了权力。自此,汉史再无汉献帝自主封拜重要文武官员的记载,汉献帝和他的近臣虽曾继续谋划除掉曹操,但始终不能或不敢走出这一步。史载,皇后伏寿"自是怀惧,乃与父完书,言曹操残逼之状,令密图之。完不敢发。"[2]当然,这也暴露了曹操暴戾、谲诈的一面。

三、重用贤能

曹操既总百官,权力日隆。他为了权力可以不择手段,但又并非是那种单纯的权力欲者,而是要利用权力谋划大事,为将来的更

---

[1] 《后汉书·董卓传》。
[2] 《后汉书·伏皇后纪》。

大发展做准备。他表现出一个政治家的气度。他要考虑军事，不失时机地征伐不臣，实现统一；他要考虑政治，以期存利除弊，取得天下大治；他要考虑经济，以期扭转土地荒芜、人相食的悲惨局面，走上富国强兵之路；同时，他也要考虑如何准备条件、收拢人才、积蓄力量以利实现以上政治、经济、军事上的诸多目标。

可以看出，曹操在如此众多问题面前，没有推诿，没有踌躇，更没有后退，而是毫不迟疑地迎难而上、知难而进。

迎帝都许之后不久，局势尚未安定，曹操即在九月间给皇帝上了一份《陈损益表》。损，削弱、减少；益，增加。去掉或减少那些于世无补，于政无益，甚至害政的旧规陋制，增加一些适应时势需要的政策或措施。无疑，这正是社会和时代的需要，也是民众的期盼。表章中，曹操提出了十四项改革建议，惜已失传，难知其具体内容，现录其主体部分如下：

> 陛下即祚，复蒙试用，遂受上将之任，统领二州，内参机事，实所不堪。昔韩非闵韩之削弱，不务富国强兵、用贤任能。臣以区区之质，而当钟鼎之任，以暗钝之才，而奉明明之政。顾恩念责，亦臣竭节投命之秋也。谨条遵奉旧训、权时之宜十四事，奏如左，庶以蒸萤，增明太阳，言不足采。①

不难看出，表章的核心内容当为"富国强兵，用贤任能"；所陈十四事，并非新创，而是"遵奉旧训"，在原有制令的基础上，"权时之宜"，结合新的社会实际提出来的。

事实证明，曹操总权之后，除了用兵之外，的确是把"用贤任能"和"富国强兵"摆在显著的、重要的位置。当然，所谓"富国强兵"，只不过是引用一种传统的思想观念，借用战国秦汉以来诸多

---

① 《艺文类聚》卷52。

思想家的名词,以表达重视"农战"的问题。事实上,就当时的实际情况而言,根本谈不上"富国",而是如何解决燃眉之急,解决饿肚子的问题。现实迫使曹操必须考虑经济问题。对此,将在后面专论。这里先述其"用贤任能"。

重视人才并笼络之,是曹操的一贯思想,更是巩固权力的需要。此前,所以能够以相对弱于人之势,成别人所不能或不敢做的大事,把天子控制在自己手下,就是与他重视人才,善用人谋分不开的。此时,他更感人才的重要和缺乏。

为了解决人才问题,他采取了如下措施:

第一,重用旧部。他把跟随自己征战有年的一些谋士,委以心腹,托以重任。其中最值得重视的是荀彧。

荀彧,字文若,颍川颍阳(今河南许昌西南)人,曾为亢父(今山东济宁南)令,董卓之乱,弃官归里,后避乱冀州,冀州牧袁绍待以上宾之礼。彧见汉室崩乱,每怀匡佐之义,"闻操有雄略,而度绍终不能定大业",乃去绍从操。操与语大悦,曰:"我子房也(张良,字子房)。"荀彧没有辜负曹操的期望,在诸多重大政治与军事的决策或行动中都起了关键作用。因此,曹操迎帝都许,即以荀彧为侍中,守尚书令。每有军国大事,均与荀彧商量。

另外还有一些有功于前的人物,也被安排在重要位置上。如:

程昱,字仲德,东郡东阿(今山东阳谷东北)人,在平定兖州之时,与荀彧一样有力保三城之功;在曹操苦难的时候,还有劝说曹操不要接受袁绍"欲使曹操迁家居邺"的建议。曹操以昱为尚书,继而拜东中郎将,领济阴太守,都督兖州事。

毛玠,字孝先,陈留平丘(今河南长垣境)人,少为县吏,曹操临兖州,辟为治中从事。玠劝操"奉天子以令不臣,修耕植以畜军资",以成霸王之业。曹操任其为东曹掾,与崔琰共典选举。东曹掾秩虽不高,自身为六百石,但执掌很重要,主管着二千石长吏迁除及军吏的任免。毛玠不负所托,为曹操把住了用人关。

满宠,字伯宁,山阳昌邑(今山东金乡西北)人,曾做高平县令,曹操领兖州牧,辟其为从事。满宠随军征战,颇多功劳。曹操以满宠署西曹属,并任都城许之令。西曹是主管府吏录用的衙门。这样,毛玠在东曹,满宠在西曹,曹操便通过这两个心腹把所有文武大员的除授权力控制起来了。许令,即京都之长,官秩虽低,但其重要可知。

第二,奖携有功。曹操没有忘掉帮助过自己的人,掌握权力后把一些有功于己的人安排在重要位置上。其中最重要的人物如董昭、钟繇等。董昭,字公仁,济阴定陶人,曾为柏人(今河北唐山西)令,袁绍以为魏郡太守,后离开袁绍,在曹操西迎天子与迁帝都许大事中有重大贡献。曹操委以重任,后来迁河南尹,继领冀州牧。

钟繇,字元常,颍川长社(今河南长葛境)人,曾为尚书郎廷尉正、黄门侍郎,说服李傕、郭汜允许曹操通使天子。曹操拜繇御史中丞,迁中尚书仆射,并封东武亭侯。

第三,擢用旧僚。曹操很懂得对于朝廷旧官不能全部罢而不用,应该有所区别,能用则用,不能用则罢,或杀之。他杀过一些人,而且像杨彪那样很有名望的人还想罢而杀之;他保留了一些人的官位,但大多不握实权或非据要津之位;他也提拔了一些人,如将作大匠孔融,就是从郡守一级的地方官北海相提上来的。

第四,广揽新秀。天子都许,百事待举,只是任用原来部属和于己有功的人,当然是远远不够的。曹操求才若渴,荀彧因进计谋之士荀攸、郭嘉等十数人。

荀攸,字公达,荀彧侄子但比荀彧年龄大,曾为黄门侍郎,谋刺董卓被收入狱,后复辟公府,求为蜀郡太守,因道路不通,留驻荆州。曹操让人送给荀攸一封信说:"方今天下大乱,智士劳心之时也,而顾观变蜀汉,不已久乎?"于是征攸为汝南太守,入为尚书。曹操素闻荀攸之名,与语大悦,对荀彧、钟繇说:"公达非常人也,吾得之与计事,天下当何忧哉!"即以为军师。

郭嘉,字奉孝,颍川阳翟(今河南禹县)人,初投袁绍,不久便看出袁绍"徒欲效周公之下士,而未知用人之机。多端寡要,好谋无决,欲与共济天下大难,定霸王之业,难矣!"于是离去。据说,曹操曾有筹划之士戏志才,也是荀彧推荐的,早卒,曹操因给荀彧一封信说:"自志才亡后,莫可与计事者,汝颍固多奇士,谁可以继之?"荀彧推荐了郭嘉。曹操召见郭嘉论天下事,高兴地说:"使孤成大业者,必此人也。"嘉出,亦高兴地说:"真吾主也。"曹操表郭嘉为司空军祭酒。

另外,杜袭被任为丞相军谋祭酒;陈群被任为司空西曹掾属;司马朗被辟为司空掾属,除成皋令,复为堂阳长;国渊被辟为司空掾属;刘馥被辟为司徒掾;梁习被辟为漳长,还为西曹令史,迁掾属。

第五,善待来归。明知将来必为宿敌,但为了不绝天下人之心,不仅不杀,反以礼厚待。比如,建安元年,吕布袭刘备,取下邳,刘备投奔曹操。曹操属下很多人劝操趁机除掉刘备。程昱对操说:"观刘备有雄才而甚得其众,终不为人下,不如早图之。"曹操明确表示:"方今收英雄时也,杀一人而失天下之心,不可。"[①]但随后还是有人提这件事,说:"备有英雄志,今不早图,后必为患。"曹操因问郭嘉,嘉认为刘备的确会成后患,但不同意把他杀掉,嘉答

<hr />

① 《三国志·魏书·武帝纪》。

操说:"有是。然公提剑起义兵,为百姓除暴,推诚仗信以招俊杰,犹惧其未也。今备有英雄名,以穷归己而害之,是以害贤为名,则智士将自疑,回心择主,公谁与定天下? 夫除一人之患,以沮四海之望,安危之机,不可不察。"曹操听了这番话很高兴,认为郭嘉说得很对。不过对于郭嘉的态度,还有相反的第二种记载:郭嘉认为"备终不为人下,其谋未可测也。古人有言:'一日纵敌,数世为患。'宜早为之所。"对于郭嘉的态度虽然有两种截然不同的记载,但曹操的态度都是完全一致的,他听了前一种郭嘉的话后,很高兴,赞郭嘉曰"君得之矣";听了后一种郭嘉的话,记载上说:"是时,太祖奉天子以号令天下,方招怀英雄以明大信,未得从嘉谋。"就郭嘉之善谋看,当以第一种态度为是。曹操、郭嘉都会顾及当时,虑及久远,决不会做出那种杀一人而失天下人心的傻事。①

第六,宽容狂士。建安初年,曹操在用人方面也有不成功的例子。但它从另一个侧面反映出曹操求才心切的心情。他虽然受辱,但不像后来那样不如意即杀掉,而是宽以待之,以防把自己的求贤之路堵塞了。这里,最为典型的例子莫过于对待被《三国演义》大加渲染的"击鼓骂曹"的祢衡。

祢衡,字正平,平原般(在今山东平原境)人,少有才辩,而尚气刚傲,好矫时慢物,建安初自荆州北游许都,自恃才高,常发"臧否过差"之偏激言论,见不如己者不与语,因此人们都很讨厌他。据说,他自己曾准备了一张名片(刺),准备晋见人用,但始终不知见谁好,以至名片上的字都模糊不清了。有人问他,为何不去投靠陈群、司马朗? 他回答说,难道你让我去投靠"屠沽儿"? 又问,你看许都中那个人还可以? 他说,"大儿有孔文举(融),小儿有杨德

---

① 《三国志·郭嘉传》注引《傅子》。

祖(修)。"(儿,语助词,非鄙视语。大儿、小儿,意为年龄大一点和小一点)又问,曹公(操)、荀彧、赵稚长怎么样?他对于曹操略微说了几句好话,但对荀、赵嗤之以鼻,说:"文若(彧)可借面吊丧",意谓荀彧只是长得好看一点;"稚长可使监厨请客",讽刺赵稚长肚子大,只会吃东西。因此,众人皆切齿。但孔融非常欣赏他的才干,上书给操说,祢衡"淑质贞亮,英才卓荦。初涉艺文,升堂睹奥。目所一见,辄诵于口,耳所暂闻,不忘于心。性与道合,思若有神。弘羊心计,安世默识,以衡准之,诚不足怪。……"①桑弘羊、张安世都是西汉中期名臣。桑弘羊为政颇多建树,曾任治粟都尉,领大司农,推行盐铁专卖政策,后同霍光等共辅汉昭帝,任御史大夫;张安世,武帝时曾为尚书令,昭帝时官至大司马车骑将军,宣帝时尊为公侯。孔融认为祢衡之才不在桑弘羊、张安世之下。孔融数荐祢衡于操,曹操欲相见,但祢衡倒摆起了臭架子,自称狂疾,不肯往,而且说了不少难听的话。曹操知道了这种情况后,很不高兴,但因其有才名,并不想杀他,只是想羞辱一下,挫其傲气,他听说祢衡善击鼓,于是"录为鼓史"。曹操大会宾客,让衡击鼓。按照时俗,鼓史击鼓皆脱其旧衣,换上专门为鼓史做的衣服从宾客面前走过。其他鼓史皆照旧规矩办。轮到祢衡击鼓,衡击《渔阳》鼓曲点,声节悲壮,听者莫不慷慨,但"过不易衣"。吏呵之,衡便走到曹操面前先解外衣,次解余服,裸身而立,然后慢慢把新衣穿上,又表演一番"击鼓参挝"(参挝是一种击鼓方法),而毫无愧色。曹操大笑,告在座的人说:"本欲辱衡,衡反辱孤。"孔融狠狠把祢衡批评了一顿,祢衡答应给曹操道歉,曹操很高兴,告诉门客衡来了随即通报。约好早上见,一直到日暮之时,衡身着单布衣(当时是

---

① 《后汉书·祢衡传》,《三国志·魏书·荀彧传》注引《典略》。

十月,天已冷)、疏巾,坐曹操营门外,以杖捶地,大骂曹操。门吏报告:外有狂生,坐于营门,言语悖逆,请收案罪。这时的曹操同后来的曹操不一样,他压住怒火,没有把祢衡杀掉,而是让管理马匹的人准备精马三匹,骑兵二人,把他送走。曹操对孔融说:"祢衡竖子,乃敢尔!孤杀之无异于雀鼠,顾此人素有虚名,远近所闻,今日杀之人将谓孤不能容。今送与刘表,视卒当如何?"曹操令两骑送祢衡到南阳。据说,衡至荆州,刘表"悦之以为上宾","文章言议,非衡不定",但老毛病不改,"复侮慢于表",再加有人从中挑唆,刘表"耻不能容",将其送给江夏太守黄祖,黄祖亦善待之。不久,黄祖大会宾客,而衡出言不逊,使黄祖下不了台。衡瞪着两只大眼骂黄祖,祖大怒,令人拖出去重打,衡更大骂,祖怒不可遏,遂令杀之。衡时年仅二十六岁。[①]

这里,所以引述这么长的故事,意在为曹操正名。曹操开始想戏辱祢衡是不妥的,但自始至终都很重视祢衡其人,表现出极大的宽容大度;而祢衡则过于狂傲,的确有点不识抬举。曹操所以能这样宽容祢衡,说到底,不在于祢衡一人,而在于更大的考虑,即其所谓"今日杀之,人将谓孤不能容",怕败坏了自己爱才的形象,堵塞了求贤之路。

曹操既挟天子,又有一定势力,众人瞩目。通过以上诸端,重用贤能,宽容待士之声很快传扬开来,不久便出现了"贤士大夫四方来集"的好形势。正如荀彧所说:曹操"以至仁待人,推诚心不为虚美,行己谨俭,而与有功者无所吝惜,故天下忠正效实之士咸愿为用"[②]。曹操初期重用贤能的政策取得了很大的成功。尽管

① 《后汉书·祢衡传》,《三国志·魏书·荀彧传》注引《典略》。
② 《三国志·魏书·荀彧传》。

有些人是为了尽忠汉室而来,但当时皇帝在曹操的手里,所以应该承认,这同曹操的开明政策是分不开的。

另外,还有一个宗世林。前曾述及,此人与曹操同时,但看不起操,拒绝相交。曹操官拜司空、总制朝政以后从容问宗:"可以相交了吧?"宗回答说:"松柏之志犹存。"仍然拒绝相交。曹操虽然很不高兴,但"以其名贤,犹敬礼之","就家拜汉中太守",并让儿子曹丕修子弟礼。此亦见其初始用人,颇多宽容大度之风。

第五章　推行屯田

战乱频仍,极大地破坏了东汉末年的社会根基,经济凋敝,土地荒芜,人民锐减,满目疮痍。

据《三国志·武帝纪》注引《魏书》说:"自遭荒乱,率乏粮谷。诸军并起,无终岁之计,饥则寇略,饱则弃余,瓦解流离,无敌自破者不可胜数。袁绍之在河北,军人仰食桑椹。袁术在江、淮,取给蒲蠃。民人相食,州里萧条。"曹操地区虽然尚未出现"瓦解流离"的情况,但形势也相当严重。他数次用兵,都因粮绝食尽而罢;他在收复兖州时,没有东西吃了,程昱"略其本县(时昱为寿张令),供三日粮,颇杂以人脯"[1];他西迎天子,所将千余人皆无粮;他进入洛阳,曾见到群僚饥乏,尚书郎以下诸官自己到野外采野谷野菜充饥、有的饿死在残壁断垣之间的情景。

曹操甚知,不解决当前的饥饿问题,不考虑农业经济以解决今后的吃粮问题,就不可能稳定人心,巩固自己的权位,更谈不上征伐不臣的问题。因此,他曾把"富国强兵"之道列为首要问题,表奏皇帝并请大家议论"损益"。这说明,曹操作为一个政治家,甚知重视经济问题。

据曹操《陈损益表》称,他曾将"遵奉旧训、权时之宜十四事"上奏朝廷,惜失具体内容,无由得知其情。但可以肯定,其中必有

---

① 《三国志·魏书·程昱传》注引《世语》。

诸多经济方面的建议。因为《陈损益表》的前言部分，突出地讲到"昔韩非闵韩之削弱，不务富国强兵"。既有其纲，当有其目。

曹操一生的精力与活动，主要投入在军事和政治上，因而表现在军事和政治方面的思想内容很丰富。相对来说，经济、文化等方面的思想则内容较少，而且不成系统。

曹操的经济思想主要表现在行屯田以资军食，薄赋税开租调制之先，重兼并之法抑制豪强，以及其他一些零星措施与主张，诸如，重视水利，主张酒禁、盐铁监卖等等。其中作用最大、影响最深，且常为历史家所称道的莫过于屯田。

一、取"先代之良式"以为"定国之术"

屯田的提出和实行，完全是时代所使然。前述，数十年间战乱不断，人口锐减，大批的农业劳动力或死、或亡、或被征为军士，土地大面积荒芜，军民饥馑乏食。出路何在呢？不少地方割据势力都想到了屯田。如徐州牧陶谦"表(陈)登为典农校尉，乃巡土田之宜，尽凿溉之利，粳稻丰积"①。典农校尉源于西汉之屯田校尉、农都尉。据《后汉书·百官志》载，"(武帝时)边郡置农都尉，主屯田殖谷。"再如，公孙瓒兴平二年(公元195年)被袁绍打败，"遂保易京，开置屯田，稍得自支"②。据此推测，初平三年(公元192年)，毛玠向曹操提的"修耕植，畜军资"的建议，亦当属于"屯田"性质。曹操面临着残酷的现实，又甚知历史的经验，因而约在初平、兴平年间把屯田作为定国之术提了出来：

---

① 《三国志·魏书·吕布传》附《陈登传》注引《先贤行状》。
② 《后汉书·公孙瓒传》。

> 夫定国之术,在于强兵足食。秦人以急农并天下,孝武以
> 屯田定西域,此先代之良式也。①

曹操认为,秦国所以能兼并天下,就是因为贯彻了商鞅的农战政策;汉武帝所以能略定西域,就是因为以军人戍边屯垦,解决了军需之急。因而他把"秦人以急农并天下"和"汉武以屯田定西域"作为学习的榜样。

屯田在曹操以前的确发挥过作用,而且常被人们所肯定。秦孝公时,商鞅"以三晋地狭人贫,秦地广人寡,故草不尽垦,地利不尽出,于是诱三晋之人,利其田宅,复三代,无知兵事,而务本于内,而使秦人应敌于外"②;公元前215年至前214年,秦始皇"使蒙恬将数十万之众北击胡,悉收河南地。因河为塞,筑四十四县城临河,徙適(音 zhe)戍以充之。"③由于在河套一带置县移民,大大节省了转输之劳;西汉晁错上汉文帝《守边备塞疏》,具体设计了徙民实边,"相其阴阳之和,尝其水泉之味,审其土地之宜,观其草木之饶,然后营邑立城,制里割宅,通田作之道,正阡陌之界"的屯田方案④;汉武帝时,在河西屡兴屯田;汉昭帝始元二年,诏发习战射士诣朔方,调故吏将,屯田张掖郡;汉宣帝神爵元年,遣后将军赵充国将兵击先零羌,充国上奏欲罢骑兵,屯田以待其弊,诏允充国屯田,大获地利⑤;东汉初年,马援在今甘肃榆中等地屯田。所有这些,对于解决粮食转输问题都曾起过重要作用。

定国之术在于强兵足食,强兵足食就应以先代好的经验和做

① 《三国志·魏书·武帝纪》注引《魏书》。
② 《通典·食货一》。
③ 《汉书·匈奴传》。
④ 《汉书·晁错传》。
⑤ 《通典·食货二》。

法为榜样。这就是曹操的主张。不过，应该说明的是，屯田作为一项农业政策或农战措施早已有之，不能视为曹操的特有的思想。但积极主张利用这种形式的本身，又当是一种经济思想的体现。

二、许下屯田

建安元年（公元 196 年），曹操迎帝都许后，曾就经济问题组织广泛的讨论，即所谓"大议损益"。从当时的情形看，虽然曹操早已有过取先代之良式以行屯田的主张和行动，但意见依然很不一致。从司马朗为丞相主簿时劝曹操承大乱之后、民人分散、土地无主，"宜复井田"看，当有一种力倡恢复井田的主张。曹操没有被此类意见所动。

史载，"时大议损益，浩以为当急田。太祖善之，迁护军。"①浩，姓韩名浩，河内人，后来官至中护军，掌禁兵，封列侯。同时，枣祗也提出了即置屯田的建议。据《资治通鉴》献帝建安元年记："羽林监枣祗请建置屯田，曹操从之。"枣祗，颍川人，本姓棘，先人避难，改姓枣，曾任东阿令。吕布之乱，枣祗拒守东阿，建有功勋，曹操迎帝都许后将其留在身边做警卫部队的头领。《三国志·武帝纪》说："是岁（即建安元年），用枣祗、韩浩等议，始兴屯田。"可见，韩浩、枣祗二人对于曹操决定在建安元年实行屯田起了很重要的作用。"始兴屯田"云云，易被理解为曹操从建安元年才开始屯田。实际上屯田并不是从这时开始的，已如前述。这里的"始兴"二字，说的是曹操迎帝都许、初秉汉政后把屯田作为一项国家政策

---

① 《三国志·魏书·韩浩传》注引《魏书》。

决定下来并付诸实施①。

曹操屯田有民屯、军屯两种形式。就曹操屯田来说，虽然军屯早于民屯，但大都是临时因地制宜，规模较小，且曹操在世时，军屯尚不发达，因而不单列目专评。曹操秉政后最早的民屯是许下屯田，而取得最大成就的也是许下屯田。

许是汉献帝的临时都城，是曹操最便于直接控制的地方，并且具备了屯田的各种条件。所以许下便成了首选之地方。一般说来，屯田必须具备以下条件：第一，有大量的无主荒地存在；第二，有相当数量的屯垦劳动力。据载，曹操收编青州军三十万，而其随军家属等百余万人；迎帝都许前，还击败了汝南、颖川黄巾何仪、刘辟、黄邵、何曼等部，其中又有不少降者；第三，有一定物质基础。据载，"及破黄巾，定许，得贼资业"。所谓"资业"，当指从黄巾手中夺得的耕牛、农具等；第四，当地仅有的老百姓的支持。当时尚附土地的一些老百姓，甚受战争之苦，也亟望政府给予扶持。

许下屯田大政定下来后，曹操即以枣祗为屯田都尉，以骑都尉任峻为典农中郎将，主持屯田事务。从诸多记载分析，曹操又曾组织群僚讨论过屯田的具体办法。由曹操后来写的《加枣祗子处中封爵并祀祗令》看出，当时意见仍不统一。施行之初和施行之中都有过议论。曹操接受了枣祗的意见，终获成功。此令是反映曹操屯田的最完整的资料，现节录如下：

> 故陈留太守枣祗，天性忠能。始共举义兵，周旋征讨。后
> 袁绍在冀州，亦贪祗，欲得之。祗深附托于孤，使领东阿令。

① 对于曹操屯田制的创始年代，意见不一。笔者基本同意高敏先生定于初平、兴平年间的意见，请参阅高敏：《魏晋南北朝社会经济史探讨》，人民出版社1987年10月版。

吕布之乱，兖州皆叛，惟范、东阿完在，由祗以兵据城之力也。后大军粮乏，得东阿以继，祗之功也。及破黄巾定许，得贼资业，当兴立屯田，时议者皆言当计牛输谷。佃科以定。施行后，祗白以为僦(jiù，租赁)牛输谷，大收不增谷，有水旱灾除，大不便。反复来说，孤犹以为当如故，大收不可复改易。祗犹执之，孤不知所从，使与荀令君议之。时故军酒侯声云："科取官牛，为官田计。如祗议，于官便，于客不便。"声怀此云云，以疑令君。祗犹自信，据计画还白，执分田之术。孤乃然之，使为屯田都尉，施设田业。其时岁则大收，后遂因此大田，丰足军用，摧灭群逆，克定天下，以隆王室。祗兴其功，不幸早没，追赠以郡，犹未副之。今重思之，祗宜受封，稽留至今，孤之过也。祗子处中，宜加封爵，以祀祗为不朽之事。[1]

可见，屯田之初，根据老的办法和多数人的意见"佃科已定"，即"计牛输谷"，屯田农民按照租用官府的耕牛数目，向政府缴纳租粮；施行后，枣祗从实际经验中看出"计牛输谷"的弊端很大，于是对曹操说，按照租赁牛数输谷，丰收了不能多征，遇到水旱之灾，则要减免，太不利。枣祗"分田之术"，即把土田分给个人，然后根据收获量多寡对半分成。曹操不想改，枣祗坚持己见，力排众议，终于说服了曹操。

正是按照枣祗的办法，当年即见大效。因为是岁大大丰收，又加五五分成之制，既鼓励了屯民多产粮食的积极性，又得到很大的盘剥之比，所以竟然"得谷百万斛"。许下屯田获得了巨大成功。

枣祗不幸早逝，最后使屯田获得全国性成功的是任峻。任峻，河南中牟人，曾为河南主簿，举郡归操，操"表峻为骑都尉，妻以从

---

① 《三国志·魏书·任峻传》注引《魏武故事》。

妹,甚见亲信"。曹操每有征伐,常让任峻负责军器粮秣等军需方面的事。枣祗建置屯田,曹操以峻为典农中郎将,督领屯田事。任峻按照曹操的意旨和枣祗的办法,在各州郡例置田官,"数年中所在积粟,仓廪皆满"。所以史称:"军国之饶,起于枣祗而成于峻"①。

屯田的成就,解除了粮荒,极大地支援了战争。对其当时所起的作用,《三国志·武帝纪》注引《魏书》说,"征伐四方,无运粮之劳,遂兼灭群贼,克平天下。"曹操也在上述《祀祗令》中颇为自豪地说:"其时岁则大收,后遂因此大田(意谓推广屯田),丰足军用,摧灭群逆,克定天下,以隆王室。"

枣祗死于建安六年,又三年,任峻也死了。曹操念念不忘二人之功。他追赠枣祗为陈留郡太守,但仍然觉得"犹未副之",又给其儿子封爵,以祀枣祗的"不朽之事"。任峻死时,"太祖流涕者久之"。曹操对枣祗和任峻的怀念,恰好说明,许下屯田是他颇为自得的重大经济之举。他在关键的时刻,果断地吸收了商鞅等的农战思想和秦汉历史经验,行屯田,既保证了军事之需,又在客观上巩固了自己的政治权势。

三、不断完善屯田制度

屯田既已成功,随后曹操便更为自觉地把它作为一项重要制度继续下来,决定大范围推广,郡国例置田官,同时也注意到屯田制度的改革。关于制度的改革,尤需重视的是两项:

第一,用国渊,相土处民,计民置吏,明功课之法。任峻死后,

---

① 《三国志·魏书·任峻传》。

曹操使国渊负责屯田事。国渊,乐安盖(今山东沂水西北)人,曹操辟为司空掾属。史载,"太祖欲广置屯田,使渊典其事。渊屡陈损益,相土处民,计民置吏,明功课之法,五年中仓廪丰实,百姓竞劝乐业。"①相土处民,计民置吏,明功课之法的具体内容,史无明文。相土处民,较易理解,概为相土地之广宜,而决定募民之多寡和该处屯田的规模。计民置吏,实为设置并改进屯田组织的一项措施,重点是根据屯田民的多少配置官吏,不能滥设。毫无疑问,曹魏的屯田组织,当是逐步完善起来的。就全国来说,曹操设立了管理屯田的专门机构和职官,"曹公置典农中郎将,秩二千石;典农都尉,秩六百石或四百石;典农校尉,秩比二千石,所主如中郎。部分别而少,为校尉丞。"②典农系统的官吏一般不受郡国行政系统的管辖,而是一个独立系统,大的郡国设典农中郎将,小郡设典农校尉,典农都尉也称"屯田都尉",相当于县令长。典农都尉直接管理生产单位——屯,屯置司马,每屯五十人。军屯,大体是按照原军事单位进行的,它的基层单位为"屯营",每营六十人,中央和地方另设掌管军屯之官,官名不详。以往,汉时在西域轮台、渠黎诸地屯田设"使者校尉护领"③,史载,"自张骞通西域,李广利征伐之后,初置校尉,屯田渠黎",后来汉宣帝时郑吉初以"侍郎"的身份"田渠黎",继而因迎匈奴日逐王和破车师之功,赐号"都护"④,都护之下"凡三校尉屯田",可见直接管理屯田之官亦可称屯田校尉。另外,汉初还有将屯将军之设。将屯将军,是以国相郡守或其他官职代领屯田事者的官称,如汉惠帝时候的代国相傅宽

①　《三国志·魏书·国渊传》。
②　《后汉书·百官三》注引《魏志》。
③　《汉书·西域传》。
④　《汉书·郑吉传》。

兼领屯田事,为将屯将军①,武帝时大行王恢为将屯将军②,元帝时右将军典属国冯奉世,以将屯将军之名监主陇西诸屯③等均是。东汉时,"置宜禾都尉以屯田"④。曹操军屯机构与官职的设置,是在继承与发展汉制的基础上形成的。诸如屯田校尉一类的官名,大都沿用。《三国志·苍慈传》说,"建安中,太祖(操)开募屯田于淮南,以慈为绥集都尉。"实际上,这是一种军民结合、屯垦戍边的屯田方式,更多军屯性质。所以"绥集都尉"之名亦是军屯的官称。总之,曹操在世之时,军民屯田官职设置已趋完备,及至魏文帝曹丕黄初四年(公元 223 年)设司农度支校尉(亦称司农校尉),比二千石,掌诸军屯田⑤,实际已是曹操数十年屯田的总结了。

明功课之法,就是确立并晓谕周知屯田民的责任和负担。曹操接受了国渊"明功课之法"的意见,规定了屯田民屯耕田亩之数。这个数字是多少,因无记录,不得而知。高敏教授对汉简很有研究,他从居延汉简的记载中得知"每五家耕种屯田 65 亩,是汉代的规定",每家合 13 亩;另据流沙坠简推算,兵士耕屯田数,或人均 14.6 亩,或人均 24 亩多。高敏先生认为,"尽管每人所种田亩不同,但屯田者的土地有定额这一点却是一致的。"⑥无疑,这一见解是完全正确的。屯田民的负担是多少呢?前引曹操追封枣祗令谈到旧的办法是"计牛输谷",即以屯田民赁牛多少计租;枣祗的办法是"分田之术",即按照一定收获量分成,行分租制,但没有

---

① 《史记·傅宽传》。
② 《汉书·窦田灌韩传》附《王恢传》。
③ 《汉书·冯奉世传》。
④ 《后汉书·西域传》。
⑤ 《太平御览》卷 242 引《魏略》;《北堂书钞》卷 61《城门校尉》引《魏略》。
⑥ 《魏晋南北朝社会经济探讨》第 24 页,人民出版社 1987 年 10 月版。

谈到分成比例和具体负担量。根据诸多史料分析,屯田民的负担似乎并非一成不变,但经过枣祗、国渊等人的实践,曹魏定下的三条政策当是最能体现曹操的主张的。其一是把负担大体定在"见税什五"的水平上,即交纳收获之一半于官。不少学者已从后来的记载中印证了这一数字。《晋书》卷109《慕容皝载记》说:"以牧牛给贫家,田于苑中,公收其八,二分入私。有牛而无地者,亦田苑中,公收其七,三分入私。骁记室参军封裕谏曰:'魏晋虽道消之世,犹削百姓不至七八,持官牛者,官得六分,百姓得四分;私牛而官田者,与官中分,百姓乐之,人皆悦乐。'"可见,曹操对屯田民实行的是实物分成地租,并以是否使用官牛作区分,用官牛者,官六私四,不用官牛者五五分成。至于军屯,则全部收获物都归军队所有,因为军士们的衣食已由国家供给。其二,规定屯田新置免当年租税,二年半之,三年始全额征收。《晋书》卷26《食货志》载,东晋初年后将军应詹上晋元帝表中有言:"宜简流人,兴复农官,功劳报赏,皆如魏氏故事,一年中与百姓,二年分税,三年计赋税以使之。"无疑,这也是经过若干年的实践,定下来的行之有效的政策;其三,强调民屯"专以农桑为业"。《三国志》卷12《司马芝传》记司马芝上奏明帝,反对"复以商事杂乱"干扰屯田,表文中有言:"武皇帝特开屯田之官,专以农桑为业。建安中,天下仓廪充实,百姓殷足。"这说明,非特殊情况曹操是不随便征发屯田民服役的。

第二,听袁涣,"不欲者勿强"。在大范围屯田过程中,曹操还接受沛南部都尉袁涣的建议,决定了一项至关重要的政策。当时,募民屯田存在着很大的强迫性。屯田民主要有这样几部分,一是划定范围屯田,在这方土地上的原有农民,不管是否愿意,即为屯田民;二是收编的黄巾起义军;三是流民,如《三国志》卷15《刘馥传》所记，"流民越江山而归者以万数。于是聚诸生，立学校，广屯田，兴治芍陂及茹陂、七门、吴塘诸堨，以溉稻田。"四是从其他地方强募，甚至是大数量的强迁，如《三国志》卷14《蒋济传》所记，曹操欲迁淮南民，蒋济提出"百姓怀土，实不乐徙，惧必不安"，曹操不从，结果"江、淮间十余万众，皆惊走矣"。屯田民的身份，实质上是由自由民变为依附民，由相对自由一点变为很不自由。而且他们大都是离开本乡本土到异地屯垦。因而不久便出现了反抗的情况，甚至是武装反抗，如《三国志》卷23《赵俨传》所说，"屯田客吕并，自称将军，聚党据陈仓"起义。当然更多反抗者是用逃亡的方式进行反抗。史载，"是时新募民开屯田，民不乐，多逃亡"。面对这种情况，袁涣对曹操说："夫民安土重迁，不可卒变，易以顺行，难以逆动，宜顺其意，乐之者乃取，不欲者勿强。"用现在的话说，就是劝曹操不要搞强迫命令。操接受了袁涣的意见，"百姓大悦"①。

　　曹操用国渊之议，"五年中仓廪丰实，百姓竞劝乐业"，听袁涣的意见，"百姓大悦"。足见曹操在屯田过程中能在一定程度上重视实践经验的总结，注意克服弊端，从而改进并确定了适应人民要求和社会需要的措施，无疑这是应予相应肯定的。

四、曹操建置屯田的历史作用与影响

　　曹操屯田是历史时代的产物。凡属历史的产物，必然会在历史上产生其作用。

　　第一，曹操屯田在不长的时间里解决了严重的粮食危机。记

---

　　① 《三国志·魏书·袁涣传》。

载表明,屯田许下第一年即获丰收,得谷百万斛,继而历年丰收;州郡例置屯田,广置屯田后,听用国渊之策,"五年中仓廪丰实,百姓竞劝乐业";建安中期,出现了"所在积谷,仓廪皆满",或谓"天下仓廪充实,百姓殷足"的景象;建安末,魏国既建,军屯发展,听司马懿之议,"天下不耕者二十余万"兵士,且耕且守,"于是务农积谷,国用丰赡"①。这些描述,固然多有夸张之辞,但不能否认,粮食问题的确是得到了缓解。建安之时,曹操用兵虽然也有粮秣不支的时候,但大都是转输问题;此间,虽然发生过屯田民的反抗斗争,如襄陵校尉杜松部民炅母"作乱",屯田客吕并"聚党"起义,以及地方武装的反叛,如陈兰、梅成"以潜(县)、六(安)叛",和部分农民起义,如河间民田银、苏伯反,但都未提及饥馑和粮食问题。由此亦可反证,建安时期的曹操统治地区,灾荒与饥馑不曾是困扰当政者的重要问题。

第二,曹操屯田把大量流民和失败后的黄巾降卒数十万人以及不事生产的军人组织到屯田生产线上,有力地稳定了社会秩序。史实证明,数以万计的流民和自由民被募(实际大多是被强制)为屯田民。一方面,他们被以准军事化的形式组织起来,成为没有自由的依附民;另一方面,他们被固着在一定的土地上,经营着同自己及其全家性命攸关的生产活动。这样,便在客观上消融了社会不稳定因素,在一种特定的条件下造就出一个比较稳定的生活环境,从而稳定了整个社会秩序。

第三,曹操本人最为得意的是,屯田得到了"摧灭群逆,克定天下,以隆王室"的好结果。换句话说,曹操认为,屯田有力地支援了他扫灭其他军阀的战争,从而巩固了自己的政治地位。应该

---

① 《晋书·宣帝纪》。

说,他的话是符合实际的。因为屯田之后"所在积谷,仓廪丰实",可以"丰足军用",保障供给;同时他通过屯田建起了除郡县统治系统以外的另一套控制地方和子民的系统,即典农系统。两套系统一手抓,从而更加保证了军事、政治和经济的需要。

　　总之,曹操屯田确曾收到过很好的效果。曹操这样认为,历史也曾这样记载。但屯田本身固有的弊端和潜伏的内在危机,随着社会条件的变化,便逐步暴露出来,以至失去它的活力,成为束缚生产力发展的组织形式。就民屯来说,曹操在世时即开始走下坡路,及至曹丕统治时期,已趋衰落,曹叡统治时期,便呈瓦解之势了。究其原因,一是民屯本身并不是一种先进的生产方式,而是通过强制性措施把自由民变成依附民固着到土地上,以供统治者驱使,是一种超经济强制的生产方式,因此屯田民只有强制的生产活动,没有自觉的生产的积极性。这样的生产关系,只在特定的历史环境,比如战乱劫余、土地荒芜、民无所寄、难以自立的情况下,容易发挥出积极的作用;及至社会相对安定,民思恒产,希冀从禁锢的生产关系中解脱出来,屯田便成了束缚生产力的桎梏了。二是曹操屯田原本是特殊历史时代的特殊经济措施,其目的既明确又单纯,即解决粮食问题,特别是军队的粮食问题。粮食问题不突出了,政府对它的重视程度便大大削弱了。诸多记载表明,曹操后期及其后人讨论民屯的事不多了,甚至出现了分割屯田土地占为己有的现象①,以至把屯田客作为赏格赏赐公卿,如《晋书》卷93《王恂传》所说,"魏氏给公卿以下租牛客户数各有差"。三是,诸典农各部民不再"专以农桑为业",而出现了"末作治生,以要利人",做

_____

　　①　《三国志·魏书·诸夏侯曹传》谈到曹爽、司马懿执政时期,何晏、邓飏、丁谧、李胜、毕轨等专政,"共分割洛阳、野王典农部桑田数百顷,及坏汤沐地以为产业"。

起生意来了,特别是黄初以后,如司马芝所说:"自黄初以来,听诸典农治生,各为部下计"①。

民屯衰落了,及至后来竟是一塌糊涂,"至亩收数斛以还,或不足以偿种"②。这样到了魏元帝曹奂咸熙元年(公元 264 年)便不得不宣布"罢屯田官以均政役,诸典农皆为太守,都尉皆为令长"③。曹操所倡募民屯田事在他死后四十多年结束了。

至于军屯,虽亦曹操所倡,但其在世时除在淮南、北等地有所建立与发展,如建安十四年"引水军自涡入合肥,开芍陂屯田"和以仓慈屯田淮南等,但总的来看,并没有大的发展。魏末,正当民屯衰败之时,军屯在司马懿的主持下倒是有了一些发展,如以邓艾屯田淮北④,以司马孚屯上邽,都获得好的结果,"自寿春至京师,农官兵田,鸡犬之声,阡陌相属"⑤,"由是关中军国有余,待敌有备矣。"⑥诸此,虽然已同仓慈无直接关系,但其思想源流却是相承相通的,所以理应视为曹操思想之影响。

募民屯田,终魏一代基本终止了。但曹操取先代之良式以行屯田的思想及其诸多措施,以及他的军屯主张,戍边屯垦的实践,都长期给后代以影响。两晋以降凡行屯田或言屯田者大都以魏武屯田为榜样,并喜欢引用魏武故事。晋羊祜为征南将军,镇襄阳,戍逻减半,"分以垦田八百余顷,大获其利"。羊祜初到襄阳时"军无百日之粮,及至季年,有十年之积"。东晋元帝督课农功,二千石长吏以入谷多少为殿最,其宿卫要任皆令赴农,使军各自佃,即

---

① 《三国志·魏书·司马芝传》。

② 《晋书·傅玄传》。

③ 《三国志·魏书·三少帝传》。

④ 《晋书·宣帝纪》,《三国志·魏书·邓艾传》。

⑤ 《晋书·食货志》。

⑥ 《晋书·宗室·安平献王孚传》。

以为廪。大兴(公元318—321年)中,三吴大饥,后军将军应詹上表曰:"魏武帝用枣祗、韩浩之议,广建屯田,又于征伐之中分带甲之士,随宜开垦,故下不甚劳,大功克举。间者流人奔东吴,东吴今俭,皆以还返江西,良田旷废未久,火耕水耨为功差易,宜简流人,兴复农官,功劳报赏皆如魏氏故事,一年中与百姓,二年分税,三年计赋税,以使之公私兼济,则仓庾盈亿,可计日而待之。"无疑,前者为军屯,后者为民屯。穆帝升平(公元357—361年)初,"荀羡为北部都尉,镇下邳,屯田于东阳之石鳖,公私利之。"这是一种军屯。

不仅如此,到数百年后仍有不少人以曹操屯田为依据倡行屯田。如南朝齐高帝萧道成敕桓崇祖修理芍陂田,曰:"卿但努力营田,自然平殄虏寇。昔魏置典农而中都足食,晋开汝颍而河汴委储,卿宜勉之。"又如北朝西魏大统(公元535—551年)年间,大旱十二年,秘书丞李彪上表请立农官,"取州郡户十分之一为屯田人","自此"公私丰赡"①;北齐废帝乾明中(公元560年),又修石鳖等屯,"岁收数十万石,自是淮南军防粮足";后来的隋唐时期戍边屯田,一度发达,隋于长城以北大兴屯田,唐开军府以捍要冲,因隙地置营田,"天下屯总九百九十二司农寺因屯三顷,州镇诸军每屯五十顷。"这些屯田,实际上都是承魏武之故事。宋以后直到明清,屯田之事,赓续不断,人们虽行曹操之实,但不把自己的事业同曹操的事功联系起来,大概是因为曹操的名誉已经不怎么好了的缘故。

---

① 以上均见《通典·食货二》。

第六章　初试"挟天子以令诸侯"

曹操迎帝都许,控制了权力,短短几个月,朝廷便得到了相对稳定,显露出一个政治家的治国安邦之能。

当然,曹操在谋决诸多大事的时候,考虑更多的依然是军事。在他看来,一切都要服务于军事。为国失贤则亡,军无粮秣则难久。一句话,用贤,备粮,都是为了军事的需要。所以,几件大事略定便即谋划逐鹿,以期完成更大的抱负。

一、南征张绣

曹操据许,拥有兖、豫二州的时候,群雄割据的军事局面已成定势:北面,袁绍据冀,并控青、并二州,公孙瓒据幽州,张杨据河内;东面,吕布据徐州,袁术据淮南;南面,刘表据荆州,张绣据南阳,孙策据江东;西面,韩遂、马腾据凉州,张鲁据汉中,刘璋据益州。

这是一种自己居中的军事态势,如果策略运用得当,便于各个击破;反之,如果策略运用不当,则四面受敌,处敌包围之中,前后牵制,左右掣肘,将使自己处于内线作战的被动局面之中。

客观形势的复杂性,为曹操带来了困难,也为曹操提供了一个施展军事才能的机会。

曹操本拟先取吕布,但形势有了新的变化,其一,张绣自弘农

（今河南灵宝北）引兵向南，入据南阳，成了直接威胁曹操的最近之敌；其二，袁术称帝于寿春，天下共愤。适应这种变化，曹操及时调整了自己的用兵计划，决定：第一，先除近忧，南征张绣；第二，利用矛盾，观吕布、袁术战于淮海之野，待机而歼之；第三，然后北战袁绍。

适应这一战略要求，曹操确定了暂时稳住袁绍、麻痹吕布而先行讨张绣的策略。

张绣，武威祖厉（今甘肃靖远西南）人，骠骑将军张济的侄子。张济、李傕、郭汜、樊稠等皆董卓部下，听从贾诩之议，攻长安，为卓报仇，败走吕布，杀死王允。李傕等皆封将军，并为列侯。张济为镇东将军，出屯弘农。后傕、汜相攻，张济自陕来和解二人，献帝以张济为骠骑将军。张绣随叔在军，以军功升为建忠将军，封宣威侯。

张济屯弘农，荒年不收，士卒饥饿，南向就粮，在攻穰（今河南邓县）时，被流矢射中而死。张济死后，张绣领其众。

据说，张济中流矢而死，荆州官属皆向刘表道贺，表对大家说："济以穷来，主人无礼，至于交锋，此非牧意，牧受吊不受贺也。"于是派人去表示接纳张济之众，"众闻之喜，遂皆服从"①。这样，张绣与刘表便在事实上形成了军事联合。

对于张绣与刘表联合这件事，贾诩起了不小作用。贾诩，武威姑臧（今甘肃武威）人，董卓入洛阳，以太尉掾为平津都尉，迁讨虏校尉；卓败，说李傕等攻长安；傕控朝政时，拜尚书、宣义将军；天子东返，上还印绶，投靠将军段煨；张绣在南阳，贾诩阴结张绣，"绣无谋主，亦愿得诩"，遂派人将其请至南阳。贾诩为了促成张绣与

---

① 《三国志·魏书·刘表传》。

108

刘表的联合,南见刘表,表以客礼待之,并以己"无宾主礼"自责。双方达成谅解,相约联合,绣屯宛,为表"北藩"。这样,张绣便有了立脚地,刘表也得到了北面屏障。

宛(南阳)与豫州管辖之颍川、汝南等郡紧相连,距许也不甚远,且是兵家必争之地。张绣屯兵南阳,曹操如果东向,无异于有一把尖刀插在背后,如不拔除,难免后顾之忧。

曹操用兵,颇重量敌、度地、远近之计。张绣突然自西而来,在曹操看来,虽然增加了一股敌对势力,但也有点正中下怀,因为:第一,张绣的兵力是诸雄中最弱的一股;第二,张绣驻宛不久,根基不厚,立足未稳;第三,距离最近,便于进击;第四,这样一股相对软弱的敌人和屯兵态势正好为他提供了"挟天子以令诸侯"的试兵机会。试兵如获成功,将给士气以极大鼓舞。因此,曹操果断地调整战略——先征张绣。

曹操南征张绣,军临淯水(今河南白河)。张绣知力不能敌,举众投降。曹操兵不血刃,进入宛城,一时忘乎所以。操本好色,见张济妻,即张绣之婶母貌美,纳于营中。这无异于让张绣蒙受耻辱。绣见曹操如此德行,非常痛恨。又,"绣有所亲胡车儿,勇冠其军。太祖爱其骁健,手以金与之。绣闻而疑太祖欲因左右刺之。"[1]"太祖(曹操)闻其不悦,密有杀绣之计。计漏,绣掩袭太祖。"[2]

张绣掩袭曹操是与贾诩共同策划的。贾诩本来是劝张绣投降曹操的,现在亦感曹操为人太不地道,因又出计先发制人。《三国志·张绣传》注引《吴书》说,绣降,用贾诩计,请求曹操批准自己

---

① 《三国志·魏书·张绣传》注引《傅子》。

② 《三国志·魏书·张绣传》。

的军队经过曹营迁出城去。又说，因为"车少而重，乞得使兵各被甲"。曹操皆听之。"绣乃严兵入屯，掩太祖"。当时，曹操及其将领均陶醉于得意之中，毫无戒备，及战，即败。骁将典韦战死，曹操被流矢射中右臂，战马被射伤不能行，幸长子曹昂把自己的战马给了他，才脱离了危险。长子昂、侄子安民皆遇害。年仅十一岁的曹丕少年机警，乘马得脱。

曹操军败，还屯舞阴（今河南泌阳西北）。张绣乘胜率骑兵追击，"是时军乱，各间行求太祖"，只有于禁"勒所将数百人，且战且引，虽有死伤不相离。虏追稍缓，禁徐整行队，鸣鼓而还。"①张绣的追兵，被曹操击败，张绣退保穰（今河南邓县），与刘表合兵。

第一次征张绣，失败而归，完全是由于轻易得胜，忘乎所以，行为失检，处事不慎，麻痹大意所致。以曹操之智能，当然深知其失败的原因所在，但他没有这样去总结，而是从鼓舞士气的角度，避重就轻而进行了总结，并表示今后不再犯同类错误。曹操对诸将说："吾降张绣等，失不便取其质，以至于此。吾知所以败。诸卿观之，自今已后不复败矣。"②曹操如此总结失败原因，认为失在没有让张绣交人质，无异于自我解嘲。但这恰恰就是曹操的风格。

曹操自舞阴还许，南阳、章陵（今湖北枣阳东南）诸县又叛附张绣，曹操派曹洪讨伐，"不利，还屯叶（今县南），数为绣、表所侵"③。

张绣盘踞南阳这块心病不能不除。同年，冬十一月，曹操再次南征，至宛。又临淯水，想起因自己的失误而使典韦等许多将士阵亡，因而在淯水边上举行了祭奠阵亡将士的仪式，"嘘欷流涕，众

---

② 《三国志·魏书·武帝纪》。

③ 《三国志·魏书·武帝纪》。

皆感恸"①。随后攻拔刘表属将邓济据守的湖阳（今河南唐河南），生擒邓济，并攻下了舞阴城。

建安三年三月，曹操第三次征张绣。军师荀攸从征，荀攸劝曹操待机而动，说："绣与表相恃为强，然绣以游军仰食于表，表不能供也，势必离。不如缓军以待之，可诱而致也；若急之，其势必相救。"②曹操没有听从荀攸的意见，进兵把穰包围起来，刘表果然来救，曹操又一次失利。"夏五月，刘表遣兵救绣，以绝军后"。刘表把曹操的后路切断了。时有袁绍叛卒来言，袁绍部将田丰劝袁绍"早袭许，若挟天子以令诸侯，四海可指麾而定"。曹操用兵不利，且闻袁绍有取许的意向，不敢久久滞兵于南，只好撤军。张绣来追，曹操亲自断后御敌。此时，双方展开了兵法运用和战术上的较量。曹操给荀彧书说："贼来追吾，虽日行数里，吾策之，到安众，破绣必矣。"事实果然如此，"到安众（今河南镇平东南），绣与表合兵守险。公（操）军前后受敌。公乃夜凿险为地道，悉过辎重，设奇兵。会明，贼谓公为遁也，悉军来追。（操）乃纵奇兵，步骑夹攻，大破之。"③

正当张绣欲追曹操时，贾诩劝绣"不可追也，追必败"。张绣不从，结果大败而回。张绣兵还，贾诩又劝其赶快追击，而且肯定"更战必胜"，张绣疑惑，说："不用公言，以至于此。今已败，奈何复追？"诩说："兵势有变，亟往必利。"张绣听从了贾诩的意见，"遂收散卒赴追，大战，果以胜还"。张绣问诩，我以精兵追退军，而公说必败；退以败卒击胜兵，你反而说必克。结果均如你之所料，请

① 《三国志·魏书·武帝纪》注引《魏书》。
② 《三国志·魏书·荀攸传》。
③ 《三国志·魏书·武帝纪》。

问这是为什么？诩回答说："此易知耳。将军虽善用兵，非曹公敌也。军虽新退，曹公必自断后；追兵虽精，将既不敌，彼士亦锐，故知必败。曹公攻将军无失策，力未尽而退，必国内有故；已破将军，必轻车速进，纵留诸将断后，诸将虽勇，亦非将军敌，故虽用败兵而战必胜也。"[1]张绣很佩服贾诩的见解。

秋七月，曹操还许，荀彧问操："前以策贼必破，何也？"操说："虏遏吾归师，而与吾死地战，吾是以知胜矣。"[2]置之死地而后生，是历代军家常用之术，将士别无他途，只有死战才有希望获得生存。昔项羽"破釜沉舟"，"以示士卒必死，无一还心"[3]；韩信击赵"背水一战"[4]，均获重大成效。

曹操三次征张绣，有胜有败，有得有失。第一次，先胜后败；第二次，获得一定胜利；第三次，主动撤军，虽胜而挫。所以，严格说来，曹操征张绣虽然从战略上说是完全正确的，但在战术上没有获得完全成功。凡胜，体现出曹操善于用兵之才智；凡败，则体现着曹操为人妄自尊大，时有谋事不周的弱点。

张绣在军事上没有被打败，但后来还是在贾诩的说服下投靠了曹操。官渡之战前夕，袁绍想把张绣拉到自己一边，派人同张绣联络，并写信给贾诩，表示愿"结援"。张绣想答应，贾诩当着张绣的面对袁绍使者说："归谢袁本初，兄弟不能相容，而能容天下国士乎？"张绣突闻此语，甚为惊慌，急打圆场，说："何至如此！"使者走了以后，张绣问贾诩说，拒绝了袁绍，"当何归？"诩答："不如从曹公。"绣说，袁强曹弱，我们又与曹有仇，怎么能投靠曹操呢？诩

---

① 《三国志·魏书·贾诩传》。
② 《三国志·魏书·武帝纪》。
③ 《史记·项羽本纪》。
④ 《史记·淮阴侯列传》。

说,正是因为这样,我们才应该投靠曹操呢！贾诩分析了应该投曹的原因说:"夫曹公奉天子以令天下,其宜从一也。绍强盛,我以少众从之,必不以我为重;曹公众弱,其得我必喜,其宜从二也。夫有霸王之志者,固将释私怨,以明德于四海,其宜从三也。愿将军无疑。"①

张绣在贾诩的说服下,建安四年十一月,率众投靠曹操。绣至,曹操很高兴,"执其手,与欢宴,为子均取绣女,拜扬武将军"②,根本不提过去的事。又执贾诩手说:"使我信重于天下者,子也"③。遂表诩为执金吾,封都亭侯,迁冀州牧,因冀州未平,留参司空军事。

这是政治家的风度,谋事着眼于大。杀子之仇不可谓不大,但已既往,较之立国大事,又算得了什么！

这是知人善任之举,诩于己有功,遽拔之,置于州牧之位。影响之巨,可想而知。较之楚霸王项羽,印信刻竣尚不愿施人,曹操的确是高明多了。

接受张绣来投是曹操诸多成功决策之一例。不久即见大效。官渡之役,绣力战有功,迁升破羌将军;从破袁谭,增邑二千户。贾诩则屡献佳计,破袁绍、韩遂、马超皆有功,文帝时官至太尉。

二、东讨袁术

曹操南征张绣,初战失利,带来了特别不好的影响,二袁更加不把曹操放在眼里。老早就做皇帝梦的袁术,遂于建安二年春在

---

① 《三国志·魏书·贾诩传》。
② 《三国志·魏书·张绣传》。
③ 《三国志·魏书·贾诩传》。

寿春称帝,自称"仲家"①,以九江太守为淮南尹,置公卿百官,并举行了祭祀天地的仪式。

袁术谋称帝,过去得不到支持,现在既僭尊号,依然得不到人们的认同。他成了众矢之的。

袁术既置百官,就得有人来干。他书召沛相陈珪,书谓:"昔秦失其政,天下群雄争而取之,兼智勇者卒受其归。今世事纷扰,复有瓦解之势矣,诚英乂有为之时也。与足下旧交,岂肯左右之乎? 若集大事,子实为我心膂。"又劫质其子陈应,"图必致珪"。陈珪本是袁术的少年朋友,不为所动,复书回答说:"昔秦末世,肆暴恣情,虐流天下,毒被生民,下不堪命,故遂土崩。今虽季世,未有亡秦苛暴之乱也。曹将军神武应期,兴复典刑,将拨平凶慝,清定海内,信有征矣。以为足下当勠力同心,匡翼汉室,而阴谋不轨,以身试祸,岂不痛哉! 若迷而知返,尚可以免。……欲吾营私阿附,有犯死不能也。"②袁术欲以被曹操赶走了的故兖州刺史金尚为太尉,金尚不许而逃,结果被袁术杀死。陈珪和金尚的态度代表了建安初年诸多臣僚和地方官吏对待汉室的态度,他们不希望汉亡,而拥护能够匡扶汉室的人。所以,曹操在相当范围内得到一定的拥护。

袁术与吕布本相安扬、徐。袁术称帝后,他们之间的矛盾加深了,表面化了。与此同时,曹操离间袁术与吕布之间的关系和一个完整的征伐袁术的计划形成了。

第一,封赏吕布,激化吕布、袁术之间的矛盾。建安二年,曹操

---

① 仲家,有多种解释。唐人李贤注《后汉书》谓"仲或作冲";清人钱大昕亦谓"当以冲为是";沈涛认为"仲乃术所僭国号,曰家,犹汉氏之称汉家耳"。
② 《三国志·魏书·袁术传》。

以朝廷的名义，封吕布为左将军，并亲自写了一封信，对吕布"深加尉（慰）纳"。信上说，此前皇帝封吕布为平东将军的大印，被使者在山阳屯（今河南修武境）丢了。现在"国家无好金，孤自取家好金更相为作印；国家无紫绶，自取所带紫绶以籍心。将军所使不良。袁术称天子，将军止（上）之，而使不通章。朝廷信将军，使复重上，以相明忠诚"①。吕布受封，并接到这样一封充满"善意"的信，当然很高兴，殊不知自己已堕入曹操彀中。这是曹操以敌制敌的战略决策。对吕布的奖赏就是对袁术的打击，就是要进一步刺激袁术，使二人更加互不相容。据载，起初袁术怕吕布为害，为子求婚，"夏五月，袁术遣使者韩胤以称帝事告吕布，因求迎妇。布遣女随之。"沛相陈珪怕袁、吕合纵为难，往说吕布："曹公奉迎天子，辅赞国政，将军宜与协同策谋，共存大计。今与袁术结姻，必受不义之名，将有累卵之危矣。"②吕布与袁术本有宿怨，嫁女亦非本愿，听了陈珪的话，立即把已在途中的女儿追还，并将袁术使者韩胤械送至许。曹操将韩胤杀了。果如曹操所期，袁术哪能容忍吕布无礼，于是派遣大将张勋、桥蕤与杨奉、韩暹联兵，以步骑数万，兵分七路攻击吕布。吕布这时仅有兵三千，马四百匹，甚是害怕。吕布用陈珪计，策反韩暹、杨奉，暹、奉背叛袁术，配合布军作战，勋等落荒而走。随后，吕布与韩暹、杨奉合军向袁术的老巢寿春进发，水陆并进，一直追到钟离（今安徽凤阳东山）。所过掳掠，然后还渡淮北，留下书信，对袁术羞辱一番。袁术自将步骑五千退守淮水南边，吕布的军队隔水对袁大加嘲笑而还。吕布此举，打击了袁术的锐气，削弱了袁术的兵力，并掳掠了袁术辖地的资财，时之袁

---

① 《三国志·魏书·吕布传》注引《英雄纪》。
② 《后汉书·吕布传》。

术已感到坐龙椅如坐针毡了。

第二，笼络孙策，让其联兵讨术。孙策与其父孙坚均曾受袁术节制。袁术曾表孙坚为豫州刺史。初平三年（公元192年），孙坚征荆州，击刘表，中箭身亡（按：孙坚死亡，《资治通鉴》系于初平二年）。兴平元年（公元194年），孙策从术，领其父旧部。术先后答应让孙策做九江太守、庐江太守，均食言。孙策极感失望，亟谋脱离袁术，因而向袁术表示，愿率兵协助平定江东。术表荐孙策为折冲校尉，行殄寇将军。时孙策有兵千余，骑数十匹。但他抓紧时机，积极发展势力，军到历阳（今安徽和县境）已有众五六千人。"渡江转斗，所向皆破，莫敢当其锋，而军令整肃，百姓怀之。"遂引兵渡浙江，据会稽（今浙江绍兴），自领会稽太守。时袁术僭号称帝，孙策使谋士张纮为其写了很长的一封信，讲了九条不可僭号的理由，对袁术深加斥责。曹操正好找到一个由头，建安二年夏，遣议郎王诵奉诏拜孙策为骑都尉，袭爵乌程侯，领会稽太守，并命其与吕布和吴郡太守陈瑀共同讨伐袁术。孙策嫌"以骑都尉领郡为轻，欲得将军号"，王诵灵机一动，承制给孙策以明汉将军的称号，不久，曹操即表策为讨逆将军，封吴侯[①]。孙策奉诏讨袁术，整军行到吴郡之钱唐，陈瑀阴图袭击孙策。孙策发觉了陈瑀的阴谋，遣其将吕范、徐逸攻陈瑀于海西，大破之，获其吏士妻子四千人，瑀单骑奔袁绍。

利用吕布、孙策以打击袁术的策略获得成功，袁术成了南北无援的孤立之敌。对付这样的敌人，相对说来就不那么复杂了。所以曹操立即抓住时机，于第二次伐张绣之前安排东征袁术的战役。

这时，客观形势恰好为曹操提供了用兵的借口。

---

① 《三国志·吴书·孙策传》，并注引《吴录》、《江表传》。

袁术"天性骄肆,尊己陵物,及僭伪号,淫秽兹甚,媵御(侍妾)数百,无不兼罗纨,厌粱肉,自下饥困,莫之简恤。"①当时,只有陈国(治今淮阳)较富庶。陈属豫州,但与扬州辖境相近。袁术求粮于陈,陈国相骆俊拒绝不给,袁术率兵击陈,杀死陈国王刘宠及相骆俊。袁术杀死陈国王及其国相,朝廷对此等灭国大事不能置之不理。曹操既挟天子,当然有理由立即征讨。

建安二年秋九月,曹操率军东征袁术。色厉而内荏的袁术听说曹操亲自率军东来,自知不敌,匆匆弃军而走,留其将桥蕤等据蕲阳以抗操。曹操打败桥蕤等。袁术走渡淮水,又加天旱岁荒,士民冻馁,自此一蹶不振。

袁术前为吕布所破,后被曹操所败,兵弱将死,众叛亲离,府库空虚,不能自立。穷途末路,没有办法,遂于建安四年夏,烧宫室,投奔其部下雷薄、陈兰于潜山(今安徽霍山)。雷等拒绝接纳。于是更加陷入困境,士卒散走,忧愤不知如何是好。时已至此,自知皇帝的位子是坐不住了,但又不甘心,他总觉得应该由袁氏做天子。于是遣使归帝号给袁绍,对袁绍说:"禄去汉室久矣,天下提挈,政在家门。豪雄角逐,分割疆宇。此与周末七国无异,唯强者兼之耳。袁氏受命当王,符瑞炳然。今君拥有四州,人户百万,以强则莫与争大,以位则无所比高。曹操虽欲扶衰奖微,安能续绝运,起已灭乎!谨归大命,君其兴之。"时之袁绍已非往昔欲拥刘虞为帝之袁绍,实际自己也在向着"皇帝"的目标而经营着。所以他接到袁术的信后,史称"阴然其计"。②

袁术想北至青州投靠其侄子袁谭。袁谭自青州迎术,欲从下

①　《后汉书·袁术传》。
②　《后汉书·袁术传》。

邳北过。曹操使刘备及将军朱灵进行阻击。术不得过，复回寿春。六月，至江亭，问厨下粮食情况，厨下告"尚有麦屑三十斛"；时盛暑，想弄点蜂蜜冲水喝，弄不到。袁术看到如此惨状，坐在床上叹息良久，乃大咤曰："袁术至于此乎!"一头倒在床下，呕血斗余而死。①

袁术死，其部众的很大部分归降了孙策。曹操则对孙策作了进一步笼络，史载："是时袁绍方强，而策并江东，曹公力未能逞，且欲抚之。乃以弟女配策小弟(孙)匡，又为子章取(孙)贲女，皆礼辟策弟权、翊，又命扬州刺史严象举权茂才。"②

曹操讨灭袁术，用兵不巨，战斗不多，但取得了最为理想的结果，原因就在他的战略战术运用比较得当，其中至少可以归纳以下几点：第一，利用袁术刚刚僭号，人心不服，天下共愤之机，以汉天子之命讨伐不义。此举既易得众，又易长己之志气，灭敌之威风；第二，利用诸敌之间的矛盾，暂抚将讨之敌以为己用，以敌攻敌，取两伤之利；第三，赶敌南去，遏敌北走。时江淮旱荒，经济凋敝，袁术军卒甚难立足（术如果北走则有袁绍父子的接应。二袁得合，势将难抑）；第四，逼敌处于流动作战之中，使敌不仅无险可凭，而且无地可据。

三、长驱伐吕布

群雄并立，但时常萦回于曹操脑海中的最主要的是两大劲敌，一是北方袁绍，二是东方吕布。曹操的一切活动及其策略安排都

---

① 《后汉书·袁术传》。
② 《三国志·吴书·孙策传》。

是以最终消灭这两股势力为目标,南征张绣是为了消除后顾之忧,东伐袁术是为了削弱诸敌掎角之势。

先战袁绍,抑或先讨吕布?这个问题,曹操一直在盘算。当时,袁绍因曹操迎帝都许,内怀不服。他雄踞四州,诸雄皆畏其强。建安二年正月,曹操第一次南征张绣,败于宛城。袁绍得知操败,更加骄横,给曹操书,"其辞悖慢"。曹操得书,大怒,"出入动静变于常",情绪有点反常。大家都认为这是由于失利于张绣的缘故。钟繇问荀彧,荀彧说,"公(曹操)之聪明,必不追咎往事,殆有他虑?"于是去问曹操,操把袁绍的书信给荀彧看,并说:"今将讨不义,而力不敌,何如?"①

曹操"方东忧吕布",本来打算征服张绣之后即征吕布,接到袁绍的信后有点不冷静了,又在先征吕布还是先征袁绍问题上犹豫了。荀彧即为其分析形势,指出袁绍虽强,但不可怕(荀彧对袁绍与曹操之对比分析,详下章),当前最要紧的还是先取吕布,"不先取吕布,河北亦未易图也。"②郭嘉也认为应该先打吕布,说:"绍方北击公孙瓒,可因其远征,东取吕布。不先取布,若绍为寇,布为之援,此深害也。"③时,袁绍、吕布既为两强,又处南北相应,郭嘉担心他们联合,所以主张乘袁绍远征公孙瓒、暂时无北方之忧之机,先把吕布消灭了。曹操很同意他们的意见。

其实,曹操不是没有看到这一点,而是因为还有一些复杂情况尚未想清楚,于是对大家说:"吾所惑者,又恐绍侵扰关中,乱羌、胡,南诱蜀汉(指益州刘璋和荆州刘表),是我独以兖、豫抗天下六分之五也。为将奈何?"荀彧为其分析了关中的情况,并提出了具

---

① 《三国志·魏书·荀彧传》。

② 《三国志·魏书·荀彧传》。

③ 《三国志·魏书·郭嘉传》注引《傅子》。

有针对性的策略,回答说:"关中将帅以十数,莫能相一,唯韩遂、马超(当为马腾)最强。彼见山东方争,必各拥众自保。今若抚以恩德,遣使连和,相持虽不能久安,比(等到)公安定山东,足以不动"①。

就这样,曹操的用兵大计又一次在上下商讨之中定了下来。这是一种"先弱后强"、"有打有拉"、"远交近攻"、"各个击破"的战略方针。于此,足见曹操兵法运用之娴熟和善于审时度势之才能。

战略方针定下来以后,他马上确立了具体行动策略。就当时曹操做的一些事看,可概括为:

第一,安抚关中。曹操根据荀彧"钟繇可以属以西事"的提议,"乃表(表奏是形式,实由操命)繇以侍中守司隶校尉,持节督关中诸军,委之以后事,特使不拘科制。"钟繇到了长安,"移书腾、遂等,为陈祸福,腾、遂各遣子入侍。"②"遣子入侍",就是送来儿子做人质。西边之忧解除了。

第二,稳住袁绍。前已述及,曹操对绍采取了既给高位,又给荣誉,并给地盘的做法。这种示弱、谋和、以求先把袁绍稳住的策略,已取得了成功。此时,他更加注意不向河北示兵,而让袁绍倾其全力去攻打公孙瓒。

第三,瓦解吕布内部。建安三年春,袁术已濒临穷途末路,此时吕布突然醒悟,感到问题不妙,又复与袁术通。这时,曹操不仅完成了西抚韩遂、马腾的部署,而且已经瓦解了吕布的内部。史载,陈珪欲使子陈登到曹操那里去,吕布不肯,正好碰上曹操以吕

---

① 《三国志·魏书·荀彧传》。
② 《三国志·魏书·钟繇传》。

120

布为左将军,布大喜,即派陈登奉章谢恩,并送操书一封,求得徐州牧。陈登见操,不仅不为吕布说好话,反而对操说,吕布勇而无谋,反复无常,应该及早消灭之。操说,"布狼子野心,诚难久养,非卿莫能究其情也。"曹操为了拉拢陈珪父子,即为陈珪增秩中二千石,拜登广陵太守。临别,操让陈登暗地纠合部众以为内应,执登手说,"东方之事,便以相付。"这样,便在吕布内部安下了一颗钉子。陈登回来,吕布见求徐州牧不得,大怒,拔剑斫桌说,你父亲劝吾协同曹操,绝婚袁术,今我所求无获,而你们父子并显重,是你把我出卖了。陈登不慌不忙地回答说,我见到曹公,对曹公讲"待将军譬如养虎,当饱其肉,不饱则将吃人",曹公不同意我的话,说养将军"譬如养鹰,饥则为用,饱则扬去"①。回答很巧妙,稳住了吕布,避开了暗通曹操之情,保护了自己。

第四,削弱吕布力量,使其成为孤立的敌人。史实证明,曹操激化袁术、吕布间的矛盾,收到了一箭双雕之效,不仅打击了袁术,而且孤立了吕布。同时,他还试图把刘备拉在自己一边,支持刘备抵抗袁术和吕布。先是表荐刘备为镇东将军,对抗袁术,继而厚遇刘备,以为豫州牧,让其收拢兵力攻打吕布。刘备虽然失败了,败走曹操,但吕布的力量也大大削弱了。

建安三年九月,曹操开始正式讨伐吕布。先时,陶谦表刘备为豫州刺史,屯小沛;陶谦死前又以徐州让刘备。吕布则自称徐州刺史。袁术也想得到徐州,因攻刘备,曹操表刘备为镇东将军,以抗袁术。刘备与袁术相持经月,袁术派将军纪灵等击刘备,刘备求救吕布,吕布"辕门射戟"为其和解。继而吕布乘虚袭刘备下邳,虏刘备妻子,刘备求和。刘备还小沛,复合兵得万余人,吕布恶之,又

---

① 《三国志·魏书·吕布传》。

出兵攻刘备,刘备败走曹操。曹操厚遇刘备,以为豫州牧,益其兵,给军粮,使东至沛,收散兵以图吕布。吕布遣其中郎将高顺与北地太守张辽攻刘备,曹操遣夏侯惇往救,为顺等所败。高顺等破小沛,复房备妻子,备单身走归曹操。

曹操准备领兵亲征吕布,但好多将领的认识仍然停留在一年前的水平上,皆曰:"刘表、张绣在后,而还袭吕布,其危必矣。"荀攸支持曹操的决策,指出此时与彼时不同,"表、绣新破,势不敢动;布骁猛,又恃袁术,若纵横淮、泗间,豪杰必应之,今乘其初叛,众心未一,往可破也。"①荀攸的分析,意在两个"势"字,一是刘表、张绣"势不敢动",二是吕布初叛,其势未成。无疑,这正是曹操决定此时用兵吕布的原因所在。

曹操兵进,刘备于梁国界中与操相遇,遂随操东征。曹操兵至彭城(今徐州),陈宫对吕布说:"宜逆击之,以逸待劳,无不克也。"吕布认为"不如待其来攻,蹙(逼迫)著泗水中"②。冬十月,曹操屠彭城。前此安排好的广陵太守陈登率郡兵为操先驱,进至下邳。吕布率兵数次与曹操战,皆大败。曹操攻城急,兵至城下,给吕布送去一封信,陈说祸福,吕布欲降,"陈宫等自以负罪于操,深沮其计"。陈宫说:"曹公远来,势不能久,将军若以步骑出屯于外,宫将余众闭守于内。若向将军,宫引兵而攻其背;若但攻城,则将军救于外。不过旬月,军食毕尽,击之可破也。"③布然之,欲使陈宫与高顺守城,自将骑兵切断曹操粮道。结果听了妻子有关陈宫不可信任的话,没有按照陈宫的计策办,而是遣人向袁术求救。袁术本来对吕布一肚子气,仅仅整顿兵马遥作声援,并未正式发兵,吕

---

① 《三国志·魏书·荀攸传》。
② 《三国志·魏书·吕布传》注引《献帝春秋》。
③ 《后汉书·吕布传》。

布以为袁术是因为自己不嫁女,所以不发救兵,于是把女儿绑在马上,趁夜自送女出,结果被曹军乱箭射回。

曹操掘挖壕沟围困下邳,久攻不下,士卒疲惫,想暂时收兵。荀攸、郭嘉急忙阻止,说:"吕布勇而无谋,今三战皆北,其锐气衰矣。三军以将为主,主衰则军无奋意。夫陈宫有智而迟,今及布气之未复,宫谋之未定,进急攻之,布可拔也。"①曹操于是引沂水、泗水灌下邳。月余,布益困迫,准备投降,站在城墙上对曹操的兵士说,你们不必困我了,"我当自首明公"。陈宫急忙阻止说:"逆贼曹操,何等明公。今日降之,若卵投石,岂可得全也。"②

时,吕布之众已处慌乱之中。吕布虽然骁猛,但无谋而多疑,诸将各怀异心,形不成战斗力,所以每战多败。曹操水困下邳,围城三月,布众上下更加离心。十二月癸酉其将侯成与宋宪、魏续等一起把陈宫、高顺捉起来,率众投降曹操。吕布与其麾下登下邳城南门(白门楼),令左右割下他的脑袋送给曹操,左右不忍,于是自己出降。曹操令人把吕布绑起来,"缚太急",布请求"小缓之",操曰:"缚虎不得不急也。"吕布对操说:"明公所患不过于布,今已服矣,天下不足忧。明公将步,令布将骑,则天下不足定也。"③时,刘备在旁,吕布顾谓刘备说:"玄德,卿为坐上客,我为降虏,绳缚我急,独不可一言邪?"曹操意欲活布,令使宽缚,刘备急阻止,说:"不可。明公不见吕布事丁建阳、董太师乎?"吕布曾是丁原(字建阳)、董卓的部将,二人都是被吕布亲手杀死的。曹操明白了刘备的意思,点头表示理解。吕布怒视刘备说:"大耳儿,最叵信!"④曹

---

① 《三国志·魏书·荀攸传》。
② 《三国志·魏书·吕布传》注引《献帝春秋》。
③ 《三国志·魏书·吕布传》。
④ 《后汉书·吕布传》。

123

操遂命人把吕布勒死，然后将其人头送许。

与吕布同时被杀的还有陈宫、高顺等。曹操杀陈宫前，两人有几段生动的对话，反映出曹操为人的另一面：重义、重情、重才。现据《三国志·吕布传》注引《典略》录如下：

> 下邳败，军士执布及宫，太祖皆见之，与语平生，故布有求活之言。太祖谓宫曰："公台，卿平常自谓智计有余，今竟何如？"宫顾指布曰："但坐此人不听宫言，以至于此。若其见从，亦未必为禽也。"太祖笑曰："今日之事当云何？"宫曰："为臣不忠，为子不孝，死自分也。"太祖曰："卿如是，奈卿老母何？"宫曰："宫闻将以孝治天下者不害人之亲，老母之存否，在明公也。"太祖曰："若卿妻子何？"宫曰："宫闻将施仁政于天下者不绝人之祀，妻子之存否，亦在明公也。"太祖未复言。宫曰："请出就戮，以明军法。"遂趋出，不可止。太祖涕而送之，宫不还顾。

陈宫死后，曹操厚待其家，养其母，嫁其女，表现出极大的仁慈和宽宏大度。

对于吕布，曹操欲活之，刘备欲杀之。就政治家的角度言，无可厚非，但就人品言，刘备之谲诈似亦不在曹操之下。至于吕布乞生偷死，虽可理解，但足见其不明大义，少英雄之气度。因为就当时的情势来说，曹操最终不能不把吕布杀掉，正如曹操的主簿王必所说："布，劲虏也，其众近在外，不可宽也。"[1]杀布，树倒猢狲散，一股劲敌就算彻底解决了。

对于陈宫，曹操虽然不无念及曾为自己心腹、劝领兖州等功，但就军法论不能不杀。陈宫自己也很明白无求活之理，从容趋死。

---

[1] 《三国志·魏书·吕布传》注引《献帝春秋》。

这是很有自知之明的,较之吕布可谓多了几分悲壮之气。当然,陈宫赴死之前也不再"逆贼"称操,而称其为"明公",并表现出某些乞求宽其亲属的言论,度之情理,于宫完全可以理解;于操,则体现出在顺境情势下,颇能度情处事。

曹操于建安三年九月率兵击吕布,十月屠彭城,至下邳,围城月余,十二月癸酉(公元199年2月7日)吕布投降,前后不过三个月便解决了最使他担心的劲敌之一。他为什么能够这样顺利地攻灭吕布呢?

第一,战略决策正确,时机选得好。先取吕布是曹操同其幕僚经过反复磋商定下来的。本来吕布雄踞徐淮,扼南北之冲,南可连袁术,北可通袁绍,又与刘备相犄角,实难图之。曹操抓住时机,不仅没有让他形成这种优势,而且使他成了孤立之敌。

第二,战术运用得当。曹操击吕布没有把战线拉得很长,而是集中力量于一条线上。曹操出兵在今河南淮阳与刘备相遇,然后合兵直驱吕布老巢彭城(今徐州),屠城之后,即以陈登为先驱直逼吕布败守之下邳(今睢宁北)。兵至下邳,掘堑而围,并引沂、泗水灌城,下邳四面汪洋,吕布的士兵自然夺气。一个多月下来,吕布在既无援兵,又无储粮的情况下,而益困迫,不得不降。这可谓是一次运用集中力量打歼灭战的成功战例。

第三,借用非己之兵以益军势。曹操出兵名义上是应刘备求援而发,实则恰好利用了刘备的万余兵力。时之刘备如同丧家之犬,合兵归操,殊卖力气,而且让曹操最后下定决心把已经投降的、本可赦免的吕布送上断头台。

第四,用间成功。一年前,曹操即已约陈登父子为伐吕布的内应,此举发挥了很大作用,陈登以一郡之兵为其先驱,不仅军事上大增曹操之势,而且政治上瓦解了吕布的军心。

第五,敌方,即吕布策略失当,在客观上为操提供了有利战机。其一,吕布先战袁术,后袭刘备,未曾虑及曹操即时来伐,自失其援,陷入孤立;其二,不用谋将之策,而听信妻子疑将之言,初不"以逸待劳"以逆击操,后不分兵内外遥相呼应,致使操直捣城下;其三,战酣之际怒辱大将,酿成内变,陈宫、高顺既已被执,城实已破,布便无能为力了,只有在投降或战死沙场二者之间选择。他选择了前者,但他没有想到在曹操与刘备两大政治权术家面前殊难保住性命。

曹操攻灭吕布是其走向最后成功的重要一步,其重大影响,很快显示出来,第一,解除了北向用兵尤其是对付袁绍的后顾之忧,不再两面对敌;第二,使袁术成为孤立的敌人,企图南巡北走,均不得逞,愤然呕血而死;第三,使张绣真正认识到出路在于投靠曹操。一句话,并没有用多长的时间,长江以北,扬、徐、兖、豫便皆为己有了。

第七章　平定袁绍父子和北征乌桓

一、官渡胜袁绍

官渡之战是中国历史上著名的以弱胜强的战争。它以袁绍的彻底失败、曹操的完全胜利而告终。这次战争奠定了曹操统一北方的基础。

曹操与袁绍本是少年奔走之交,互知对方之底细及其为人。曹操、袁氏兄弟均有野心,及至董卓乱后,二袁雄踞南北,各霸一方,狼子野心更加暴露,因此曹操对于他们的势力、行动及其发展无时不在关注中。

曹操确立的先解决吕布、张绣、袁术等南面、东面之敌,绝除后顾之忧,然后北战袁绍的战略是正确的。不三年,这个战略任务便完成了。与此同时,西抚韩遂、马腾,东联孙策也获得了成功,韩、马遣子入侍,孙策受命明汉将军,刘表也表示了中立态度。这样,西面、东面、南面都取得了相对安定,改变了原来的军事态势,于是便可放心北拒袁绍了。

论者常把袁绍说得很笨,其实时之袁绍也很明白,曹操今非昔比,已成了最危险的敌人。他同曹操一样,为了对付主要敌人,也懂得必须先除后顾之忧。因此,他也想稳住对方,所以接受了曹操派孔融持节拜其为大将军,都督四州事。他的后顾之忧是公孙瓒。

袁绍、公孙瓒为争夺冀、幽地盘,早在初平年间(公元190—193年)即不断攻战。兴平二年(公元195年),袁绍与原幽州刺史刘虞旧部鲜于辅等合兵破公孙瓒于鲍丘(鲍丘水,今北京密云境潮白河)。建安三年,袁绍大军攻瓒,四年春瓒败自焚而死。

袁绍北战公孙瓒从战略上说不一定是错的。但在客观上却为曹操提供了驰骋徐淮、发展壮大势力的机会。曹操不失时机地抓住了客观为他提供的这一契机,乘时南征东剿。前述荀彧、郭嘉所谓"绍方北击公孙瓒,可因其远征,东取吕布"之献策正好说明了这一点。

总之,曹、袁双方至少从建安二年即开始为一决雌雄而积极备战。建安四年,双方都完成了解除后顾之忧的征讨,一场关键性的战争便即成为不可避免的了。

1. 战前谋略的确定

这里所说的"战前"是指建安四年春袁绍攻灭公孙瓒以后至建安五年二月袁绍出兵白马以前的一段时间。

在这不过八九个月的时间里,双方都在加紧谋划,并不断完善自己的战略部署。

袁绍攻灭公孙瓒后,即以长子袁谭为青州刺史,次子袁熙为幽州刺史,外甥高干为并州刺史,自领冀州牧,完成了四州相倚、总统于己的整体的大的战略部署。无疑,如从人力物力条件看,曹操仍未完全摆脱在一定程度上的内线作战态势。

据记载,当时袁绍拥兵数十万,用于对操战争的兵力有"十余万";而曹操调动到河北前线的兵力不过三万余人。但就双方兵众精神状况言,袁绍之众连年与公孙瓒作战,最后获得胜利,是疲兵、也是骄兵。袁绍,"既并四州之地,众数十万,而骄心转盛"[1]。

---

① 《后汉书·袁绍传》。

曹操之兵虽也征战历年,但却始终知道自己处于劣势,上下自戒,保持着较高的战斗警惕性;并且训练有素,正如曹操在后来发的《军策令》所言,"是时士卒精练,不与今时等也。"①

建安四年六月,袁绍按照自己"南据河,北阻燕、代,兼戎狄之众,南向以争天下"②的战略夙志,开始具体的战略部署。"于是简精兵十万,骑万匹,欲出攻许,以审配、逢纪统军事,田丰、荀谌及南阳许攸为谋主,颜良、文丑为将帅"③。这个战略方案提出后,没有得到谋士们的一致同意。持反对意见者以三军统帅沮授为代表,他认为:"近讨公孙,师出历年,百姓疲敝,仓库无积,赋役方殷,此国之深忧也。宜先遣使献捷天子,务农逸人(让人民休养)。若不得通,乃表曹操隔我王路,然后进屯黎阳,渐营河南,益作舟船,缮修器械,分遣精骑,抄其边鄙,令彼不得安,我取其逸。如此可坐定也。"这是稳扎稳打的战略思想,其意重在三点,第一,先事休兵养民;第二,谋得出师有名;第三,以自己优势兵力抄略边界,坐待其疲而取之。郭图、审配支持袁绍的战略,不同意沮授的意见,说:"兵书之法,十围五攻,敌则能战。今以明公之神武,连河朔之强众,以伐曹操,其执(势)譬若覆手,今不时取,后图难也。"沮授针对郭、审的意见进而从战争性质的高度作了进一步分析,他说:"盖救乱诛暴,谓之义兵;恃众凭强,谓之骄兵。义者无敌,骄者先灭。曹操奉迎天子,建宫许都。今举师南向,于义则违。且庙胜之策,不在强弱。曹操法令既行,士卒精练,非公孙瓒坐受围者也。今弃万安之术,而兴无名之师,窃为公惧之。"于此可以看出,沮授同袁绍等实际存在着本质性的分歧。在沮授看来,伐曹"违义",

---

① 《太平御览》卷356。
② 《资治通鉴》卷64,汉献帝建安九年。
③ 《后汉书·袁绍传》。

因为曹操奉迎天子，义在曹方；恃众凭强，骄兵必败；兴"无名"之师，实非万全之策。这样的灭自己志气、长敌人威风，而且有点迂腐的观点，当然不会被袁绍所采纳。郭图、审配等再次对沮授进行了反驳，并向袁绍提出了不可重用沮授的意见，说："授监统内外，威震三军，若其浸盛，何以制之！"袁绍于是分沮授所统之军为三都督，使沮授、郭图、淳于琼各典一军。

总的战略定下后，袁绍作了如下部署：第一，以三子袁尚镇守冀州，次子袁熙、甥高干镇州如旧，袁谭随征，以别驾王修镇青州；第二，命军师审配、行军司马逢纪主持后方，负责粮草运输；第三，自统大军，精兵十万，精骑万匹，以长子、青州刺史袁谭兼大将军幕府长史，以将军颜良、文丑为前锋，以步兵校尉高览、蒋奇、屯骑校尉张郃、越骑校尉韩荀以及主簿陈琳、参谋许攸等从军出征，兵趋黎阳，南下攻许。

针对袁绍其人以及不断变化的军事态势，曹操及其僚属很早就在不断地探讨御敌、灭敌之策。有时竟困扰得曹操焦躁不安。当时荀彧和郭嘉均从成败不在强弱而在主帅之才智的角度做了分析，结论是绍必败，操必胜。荀、郭对曹操与袁绍所做的对比，反映着僚属对操的评价，对于我们现在认识曹操依然很有帮助，荀彧说：

> 古之成败者，诚其有才，虽弱必强，苟非其人，虽强易弱，刘（邦）、项（羽）之存亡，足以观矣。今与公争天下者，唯袁绍尔。绍貌外宽而内忌，任人而疑其心，公明达不拘，唯才所宜，此度胜也。绍迟重少决，失在后机，公能断大事，应变无方，此谋胜也。绍御军宽缓，法令不立，士卒虽众，其实难用，公法令既明，赏罚必行，士卒虽寡，皆争致死，此武胜也。绍凭世资，从容饰智，以收名誉，故士之寡能好问者多归之，公以至仁待

人,推诚心不为虚美,行己谨俭,而与有功者无所吝惜,故天下忠正效实之士咸愿为用,此德胜也。夫以四胜辅天子,扶义征伐,谁敢不从,绍之强其何能为?①

荀彧在这里就任人、决谋、明法、待人四个方面归结为度、谋、武、德,分析了曹操胜绍之处。郭嘉则在荀彧"四胜"的基础上进一步扩充为十个方面,从而更加肯定了操必胜而绍必败的道理。

刘、项之不敌,公所知也。汉祖唯智胜,项羽虽强,终为所禽。嘉窃料之,绍有十败,公有十胜,虽兵强,无能为也。绍繁礼多仪,公体任自然,此道胜一也;绍以逆动,公奉顺以率天下,此义胜二也;汉末政失于宽,绍以宽济宽,故不摄,公纠之以猛而上下知制,此治胜三也;绍外宽内忌,用人而疑之,所任唯亲戚子弟,公外易简而内机明,用人无疑,唯才所宜,不问远近,此度胜四也;绍多谋少决,失在后事,公策得辄行,应变无穷,此谋胜五也;绍因累世之资,高议揖让以收名誉,士之好言饰外者多归之,公以至心待人,推诚而行,不为虚美,以俭率下,与有功者无所吝,士之忠正远见而有实者皆愿为用,此德胜六也;绍见人饥寒,恤念之形于颜色,其所不见,虑或不及也,所谓妇人之仁耳,公于目前小事,时有所忽,至于大事,与四海接,恩之所加,皆过其望,虽所不见,虑之所周,无不济也,此仁胜七也;绍大臣争权,谗言惑乱,公御下以道,浸润不行,此明胜八也;绍是非不可知,公所是进之以礼,所不是正之以法,此文胜九也;绍好为虚势,不知兵要,公以少克众,用兵如神,军人恃之,敌人畏之,此武胜十也。②

---

① 《三国志·魏书·荀彧传》。
② 《三国志·魏书·郭嘉传》注引《傅子》。

郭嘉除复述并补充了荀彧的度、谋、武、德四胜之外,又增加了道、义、治、仁、明、文六胜。曹操听了荀彧、郭嘉之言,很是高兴,因笑之曰:"如卿所言,孤何德以堪之也!"

荀彧、郭嘉对曹操和袁绍的对比评论,立足于鼓劲、增强信心,以长自己志气,所以难免溢美曹操、贬损袁绍之处,但基本内容和整体精神是符合实际的。他们的谈话,并非臆测,更非捏造。因为荀、郭二人都是从袁绍那面过来的,他们对袁绍的了解如同对曹操的了解一样清楚。荀彧、郭嘉的话的确起到了稳定人心、增强信心的作用,尤其是对曹操认识自我、发扬其优点起了积极作用。所以,当许下诸将闻袁绍将攻许而表现出恐惧时,曹操立即为大家打气,说:

> 吾知绍之为人,志大而智小,色厉而胆薄,忌克而少威,兵多而分画不明,将骄而政令不一,土地虽广,粮食虽丰,适足以为吾奉也。①

这本鼓气之言,但不识时务的孔融却偏要出来唱反调。孔融对荀彧说:

> 绍地广兵强;田丰、许攸,智计之士也,为之谋;审配、逢纪尽忠之臣也,任其事;颜良、文丑,勇冠三军,统其兵,殆难克乎!②

这是一种悲观论,若其然,则只有自待其毙了。荀彧完全拥护曹操的乐观御敌精神,因而针对孔融的说辞作了如下反驳:"绍兵虽多而法不整,田丰刚而犯上,许攸贪而不治,审配专而无谋,逢纪果而自用,……颜良、文丑,一夫之勇耳,可一战而禽也。"③

---

① 《三国志·魏书·武帝纪》。
② 《三国志·魏书·荀彧传》。
③ 《三国志·魏书·荀彧传》。

经过争论，曹操及其诸将都很清楚，袁绍来犯，只有抗争一途，否则就是坐以待毙。

战略决策既定，建安四年秋八月，曹操率精兵二万，进军黎阳，以示抗绍。同时作了如下部署：

第一，使琅琊相臧霸等率领精兵入青州。史载，"霸数以精兵入青州，故太祖得专事绍，不以东方为念。"①

第二，命平虏校尉于禁屯河上，驻守延津（今河南延津北），东郡太守刘延驻白马（今河南滑县东），以阻击袁军南下；

第三，命夏侯惇军屯敖仓、孟津，以为西面策应；

第四，九月，分兵守官渡。以裨将军徐晃、张辽率兵万人在官渡布防；

第五，争取关右诸将中立。凉州牧韦端使从事杨阜诣许观望动静，杨阜返回后对关右诸将大说曹操的好话，实际是把荀彧、郭嘉等的观点带回凉州，说"袁公宽而不断，好谋而少决；不断则无威，少决则失后事，今虽强，终不能成大业。曹公有雄才远略，决机无疑，法一而兵精，能用度外之人，所任各尽其力，必能济大事者也。"（《三国志·杨阜传》）杨阜的一番话稳住了关右，使其至少保持中立；

第六，使治书侍御史卫觊镇抚关中，并听从卫觊的意见派谒者仆射监盐官，司隶校尉钟繇移治弘农，从而加强了对关中的控制；

第七，争取荆州牧刘表中立。当时刘表是袁绍和曹操都想争取的对象，刘表长期与袁绍联合。刘表使从事中郎韩嵩到许，操以嵩为侍中、零陵太守。韩嵩回到荆州，"盛称曹公之德"，刘表虽疑韩嵩"怀贰"而囚之，但也从此定下了既不助袁也不援曹的中立政

① 《三国志·魏书·臧霸传》。

133

策。这对曹操来说,无疑也是一种战略上的胜利;

第八,外围布防以牵制敌人。命河内太守魏种备战于西,以知兖州事程昱率兵驻鄄城,备战于东。同时,为防意外,免除后顾之忧,以厉锋校尉曹仁率部驻守阳翟(今河南禹县);以扬武中郎将曹洪率部驻宛县,以防刘表;以裨将军李通和汝南太守满宠驻守汝南,以防孙策;

第九,命荀彧留守许,都督后方诸事。①

对于袁绍、曹操的战略部署,论者大都以事实论英雄,因而多言袁绍之非而称曹操之得。其实,就当时袁绍的绝对优势兵力而言,出黎阳,战白马,经阳武,取官渡,直捣许不是没有可能的,问题是迟于行而疏于备,给曹操以可乘之机。固然,如果以优势之兵分几路渡河南下,会使曹操的兵力因过度分散而削弱,战略上可能会更有利。曹操的高明之处就在于他完全掌握了袁绍的战略意向,针对袁绍的直线进攻方略,不在沿河构防御敌,而是后退一步,布防官渡,以逸待劳。总的来看,如果没有其他原因而遽使战局变化,孰胜孰败应该是不可预料的。

2. 抓住战机,趋兵击刘备

在曹、袁战争不可避免,尤当袁绍大兵压境之时,许多想谋害曹操的人开始乘机行动起来。

建安四年十二月,曹操军驻官渡时,有"常从士徐他等谋杀操"。徐他入操帐,见校尉许褚在旁而慌张色变,被许褚察觉杀死。

此前,车骑将军董承受献帝衣带密诏,与刘备及偏将军王服、

---

① 以上参阅《中国历代战争史》第四册,军事译文出版社 1983 年 10 月版。

越骑校尉种辑等谋诛曹操。刘备是在曹操击灭吕布后随操还许的。操待备甚厚，表备为左将军，出则同车，坐则同席。但刘备却在暗地里同董承等相结，密谋除操。史载，正当董承与刘备等密谋于内室而未发的时候，有一天曹操请刘备吃饭，漫不经心地对刘备说，"今天下英雄，唯使君与操耳。本初（袁绍）之徒，不足数也。"①刘备闻言，一是怕操将自己视为英雄，二是以为曹操知道了什么，吓得两手发抖，筷子掉在地上。当时正值雨天打雷，刘备遂掩饰说，"圣人云：'迅雷风烈必变'，良有以也。"②很奇怪，足智多诈的曹操竟然没有发现刘备之诈。刘备如坐针毡，亟想逃出许都。事有凑巧，时袁术已是穷途末路，想从下邳北走投袁谭，因此曹操便派刘备及将军朱灵截击袁术。刘备既出，程昱、郭嘉得知后焦急地对操说："刘备不可纵。"曹操听了郭嘉、程昱的话，也醒悟了，但刘备已经走远，追之不及。

刘备、朱灵截击袁术，袁术不得过，返回寿春，不久死去。袁术既南走，朱灵还许，刘备遂据下邳，乘机杀徐州刺史车胄，然后留关羽守下邳，自还小沛。东海昌豨及郡县多叛操归刘备。刘备兵马很快发展为数万人，并遣使同袁绍连兵，共同对付曹操。顿时，曹操又增加了一股新的敌人，成了腹背受敌之势。曹操即遣司空长史刘岱、中郎将王忠击刘备，不克。刘备傲气十足地对刘岱等说，像你这样的人来一百个对我也没办法，即使曹操自己来，胜负也未可知。

建安五年正月，董承衣带诏事暴露，曹操杀董承及王服、种辑等，夷其三族。此时，曹操更知刘备其人，不可不除。因此决定趁

---

① 《三国志·蜀书·先主传》。
② 《三国志·蜀书·先主传》注引《华阳国志》。

袁绍迟疑未发之际,亲自率兵讨伐刘备。当时,诸将都不同意曹操亲征,他们说:"与公争天下者,袁绍也。今绍方来而弃之东,绍乘人后,若何?"曹操对大家解释说:"刘备,人杰也,今不击,必为后患。"郭嘉支持曹操的决定,帮助曹操做诸将的工作,说:"绍性迟而多疑,来必不速;备新起,众心未附,急击之,必败。此存亡之机,不可失也。"①

　　曹操同他的谋士及诸将很快统一了认识,立即率兵急趋而东,打了刘备一个措手不及。当时刘备错误地估计了形势,认为曹操正与大敌袁绍对峙,不能东顾;及至探子来报曹操兵马即到,大惊失色,但依然不信,于是亲自率领数十骑登高瞭望曹军,见旌旗招展,自知不敌,便弃众而逃。曹操尽收其众,虏备妻子,进拔下邳,擒关羽,又击破昌豨。刘备奔青州,通过袁谭投靠了袁绍。

　　曹操正月出征,当月还军官渡,大约只有十数天的时间即解决了刘备的威胁,免除了两面作战的危险。事情果如曹操、郭嘉等所料,袁绍果然"性迟而多疑",没有乘曹操东征而袭其后。史载,曹操率师东去,冀州别驾田丰曾经向袁绍进策说:"操今东击刘备,兵连未可卒解,今举军而袭其后,可一往而定。"袁绍借口小儿子生病,离不开,没有发兵。田丰为失掉这一机会很生气,举杖击地说:"嗟乎! 事去矣! 遭难遇之机,而以婴儿病失其会,惜哉。"②

　　由上可见,曹操驱兵击刘备的决策是非常正确的。用一句现代话说,这决策的正确就体现在一个"时间差"上。等袁绍回过味的时候,问题已经解决了。

　　正确的决策来自于知彼知己。曹操的聪明就在于一知袁绍迟

---

① 《三国志·魏书·武帝纪》并《郭嘉传》注引《傅子》。
② 《后汉书·袁绍传》。

于行,二知刘备新起战斗力不强,三知率军直趋足以慑敌。

正确的决策取得了预期的成果,后顾之忧解除了,士气大长了,军队复还官渡,陡增斗志。可以说,曹操抓住时机击溃刘备,战争规模虽不甚大,但其历史作用却是不可低估的,它是官渡之战的前奏、预演,坚定了从将帅到士兵战胜袁绍的信心。

3. 声东击西,首战告捷

曹操击溃刘备,迅即返回官渡,重新部署前哨兵马,严阵以待敌来。袁绍在曹操趋兵而东,阵地空虚之时,不接受田丰建议"举军而袭其后",现在曹操已经打败刘备,而士气正旺,诸将大加佩服曹操用兵之明的时候,倒急于击操攻许了。

袁绍准备攻许,别驾田丰说:"曹操既破刘备,则许下非复空虚,且操善用兵,变化无方,众虽少,未可轻也,今不如久持之。将军据山河之固,拥四州之众,外结英雄,内修农战,然后简其精锐,分为奇兵,乘虚迭出以扰河南,救右则击其左,救左则击其右,使敌疲于奔命,不得安业,我未劳而彼已困,不及三年,可坐克也。今释庙胜之策而决成败于一战,若不如志,悔无及也。"①应该说,田丰所献疲敌之战术是很有道理的。但袁绍刚愎自用,根本听不进去。田丰其人不识时务,坚持己见,反复陈说,把袁绍惹火了。袁绍以为田丰是有意"沮众",令人将其铐上大枷,押回邺城大牢。

田丰被囚,诸将无复敢言。袁绍即命陈琳作檄文,发往各州郡,数操罪恶。檄文很长,从"明主图危以制变,忠臣虑难以立权"讲起,暗喻自己(袁绍)要像周勃等那样"兴威奋怒,诛夷逆乱",继而痛骂曹操祖宗,"祖父腾,故中常侍,与左悺、徐璜并作妖孽",

---

① 《后汉书·袁绍传》。

"父嵩,乞丐携养,以赃假位,舆金辇璧,输货权门,窃盗鼎司,倾覆重器",然后述操之恶,说操"赘阉遗丑,本无令德",知恩不报,"乘资跋扈,肆行酷烈,割剥元元(老百姓),残贤害善","放志专行,胁迁省禁(指强迫迁都。省禁,宫中),卑侮王宫,败纪乱法,坐召三台,专制朝政,爵赏由心,刑戮在口,所爱光五宗,所恶灭三族,群谈者蒙显诛,腹议者蒙隐戮,道路以目,百寮钳口";结论是"历观古今书籍,所载贪残虐烈无道之臣,于操为甚","操豺狼野心,潜苞祸谋,乃欲挠折栋梁,孤弱汉室,除灭中正,专为枭雄",不得不讨;最后说自己"奉汉威灵,折冲宇宙,长戟百万,胡骑千群","雷震虎步,并集房庭,若举炎火以焫飞蓬,覆沧海而沃熛炭,有何不消灭者哉!"①

檄文对曹操做了完全彻底的否定剖析,很有煽动力、感染力。文中所列事实,虽多实有,但由于站在敌对的角度分析问题,当然亦多夸张、愤懑、攻击之词。

讨操檄文发出后,袁绍遂于二月进军黎阳。时袁绍的属将,甚至是一些主要将领对讨伐曹操都毫无信心。沮授临行,散资财给其宗族,悲观地对其弟说:"以曹兖州之明略,又挟天子以为资,我虽克伯珪(公孙瓒),众实疲敝,而主骄将忲(侈),军之破败,在此举矣。"②相反,曹操诸军倒是豪气十足。振威将军程昱以七百兵守鄄城,曹操想给他增兵二千,昱不肯,操誉程昱之胆"过于贲、育"③。贲指孟贲,育指夏育,皆古之勇士。

袁绍遣其将郭图、淳于琼和颜良渡河攻东郡太守刘延于白马(今河南滑县境)。夏四月,曹操北救刘延,荀攸对曹操说:"今兵

---

① 《三国志·魏书·袁绍传》注引《魏氏春秋》。
② 《后汉书·袁绍传》。
③ 《三国志·魏书·程昱传》。

少不敌,分其势乃可。公到延津(今河南延津境,在白马以西),若将渡兵向其后者,绍必西应之,然后轻兵袭白马,掩其不备,颜良可禽也。"①曹操采纳了荀攸的计策,引兵西向延津。袁绍闻操将渡河击其后,立即分兵西应;操乃引军东趋白马,直到离颜良营地十余里,颜良才发现曹军,大惊,仓促迎战。操使裨将军张辽、偏将军关羽(此前,正月曹操击溃刘备,擒关羽以归,拜偏将军)为先锋率先击敌,关羽"望见良麾盖,策马刺良于万众之中,斩其首还,绍诸将莫能当者,遂解白马围。"②曹操"声东击西"的战术获得了圆满成功。关羽斩颜良立了大功,曹操表封羽为汉寿亭侯。

曹操解白马围,然后"徙其民,循河而西"。袁绍气极,渡河追操。沮授谏阻袁绍说:"胜负变化,不可不详。今宜留屯延津,分兵官渡,若其克获,还迎不晚。设有其难,众弗可还。"绍不从,授知必败,在即将渡河的时候不禁长叹:"上盈其志,下务其功,悠悠黄河,吾其不反乎!"③遂以疾辞。袁绍对沮授既阻其军,又要辞官,非常痛恨,于是又分其所部兵马一部归郭图统率。

袁绍军至延津南,操勒兵驻营白马山南阪下,立即酝酿成诱敌之计。他令登高瞭望来敌情况。瞭望哨先是报告大约有五六百骑来到;继而报告,又来了一些骑兵和不可胜数的步兵。曹操说,不用报告了。遂令骑兵"解鞍放马"。是时,自白马撤下的辎重都放在路上。诸将以为敌骑多,不如还保营。荀攸明白曹操的计谋,对大家说:"此所以饵敌,如何去之。"不久,绍将文丑和刘备将五六千骑先后来到,诸将说,可以上马了。曹操说,没到时候。不一会儿,敌骑来得更多了,而且分头争抢辎重。曹操说,可以上马了。

① 《三国志·魏书·武帝纪》。
② 《三国志·蜀书·关羽传》。
③ 《三国志·魏书·袁绍传》注引《献帝传》。

时曹操骑兵不满六百,纵兵而出,大破绍军五六千骑,斩其将文丑。曹操的诱敌战术获得了成功。①

颜良、文丑皆袁绍名将。刚刚接战,袁绍即失两员大将,全军震动,为之夺气。

曹操斩颜良、诛文丑,首战告捷,均为谋胜而非兵胜。这是曹操军事思想的胜利。无疑,这又一次激励了全军士气。一方"气夺",一方"气盛",未来之战局,便不难可知了。

4. 出奇制胜,会战官渡

曹操斩颜良、诛文丑后,军还官渡,袁绍则屯阳武,两军处在相持态势中。秋七月,汝南黄巾刘辟等叛操而归附袁绍,袁绍遣刘备率兵助刘辟,郡县多响应。刘备攻略汝、颍之间,自许以南,吏民不安。曹操遂以曹仁率骑击备,大破之,刘备又还走袁绍。时,袁绍另遣别将韩荀由西路趋攻许,曹仁既破刘备,遂又由西路趋师北上,击韩荀于鸡洛山(今河南密县东南之径山),大破之。刘备知袁绍难成大事,"阴欲离绍",于是劝袁绍南联刘表。袁绍遂派刘备将本部兵复至汝南,与黄巾共都等部合,有众数千人。曹操遣蔡扬击刘备、共都,失利。《三国志·武帝纪》说,蔡扬"为都所破";《资治通鉴》记谓,蔡扬"为备所杀"。记载不同,当以本纪为是。②

袁绍在遣刘备、韩荀分东西两路南向以抄许后的同时,自率大军由延津进驻阳武(今河南原阳东南),准备寻找机会同曹操决战。沮授又提出不同意见,认为应该以持久战对操,对绍说:"北兵数众而果劲不及南,南谷虚少而资货不及北;南利在于急战,北

---

① 《三国志·魏书·武帝纪》。《三国演义》说文丑亦为关羽所斩,史无记载,乃小说家言。

② 《三国演义》所说关羽过五关斩六将、斩杀蔡扬(阳),均非事实。

利在于缓搏。宜徐持久，旷以日月。"①校尉张郃也不同意与操战，认为应当密遣轻骑抄略曹操的南方。这样，曹军就会不攻自败。袁绍听不进沮授、张郃意见，遂于八月又将大军连营向前推进，在原武(今河南原阳)官渡以北一线布兵，东西数十里。曹操分兵相应，并急调屯兵原武的于禁军回守官渡。九月初一日，曹操趁日食之日出兵与袁绍战，不利，复还，坚壁。袁绍大军逼近官渡，双方展开了工程战。

> 绍为高橹(无顶楼)，起土山，射(曹)营中，(曹)营中皆蒙楯，众大惧；太祖(操)乃为发石车，击绍楼，皆破。绍众号曰霹雳车。绍为地道欲袭太祖营，太祖辄于内为长堑以拒之。②

这是有趣的斗智斗勇斗技的战斗。曹操以自己的聪明才智保住了自己的营垒，抑制住了袁绍的袭击。

时，曹操众少粮尽，士卒疲乏，百姓困于征赋，不少人叛归袁绍；后方官员，甚至许都的官员和军中的将领，也有暗通袁绍者。曹操有点忧虑，写信给留守于许的荀彧，商量放弃官渡而还保许的事，荀彧立即回信说：

> 今军食虽少，未若楚、汉在荥阳、成皋间也。是时刘、项莫肯先退，先退者势屈也。公以十分居一之众，画地而守之，扼其喉而不得进，已半年矣。情见势竭，必将有变，此用奇之时，不可失也。"③

曹操同袁绍不一样，他愿意而且善于听取属下的建议。他按

---

① 《三国志·魏书·袁绍传》。

② 《三国志·魏书·袁绍传》。

③ 《三国志·魏书·荀彧传》。

照荀彧的意见办,顶住困难,坚壁对敌,同时积极窥测动向,捕捉战机,谋划用奇而制敌。

曹操首先是在袁绍的军粮方面打主意。《孙子》曰:"军无辎重则亡,无粮食则亡,无委积则亡。"曹操注《孙子》这三句话时称:"无此三者,亡之道也。"可见曹操对军队的辎重、粮秣是非常重视的。时探子报知,有袁绍运粮车千乘至官渡,曹操用荀攸言,即以偏将军徐晃和史涣击走袁绍护粮将韩猛,"烧其辎重"。

论者或谓,曹操把袁绍的千乘粮食全烧光了。于理度之,当不如此。"辎重",按照杜牧注《孙子》仅指"器械及军士衣装";一般说来,还应包括军车等。《孙子·军争篇》原文和曹操注都以辎重、粮食、委积分列并称。张预注《孙子》:"无辎重则器用不供,无粮食则军饷不足,无委积则财货不充,皆亡覆之道",也是与《孙子》原文一样,把"辎重"同"粮食"分开。由此可见,徐晃、史涣"邀击(韩)猛,破走之,烧其辎重",并不一定是把粮食都烧了。这时曹操非常缺粮,所以极大可能是"烧其辎重"而取其一部分粮谷。这也就是史记"烧其辎重",而不像记后来夜袭乌巢那样用"尽燔其粮谷"一词的原因所在。

冬十月,袁绍再次遣车运粮,使其将淳于琼等率兵万余人护送,宿袁绍本营以北四十里之故市、乌巢。沮授怕有失,劝袁绍另派步兵校尉蒋奇率军在外保护,以防止曹操偷袭,袁绍不听。此期间,谋士许攸向袁绍进乘虚攻许之策,说:"曹操兵少而悉师拒我,许下余守,势必空弱。若分遣轻军,星行夜袭,许拔则操成禽。如其未溃,可令首尾奔命,破之必也。"①袁绍认准死理,一定要"先取操",别的策略全不考虑。

---

① 《三国志·魏书·荀彧传》。

142

史载，正在此时，许攸家中人犯法，被审配抓起来，攸怒，投奔曹操。曹操闻许攸来，来不及穿鞋子，赤足出迎，抚掌笑曰："子远（攸字），卿来，吾事济矣。"许攸问操，"袁氏军盛，何以待之？今有几粮乎？"操曰："尚可支一岁。"攸曰："无是，更言之。"操曰："可支半岁。"攸曰："足下不欲破袁氏邪，何言之不实也。"操曰："向言戏之耳。其实可一月，为之奈何？"攸曰："公孤军独守，外无救援而粮谷已尽，此危急之日也。今袁氏辎重有万余乘，在故市、乌巢，屯军无严备，今以轻兵袭之，不意而至，燔其积聚，不过三日，袁氏自败也。"①曹操大喜，于是留曹洪、荀攸守营，亲自率领步骑五千人，皆用袁军旗号，人衔枚，马缚口，夜从间道出，每人抱着一束干柴，路上有人问，则答曰："袁公恐曹操钞略后军，遣兵以益备。"闻者信以为然。路上没有遇到什么阻碍，便到了乌巢。既至，迅即包围了淳于琼的屯营，大放火，淳于琼营中大乱。时已天亮，淳于琼见操兵少，出战，不利，被操击回。

袁绍闻曹操袭乌巢，不听张郃"先往救之"的意见，仅以轻骑救淳于琼，而以重兵攻操老营。操在乌巢又一次用了"置之死地而后生"的策略。史载，绍骑至乌巢，操左右对其说，敌兵已很近，请分兵拒之。操怒曰："贼在背后，乃白。"敌兵逼近，士卒没有别的选择，只有"殊死战"，于是大破敌军，斩淳于琼，尽燔其粮谷宝货。②

这时，曹操又一次忘乎所以，暴露出他嗜杀残酷的一面。他将淳于琼以及士卒千余人的鼻子割下来，牛马割唇舌，以示绍军，绍军将士无不为之战栗。

---

① 《三国志·魏书·武帝纪》注引《曹瞒传》。

② 《三国志·魏书·武帝纪》。

绍军败,张郃、高览等降操。绍军惊扰,大溃,绍与袁谭等弃军去,仅与八百骑渡河,至黎阳北岸,入其将军蒋义渠营。

绍余众降,操认为他们是被迫伪降,所以统统杀掉,"尽坑之,前后所杀八万人"。[1]

曹操为人的两面性常在同时同地表现出来,就在他大杀降俘的时候,清查袁绍文件,得许下及军中人给袁绍的信,即令全部烧掉,说:"当绍之强,孤犹不能自保,况众人乎?"[2]表现出宽容大度的一面。

官渡大胜,曹操遂上言朝廷报捷,尽述袁氏兄弟蓄谋称帝的罪恶,指出"绍宗族累世受国重恩,而凶逆无道,乃至于此",然后讲自己"辄勒兵马,与战官渡,乘圣朝之威,得斩绍大将淳于琼等八人首,遂大破溃。绍与子谭轻身逃走。凡斩首七万余级,辎重财物巨亿。"[3]

5. 曹操为什么能够战胜袁绍?

官渡之战操胜绍败。探其原因,范晔和司马光认为,"绍为人宽雅,有局度,喜怒不形于色,而性矜愎自高,短于从善,故至于败。"那么从曹操方面分析,原因又在什么地方呢? 他的部下荀彧、郭嘉、荀攸、贾诩等都曾论说曹操必胜袁绍,他们都是从事物的一般必然性说的。现在看来,最为重要的至少有以下几点。

第一,奉天子以令不臣,其众虽少,却是王者师,出师有名,讨逆伐邪,正义在己。正义之师,其气自盛,其势易壮。两军相敌,义

---

① 《后汉书·袁绍传》。

② 《三国志·魏书·武帝纪》注引《魏氏春秋》。

③ 《三国志·武帝纪》注引《献帝起居注》。此言"斩首七万余级"与《后汉书》所记"前后所杀八万人"不同。

者胜。

第二，长于从善。曹操也有刚愎自用的时候，但在对待袁绍，特别是官渡之战期间，曹操自始至终都很注意听取属下意见，而且随时融入自己的思想，变为行动。他采用了荀彧、荀攸、贾诩等谋臣和新投来附的许攸的建议，这些建议都发挥了关键作用。于此，袁绍完全是另外一种样子，田丰、沮授、许攸、张郃的正确意见，全被拒绝。

第三，将士精练。曹操以比袁绍少得多的兵力抗袁绍①，虽然有时将领也有畏惧表现，但总的来说，士气较高。原因就在将士训练有素。这一点，不仅郭嘉等人自诩，即使旁观者和自己的敌人也不能不承认，如凉州从事杨阜说操"法一而兵精"，沮授称"北兵虽众而劲果不及南"，等等。

第四，善于用奇。操善用兵，世人共认。自己的人，郭嘉誉其为"得策辄行，应变无穷"；敌方的谋臣，田丰称其为"变化无方（没有一定之规），众虽少，未可轻也"。的确是这样，前后数战，无不有奇。诸如，不在沿河御敌，而退保官渡布防，"先让一步，后发制人"；"声东击西"趋兵救白马，斩颜良；饵敌轻进斩文丑；抓住时机，巧用时间差，击溃刘备；坚壁守垒以老绍兵；出其不意纵兵烧敌辎重；打好关键一仗，置军死地而尽燔敌之粮谷，等等。

第五，亲临前敌，壮己志气，灭敌威风。可以看出，凡重要战役，曹操均亲临前线，直接指挥，而且敢于让敌骑逼己"背后"，一

---

① 据《后汉书》、《三国志》记载，官渡战中袁绍投入兵力"十余万"，而曹操"兵不满万"。所以荀彧说操"以十分居一之众，画地而守之"。裴松之列述数条理由辩谓曹兵"不得甚少"。《中国历代战争史（四）》（军事译文出版社 1983 年版）认为，当时曹操集中了三万人于官渡同袁绍的十一万八千人作战（第80 页）。

鼓而战之。刘备为什么望见曹操"旌旗"即已胆怯,不战而溃了?原因就在曹操善战有名,具有慑敌之威。火烧乌巢,为什么袁绍大将淳于琼轻易授首?亦当曹操亲临,士兵奋战,敌兵气夺之故也。

二、讨平袁氏兄弟

官渡之战,袁绍与其子袁谭等仅以八百骑渡河,失败之惨可想而知。曹操追之不及,尽收其辎重、图书、珍宝,尽坑其降者。冀州诸郡大多举城降操。袁绍的重要谋臣沮授被曹军抓获,操赦而厚待,然后因其谋归袁绍而杀之。袁绍回到邺城,因战败而气极,把提过正确建议的田丰也杀了。从此兵少了,敢言之士、智谋之士也没了,袁绍力量大大削弱,完全失去了昔日的优势。

曹操并没有因此而麻痹,他完全明白,袁氏父子尚有能力反扑,刘表、孙策亦在窥视许都,南北受敌的局面依然存在。因此,他再一次陷入如何用兵的思虑中。

先是考虑伐孙策。史载,曹操与袁绍相拒官渡时,孙策曾谋袭许、迎汉帝,未发而被仇人射杀。时,曹操得知孙策死,想乘丧伐之。侍御史张纮(本为孙策派遣到许献方物的,被拜为侍御史)对操说:"乘人之丧,既非古义,若其不克,成仇弃好,不如因而厚之。"[1]曹操觉得张纮说得有道理,于是表举孙策之弟孙权为讨虏将军,领会稽太守,并以张纮为会稽东部都尉。同时表征孙权之豫章太守华歆到许为议郎,参司空军事。

次是谋划击刘表。建安六年(公元201年)三月,曹操"以袁绍新破,欲以其间击刘表"。史载,刘表攻长沙太守张羡,连年不

---

① 《三国志·吴书·张纮传》。

146

下。张羡曾向曹操求救,曹操因与袁绍相拒而未救,羡病死,长沙复立其子张怿,刘表攻怿及零陵、桂阳,皆平之,于是"刘表地方数千里,带甲十余万,遂不供职贡,郊祀天地,居处服用,僭拟乘舆焉。"①现在正可以乘间以援长沙之名南击僭越之臣刘表。荀彧等不同意,认为主要威胁依然是北方袁绍。荀彧对操说:"今绍败,其众离心,宜乘其困,遂定之;而背兖、豫,远师江、汉,若绍收其余烬,乘虚以出人后,则公事去矣。"②无疑,荀彧的意见非常正确,如果不乘袁绍兵力未复,士气未振之时将其一举消灭,一旦重振,则后果不堪设想。曹操有此优点,一经谋臣点拨,立即醒悟,于是取消了南击刘表的打算,并开始了再征袁绍的准备。第一,建安六年四月,曹操再次北上,扬兵河上,击袁绍仓亭军,大破之。曹操把袁绍军赶离黄河一线;第二,九月还许后,乘间连做两件兵事,解除了再次北上的后顾之忧,一是自击刘备、共都于汝南,刘备闻风丧胆,投奔荆州刘表,共都等部溃散;二是遣夏侯渊、张辽围昌豨于东海,数月,张辽单身上三公山,入昌豨家说曹操神武,昌豨随张辽降操。第三,休整部队,体恤战死。建安七年(公元202年)正月,曹操把军队带回老家谯休整。曹操回到家乡,看到因为连年战乱,人民死亡、土田荒芜的残破情景,因发《军谯令》:

> 吾起义兵,为天下除暴乱。旧土人民,死丧略尽,国中终日行,不见所识,使吾凄怆伤怀。其举义兵已来,将士绝无后者,求其亲戚以后之,授土田,官给耕牛,置学师以教之。为存者立庙,使祀其先人,魂而有灵,吾百年之后何恨哉!③

即景而感,有感而伤,曹操此令绝非虚情假意,而应该是其真

---

① 《三国志·魏书·刘表传》。

② 《三国志·魏书·荀彧传》。

③ 《三国志·魏书·武帝纪》。

实感情的流露。

操军在谯经过一段休整,然后西返至浚仪(今开封),开治睢阳渠,以通粮道。同时遣使以太牢祀桥玄。然后,随即又把军队开到官渡。

1. 各个击破,援谭击尚

建安七年夏五月,袁绍病死。绍自军败发病,至此呕血而亡。死前未能及时确定继承人。史载,"绍爱少子尚,貌美,欲以为后而未显。审配、逢纪与辛评、郭图争权,配、纪与尚比(比,亲密),评、图与谭比。众以谭长,欲立之。配等恐谭立而评等为己害,缘绍素意,乃奉尚代绍位。"①袁尚为大将军、冀州牧。袁谭只好自称车骑将军,出镇黎阳。袁尚怕袁谭兵强为难,"少与其兵,而使逢纪随之。谭求益兵,审配等又议不与。谭怒,杀逢纪。"②兄弟矛盾日益加深。

九月,曹操渡河攻袁谭,谭告急袁尚,尚率兵助谭。自九月至第二年三月,曹操大战袁谭、袁尚于黎阳,最后谭、尚败退还邺。谭、尚败退之后,诸将欲乘胜追击,曹操头脑冷静,欲待其变而攻之。郭嘉更知袁氏内部状况,劝操待变,对操说,袁绍爱此二子,生前没有定下立谁,现在郭图、逢纪等分别为谭、尚的谋臣,必交斗其间,他们回军之后必将分裂,"急之则相持,缓之而后争心生,不如南向荆州若(像)征刘表者,以待其变,变成而后击之,可一举定也"③曹操最善示假,而且屡屡得手。他称赞并采纳了郭嘉的计谋,遂示以南征刘表的假象,建安八年五月率军还许,然后大张旗

---

① 《三国志·魏书·袁绍传》。
② 《后汉书·袁绍传》。
③ 《三国志·魏书·郭嘉传》。

鼓"南征"。果如曹操、郭嘉所料,不久,袁氏兄弟反目,袁谭攻袁尚,谭败,兵还南皮(今县);袁尚率兵攻谭,谭又败,奔平原(今县)。谭不懂得"唇亡齿寒"、"兄弟阋于墙"的严重后果,竟遣辛评之弟辛毗向曹操求救。时,操已耀兵南下,军驻西平(治今河南西平西)。辛毗至西平见操,转达袁谭求救之意。因为军已南向,群下多以为刘表强,袁氏兄弟不足忧,应该先平刘表。荀攸则支持曹操、郭嘉之预谋,认为应该乘乱而取河北。荀攸做了两方面的分析,一是认为刘表虽强但不可怕,"天下方有事,而刘表坐保江、汉之间,其无四方之志可知矣";二是指出袁氏仍有势力,如果"兄弟和睦以守其成业,则天下之难未息也。今兄弟构恶,此势不两全,及其乱而取之,此时不可失也"①。辛毗实际也完全站在曹操的立场上,指出"四方之寇,莫大于河北",劝操取河北,"河北平,则六军盛而天下震"。②

　　既为人谋,又是天赐良机。曹操应袁谭之请救谭,十月至黎阳。袁尚得知曹操又一次渡河,遂解平原之围而返回邺城。尚将吕旷、高翔降操。二将既已降操,而袁谭暗地里又刻将军印给吕旷、高翔,由此曹操更知袁谭并非真心归降,但为了安定他,让其兄弟互斗到底,竟为儿子曹整聘谭女为妻。

　　建安九年(公元 204 年)正月,曹操为征袁尚,渡过黄河,截断淇水,使其东北流,注入白沟(今卫河),以通粮道。三月,袁尚再攻袁谭于平原,留其将审配、苏由守邺。苏由欲为曹操内应,谋泄,逃出邺城投奔了曹操。曹操进军至洹水(今安阳河),继而至邺,先是堆土为山,掘地道围城。四月,为了扫清外围,解除攻邺的后

<hr>

① 《三国志·魏书·荀攸传》。
② 《三国志·魏书·辛毗传》。

顾之忧曹操留曹洪攻邺,自己率兵收拾了邺城附近袁尚的诸多小股势力,并重赏易阳令韩范、涉长梁岐等举县降者,赐爵关内侯,拜黑山军帅张燕为平北将军。五月,又毁土山、地道,开凿水沟,引漳水灌城。史载,曹操凿堑周回四十里,"初令浅,示若可越。配望见,笑而不出争利。操一夜浚之,广深二丈,引漳水以灌之。自五月至八月,城中饿死者过半。"①七月,袁尚还救邺。尚兵即至,诸将皆以为"此归师,人自为战,不如避之"。诸将大概只记得兵法有云"归师勿遏",而不善分析具体情况。操则不同,他对大家说,如果袁尚从大道来,当避之;如果循西山而来,正可以把他捉住。结果,袁尚循西山而来,离邺十七里,临滏水为营,试图内外相应。曹操将其击败。袁尚遣使求降,操不答应,尚乘夜逃奔,操追而围之,尚将马延、张觊等临阵降,尚逃亡中山(今河北定县)。操尽收其辎重,得尚印绶节钺及衣物。城内人心大散,尽管审配死守,并不断给将士鼓气,但大局终难挽回,结果他的侄子、东门校尉审荣打开城门,让操兵进城,操生擒审配。

曹操进驻邺城后,做了四件事:

第一,斩杀审配。操兵生擒审配,引见操,操爱其才,不想杀他,故意给审配个台阶下,对审配说,我围城的时候,城内发射弓箭为什么那么多? 配说,我还恨其太少了呢! 操说,你忠于袁氏,不得不那样。配意气壮烈,不领其情,始终不说一句软话,又加辛毗等人在旁为审配杀其兄辛评全家而号哭不已,曹操只好将审配杀了。

第二,抚慰袁家。前曾述及,曹操与袁绍本是少年朋友,飞鹰走狗,不知共同玩过多少恶作剧。后来成了势不两立的敌人。现

---

① 《后汉书·袁绍传》。

在,他把袁绍打败了,气死了,而且把袁绍的儿子也打跑了,占了袁氏的老巢邺城,应该是气使颐指、得意洋洋的时候,但他没有露出喜色,而是做了另外的一番表演。他亲到袁绍墓上进行祭奠,"哭之流涕",并"慰劳绍妻,还其家人宝物,赐杂缯絮",还让公家负责供给袁氏家人食粮。自古论者对此多有讥评,如晋人孙盛说:"绍因世艰危,遂怀逆谋,上议神器,下干国纪。荐社(祭祀土地神)污宅(打扫墓穴),古之制也,而乃尽哀于逆臣之冢,加思于饕餮之室,为政之道,于斯踬矣(这样做就要摔跟头了。踬,绊倒)。夫匿怨(怀恨在心)友人,前哲所耻,税骖旧馆(税,脱。孔子到卫,见旧馆人之丧,把一匹拉外套的马解下来送给馆人),义无虚涕,苟道乖好绝,何哭之有!"[1]其实,这正是曹操为人的风格,既有重情的一面,但又始终不忘大谋。他要通过自己的表演收河北人心,特别是诸多智士的心。这里正好表现出曹操其人实乃感情与谲诈的结合体。

第三,为子曹丕纳甄氏。曹操平冀州,曹丕从征至邺。曹丕《典论·内诫》说,"上(指操)定冀州屯邺,舍绍之第。余(丕)亲涉其庭,登其堂,游其阁,寝其房。栋宇未堕,陛除自若。"据《三国志·魏书·甄后传》记,建安中,袁绍为次子袁熙娶甄氏,袁熙出为幽州刺史,甄氏留邺侍奉婆婆刘氏,及冀州平,曹丕纳甄氏于邺。据此,是曹丕自娶甄氏。当时,曹丕只有十八岁,且操亦在邺,如此大事不可能不经曹操同意。因此,《三国志·甄后传》注引《魏略》所记当更近事实。《魏略》说:"及邺城破,绍妻及后(指甄氏)共坐皇堂上。文帝(曹丕)入绍舍,见绍妻及后,后怖,以头伏姑膝上,绍妻两手自搏。文帝谓曰:'刘夫人云何如此?令新妇举头!'姑

---

① 《三国志·魏书·武帝纪》注引孙盛语。

151

乃捧后令仰,文帝就视,见其颜色非凡,称叹之。太祖(操)闻其意,遂为迎取。"所以说此一记载更近事实,因为它比较合情合理。

第四,蠲免河北租赋。史载,曹操在邺下了两道命令,其一是免除当年租赋,令曰:"河北罹袁氏之难,其令无出今年租赋!"其二是重豪强兼并之法,规定"其收田租亩四升,户出绢二匹、绵二斤而已,他不得擅兴发。郡国守相明检察之,无令强民有所隐藏,而弱民兼赋也。"诸此,甚得人民欢迎,"百姓喜悦"。[①]

2. 自执枹鼓振军威,击斩袁谭

曹操击走袁尚,军屯邺城,始以邺为大本营而着力经营。建安九年九月,自领冀州牧。曹操自领冀州牧的同时,为了表示一种姿态,除仍兼统豫州外,让出兖州牧一职。当时,政自操出,或领或让,甚或让而实控,皆由操定,诏封、表荐不过形式而已。正如胡三省注《资治通鉴》所说,"领则真领,而让非真让也。"

十月,并州刺史高干迫于形势降操,操则为了专力讨伐袁谭而仍然任命高干为并州刺史。

袁谭在曹操围邺的时候,开始认识到联合曹操是一大错误,试图叛离,但伎俩拙劣,不能统筹谋敌,于是径自掠取已为曹操占有的甘陵(今河北清河)、安平(今河北深县)、勃海(今河北南皮东北)、河间(河北今市)等地。此时,他依然没有考虑兄弟联合的问题,竟在叛操的同时,再攻袁尚于中山。袁尚败,走故安(今河北易县),投靠其二哥、幽州刺史袁熙。袁谭悉收袁尚之众,还屯龙凑(今山东平原南)。至此,袁谭已把自己完全置于孤立无援之地。

---

① 《三国志·魏书·武帝纪》并注。

高干既已投降，曹操即可放心对付袁谭。因此，立即给袁谭送去一信，"责以负约，与之绝婚"①，送还其女，然后进军。袁谭此时已感到形势严峻，害怕了，于是放弃平原而走保南皮。曹操入平原，略定诸县。建安十年（公元205年）正月，曹操攻袁谭于南皮，小失利，士卒被杀不少。史载，操欲缓攻，参司空军事曹纯劝曹操说："今千里蹈敌，进不能克，退必丧威；且县（悬）师深入，难以持久。彼胜而骄，我败而惧，以惧敌骄，必可克也。"②曹纯的话，坚定了曹操克灭袁谭的决心。

《三国志·魏书·武帝纪》注引《魏书》说，曹操攻谭，从早到中午仍然攻不下来，操"乃自执枹鼓（枹，鼓棰），士卒咸奋，应时破陷"。城破，袁谭败走，操追杀之，并诛其妻子。同时斩杀袁氏父子的老臣郭图等及其妻子。曹操把袁谭杀了，悬首示众，下令说："敢哭之者，戮及妻子。"可见，操对袁谭较之攻邺时又狠了许多，这既是他不惜杀人之性所使然，亦是为了杀一儆百，以为降而复叛者戒。

与此同时，他人格的另一面也得到表现。据载，有名李孚者，自称冀州主簿，求见曹操说，现在城中强弱相陵，人心扰乱，应该派一名新降而且为城内人所认识且信得过的人，进城"宣传明教"。操即使孚进城，"告谕吏民，使各安故业，不得相侵，城中乃安"③。同时曹操还下了一道《赦袁氏同恶令》，令曰："其与袁氏同恶者，与之更始。"④诸此，都对稳定局势、安定民心起了积极作用。

袁谭消灭了，冀州平定了，这使曹操大为高兴。据《英雄记》

---

① 《三国志·魏书·武帝纪》。
② 《三国志·魏书·曹纯传》。
③ 《资治通鉴》卷64，汉献帝建安十年。
④ 《三国志·魏书·武帝纪》。

说,"曹操于南皮攻袁谭,斩之。操作鼓吹,自称万岁(万岁,欢呼语),于马上舞。"的确,对于曹操来说,平定冀州是值得庆贺的大事,因为至少半边天下是可以坐定了。

3. 不畏寒苦,西征高干

在袁谭败亡的同时,其弟袁熙也开始大倒其霉了,为其将焦触、张南所攻,不得已,同袁尚奔走辽西,投靠乌桓。焦触自号幽州刺史,率领诸郡太守和各县令长,并数万之众降操,操矫诏封触等为列侯。不久,故安赵犊、霍奴等杀焦触及涿郡太守,三郡(辽西、辽东、右北平)乌桓攻鲜于辅于犷平(今北京密云东北)。夏四月,黑山军张燕率其众十余万降,曹操矫诏封燕为安国亭侯。八月,操讨杀赵犊、霍奴等。然后渡潞水救犷平,乌桓未战而出塞。

十月,高干听说曹操北讨乌桓,乘机即以并州叛,"执上党太守,举兵守壶关口。(曹操)遣乐进、李典击之,干还守壶关城"①。当时与高干相呼应的至少有三股势力,一是河内张晟有众万余人,寇崤、渑间;二是弘农人张琰起兵;三是河东郡掾卫固及中郎将范先等外以请求不要征调太守王邑为名,而内实与高干通谋。曹操甚知,欲要击灭高干,这些小股势力不可小视,必先除之。因此,曹操对荀彧说,"关西诸将,外服内贰,张晟寇乱崤、渑,南通刘表,(卫)固等因之,将为深害。当今河东,天下之要地也,君为我举贤才以镇之。"根据荀彧的推荐,曹操以西平太守杜畿为河东太守。卫固等与高干、张晟联合攻杜畿,曹操使议郎张既征调关中诸将马腾等,引兵会击张晟等。结果大败卫固、张晟,斩卫固、张琰等首,赦其余党。这样,没有多长的时间,高干便成了孤立之敌。

---

① 《三国志·魏书·武帝纪》。

建安十一年(公元 206 年)正月,曹操亲征高干。高干听说曹操亲征,"乃留其别将守城,走入匈奴,求救于(匈奴)单于,单于不受。公(操)围壶关三月,拔之。"①高干与数骑亡奔荆州,欲投刘表,走到洛河上游,被上洛(今陕西商县)都尉王琰捕杀。并州平,操以陈郡梁习以别部司马领并州刺史。

曹操征高干,正值寒冬,相当艰苦。他在征途中有所感而作《苦寒行》,描述了行军的艰苦,抒发了自己的感慨。

> 北上太行山,艰哉何巍巍!羊肠坂诘屈,车轮为之摧。树木何萧瑟,北风声正悲。熊罴对我蹲,虎豹夹路啼。溪谷少人民,雪落何霏霏!延颈长叹息,远行多所怀。我心何怫郁?思欲一东归。水深桥梁绝,中路正徘徊。迷惑失故路,薄暮无宿栖。行行日已远,人马同时饥。担囊行取薪,斧冰持作糜。悲彼《东山》诗,悠悠令我哀。②

长诗写得既凄且壮,既实又伤,不失为描写古代战争的绝唱。他写出了特定环境的艰苦,更写出了作者即时即景的感伤,表达了他早成大业而结束战争的期望。"悲彼《东山》诗,悠悠令我哀",要想做周公,征讨不臣,实在是不容易啊!

三、北征乌桓

建安十一年(公元 206 年),曹操攻拔壶关,平定并州后,自西而东,长驱至淳于(今山东安丘东北),遣将乐进、李典讨伐长广(今山东莱阳东)起义军管承,管承走入海岛;又遣于禁讨斩昌豨

---

① 《三国志·魏书·武帝纪》。
② (宋)郭茂倩:《乐府诗集》卷 33。

（豨系降而复叛）于东海。北方大股军事势力均已平定。这一年，曹操还为削弱汉室势力作了不少带有实质性的事，例如废除齐、北海、阜陵、下邳、常山、甘陵、济阴、平原等八个刘姓王国。建安十二年（公元 207 年）二月，曹操自淳于还邺，大封功臣，作《封功臣令》。

> 吾起义兵诛暴乱，于今十九年，所征必克，岂吾功哉？乃贤士大夫之力也。天下虽未悉定，吾当要与贤士大夫共定之；而专飨其劳，吾何以安焉！其促定功行赏。

于是大封功臣二十余人，皆为列侯，其余各以次受封，并免除战死者遗孤的赋役。及时封功授赏是曹操高明之所在，是他鉴往知今的体现。这一点，不仅异于"外宽内忌，用人而疑之"的袁绍，而且也大异于昔日项羽，印信已经刻就仍不愿给人家。所以，对于诸将是极大的激励。

以上诸项，特别是平定北方多股军事势力和大封功臣，实际都是为他下一步的行动，即出兵乌桓，作军事上和精神上的动员和准备。

乌桓亦称乌丸，本东胡之一部。《后汉书·乌桓传》称："汉初，匈奴冒顿灭其国，余类保乌桓山，因以为号焉。"俗善骑射，居无常处，食肉饮酪，以毛毳（cuì，细毛）为衣，贵少而贱老，其性悍塞，有勇健能理决斗讼者，推为大人。乌桓长期臣服匈奴，每年都要给匈奴贡献牛马羊皮。西汉武帝时骠骑将军霍去病击匈奴左地，因徙乌桓于上谷（治今河北怀来东南）、渔阳（治今北京密云西南）、右北平（初治辽宁凌源西南，徙治河北丰润东南）、辽西（治今辽宁义县西）、辽东（治今辽宁辽阳北）五郡塞外，始置护乌桓校尉。以后时附时离。东汉灵帝初，乌桓大人上谷有难楼，众九千余落（落，集居点）；辽西有丘力居，众五千余落；辽东有苏仆延，众千余落;右北平有乌延,众八百余落,均自称王。献帝初平年间,丘力居死,子楼班年少,侄子蹋顿代立,总摄辽东、辽西、右北平三郡。建安初,袁绍与公孙瓒相持,蹋顿遣使至绍求和亲,并助袁绍击破公孙瓒。袁绍假借皇帝的名义赐各部大人皆为单于,并以家人女为己女嫁给蹋顿。后难楼、苏仆延等共奉楼班为单于、蹋顿为王。因为袁绍曾厚待蹋顿,所以袁尚、袁熙兄弟兵败后投奔了他。

先是"三郡乌丸承天下大乱,破幽州,略有汉民十余万户"①,"及绍子尚败,奔蹋顿,时幽、冀吏人奔乌桓者十万余户,尚欲凭其兵力,复图中国"②。

乌桓势力本来就是为袁氏所用的,现在袁氏兄弟来投,与之相结,顿时成为曹操北方的严重威胁。对曹操来说,乌桓与袁氏兄弟的残余势力,不除不足以安定幽、冀,更不能南下江、汉以击刘表、取孙权。如谋大业,从大局考虑,乌桓不能不伐。

1. 掩其不备,出奇制胜

曹操用兵甚重粮草,欲击乌桓,但怕军粮难以运达。因此,未曾起兵即作这方面的准备。他采用了董昭的建议,开凿平虏渠与泉州渠入海运。平虏渠自呼沱(今河北滹沱河)入泒水(今河北沙河),即今南运河之一段的前身;泉州渠(泉州,治今天津武清西),从沟河口(天津宝坻东)凿入潞河(北京通县境内北运河),皆通入海。

曹操大封功臣之后,诸将思奋,遂把即将北征三郡乌桓的事提出来让大家讨论。据载,很多将领不同意即征乌桓,理由是:"袁

① 《三国志·魏书·武帝纪》。
② 《后汉书·乌桓传》。

尚,亡虏耳,夷狄贪而无亲,岂能为尚用? 今深入征之,刘备必说刘表以袭许。万一为变,事不可悔。"①这种意见的基点是,袁尚与乌桓不能联合,不可怕,而可怕的是刘备、刘表乘操北征,而袭其后。只有郭嘉支持曹操征乌桓。郭嘉说:"公(操)虽威震天下,胡(乌桓)恃其远,必不设备。因其无备,卒然击之,可破灭也。且袁绍有恩于民夷,而尚兄弟生存。今四州之民,徒以威附,德施未加,舍而南征,尚因乌丸之资,招其死主之臣,胡人一动,民夷俱应,以生蹋顿之心,成觊觎之计,恐青、冀非己之有也。表,坐谈客耳,自知才不足以御(刘)备,重任之则恐不能制,轻任之则备不为用,虽虚国远征,公无忧矣。"②郭嘉的分析很透彻,一是乌桓无备,可掩而袭之;二是袁氏仍有影响,但袁氏兄弟尚未把势力收拢起来;三是刘表"坐谈客耳",不足忧。郭嘉的话,坚定了曹操的决心,遂起兵北上。

五月,重兵至易(今河北雄县北)。郭嘉觉得行军迟缓必误大事,因催促曹操说:"兵贵神速。今千里袭人,辎重多,难以趣利,且彼闻之,必为备,不如留辎重,轻兵兼道以出,掩其不意。"③曹操听从郭嘉意见,轻兵急进,很快便到达了无终(今天津蓟县)。时值夏雨季节,军不能行,及至秋七月间,雨水更大,滨海低洼之地"泞滞不通",而且诸多要塞关口都有乌桓兵把守,军队很难通过。这时,随军蓨(tiáo,今河北景县南)令田畴献了一条很好的计策,为讨伐乌桓成功起了关键性作用。

田畴,字子泰,右北平无终人,曾为幽州牧刘虞从事。刘虞被公孙瓒杀害后,田畴率举宗族以及其他附从者数百人,入无终山

---

① 《三国志·魏书·武帝纪》。
② 《三国志·魏书·郭嘉传》。
③ 《三国志·魏书·郭嘉传》。

中，"营深险，平敞地而居，躬耕以养父母，百姓归之，数年间至五千余家。"袁氏父子曾先后征召，皆不从。田畴"常忿乌丸昔多贼杀其郡冠盖（指做过官的人），有欲讨之意而力未能"。曹操北征乌桓，遣使征召田畴，畴即随使到军，操令畴署司空户曹掾，引见谘议，畴陈讨敌之策，操顿觉不宜委作吏胥，于是举茂才，拜蓨令，但不到官，让其随军听用①。

军不能进，曹操非常着急，因问田畴怎么办？田畴很熟悉周围情形，一是对操说明现在走的这条路很难通过，"此道，秋夏每常有水，浅不通车马，深不载舟船，为难久矣。"二是告诉曹操还有一条近而便的路可走，"旧北平郡治在平冈（今辽宁喀喇沁左翼蒙古族自治县），道出卢龙，达于柳城（今辽宁朝阳南）。自建武以来，陷坏断绝，垂二百载，而尚有微径可从。"三是向操献"掩敌不备"之策，"今虏（指乌桓）将以大军（指操军）当由无终，不得进而退，懈弛无备。若嘿回军，从卢龙口（今喜峰口）越白檀（今河北承德市西南）之险，出空虚之地，路近而便，掩其不备，蹋顿之首可不战而禽也。"曹操觉得田畴的计策很好，于是大张旗鼓地撤兵，在水侧、路旁竖起大木桩，上面写着：

　　　　方今暑夏，道路不通，且俟秋冬，乃复进军。②
乌桓的探马看到木桩上写的字，以为曹操的大军真的畏难而退了，立即报告了蹋顿。殊不知，曹操即令田畴率领其部下为先导，上徐无山，开山填谷五百里，出卢龙，历平冈，直趋柳城。直到离柳城二百多里的时候，乌桓才发现曹军。袁尚、袁熙与蹋顿及辽西单于楼班、右北平单于乌延等率数万骑兵仓促迎战操军。军队尚未整顿

---

① 《三国志·魏书·田畴传》。
② 《三国志·魏书·田畴传》。

好。八月，操登白狼山（今辽宁凌源东南），与乌桓兵遭遇，俯望乌桓兵甚多，而自己的辎重均在后面，兵士披甲者少，因而都有点怕。史载，"操登高，望虏阵不整，乃纵兵击之，使张辽为前锋，虏众大崩，斩蹋顿及名王以下，胡、汉降者二十万余口。"临敌不惧，突袭未阵之敌，既智且勇，表现了一个军事家的风度。

乌桓辽东单于苏仆延及辽西、右北平诸豪，弃其种人，与袁尚、袁熙投奔辽东太守公孙康。他们的人马仍有数千骑。辽东太守公孙康恃远不服，操破乌桓后，有的将领劝操乘势征伐公孙康，擒杀袁氏兄弟。曹操对大家说，我已经让公孙康斩送袁尚、袁熙的人头来，不需再用兵了。九月，曹操从柳城撤兵，不久公孙康即斩袁尚、袁熙及苏仆延等，将其人头送到曹操面前。将领们奇怪地问："公还而康斩送尚、熙，何也？"曹操向大家剖析势之必然说，公孙康一向惧怕袁尚等，我如果急攻他们，他们就会联合抵抗我，反之如果缓攻他们，他们因为各怀异心，必然互不相容，所以知道公孙康会杀袁氏兄弟。

这种透彻的分析，显示出一个军事家的聪明才智、料敌能力和对军事环境以及敌方将领能力、心态的了解。所以，诸将无不佩服。

曹操自柳城撤兵，不是由原路返回，而是走南路，向西南方面行进。归途中东临碣石山，以观沧海。十一月返抵易水，代郡乌桓单于普富卢、上郡乌桓单于那楼赶来祝贺，表示归服。建安十三年正月还邺。

曹操对于北伐乌桓的成功，极为重视，也极为高兴。这对于自己的事业来说，是又一次重大的正确的决策。第一，征服乌桓，稳定了北方；第二，彻底消灭袁氏势力，根除了心腹之患；第三，公孙康内附，幽、冀不再有重大反对力量存在。诸此表明，他在统一北方的逐鹿中已经取得了最后的胜利。回头一顾,十几年前没有正式资格入盟联军的他,竟把诸多军阀收拾掉了。从此再也勿需"临观异同,心怀游豫,不知当复何从"[1]了。前曾述及,曹操每当用兵总要考虑先南征还是先北伐的问题。现在这个问题解决了,可以放心南向了。

2. 碣石抒怀

曹操回兵,路上依然很艰苦,但所有困难都掩不住他的愉悦心情,真可谓一路高兴一路歌。正是在这种情致的驱使下,他东临碣石,留下千古名篇《步出夏门行》。

碣石,指碣石山,在今河北昌黎北十五公里,山峰海拔 695 米,为观海胜地。昔秦始皇、汉武帝均曾登临碣石观海,并刻石记功。《史记·秦始皇本纪》说,"三十二年(公元前 215 年),始皇之碣石",使燕人卢生求仙人,刻石,其辞有曰:"遂兴师旅,诛戮无道","武殄暴逆,文复(除)无罪,庶心咸服","皇帝奋威,德并诸侯,初一泰平","天下咸抚,男乐其畴,女修其业,事各有序",云云。由此观之,曹操东临碣石,固有观海、吊古之意,但实有更深层次的原因,那就是以秦皇、汉武之武功自况。秦皇刻辞,述己之功甚为恢宏,曹操虽然没有那样落笔,但字里行间同样蕴含着政治家的恢宏大度和气吞山河的气派。

《步出夏门行》分五个部分,其中尤以一解《观沧海》和四解《龟虽寿》为世所称。《观沧海》:

东临碣石,以观沧海。水何澹澹,山岛竦峙。树木丛生,百草丰茂。秋风萧瑟,洪波涌起。日月之行,若出其中;星汉

---

① 《曹操集·步出夏门行》。

灿烂,若出其里。幸甚至哉,歌以咏志。

诗是写景的,描写了登上山顶,目极远近的所见与感受。淡蓝蓝的大海,巍巍峙立的山岛,草木繁茂,秋风起处,波涛翻涌,日月星辰好像都是从大海里跳出来的。诗人用生动简练的语言勾勒出一幅气象万千的图画。这幅图画,既是自然的,又是诗人的。它展示着作者的博大胸怀,寄寓着作者的憧憬与抱负,他要像大海吞吐日月、含孕群星那样主宰神州大地。"歌以咏志",此言非虚,诗的中心点正在言志。毛泽东有《沁园春》云,"问苍茫大地,谁主沉浮?"曹操的诗亦正是在回答着这样的问题。所以说,诗的形式是写景的,内涵却是政治的,是政治抒怀之作。

《龟虽寿》:

神龟虽寿,犹有竟时;腾蛇乘雾,终为土灰。老骥伏枥,志在千里;烈士暮年,壮心不已。盈缩之期,不但在天;养怡之福,可得永年。幸甚至哉,歌以咏志。

"神龟",据说寿命很长。《庄子·秋水》有云:"吾闻楚有神龟,死已三千岁矣。""腾蛇",传说如飞龙类动物,虽然不及龙的本领,但也有腾云驾雾的能耐。《韩非子·难势》说:"飞龙乘云,腾蛇游雾。""老骥",指已经衰老的千里马。此诗真实而生动地反映了曹操当时的心境,蕴含着诗人的世界观、人生观,写出了诗人对于大业未成,而时日苦短的焦急情绪,表达了诗人不懈进取、虽老犹壮的精神,体现着诗人必将成其大业的心志。全诗起自忧虑,颇带伤感之情。但突然笔锋一转,豪气迸发。老了怕什么,人寿的长短,不仅在天,只要自己注意保养,即可长寿,最终实现自己的理想。辞藻壮丽,含意深远;慷慨激昂,跃然纸上;起伏跌宕,豪情满腔。的确是一篇充满激情的佳作,它理所当然为世所称。它所展示的老当益壮的精神,亦将在历史的长河中永远激励着人们自强不息、奋发进取。

一千七百多年后,1954年,新时代的伟人毛泽东写有《浪淘沙·北戴河》词一首,词曰:

> 大雨落幽燕,白浪滔天,秦皇岛外打渔船。一片汪洋都不见,知向谁边? 往事越千年,魏武挥鞭,东临碣石有遗篇。萧瑟秋风今又是,换了人间。

"白浪滔天"胜过"洪波涌起","一片汪洋"何止水澹山峙,一派更大更壮的气势和胸襟。毛泽东以极其简洁的语言肯定了曹操的武功,因为这对国家的统一和历史的进步是有利的;同时,对曹操临山观海而留下不朽之作,流露出深沉的怀念。

20世纪50年代在有关"替曹操翻案"的大讨论中,关于曹操北征乌桓战争的性质和历史作用,是重点讨论的问题之一。拙作《曹操评传》也作了较多的论述。我认为,曹操出兵乌桓的主要目的是彻底摧垮袁氏势力,因而平定三郡乌桓实是他统一战争中不可缺少的一步。不宜视为反对外来侵略。因为:(一)三郡乌桓概在域内,统属于幽州辖区以内;(二)当时三郡乌桓并没有主动的反汉的行动和意图。因此,勿需称曹操北征三郡乌桓是反侵略的"正义战争",也勿需给曹操冠以"民族英雄"的帽子。

曹操因要彻底消灭袁氏势力而发动的平定三郡乌桓的战争,从战术上说,掩其不备而袭之,是成功的战例;但对域内民族毫无战备的情况下,突然袭击而灭之,是不值得歌颂的。平定三郡乌桓,客观上使北方获得一定时期的相对稳定,有利于北方民族关系的融合、人民生活的安定和经济的发展,并有效地支持了他的长期统一战争。

第八章　兵败赤壁

曹操北破乌桓，完成了统一北方的战争，满怀胜利的喜悦，于建安十三年(公元208年)正月回到邺城后，不俟休整，立即开始了南向用兵的准备。

一、间行轻进取荆州

当时南面的敌人主要有三：一是荆州刘表，二是江东孙权，三是依附于刘表的刘备。

刘表，字景升，山阳高平(今山东鱼台或金乡境)人，鲁恭王刘馀之后。党锢期间，曾是一个有点名气的党人，与同郡张俭俱为"八顾"之一。献帝初平元年(公元190年)，长沙太守孙坚攻杀荆州刺史王叡，诏书以刘表为荆州刺史。刘表在蒯越等人的帮助下，平定江南，遂有"南接五岭，北据汉川，地方数千里"之地和"带甲十余万"之众。史载，刘表"招诱有方，威怀兼洽"、"万里肃清，大小咸悦而服之"。所以在北方连年战争的时候，而荆州是相对稳定的。因而兖、豫诸州及关西"学士归者盖有千数"。刘表乃一儒人，胸无大志，谋无远虑，不习军事，试图"爱民养士，从容自保"。所以，曹操与袁绍争持期间，他既不助袁，也不援操，欲坐观天下之变。①

---

① 参见《后汉书·刘表传》。

164

曹操定冀州、征乌桓时，刘表也不听刘备的建议，乘机袭操之后。这样，使曹操避免了两面作战之忧，在客观上为曹操取得北方战争的胜利提供了有利条件。及至曹操还邺，刘表才开始认识到大事不好了，不无后悔地对刘备说，不用君言，失掉了一次大好机会。

当时，荆州地域虽广，但相对来说力量并不甚强，所以曹操、孙权、刘备都看准了这块北据汉沔、利尽南海、西通巴蜀的"肥肉"。早在曹操出兵之前，鲁肃即劝孙权乘曹操北出之机而取荆州，指出"汉室不可复兴，曹操不可卒除。为将军计，惟其鼎足江东，以观天下之衅。规模如此，亦自无嫌。何者？北方诚多务也。因其多务，剿除黄祖（刘表将、江夏太守），进伐刘表，竟长江所极，据而有之，然后建号帝王以图天下，此高帝之业也。"① 甘宁也劝孙权说："南荆之地，山陵形便，江川流通，诚是国之西势也。宁已观刘表，虑既不远，儿子又劣，非能承业传基者也。至尊当早图之，不可后操。"② 孙权听从了鲁肃、甘宁等人的意见，于建安十三年春，也就是曹操还邺之时，进攻江夏，斩太守黄祖，并将进一步西取荆州。

曹操早有南取荆州之志。为了南征和巩固自己的统治地位，出自一个政治家的本能，必然既作军事上的准备和部署，也不会忘政治和组织上的保证。因此，他在南下用兵之前，抓紧时间做了几件大事，第一，作玄武池以练水军；第二，派遣张辽屯长社（今河南长葛东），于禁屯颍阴（今河南许昌）、乐进屯阳翟（今河南禹县），陈兵许都附近，以备不测；第三，表前将军马腾为卫尉，以其子马超为偏将军统其众，同时迁其家属至邺，让马腾及其家属做了实际上

---

① 《三国志·吴书·鲁肃传》。
② 《三国志·吴书·甘宁传》。

的人质,以减轻西北方向之忧;第四,罢三公官,置丞相、御史大夫,做了最高统治机构的调整,进一步控制了权力(有关政制的改革,另章专述);第五,把屡次戏侮自己反对自己的大中大夫,即名重天下的汉室旧僚的代表人物孔融杀掉,以维护自己的权威,稳定后方。

曹操在进行或完成上述几件大事之际,得知孙权已破江夏,斩黄祖,甚感时不我待。他知道,必须抢在孙权之前夺得荆州,否则一旦荆州为孙权所有,形势就大不一样了。因此,问计荀彧,荀彧提出了"可显出宛、叶而间行轻进,以掩其不意"①的策略。曹操采纳了荀彧的意见,遂于秋七月,南征刘表,直趋宛、叶。

正当曹操疾趋宛、叶之时,八月间刘表死了。刘表的儿子及其部属间的内部斗争立即激烈起来。史载,刘表初以长子刘琦貌类于己,甚爱之,后为次子刘琮娶后妻蔡氏之侄女,蔡氏爱刘琮而讨厌刘琦,再加妻弟蔡瑁及外甥张允等都同刘琮交好,毁誉刘琦之言日闻,于是刘表改变了态度。刘琦不自宁,听从了诸葛亮的话,请求出任江夏太守。后刘表病死,蔡瑁、张允等便以刘琮为嗣。

九月,曹操至新野。章陵太守蒯越、东曹掾傅巽等对刘琮说:"逆顺有大体,强弱有定势。以人臣而拒人主,逆道也;以新造之楚而御中国,必危也;以刘备而敌曹公,不当也。三者皆短,将何以待敌?且将军自料何如刘备?若备不足御曹公,则虽全楚不能以自存也;若足御曹公,则备不为将军下也。"②刘琮知难抗敌,听从蒯越、傅巽、王粲等议,举州降。

刘琮既降,荆州地盘之内刘备和刘琦就是主要敌人了。尤其

① 《三国志·魏书·荀彧传》。
② 《三国志·蜀书·先主传》。

是刘备,曹操始终视为大患。时刘备在樊,不知刘琮已降,听到消息后大为惊骇,率部急趋南下。诸葛亮等劝刘备乘势攻刘琮而代之,刘备因受刘表托孤而不忍。刘备"过襄阳,驻马呼琮,琮惧,不能起。琮左右及荆州人多归备。"及至当阳,刘备已有众十余万人,辎重数千辆,背上了很大的"包袱",行动迟缓,日行不过十余里。刘备南撤,同时命令关羽乘船数百艘顺汉水南下,占有江陵。曹操知江陵地处要冲,且有粮储、兵械之类,深恐为刘备据有,于是放弃辎重,轻军追备,及至襄阳,听说刘备已南去,遂将精骑五千急追,一日一夜行三百里,终于在当阳县之长阪追上了刘备。刘备大败,弃妻子,与诸葛亮、张飞、赵云等数十骑逃走,曹操大获其人众辎重。据说,张飞、赵云在战斗中均有非凡表现。张飞将二十骑拒后,据水断桥,操兵无敢近者;赵云身抱备子刘禅,杀出重围。随后,刘备自长阪斜趋东向走汉津,幸好与关羽水军相遇,渡过沔水(今汉水),并得到刘表长子、江夏太守刘琦的接应,一起到了夏口(今汉口)。

曹操至江陵,立即做了安顿荆州吏民的工作,下令"荆州吏民,与之更始",同时以刘琮为青州刺史,并封蒯越等十五人为侯,释韩嵩之囚(前曾讲到韩嵩因说曹操的好话被刘表押入大牢),待以交友之礼,使嵩为大鸿胪,蒯越为光禄勋,刘先为尚书,邓义为侍中。文聘为江夏太守,统兵如故。

应该说,曹操自七月南征,至此三个月间,基本决策是正确的。第一,他乘削平北方之余威和初为汉丞相之居高临下之势,抓紧时机而不迟疑地南向用兵,本身就是对刘表、刘备、孙权诸敌的极大威慑。正如前述傅巽等劝刘琮投降曹操所说,"逆顺有大体,强弱有定势",抗操就是"以人臣而拒人主,逆道也";亦如王粲对刘琮所言,"曹操故人杰也,雄略冠时,智谋出世",要想保己全宗,长享福祚，"只有卷甲倒戈，应天顺命"，归降曹操①；诸葛亮也承认曹操拥兵百万之众，挟天子而令诸侯，不可与之争锋；至于刘备，屡屡为操所败，更可谓望风丧胆。曹操正是在这种形势下出兵的，其势自盛，压倒了对方；第二，他使用了"显出宛、叶间行轻进，以掩其不意"的策略，因而能够争取时间，先孙权而得荆州；第三，他以准确的判断，知敌必审，不给敌人以喘息之机，追击刘备，从而把刘备打得溃不成军，如同丧家之犬，而东走夏口。

但是，从另一个角度说，曹操没有遇到什么抵抗便夺取了荆州，继而长驱南下，以破竹之势大破刘备，在客观上助长了他自平定冀州、征讨乌桓以来逐渐滋长起来的骄傲情绪，伏下了虑事不周、处敌不慎的因子，最终导致兵败赤壁。

二、初战失利

曹操据有荆州，扩大了地盘，壮大了力量，威声大震。东面孙权、刘备无不感到恐惧，急谋自存之策。当时，曹操本有两条可取之策，一是不要在江陵停下来，而是乘胜迅即东下继续追击刘备，以各个击破为指导思想，急破刘备于孙、刘联盟形成之前；二是索性缓攻刘备，先事休整，用贾诩之策，以其破袁氏、收汉南，"威名远著，军势既大"的声威，"乘旧楚之饶，以飨吏士，抚安百姓，使安土乐业"，以达到"不劳众而江东稽服"的目的②。但曹操的决策，既非前者，也非后者，而是在江陵耽误了一段既不长也不短的时间，给了敌人以喘息的机会，致使孙、刘联盟得以形成。

①　《三国志·魏书·王粲传》注引《文士传》。
②　《三国志·魏书·贾诩传》。

史载,曹操趋兵荆州之时,孙权知不能敌,已经开始了联合刘备以抗操的行动。他听从鲁肃之议,让鲁肃借吊刘表之丧的机会,相机说刘备使抚刘表之众,"同心一意,共治曹操"①。鲁肃,字子敬,临淮东城人,是孙权属下首倡并致力于孙、刘联合的重要人物。鲁肃到夏口,听说曹操已向荆州进发,于是"晨夜兼道",及至江陵,闻刘琮已降操,刘备也正惶恐南逃。鲁肃北向迎刘备于当阳长阪,劝刘备与孙权并力抗操。时刘备新败,正苦无安身之地,很高兴地接受了鲁肃意见,随鲁肃东走夏口。然后,过江退守樊口(今湖北鄂城西北)。

这时,刘备实际上也在酝酿孙、刘联合抗操的问题。先此,刘备屯新野,三顾诸葛亮于茅庐之中,诸葛亮对刘备深刻地剖析了天下大势,指出:"自董卓已来,豪杰并起,跨州连郡者不可胜数。曹操比于袁绍,则名微而众寡,然操遂能克绍,以弱为强者,非惟天时,抑亦人谋也。今操已拥百万之众,挟天子而令诸侯,此诚不可与争锋。孙权据有江东,已历三世,国险而民附,贤能为之用,此可以为援而不可图也。"②

这种孙刘必然联合的趋势,却没有引起曹操的重视。他以自己势大,所以再没有想到运用故伎离间孙刘,以利各个击破。他把刘备视作屡败之将,觉得只要沿江而下即可彻底击败;孙权小儿更非对手,只要大兵压境,再恫吓一下,就会俯首听命,就会像公孙康送袁尚头那样把刘备的头送来。这样分析曹操当时的心境是有根据的。据载,刘备东投孙权,曹操的属将大多认为孙权必杀备。这实是经验之谈,他们把孙权视作公孙康。曹操实际上也受此种思

---

① 《三国志·吴书·鲁肃传》。
② 《三国志·蜀书·诸葛亮传》。

想影响。当时,只有程昱认为孙权不仅不会杀刘备,而且必然与之联合。程昱说:"孙权新在位,未为海内所惮。曹公无敌于天下,初举荆州,威震江表,权虽有谋,不能独当也。刘备有英名,关羽、张飞皆万人敌也,权必资之以御我。难解势分,备资以成,又不可得而杀也。"程昱的分析是对的,孙权没有采取杀刘备以求自保的策略,而是"多与备兵,以御太祖(操)"。[①]

曹操基于一种不切实际的判断,略作军事部署,以后军都督、征南将军曹仁和军粮督运使夏侯渊驻守江陵,以厉锋将军曹洪驻守襄阳,另以一部水陆军由襄阳沿汉水南向夏口,然后遂即率所部及新附荆州之众顺江东下。

曹操率兵自江陵顺江东下,刘备、诸葛亮甚惧。诸葛亮奉刘备之命随鲁肃见孙权于柴桑(今江西九江市西南),劝说孙权早下决心联合抗操。诸葛亮,字孔明,琅邪阳都(今山东沂南南)人,时为刘备军师,也是力主孙、刘联合的人物。诸葛亮对孙权说:"海内大乱,将军起兵据有江东,刘豫州亦收众汉南,与曹操并争天下。今操芟夷大难,略已平矣,遂破荆州,威震四海。英雄无所用武,故豫州遁逃至此。将军量力而处之,若能以吴、越之众与中国抗衡,不如早与之绝;若不能当,何不案兵束甲,北面而事之!今将军外托服从之名,而内怀犹豫之计,事急而不断,祸至无日矣。"这是一种激将的方法。孙权听后勃然怒曰:"吾不能举全吴之地,十万之众,受制于人,吾计决矣。"然后,诸葛亮为其分析大势:"豫州(刘备)军虽败于长阪,今战士还者及关羽水军精甲万人,刘琦合江夏战士亦不下万人。曹操之众,远来疲弊,闻追豫州,轻骑一日一夜行三百余里,此可谓'强弩之末势不能穿鲁缟'者也。故《兵法》忌

① 《三国志·魏书·程昱传》。

之,曰:'必蹶上将军'。且北方之人,不习水战。又,荆州之民附操者,逼兵势耳,非心服也。今将军诚能命猛将统兵数万,与豫州协规同力,破操军必矣。操军破,必北还。如此则荆、吴之势强,鼎足之形成矣。成败之机,在于今日。"①诸葛亮的分析着意以下几点,(一)刘备尚有一定势力;(二)曹兵乃是疲惫之师;(三)曹军"不习水战";(四)荆州之民尚未心服曹操;(五)孙、刘只要"协规同力",一定能够破操;(六)破操之后鼎足之势成,你孙权就可稳有江东了。孙权听了诸葛亮的话很高兴,答应进一步同群下计谋。

正在此时,曹操的恐吓书送到了孙权面前。信上说:

近者奉辞伐罪,旄麾南指,刘琮束手。今治水军八十万众,方与将军会猎于吴。②

这封信虽然只有寥寥数语,却有震天骇地之势,自然产生了威慑力量。"孙权得书以示群臣,莫不向震失色"。长史张昭等明确提出了投降主张,说:"曹公豺虎也,既托名汉相,挟天子以征四方,动以朝廷为辞,今日拒之,事更不顺。且将军大势,可以拒操者,长江也;今操得荆州,奄有其地,刘表治水军,蒙冲斗舰,乃以千数,操悉浮以沿江,兼有步兵,水陆俱下,此为长江之险已与我共之矣,而势力众寡,又不可论。愚谓大计不如迎之。"③从一定意义上说,张昭等人的话虽属悲观论,但也不无道理,因为曹操的确具有不可比拟的优势,如果策略得当,的确能够将孙权彻底击垮。孙权惶恐之际,力主孙刘联合的鲁肃坚定了他的抗操决心。鲁肃对孙权说:"向察众人之议,专欲误将军,不足与图大事。今肃可迎操耳,如将军不可也。何以言之? 今肃迎操,操当以肃还付乡党,品

① 《三国志·蜀书·诸葛亮传》。
② 《三国志·吴书·吴主权传》注引《江表传》。
③ 《三国志·吴书·周瑜传》。

其名位，犹不失下曹从事，乘犊车，从吏卒，交游士林，累官故不失州郡也。将军迎操，欲安所归？愿早定大计，莫用众人之议也！"①鲁肃也用激将法说服了孙权，同时劝孙权立即把周瑜召回。

周瑜，字公瑾，庐江舒人，初从孙策，为中护军，领江夏太守，孙权讨刘表之江夏太守黄祖时，瑜为前部大督。周瑜从鄱阳被召回，表示了与鲁肃同样坚决的态度，对孙权说："操虽托名汉相，其实汉贼也。将军以神武雄才，兼仗父兄之烈，割据江东，地方数千里，兵精足用，英雄乐业，尚当横行天下，为汉家除残去秽；况操自送死，而可迎之邪！"这是有针对性的，从政治的角度首先揭穿曹操"挟天子以令诸侯"、动辄以朝廷为辞的实质，抗操并非抗朝廷，而是为朝廷除贼。然后，讲述了能够战胜曹操的具体理由，先是分析曹军的弱点，指出：第一，北土未平，"马超、韩遂尚在关西，为操后患"；第二，"舍鞍马，仗舟楫，与吴、越争衡……，又今盛寒，马无藁草"，是舍利趋弊，舍长就短；第三，"驱中国士众远涉江湖之间，不习水土，必生疾病。"既而进一步分析了曹军的实际力量，指出："诸人徒见操书言水步八十万而各恐慑，不复料其虚实，便开此议，甚无谓也。今以实校之，彼所将中国（中原）人不过十五六万，且军已久疲；所得表众亦极七八万耳，尚怀狐疑。夫以疲病之卒御狐疑之众，众数虽多，甚未足畏。"周瑜愿请得精兵五万人，进驻夏口以与操决战。孙权抗操决心遂定，因拔刀斫去奏案的一角，说："诸将吏敢复有言当迎操者，与此案同！"孙权对周瑜说："公瑾，卿言至此，甚合孤心。子布（张昭）、元表（秦松）各顾妻子，挟持私虑，深失所望；独卿与子敬与孤同耳，此天以卿二人赞孤也。五万兵难卒合，已选三万人，船粮战具俱办。卿与子敬、程公（程普）便

① 《三国志·吴书·鲁肃传》。

在前发,孤当续发人众,多载资粮,为卿后援。卿能办之者诚决,邂逅不如意,便还就孤,孤当与孟德决之。"[1]孙权的抗操决心又反过来给周瑜等以极大激励。孙权遂以周瑜、程普为左右都督,将兵与刘备一起拒操,同时以鲁肃为赞军校尉,筹划方略。

周瑜率领的军队在樊口与刘备会合。然后逆水而上,行至赤壁,与顺水而下的曹军相遇。

赤壁位于今湖北赤壁市西北,隔江与乌林(今湖北洪湖市东北)相对。

据载,两军刚一接战,曹操即吃了败仗,不得不把军队"引次江北",把战船靠在北岸乌林一侧。

为什么初一交战即失利呢? 直接的原因有四:一是曹军中瘟疫流行,病者甚众;二是曹军不习水战,站立尚且不稳,何来战斗力;三是曹操料敌不周,自以为势不可挡,猝然相遇,缺乏思想上的充分准备,未能根据当时当地的实际情况作出正确的调度与部署;四是狭路相逢,曹军虽众,但江中相接者却是对等的。一句话,本处优势的曹操,在此特定的情况下反转处于劣势了。

三、兵败赤壁

曹操与孙、刘联军接战失利后,不得不停止前进,全部战船靠到北岸乌林一侧。周瑜则把战船停靠南岸赤壁一侧,两相对峙。

时值寒冬,北风紧吹,战船颠簸,曹军将士不习舟楫,眩晕不能自抑;又加军中疫病流行,自然减员甚多,战斗力大损。曹操为了固结水寨,解决战船颠簸、士兵晕船之苦,令将士们用铁链把战船

---

① 以上见《三国志·吴书·周瑜传》并注引《江表传》。

连锁在一起;此时陆军亦陆续到达,亦令岸边驻扎。可以看出,曹操是想暂作休整,待冬尽春来,再谋进取。这样决策,把战船连锁在一起固不可取,但在战斗力甚弱的情况下暂作休整,应该说是可取的。问题是他的轻敌思想依然存在,总以为大兵压境,足以慑敌,以致料敌不当,虑事不周,最终导致失败。

曹操、周瑜两军隔江相望,曹操连锁战船对方很快就知道了。周瑜部将黄盖因献火攻之策。黄盖对周瑜说:"今寇众我寡,难与持久。然观操军船舰,首尾相接,可烧而走也。"①周瑜采纳了黄盖的意见,并即决定让黄盖利用诈降接近曹操战船,然后纵火烧之。黄盖即修降书一封,派人送给曹操,书称:"盖受孙氏厚恩,常为将帅,见遇不薄。然顾天下事有大势,用江东六郡山越之人,以当中国百万之众,众寡不敌,海内所共见也。东方将史,无有愚智,皆知其不可,惟周瑜、鲁肃偏怀浅戆,意未解耳。今日归命,是其实计。瑜所督领,自易摧毁。交锋之日,盖为前部,当因事变化,效命在近。"这封降书,正与曹操心中所想相符,认为黄盖归降,实属情理中事。为了慎重,特召见送信人,秘密审问了一番。此等送信人,绝非等闲之辈,必定既有胆识,又有辩才,把黄盖欲降之意表述得更加清楚。于是,曹操让送信人向黄盖转达他的口谕:"盖若信实,当授爵赏,超于前后也。"②并约定归降时的信号。看来,当时并未约定具体日期。

周瑜、黄盖得知曹操允降,立即进行战斗准备,"乃取蒙冲斗舰数十艘,实以薪草,膏油灌其中,裹以帷幕,上建牙旗"……又"豫备走舸,各系大船后"。时值隆冬,多刮北风,但按气象规律,

---

① 《三国志·吴书·周瑜传》。
② 《三国志·吴书·周瑜传》注引《江表传》。

几天严寒日过后,亦常间有稍暖之日,风向亦或变为东风、南风。据说,十一月十二日甲子日(公元208年12月7日)这一天,晴空风暖,傍晚南风起,及至午夜风急,黄盖即以所备之船舰出发,以十艘并列向前,余船以次俱进。到了江的中心,众船举帆,黄盖手举火把,告诉部下,使众兵齐声大叫"我们是来投降的"。曹军吏士毫无戒备,"皆延颈观望,指言盖降"。离操军二里许,黄盖令众同时发火,"火烈风猛,船往如箭,飞埃绝烂,烧尽北船,延及岸上营柴"。顷刻之间,"烟炎张天,人马烧溺死者甚众。"①周瑜等率轻锐,寻继其后,擂鼓大进;同时刘备也自蜀山向乌林进发。曹军大溃,战船既已被烧,并且延及岸上,陆寨也难保守了,又加病卒甚多,曹操知道不可久留,于是下令自焚余船,引军西走。操"引军从华容道步归,遇泥泞,道不通,天又大风,悉使赢兵负草填之,骑乃得过。赢兵为人马所蹈藉,陷泥中,死者甚众。"②幸得张辽、许褚等接应,才得脱险。曹操与张辽等且战且走,军既得出,曹操不禁大笑,诸将问为什么发笑?曹操说:"刘备,吾俦也,但得计少晚,向使早放火,吾徒无类矣。"的确如操所料,刘备行动慢了一步,"寻亦放火,而无所及"③。

周瑜、刘备水陆并进,追赶曹操,直至南郡城下。操军兼以疾疫,死者大半。曹操既已失败,又恐后方不稳,于是留征南将军曹仁、横野将军徐晃守江陵,折冲将军乐进守襄阳,然后率领残部北还。赤壁之战,以曹操失败而告终。

曹仁等在江陵坚持了一年多,虽有小捷,但由于处敌包围之中屡战失利,曾被周瑜大破于夷陵,因难持久,不得不主动放弃江陵,

---

① 《三国志·吴书·周瑜传》注引《江表传》。
② 《三国志·吴书·周瑜传》注引《江表传》。
③ 《三国志·魏书·武帝纪》注引《山阳公载纪》。

退守襄阳。

　　曹仁北退,孙权遂以周瑜为南郡太守,屯江陵;程普为江夏太守,屯沙羡(今汉口西南);吕范为彭泽太守;吕蒙为寻阳令。这样,孙权便完全控制了西起夷陵(今湖北宜昌东南)东至寻阳(今江西九江)的长江防线。周瑜为南郡太守,分南岸地给刘备,刘备立营于油江口(今湖北公安境),"备以瑜所给地少,不足以安民,复从权借荆州数郡"①,并乘周瑜、曹仁相持之际,南征武陵、长沙、桂阳、零陵。刘备先表刘琦为荆州牧,琦病死,遂自为荆州牧,治公安。

　　由上可见,赤壁战后,三足鼎立之势已定,曹操急剧发展的势头受到抑制。

＊　　　　＊　　　　＊

　　应该说,赤壁战前曹操的优势是非常大的。这些优势不仅自己感觉到,也是为敌方所共认的。从诸葛亮、张昭等人的话语中以及当时的力量对比看,我们至少可以归纳出以下几点:第一,曹操挟天子以令诸侯,诸侯自感在道义上难与争锋;第二,曹操以新胜之军南下,其气自盛,及至取得荆州,吏卒更奋;第三,曹操取荆州,收到"威震四海"之效,孙、刘为之丧胆;第四,曹操原有兵力十五六万人,合荆州水陆八万人,计二十余万人,数倍于孙、刘两家之兵。

　　既然具有如此的优势,那为什么失败了呢?

　　从思想上说,曹操其人极易激动,易被胜利冲昏头脑,每当轻易取胜常手舞足蹈,歌咏随之,几至忘乎所以;每当受阻,常生激愤,以至乱杀无辜。曹操南征荆州,本承北伐乌桓获得大胜之后,

---

　　① 《三国志·蜀书·先主传》注引《江表传》。

骄傲情绪很重,所以不能冷静分析形势,过高估计自己的力量,过低估计敌人的力量,自认天下无敌。及至兵不血刃,荆州投降,威震四海,孙、刘诸敌难与争锋,曹操的头脑就更加膨胀了。他只看到了自己的优势所在,以为只要大兵压境,即可所向披靡,该用的策略、常用的战术都不再运用了。甚至向以重视人才著称的他,竟对送上门来的人才也不再虚怀相待了。史载,益州牧刘璋很想巴结曹操,听说曹操已克荆州,便派别驾张松向操致敬,表示愿"受征役,遣兵给军",以求交接。张松其人身材短小,然识达精果。他本想乘机投靠曹操,为曹操西取益州献谋。但曹操以貌取人,看不起张松,觉得已经取得荆州、赶走了刘备,这样其貌不扬的人没有什么用处了,所以"不复存录松"。主簿杨修劝操用松,操不听。张松因此痛恨曹操,回到益州后,大讲曹操的坏话,劝刘璋绝操而与刘备相结,遂使刘备后来得有益州。

大军南下,两弱难对一强,如要图存,孙刘必将联合的形势本来是明摆着的,以曹操之才智应该能看到这一点,但他竟做出了错误的判断。他先是认为孙权必杀刘备,继则不把孙刘联合放在眼里,从而不考虑采用多次用过而且行之有效的离间策略,也不考虑各个击破战术的运用。

从战略上说,第一,他贻误了战机,没有乘胜把刘备彻底击溃。刘备当阳惨败,已是惊弓之鸟,其兵力亦极有限,如果在刘备东走时,追而歼之完全可能,即使不能全歼,刘备将被迫南走苍梧,而大军进取夏口,进而扼住夏口、樊口要冲之地,汉沔以西全处自己控制之中,那形势将完全是另一个样子。夏口距离柴桑已不甚远,如果那时给孙权送上一封恐吓信,其威胁效果就会大得多,肯定就不止张昭、秦松等人主张投降了。第二,他弃其所长,用其所短而与敌之所长相较,使之在特定条件下,优势兵力转化为劣势。这正是敌方敢于抵抗的主要出发点。这就是诸葛亮所说的"北方之人不习水战",周瑜所说的"操舍鞍马,仗舟楫,与吴、越争衡"乃"用兵之患"。但曹操却没有认识到这一点,他以玄武湖上风平浪静中所练之兵投之大风大浪中,自顾尚且不暇,何来战斗力。如果用己之长,不试图依靠新附的、心怀狐疑的荆州水兵取胜,而靠自己久经征战的陆军为主谋战,自江陵长驱东下,扼江两岸,然后伺机以远倍于敌而非疲病的水军战于于己有利的战场,则取胜是完全有可能的。

从战术上说,第一,曹操其人深知兵法之要,尤善水、火之攻,但他为了解决士兵晕船却只考虑燃眉之急,竟将战舰连锁起来,而未谋及易被火攻的危险。而且水寨陆营紧紧相连,一旦战船被烧,迅即延及陆营,士兵惶恐,全军大乱难制。他也只好自顾性命,弃军而逃,其惨不可言状。一把火,把他统一中国的迷梦彻底摧毁。第二,曹操其人最善用诈,但他竟不识黄盖之诈,完全相信黄盖真降,而不做任何一点防范。如果稍存戒心,做些防患于未然的必要部署,至少陆营可保,不致大溃。这实际也是他傲敌思想所致。

当然还有些绝非人谋的原因,诸如第一,疫病流行。曹操就是把失败原因归于疾病的,他说:

　　　　赤壁之役,值有疾病,孤烧船自退,横使周瑜虚获此名。[1]
这实是自我解嘲,不愿面对现实。按理说,作为一个政治家、军事家,如能冷静虑事,不难想到这一点。疾疫流行,的确削弱了战斗力,的确是导致曹操失败的客观原因之一;但从另一角度看,这也是人谋失当的问题。凡事预则立,不预而成大误,所以作为统帅则难辞其咎。第二,"凯风自南,用成焚如之势"。寒冬刮东风、南风

---

　　① 《三国志·吴书·周瑜传》注引《江表传》。

殊难料及,所以裴松之为其辩解说"天实为之,岂人事哉"①。严格说来,冬天间有东风南风并非偶见,作为统帅亦应知天时之变。第三,迷失路途,致使败兵再次受创。曹操败退中几为刘备所擒当是事实,他在给孙权书中称"赤壁之困,过云梦泽中,有大雾,遂便失道"②,也当是事实。

固然,敌方适时利用了曹操的弱点,形成了暂时的联盟一致抗操,以及抓住战机,在一种特定的环境下变劣势为优势的战略战术,也是导致曹操失败的客观原因。

总之,曹操赤壁失败原因是多方面的,既有主观的,又有客观的,既有外因,又有内因。外因是变化的条件,内因是变化的根据,外因通过内因发生作用。因此,曹操赤壁失败的根本原因在于曹操自身:胜利冲昏了头脑,骄傲轻敌,导致虑事不周,战术失当。

① 《三国志·魏书·贾诩传》裴注。
② 《与孙权书》,《曹操集译注》第 122 页,中华书局 1979 年版。

第九章　外备边防，内固权力

曹操赤壁大败的根本原因在于思想上骄傲轻敌，此乃史家共识。东晋史学家习凿齿说："昔齐桓一矜其功而叛者九国，曹操暂自骄伐而天下三分。皆勤之于数十年之内而弃之于俯仰之顷，岂不惜乎！"①此论不无道理。但应该看到，赤壁之战等于给曹操头上泼了一盆冷水，所以不久他便冷静了。虽然在口头上他依然不断强调客观原因，但实际上已认识到自己的错误，从而把自己从狂躁的情绪中拉回现实，重谋进取。

一、军谯备战

建安十四年（公元 209 年）三月，曹操自赤壁退还谯县（今安徽亳州市）。

曹操从赤壁实战中体验到，没有经过训练有素的水军主力，要想征服孙权是不可能的；同时深感孙刘联盟已成为严重威胁。为了再征孙权、重集力量和瓦解孙刘联盟，他回谯不久即开始了新的行动。

第一，作轻舟，治水军。根据记载判断，曹操在谯，很快便把赤壁败下来的残兵集拢起来，而且抓紧时间造作船只，投入了军事训

---

① 《资治通鉴》卷 65，汉献帝建安十三年。

练。所以，不到四个月即有了一支新的水军队伍。七月，军队自谯起程，由涡河顺流而下，入淮河，出肥水，驰援合肥守军。曹丕参与了这次重整军旅的活动，并随军东征，情绪很高涨，因作《浮淮赋》，描述了当时的军事之盛，其序说："建安十四年，王师自谯东征，大兴水运，泛舟万艘。时余从行。始入淮口，行泊（到）东山，睹师徒，观旌帆，赫哉盛矣。虽孝武（汉武帝）盛唐（地名，在今安徽境）之狩，舳舻千里，殆不过也。"此前，孙权趁曹操赤壁败归之际，即以准备增援周瑜之兵，进攻合肥，但因守将张辽、李典等奋力抵抗，久攻不下。史载，孙权率十万众攻围合肥城一百多天。曹操遣将军张喜带一千骑兵，并让他经过汝南时再把汝南兵带上，去救援合肥。但军队又发生了传染病，所以久而未至。情况紧急，扬州别驾蒋济同刺史定了一计，诡称收到张喜的书信，信中说曹操发步骑四万已到雩娄（今安徽霍邱西），让守军快派主簿去迎接。同时派出三批使者带上书信入城"语城中守将"，实是故意让敌方获得这一假情报。果然，三批人中的二批被孙权的人捉到。孙权得到假情报便撤军了。所以，当曹操的军队到达合肥时，孙权已经退走，曹操遂把军队驻扎在合肥。然后还谯。师无大功而还，曹氏父子都开始面对现实，冷静地考虑问题。因此，曹丕有《感物赋》之作，其序说："丧乱以来，天下城郭丘墟，惟从太仆君宅尚在。南征荆州，还过乡里，舍焉。乃种诸蔗于中庭，涉夏历秋，先盛后衰。悟兴废之无常，慨然永叹，乃作斯赋。"序文及其赋反映了曹丕赤壁失败后感世事变化无常的情绪，多有悲凉之气，不似出征时所作《述征赋》和《浮淮赋》那样慷慨奋发。

第二，存恤已亡吏士亲属。建安十四年七月，曹操军驻合肥，然后数月没有大的军事活动。这时，他积极谋划安边之策，同时不由想起数年来，特别是南向用兵、赤壁战中阵亡和因疾疫而死的将士们和他们的家属。他甚知,如何对待死在疆场的将士和能否存恤他们的亲属,对于稳定军心、鼓舞斗志和进一步发展势力是至关重要的。因此,在七月十一日发布了《存恤吏士家室令》。其令全文如下:

> 自顷以来,军数征行,或遇疫气,吏士死亡不归,家室怨旷,百姓流离,而仁者岂乐之哉,不得已也。其令死者家无基业不能自存者,县官勿绝廪,长吏存恤抚循,以称吾志。

赤壁之战,吏士战死和疫死者,按"死者甚众"、"吏士多死者"云云估计,总有数万,甚至十数万之多,加上以往战死者,应当是一个相当可观的数字。往者虽有伤亡,但大多是胜利中的伤亡,从大局考虑,虽死犹荣,容易得到朝臣和死者亲属的理解。赤壁战败,伤亡惨巨,是失败中的伤亡,而且是因指挥失误而最终导致失败的。对此,作为战争的直接责任者,他应该作出应有的说明。在这里,曹操讳言战争责任,指言造成如此众多"吏士死亡不归","家室怨旷",夫妻不得团聚,"百姓流离",实非自己所愿,"不得已也"。应该说,历史的战争确有其历史的必然性和偶然性,有时战争的发动和进程及其结局,不是或不完全是以人的意志为转移的。从这一角度看问题,应该允许曹操自我辩解,尤其是当他沉浸在战争必胜的迷梦中,怎么能想到失败呢? 但从另一个角度说,由于自己骄傲轻敌,谋略失当,断送了数以万计吏士的生命,战争的责任又是不能也不应该推卸的。诡谲多诈的曹操甚知只是以《与孙权书》中言"值有疾病,孤烧船自还"一类话,对敌方说说可以,但难以向自己一方的朝野吏民交待,因此才有了此令中既讳战争责任又表明心情沉重的言辞。

曹操存恤死亡吏士家室,用现代语言说就是"优属"。这一措施,对于曹操来说,意在解决死亡吏士家室困难,以求得心理上的平衡和安慰;但就其本身来说,它又是积极的。开优抚战死者家室的先河,产生了历史的影响,使历代成大业者多有效法。

第三,置扬州郡县长吏。扬州辖境跨越大江南北,曹操和孙权都想得而据之,是必争之地,所以双方都设置了扬州刺史。先此,曹操曾以刘馥为扬州刺史。刘馥字元颖,沛国相(今安徽宿州境)人,避乱扬州,建安初曾劝说袁术部将戚寄、秦翊等降操,操以刘馥为司徒掾;后来孙策所任命的庐江太守李述攻杀扬州刺史严象,操遂以刘馥为扬州刺史。据载,刘馥受命,单马赴合肥,建立州治,"数年中恩化大行,百姓乐其政,流民越江山而归者以万数。于是聚诸生,立学校,广屯田,兴治芍陂及茄陂、七门、吴塘诸堨以溉稻田,官民有畜(蓄)。又高为城垒,多积木石,编作草苫数千万枚,益贮鱼膏数千斛,为战守备。"①可惜刘馥在建安十三年死了。但他的作为没有白费。正是由于他的治理与备战和张辽等的坚决抵抗才使孙权围合肥久攻不下。刘馥怎样死的,不得而知。《三国演义》说是随征孙权、刘备时,赤壁战前因其指出曹操诗中"不吉之言"而被曹操"一槊刺死"。似不可信。

曹操、孙权既已处在战争对立状态,扬州地位更显重要,尽快备置扬州郡县长吏和确定镇将人选,从战争和备边意义说都是非常紧迫的。但以何人主治扬州,不能不慎。曹操毅然以身边重臣丞相主簿温恢出为扬州刺史。曹操对温恢说:"甚欲使卿在亲近,顾以为不如此州事大。"②可见其对扬州重视的程度。同时又遣甚得见重的原扬州别驾、现为丹阳太守的蒋济还州继任别驾,令曰:"季子为臣,吴宜有君。今君还州,吾无忧矣。"③此令既说明曹操

① 《三国志·魏书·刘馥传》。
② 《三国志·魏书·温恢传》。
③ 《三国志·魏书·蒋济传》。

对蒋济的重视,也说明了对扬州战略地位的重视。

第四,开芍陂屯田。曹操重视屯田(另有专章),到建安中,已收"天下仓廪充实,百姓殷足"①之效,使操征伐四方无运粮之劳。这是说的民屯。民屯范围相当广泛。还有一种以军为主,军农结合性质的屯田。军队一边种田,一边戍守待命,目的固有解决守军粮食问题的一面,但更重要的目的是在屯兵、备边御敌。曹操开芍陂屯田,属后者。

芍陂,在今安徽寿县南,因引淠水经白芍亭东积而成湖,故名。《资治通鉴》胡三省注说,陂周一百二十许里,是战国时楚相孙叔敖所造,后经历代修治,陂周扩至二三百里,灌田百余万顷。据载,扬州刺史刘馥广屯田,曾修治芍陂、茄陂等以溉稻田。时刘馥已死,曹操军合肥,开芍陂,实是进一步开发扩大屯田规模。《三国志·仓慈传》说,"建安中,太祖开募屯田于淮南,以慈为绥集都尉"。所谓"屯田于淮南",当指包括芍陂在内的更大规模的屯田。屯田官有典农中郎将、典农校尉,典农校尉又称屯田都尉或绥集校尉。绥集即绥靖安抚的意思。所以"绥集校尉"主管的屯田,当在边疆而具更多的军事性质。芍陂开其端的这种屯田,规模很快扩大,而且发挥了预期的作用。后来,建安二十四年孙权再攻合肥时,就是因为"是时诸州皆屯戍"而不能逞其志。

第五,讨斩陈兰、梅成。曹操做完了上述几件事以后,淮南边戍诸事停当,遂于十二月又由合肥还谯。但在回谯以后不久,便有"庐江(今安徽潜山)人陈兰、梅成据潜(今安徽霍山东北)、六(今安徽六安)叛"②,先此还有庐江人雷绪起兵反叛。这样,在今安徽

---

① 《三国志·魏书·司马芝传》。
② 《资治通鉴》卷66,汉献帝建安十四年。

六安、霍山、舒城、岳西、桐城、潜山一带便陷入混乱，影响了对于此一地带的控制。因此，曹操先是派行领军夏侯渊击败雷绪，既而派荡寇将军张辽督张郃、牛盖等讨陈兰，派于禁、臧霸等讨梅成。据《三国志·张辽传》载，梅成伪降于禁，于禁还军，梅成遂与陈兰转入潜山。潜中有天柱山，高峻二十余里，道险狭，仅可一人通过，张辽率众历险勇进，终斩陈兰、梅成，尽虏其众。讨平陈兰、梅成，曹操得以有效地控制淮南之地。这是赤壁战后的一次小的战争胜利，对于鼓舞士气很有实效，所以曹操对此感到相当欣慰，因论诸将功说："登天山，履峻险，以取兰、成，荡寇功也。"同时为张辽增加封地，授予假节之权力，假节就等于是有了尚方宝剑。

第六，密遣蒋干说周瑜。曹操军谯期间，周瑜、程普兵临江陵，与曹仁隔江相对，攻战岁余，周、程在刘备的配合下连连发起进攻，曹仁死伤甚众，孤城难保，主动弃城北走。与此同时，孙刘联盟进一步加强，刘备表荐孙权行车骑将军，领徐州牧，孙权以刘备领荆州牧，继而把自己的妹妹嫁给刘备。孙刘联盟的加强，曹操日感威胁之重，因而日谋破坏孙刘联盟之策。所以便有了密遣蒋干往说周瑜之举。蒋干，字子翼，九江人。据载，"干有仪容，以才辩见称，独步江、淮之间，莫与为对。"曹操遣蒋干过江说周瑜在赤壁战后第二年，即建安十四年，并非如《三国演义》说的在火烧赤壁之前。蒋干扮成一介书生，"布衣葛巾，自托私行"，以旧友往见周瑜。周瑜甚知蒋干来意，所以出门相迎，见面第一句就把蒋干的嘴脸揭开，立谓："子翼良苦远涉江湖，为曹氏作说客邪！"然后领着蒋干参观了军营与粮草、军资、器仗等，继而设宴款待，示之侍者服饰珍玩之物，席间对蒋干说："丈夫处世，遇知己之主，外托君臣之义，内结骨肉之恩，言行计从，祸福共之，……岂足下幼生所能移乎！"态度很明确，誓与知己之主生死与共。蒋干知周瑜难以说动,"终无所言",回见曹操,备称周瑜"雅量高致,非言辞所间"①。

曹操密说周瑜的企图没有获得成功。从此他更认识到孙权、周瑜不可轻视,认识到孙刘联盟将是统一事业中最为严重的障碍,必须待机破坏,以避免两面作战。

二、让县明志

赤壁战后,对于曹操来说,除了积极备边御敌,以防孙权、刘备乘机北向外,还有一项更重要的任务,那就是:稳定内部、挽回不利影响。

曹操身居丞相,控制汉室,挟天子以令诸侯,觊觎汉室之心,昭然若揭。但他在群雄割据、条件尚不成熟的时候,始终是把"挟天子以令诸侯"作为一种谋取大业的手段,而并不急于废帝自立。所以,他虽然心有所向,甚至毅然去除前进道路上的障碍,诛董承,杀孔融,但他绝不贸然走出废帝自立这一步,也绝不在口头上承认这一点。

赤壁战前,曹操所向披靡,颂声日闻,除敌对割据势力言其"实为汉贼"和不识时务如孔融"颇推平生之意,狎侮曹操"者外,极少有人敢于公开非议其所为。赤壁之战,曹操打了败仗,訾议便多起来了,正如吴将周瑜所说,"曹操新败,忧在腹心。"胡三省注《资治通鉴》明确指出:"谓操以赤壁之败,威望顿损,中国之人或欲因其败而图之,是忧在腹心。"②谋取大事的客观条件反不如前了。曹操一生,虽重武事,但也从不轻视舆论。因此,他决定作出

---

① 《三国志·吴书·周瑜传》注引《江表传》。
② 《资治通鉴》卷66,汉献帝建安十四年。

回答,以排斥訾议,清除疑虑,再塑自己的形象,为进一步巩固和发展自己的权力大造舆论,于是便自编自导自演了增县让县事。

据载,建安十五年(公元 210 年),傀儡天子献帝封曹操邑兼四县,食户三万,除原食武平(今河南鹿邑县西北)万户外,又增阳夏(今河南太康)、柘(今河南柘城北)、苦(今河南鹿邑东)三县二万户。

增封让封是曹操为了获得名誉而惯用的伎俩。但此次"增封让封"比以往有更深更大的意义,它超越了让封本身。形式也不是表章,而是教令,不是奏上,而是临下。借个由头把该说想说的话说出来,"以分损谤议"。所以,这个《让县自明本志令》对于研究曹操生平和思想极为重要,现具录如下。

孤始举孝廉,年少,自以本非岩穴知名之士,恐为海内人之所见凡愚,欲为一郡守,好作政教以建立名誉,使世士明知之。故在济南,始除残去秽,平心选举,违忤诸常侍,以为豪强所忿,恐致家祸,故以病还。

去官之后,年纪尚少,顾视同岁中,年有五十,未名为老,内自图(计划)之,从此却去二十年,待天下清,乃与同岁中始举者等耳。故以四时归乡里,于谯东五十里筑精舍,欲秋夏读书,冬春射猎,求底下之地,欲以泥水自蔽,绝宾客往来之望,然不能得如意。

后征为都尉,迁典军校尉,意遂更,欲为国家讨贼立功,欲望封侯作征西将军,然后题墓道言"汉故征西将军曹侯之墓",此其志也。

而遭值董卓之难,兴举义兵。是时合兵能多得耳,然常自损,不欲多之。所以然者,多兵意盛,与强敌争,倘更为祸始。故汴水之战数千,后还到扬州更募,亦复不过三千人,此其本志有限也。后领兖州，破降黄巾三十万众。

又袁术僭号于九江，下皆称臣，名门曰建号门，衣被皆为天子之制，两妇预争为皇后。志计已定，人有劝术使遂即帝位，露布天下，答言："曹公尚在，未可也。"后孤讨禽其四将，获其人众，遂使术穷亡解沮（瓦解，崩溃），发病而死。

及至袁绍据河北，兵势强盛，孤自度势，实不敌之，但计投死为国，以义灭身，足垂于后。幸而破绍，枭其二子。

又刘表自以为宗室，包藏奸心，乍前乍却，以观世事，据有当州，孤复定之，遂平天下。

身为宰相，人臣之贵已极，意望已过矣。今孤言此，若为自大，欲人言尽，故无讳耳。设使国家无有孤，不知当几人称帝，几人称王。

或者人见孤强盛，又性不信天命之事，恐私心相评，言有不逊之志，妄相忖度，每用耿耿。齐桓、晋文所以垂称至今日者，以其兵势广大，犹能奉事周室也。《论语》云："三分天下有其二，以服事殷，周之德可谓至德矣。"夫能以大事小也。昔乐毅走赵，赵王欲与之图燕，乐毅伏而垂泣，对曰："臣事昭王，犹事大王。臣若获戾，放在他国，没世然后已，不忍谋赵之徒隶，况燕后嗣乎！"胡亥之杀蒙恬也，恬曰："自吾先人及至子孙，积信于秦三世矣，今臣将兵三十余万，其势足以背叛，然自知必死而守义者，不敢辱先人之教以忘先王也。"孤每读此二人书，未尝不怆然流涕也。

孤祖父以至孤身，皆当亲重之任，可谓见信者矣，以及子桓兄弟，过于三世矣。孤非徒对诸君说此也，常以语妻妾，皆令深知此意。孤谓之言："顾我万年之后，汝曹皆当出嫁，欲令传道我心，使他人皆知之。"孤此言皆肝鬲之要也。所以勤勤恳恳叙心腹者,见周公有《金縢》之书以自明,恐人不信之故。

然欲孤便尔委捐所典兵众,以还执事,归就武平侯国,实不可也。何者?诚恐己离兵为人所祸也。既为子孙计,又己败则国家倾危,是以不得慕虚名而处实祸,此所不得为也。

前朝恩封三子为侯,固辞不受,今更欲受之,非欲复以为荣,欲以为外援,为万安计。孤闻介推之避晋封,申胥之逃楚赏,未尝不舍书而叹,有以自省也。

奉国威灵,仗钺征伐,推弱以克强,处小而禽大,意之所图,动无违事,心之所虑,何向不济,遂荡平天下,不辱主命,可谓天助汉室,非人力也。然封兼四县,食户三万,何德堪之!江湖未静,不可让位。至于邑土,可得而辞。今上还阳夏、柘、苦三县户二万,但食武平万户,且以分损谤议,少减孤之责也。①

可以看出,曹操在这里说的话,不少是非常真实的,合乎曹操的思想发展过程;也有不少是虚伪的,反映着曹操的诡谲多诈。

第一,曹操说出了自己始举孝廉时的自卑心理,志向仅是想做一个有所作为的太守。为此,他曾做过几件去除时弊的事,但为世不容,碰了钉子。由于害怕招来大祸,便称病归里了。

一个人的欲望总是由小而大的。曹操说他开始时只想做好一个郡太守。这应该是他的真实思想。他说动机仅在于"建立名誉,使世士明知之",以塑造自己的形象,也是合理的。他坦率地承认自己是为了避祸诡称有病而去官还乡,也是情有可原的。这样的说辞,完全能够得到众人的理解。

---

① 《三国志·魏书·武帝纪》注引《魏武故事》。

第二，曹操说他去官之后，不惜呆上二十年。这是不真实的。他的真正意图是躲躲风头，"待机"而动。他试图把自己说成无所企求，实是故意掩饰自己当时急于再出的心情。征为都尉，迁典军校尉，"意遂更"，是其"暂隐"之意遂更，并不是"久隐"之意的变动。封侯拜将与做一郡守一样，都是他的夙志。征为军职，使他看到封侯拜将的目标将是可以实现的。这时他把目标定在"封侯作征西将军"，也是真实的。因为，当时曹操还不可能想到玩献帝刘协于掌上。

第三，曹操说他兴举义兵，"不欲多之"。这的确是他的高明之处。初始已非命官，既无地盘，又无根基，如果多兵，难免被人注目。"不欲多"，不是主观上不想多，绝不是如其所称"本志有限"，而是怕多了反而于己不利。一旦破降黄巾三十余万，形成一股足以与人抗衡的势力，他就再也不厌其多了。

第四，曹操讲述了自己的功劳。征袁术，讨袁绍，定荆州，遂平天下。的确如曹操所说，当时如果没有曹操，"不知当几人称帝，几人称王"。就此而言，曹操于汉，功劳当然是很大的，居位宰辅，完全应当。

第五，曹操说他"身为宰相，人臣之贵已极，意望已过"。这既是真话，又是假话。就其夙志言，曹操在没有完成统一之前并不想在名义上完全代汉而立，做了宰相就是"人臣之极"，所以这是真话。但他实际上并不以此为满足，他无时不在积极为子孙后代谋，他要做周文王，大事让其子孙去完成。事实证明，他并没有认为当了宰相"意望已过"，而是封魏公、晋魏王，一步一步向皇帝的宝座靠近。所以说这是假话。从《明志令》本身完全可以看出，当时认为曹操怀有"不臣"之心的人，不在少数，《明志令》就是针对这种形势而发的。所以，《明志令》的主旨在明无篡位之志，以"分损谤议",放点烟幕,从而以巩固权力,达到稳定政局的目的。

第六,曹操从历史说到家世,并以周公自喻,反复说明自己绝无异志,然后立即落实在实质问题上,指出要想让自己交出兵权、政权,那是完全不可能的。"何者?诚恐己离兵,为人所祸也。"这是曹操最最真实的思想。曹操对问题看得很透。就当时情势看,一旦交出兵权,后果的确是不堪设想的。所以,他不慕虚名,而是通过体察人们的訾议增强了危机感,进一步认识到处境的危险,更加重视加强自己。

第七,江湖未静,不可让位,至于邑土,可得而辞。儿子的封地收下来,自己的封地让出去。曹操之智、诈确实超人一等。其一,权柄的确比邑土重要得多。他深知没有了权力,不仅土地难保,人身恐亦难全。其二,实际上他并没有失掉什么,让出的土地又以三个儿子的名义得到了。据《三国志·武帝纪》注引《魏书》记载,建安十五年十二月曹操发《让县自明本志令》,没几天,次年正月庚辰"天子报:减户五千,分所让三县万五千封三子,植为平原侯,据为范阳侯,豹为饶阳侯,食邑各五千户。"形式上看,曹操让三县二万户,三子受三县一万五千户,减户五千,实际上封子三县均属郡国所在重地,战略地位远较豫州东部一隅三县重要。他借此控制了三地即在幽冀青三州地建起了一道从今山东平原到今河北饶阳、涿州的防线,构成了根据地邺的屏障。所以要这样,曹操自己说得很清楚,就是"欲以为外援为万安计"。

论者或为假象所迷,以为曹操仅仅是为"分损谤议"而主动让出新封三县。实际上曹操是有更深远的考虑。"谤议"无异于清醒剂,他不再陶醉于权力,而是深深认识到其位不仅不可让,而且必须进一步巩固;兵权不仅不能放,而且对于有效控制的、以汉天子名义封赏的、具有战略意义的地盘必须扩大。事实是,他在三子封侯得地之后,仍感其地不足卫邺。不久,魏郡地盘便由原来的十五城增加到三十城,直接控制辖区翻了一番,足见让县非其本志也。

诸多历史记载表明,曹操在《明志令》发布的同时和以后,加紧了巩固权力的步伐,扩大直接控制的地盘是其一,诸子封侯以增外援是其二,更重要的一步是用天子的名义命曹丕为五官中郎将,置官属,为丞相副,此其三。让儿子直接参与控制军政大权,成为仅次于自己地位的政要,用心非常清楚,就是谋为子孙代汉而作准备。从这个意义上说,所谓"让县明志",无异于"此地无银三百两"。

三、加强集权

历史证明,一切有作为的政治家都明白,如要实现大的政治抱负,必须不断加强权力。做法虽然各异,但基本点是相通的。这里略述曹操封公建国前的一些主要集权举措。

1. 军政互济谋极权

曹操甚知军政互济之用。以军谋政、以政制军是他的重要思想之一。初为尉,兵少职卑,稍有作为即被赶出京城;及为地方长官,虽然雷厉风行一番,奏免污吏,禁断淫祀,但终因官阶有限、手无大兵,很快便感到势单力薄,"违道取容","恐为家祸",而辞官不做了。后来,征为八校尉之一,征为典军校尉,有了部分兵权,但实乃仰人鼻息,甚至是仰宦官蹇硕的鼻息,既非政要,更无实际的独立兵权。朝廷大乱,只能旁观,而不能挽狂澜于既倒。诸此,使曹操认识到,欲谋大事,必须有实际的兵权。曹操初起兵,有众既少,又非朝廷命官,只能附于陈留太守张邈名下而参与以袁绍为盟主的讨伐董卓的联军。袁绍让他暂任奋武将军。在此期间,袁绍、张邈等不谋进取,而他提的诸多好的建议均被拒绝。在联军中的不平等地位,和"谋不为用"的情况又从另一个角度刺激了曹操,使他进一步认识到,仅有兵与兵权还不够,而且必须获得朝廷命官的头衔,得到合法的地盘。初平二年(公元191年),他因大破黑山军十万之众,被袁绍表荐为东郡太守。自此,他成了统掌军政大权的一方要员,并以此为契机,开始自觉地脚踏实地地铺设并切实走上了以军谋政,以政济军,由渐及著,最终登峰造极,谋得最高权力的征程。

初平三年(公元192年),青州黄巾攻兖州,兖州刺史刘岱战死。曹操的部将陈宫、济北相鲍信等与州吏万潜等迎操为兖州刺史。刺史为国之封疆大吏,一方刺史的行动,足以影响全国政局,足以震动朝廷。所以陈宫说"资之以收天下,此霸王之业也"。曹操固知其重要,所以毅然自为兖州刺史而把朝廷派来的刺史迎头痛击,赶跑了。人们常说,曹操是以镇压农民军起家的,此言不错。但如果就其宦途根基而言,则也可以说,曹操是以兖州起家的。

曹操以军功得封兖州牧,继而又以兖州牧得封镇东将军,军政相互为用,从而有资格应董承之召,将兵至洛阳。建安元年(公元196年)八月,曹操既至洛阳,立即毫不犹豫地"自领司隶校尉,录尚书事"。无疑,这是他以军谋政的一次更重大的成功。

司隶校尉是个什么官呢?据《后汉书·百官四》称,司隶校尉比二千石,掌察举百官以下及京师近郡犯法者。《后汉书》注引《汉仪》说,"职在典京师,外部诸郡,无所不纠"。《汉官仪》说,"司隶校尉纠皇太子、三公以下,及旁州郡国,无不统。"《通典·职官十四》也说,后汉"司隶校尉,所部河南尹、河内、右扶风、左冯翊、京兆尹、弘农,凡七郡,治河南洛阳。无所不纠,唯不察三公。"实际上,三公也在纠察之内。

录尚书事又是怎么回事呢? 尚书本是少府属官,尚书令的官秩也不过六百石,后因接近皇帝的关系,权力日大,官秩日加,地位日隆,以至"总典纲纪,无所不统"(《汉官仪》),成了实际上的丞相。因此,不论是三公九卿,还是其他文官武将,要想掌握实际权力,必须加"领尚书事"、"平尚书事"、"视尚书事"或"录尚书事"的头衔。有了这样的头衔就可以以皇帝的最高代理人主持尚书台的一切政事。所以曹操自领司隶校尉、录尚书事,一下子就把朝廷大政和京都及其附近州郡的军政统在自己手里了。

九月,曹操迎帝还许后本想做大将军,因为迫于袁绍的压力,将大将军的空头衔让与袁绍,自为司空,行车骑将军。为什么要自为司空呢? 因为司空为三公之一。东汉时期,三公虽无实权,但地位显贵,依然是名义上的丞相。据《后汉书·陈忠传》称,"三公称曰冢宰,王者待以殊敬,在舆为下,御坐而起。入见参对而议政事,出则监察而董是非。"这就是说,天子见三公,如果乘车要下车,如果坐着要起立。《通典·职官二》称,"朝臣见三公皆拜"。可见,三公官之显赫。另据马端临《文献通考·职官考三》称,"自后汉时,虽置三公,而事归台阁,尚书始为机衡之任。然当时尚书不过预闻国政,未尝尽夺三公之权也。"这就是说,三公有名气,而且仍然有点权,如果"录尚书事"同三公之名结合起来,不仅名足镇轻,而且其权力便大小俱握了。聪明的曹操,正是利用了这一点,既已录尚书事,复具三公之职,名正言顺地接近天子,控制天子,将实权完全控制在手里。

为了切实加强权力,曹操还同时以自己的心腹荀彧为侍中、守尚书令。尚书令故不待言,那侍中又是个什么样的官呢? 汉时,侍中是皇帝的侍从官,属于"加官",其他官只要加侍中的名号,便可出入禁中,成为内朝官。《通典·职官》称,"献帝即位,初置六人,赞法驾则正直一人负玺陪乘,殿内门下众事皆掌之。后选侍中,皆旧儒高德,学识渊懿,仰瞻俯视,切问近对,喻旨公卿,上殿称制,乘笏陪见。"可见,侍中为天子近臣,负责赞导众事,顾问应对。这样,曹操便通过侍中、尚书令等等合法的渠道把天子的一言一行掌握了。

易言之,司隶校尉+录尚书事+司空+车骑将军=百官总已以听=军政统制权。这就是曹操迎帝许都后的最初的军政统一的权力设计。

嗣后,曹操立即把军权、政权的相互为用,推向一个新的高度:挟天子以令诸侯。挟天子以令诸侯是特定历史条件下的产物,它的本质是权臣或方镇借政统军伐异,它的终极目的必将是以军助政,夺取最高权力。

2. 废三公,自为汉丞相

曹操以军政相济之用,名重势大,居高临下,讨张绣,击袁术,征吕布,战袁绍,伐乌桓,不几年,军功大成。军功大,兵力多,权力日隆,为他进一步考虑政治制度的改革和集权问题提供了条件。

史载,建安十三年(公元 208 年)六月,曹操罢三公,复置丞相、御史大夫,而且自为起丞相来了。他为什么要做这样重大的变革呢?元人胡三省说:"今虽复置丞相、御史,而操自为丞相,事权出于一矣。"此话很对。目的就是把还有点名义权力的三公统统罢置,而树立一个独揽大权的最高行政、军事长官。

三公官,历代指谓不同。《尚书·周官》称太师、太傅、太保为三公;汉初,以丞相、御史大夫、太尉为三公;哀帝元寿二年(公元前1年），以大司马、大司徒、大司空为三公；东汉以后则以太尉、司徒、司空为三公。三公制和丞相制实是两种不同的制度。就汉代来说，西汉成帝以前虽有三公的称谓，但无实际职权，所以基本上是丞相制，丞相助理万机，权力很大；成帝时，"改御史大夫为司空，与大司马、丞相是为三公，皆宰相也。"（《通典·职官一》）丞相的职权被一分为三。三公制削弱了丞相的独断权力，实是对丞相制的否定。东汉初年延用西汉官制，但"政不任下，虽置三公，事归台阁"，"三公之职，备名而已"（《后汉书·仲长统传》）。当然，三公的地位，如前所述，仍甚尊贵，对于政治大局仍有极大影响。因此，三公的存在，对于曹操的集权来说，无疑依然是极大的障碍。所以，他为了集权而彻底否定三公制，恢复丞相制，实在是情理中事。丞相制的恢复，实际就是对丞相独断权力的恢复，是中央或某一人集权的需要，是对三公制的否定，是否定之否定。

其实，这一步骤早在建安元年他自为司空、录尚书事之前就已开始了。他八月迎帝都许，九月就借故把太尉杨彪和司空张喜罢掉了。建安十三年春又把仅存的一位三公司徒赵温以"辟臣子弟（指赵温自不识相，欲以操子丕为掾），选举不实"免掉。

至于复置御史大夫，不必看得过于认真，它既非昔日三公之属（大司空），亦非汉初之丞相之副。过去的御史大夫有实权，并领有相当多的属官，而复置的御史大夫，几乎是"光杆司令"一个，正如《后汉书·百官志》引《晋百官表注》所说："献帝置御史大夫，职如司空，不领侍御史。""不领侍御史"，便管不了多少事，亦即不能行使原来御史大夫的权力。这里要搞清楚的是，曹操既然不想让御史大夫管多少事，那为什么还要复置此职呢？我想，看看以下事实就会得出结论。

据载，曹操宣布改制以后两月，即建安十三年八月丁未（公元

208 年 9 月 21 日）以光禄勋郗虑为御史大夫。查阅史籍，郗虑官高御史而无传，因而所见事功甚少，唯有三件永存于史。第一件事是上任后的第六天，即八月壬子（9 月 26 日），大中大夫孔融被斩首弃市了。孔融是否该杀，将另别论。但这件事却是刚刚戴上御史大夫头衔的郗虑"承操风旨，构成其罪"，通过丞相军谋祭酒路粹上奏孔融"大逆不道"而定罪的①。郗虑与孔融本不睦，曹操比谁都清楚，因为他曾"以书和解之"②；而曹操对孔融"外相容忍而内甚嫌之"，早有去掉之心，也是人所共知的，郗虑当然更清楚。因此，可以有理由说，曹操复置御史大夫，并以郗虑担任此职，完全可能是为除孔融而特意安排的。第二件事是为曹操晋爵魏公办理合法手续。建安十八年（公元 213 年）"夏五月丙申，曹操自立为魏公，加九锡"③。曹操为了履行正式手续，让郗虑假天子名义持节策命自己为魏公。第三件事是伏后密书给父伏完令图曹操，事发，曹操大怒，建安十九年（公元 214 年）十一月，"使御史大夫郗虑持节策诏，其上皇后玺绶"，并以尚书令华歆为郗虑副，"勒兵入宫，收后。"皇后被华歆拖出，披发、跣足、行泣，献帝对郗虑说："郗公，天下宁有是乎！"郗虑坐在皇帝旁边，对皇帝的话和残酷的局面无动于衷④。由此亦见，时之御史大夫已与丞相的一般属官无异，而不再是什么贰丞相、副丞相了。据《后汉书·百官志》刘昭补注说，御史大夫郗虑免，"不得补"。这更说明，曹操复置汉御史大夫，完全是为特殊任务的需要，任务完成了，郗虑免了，也就不需补了，所以御史大夫也就名存实亡了。至此，文武百官，不管是实

---

① 《后汉书·孔融传》。
② 《三国志·魏书·武帝纪》。
③ 《后汉书·献帝纪》。
④ 《后汉书·伏后传》。

际上,还是名义上,更是无不统于曹操一人了。

曹操还对中央的其他官制作了诸多调整和改革,如在丞相府设中领军、武卫营,置征事,省西曹等,目的均在加强丞相的控军和握政的实际权力。特别值得重视的是创设了副丞相之职。《三国志·武帝纪》载,"(建安)十六年春正月,天子命公世子丕为五官中郎将,置官属,为丞相副。"丞相是秦朝设立的官职,有左右之分,但无副相之说。汉承秦制,置丞相,并置御史大夫,位次于丞相。所以《汉书·百官公卿表》说:"御史大夫,秦官,位上卿,银印青绶,掌副丞相。"《汉书·朱博传》说:"高皇帝以圣德受命,建立鸿业,置御史大夫,位次丞相,典正法度,以职相参,总领百官。"曹操既罢三公,也不再给复置的御史大夫这样的职掌。为了权力的需要和确立曹丕的世子地位,他做出了以自己的儿子为"丞相副"的决策,实际就是将其放在自己的助手地位上。这样做的目的,其一,可以加强曹氏的势力,从而加强对汉帝的控制;其二,他正在酝酿军事上大的进取,曹丕可以名正言顺的统领百官,坐镇邺城,遥控许都,自己则可以比较放心地西征韩遂、马超;其三,此时曹操似乎已倾向以丕为接班人了,所以实际上也是有意给曹丕以主持大政的锻炼机会。

第十章　西征马超与韩遂

赤壁战后,曹操甚知孙刘联盟已成气候,绝非一时可以瓦解,因而对其采取战略防御,屯田、戍边,加强边防,以期取得时间,排除异己,稳定地位,巩固权力,整肃、扩大、发展兵力,然后再谋用兵。

经过两年多的整顿、发展和军事演练,曹操的预期目标达到了,兵力、军需粮秣都得到了恢复和加强,又具备了征战的基本条件。

曹操决定西征马超、韩遂。

为什么不继续南征孙权而西征马超、韩遂呢?原因有三:第一,如前所述,暂时不具备征战孙权、刘备的条件;第二,马超、韩遂陈兵西北,一直是曹操的心腹大患;第三,赤壁战后,形势变化,孙权为了北面抗操而将西联韩、马。建安十五年十二月,周瑜曾向孙权献计,要求允许他与孙权的堂兄弟、奋威将军孙瑜率兵"俱进取蜀,得蜀而并张鲁,因留奋威固守其地,好与马超结援",然后自己回军与孙权"据襄阳以蹙(进逼)操"。他把结连马超看得很重,认为是战胜曹操的重要条件。[①] 可惜,周瑜不久病死,其计未行。但周瑜的计策,对操却不能不有所震动。如想南征孙、刘,西取巴蜀,就必须解除后顾之忧和前进中的障碍,因而马超、韩遂及其周围十

---

① 《三国志·吴书·周瑜传》。

数部异己力量不能不作根本解决。所以,西征马超、韩遂便成了军事博弈中必走的一步棋。

曹操的征伐目标本是马超、韩遂,但他们都是曹操控制的朝廷加封的命官,且无反叛迹象,讨伐无名。司隶校尉钟繇"求以三千兵入关,外托讨张鲁,内以胁取质任"①。钟繇的计划给了善谲的曹操以很大启发,于是想到了"假道虞国以伐虢"之计,想到了声讨张鲁从而加速马超、韩遂造反的策略。

建安十六年(公元 211 年)三月,曹操遣司隶校尉钟繇讨张鲁,使征西护军夏侯渊等将兵出河东,与钟繇会师共进。当时,马超、韩遂等主要兵力据关中,张鲁的主要兵力在汉中,操兵如出河东讨张鲁,大军必须从马超、韩遂地区通过。据载,出兵前,曹操使荀彧问计于治书侍御史卫觊。时,卫觊因使益州,道路不通而留镇关中,觊对曹操的决策不以为然,认为"西方诸将皆竖夫崛起,无雄天下意,苟安乐目前而已。今国家厚加爵号,得其所志,非有大故,不忧为变也,宜为后图。若以兵入关中,当讨张鲁,鲁在深山,道径不通,彼必疑之。一相惊动,地险众强,殆难为虑。"②荀彧把卫觊的意见告诉了曹操,曹操"初善之",但没有接受,仍按钟繇的计划办。还有仓曹属高柔更没有理解曹操的意图,谏阻说:"今猥(多)遣大兵,西有韩遂、马超谓为己举,将相扇动作逆。宜先招集三辅,三辅苟平,汉中可传檄而定也。"③殊不知,曹操的目的就是促使韩、马反叛。不出曹操所料,关中诸将果然疑操伐己,马超、韩遂、侯选、程银、杨秋、李堪、张横、梁兴、成宜、马玩等十部皆反,其众十万,屯据潼关。

① 《三国志·魏书·卫觊传》注引《魏书》。
② 《三国志·魏书·卫觊传》注引《魏书》。
③ 《三国志·魏书·高柔传》。

胡三省说:"操舍关中而远征张鲁,伐虢取虞之计也。盖欲讨超、遂而无名,先张讨鲁之势以速其反,然后加兵耳。"①可谓一言中的,道出了问题的本质。

一、渡蒲阪,据河西,结营渭南

曹操的计策得到成功,马超等反,便可名正言顺地发兵征讨了。

马超,字孟起,扶风茂陵(今陕西兴平)人。父马腾,灵帝末与边章、韩遂等俱起事于西州;汉献帝初年,朝廷以韩遂为镇西将军,以马腾为征西将军。马腾、韩遂始甚相亲,结为异姓兄弟,继而失和,部曲相侵,相为仇敌,腾攻遂,遂亦攻腾,杀其妻子。建安初,曹操为安抚关陇,使司隶校尉钟繇、凉州刺史韦端进行和解。后曹操以腾为卫尉,使其离开西北,居邺。马超以偏将军统父众,与韩遂合纵,并与杨秋、李堪、成宜等部相结。

马超等既反,曹操即以征南将军曹仁行安西将军,自襄樊一线驱师北上,督诸将与马超等隔潼关相对;并下了一道严格的命令:"关西兵精悍,坚壁勿与战"②。同时立即安排朝中事,以五官中郎将曹丕留守邺,以奋武将军程昱参丕军事,门下督徐宣为左护军,留统诸军;以国渊为居府长史,统留事。一切安置停当后,秋七月,曹操以五十七岁之龄,不辞鞍马,再次驰骋疆场,率军出征。

曹操亲自将兵击马超等,不少人鉴于赤壁用短击长的教训,提醒曹操说:"关西兵强,习长矛,非精选前锋,则不可以当也。"曹操

---

① 《资治通鉴》卷66,汉献帝建安十六年胡三省注。
② 《三国志·魏书·武帝纪》。

对诸将说:"战在我,非在贼也。贼虽习长矛,将使不得以刺,诸君但观之耳。"[1]胡三省注《资治通鉴》谓:"在我而不在敌,故可以制胜"。意谓曹操接受了教训,已知重视避敌之长而用己之长了。

八月,曹操率大军至潼关,与马超等夹关相对而扎营。曹操明白,夹关相持,马超凭险而拒,很难制服,必须绕开潼关趋其后,才有可能打乱其部署,相机而歼之。于是,曹操决定北渡黄河,再由河东西渡河,然后据河西为营,南向取敌。但自何处渡河,能不能顺利渡河,曹操心中没有把握,"恐不得渡",于是把时抚河东的大将徐晃召来问策,晃献计说:"公盛兵于此,而贼不复别守蒲阪(今山西永济东南),知其无谋也。今假(给)臣精兵渡蒲阪津,为军先置,以截其里,贼可擒也。"[2]徐晃之计正合曹操之意,即潜遣徐晃、朱灵以步骑四千人渡蒲阪津。晃等渡河,"作堑栅未成",马超部属梁兴乘夜率兵五千人攻晃,晃等力战击走梁兴,遂据河西为营。这样,黄河蒲阪一段的两岸全为曹操的军队所控制。随后,闰八月,曹操的主力部队开始自潼关北渡河。据载,曹操北渡河时的经历相当危险。他让兵众先渡,自己与虎士(精兵)百余人留南岸断后,马超带领步骑万余人进攻,矢如雨下。曹操临危不乱,史载,"公将过河,前队适过,超等奄至,公犹坐胡床(马扎)不起。张郃等见事急,共引公入船。"船工中流矢死,许褚左手举马鞍以蔽操,右手划船;校尉丁斐,放牛马以饵敌,敌乱,纷纷取牛马。曹操在诸将掩护下,总算离开了河岸。"河水急,比渡,流四五里,超等骑追射之,矢如雨下。诸将见军败,不知公所在,皆惶惧,至见,乃悲喜,或流涕。"此时,曹操自己也有点后怕,大笑说:"今日几为小贼所

---

① 《三国志·魏书·武帝纪》注引《魏书》。
② 《三国志·魏书·徐晃传》。

困乎!"①

曹操北渡黄河后,遂又自蒲阪横渡到黄河的西边,并循河为甬道,向南进发。当曹操的先遣部队到达蒲阪的时候,马超已经知道曹军将渡河,因对韩遂说,"宜于渭北拒之,不过二十日,河东谷尽,彼必走矣。"韩遂没有接受马超的意见,认为"可听令渡,蹙于河中,顾不快耶!"当时曹操听到这个消息不禁感叹道:"马儿不死,吾无葬地也。"②从而更加坚定了必取马超的决心。曹操循河向南,马超等退拒渭口,操"乃多设疑兵,潜以舟载兵入渭,为浮桥,夜,分兵结营于渭南"。超等攻营,均被伏兵击退;超等屯渭南,遣使"求割河以西请和";曹操誓在必取,当然不许。③

九月,曹操大军全部渡过渭水。据载,曹操的军队每渡一部分,"辄为超骑所冲突,营不得立,地又多沙,不可筑垒"。谋士娄圭给操出了个主意:"今天寒,可起沙为城,以水灌之,可一夜而成。"曹操接受了这个建议,"乃多作缣囊以运水,夜渡兵作城,比明,城立,由是公军尽得渡渭"④。至此,马超等陷入一片混乱,已无章法可言,时而率兵挑战,曹操不予理睬;时而又固请割地,并愿送子为质。俗谓"困兽犹斗",曹操与他的谋士们深知此点,贾诩因劝曹操"伪许"马超的请和要求。操问下一步怎么办?贾诩说:"离之而已。"⑤最善于用"离间"之策的曹操一点即通。随后,很快便酝酿出了精彩的离间之计。

<hr>

① 《三国志·魏书·武帝纪》注引《曹瞒传》。
② 《三国志·蜀书·马超传》注引《山阳公载记》。
③ 《三国志·魏书·武帝纪》。
④ 《三国志·魏书·武帝纪》注引《曹瞒传》。
⑤ 《三国志·魏书·贾诩传》。

二、巧施离间

在两军对峙、伪许请和、双方暂不战斗的形势下,曹操很快捕捉到离间韩、马的机会。首先,他利用韩遂请见的机会,作出了第一篇疑敌文章。史载,"韩遂请与公相见,公与遂父同岁孝廉,又与遂同时侪辈,于是交马语移时,不及军事,但说京都旧故,拊手欢笑"①。可以看出,曹操在这次约见中有意突出以下四点,一是"交马"(意指马头相接)相语,同韩遂靠得很近,显得谈话很热乎;二是有意拖长时间,相语"移时"。"时"指一个时辰,所谓"移时"(按,此不宜作"一会儿"解),就是超过了一个时辰(两小时);三是谈话内容,只谈京都旧故,不及军事。曹操利用了老相识的条件,有意避开军事;四是谈到高兴处,"拊手欢笑",有意制造融洽气氛。韩、马本有嫌隙,目前仅仅是暂时利益的结合,曹、韩如此融洽的长时间谈话,极易产生疑敌作用。因而及至韩遂回营,马超等自然要问曹操说了什么话? 而韩遂认为同曹操的谈话既属京都旧故、人情旧谊,实在是没有必要说给马超听,因而说曹操"无所言也"。长达两个多小时的谈话,且谈笑风生,有目共睹,怎么能说没说什么话呢? 马超等当然要生疑。

第二,耀兵慑敌,唯对韩遂等人友善。曹操与韩遂第一次交马相语后第三天,又约韩遂、马超二人单马会话,作了进一步的震敌和疑敌。这一次相见,曹操作了三方面的考虑与安排,一是故意表现出对于马超的极大不信任,态度完全不同于对韩遂。《三国志·武帝纪》注引《魏书》说:"公后日复与遂等会语,诸将曰:'公

---

① 《三国志·魏书·武帝纪》。

与虏交语,不宜轻脱,可为木行马以为防遏。'公然之。"可见曹操及其将领对于这次会语都很重视。因为他们甚知马超非韩遂所比,不能掉以轻心,既要对其施用两手,又要预作防范;并且要让马超明白,对他是不放心的,与韩遂可以"交马"相语,但与你马超相见则必须做好防止突袭的准备,因而"为木行马以为防遏"。"木行马"就是用木头搭成叉形的架子。将"木行马"隔在中间。这样,便在两马间构成了临时屏障。除此,曹操还让大将许褚立马横刀近身护卫,以防不测。看来,曹操担心并非多余,马超确有伺机突袭之意。《三国志·马超传》和《许褚传》都有记载。《许褚传》记载尤为生动:"太祖与遂、超等单马会语,左右皆不得从,唯将褚。超负其力,阴欲前突太祖,素闻褚勇,疑从骑是褚,乃问太祖曰:'公有虎侯者安在?'太祖顾指褚,褚瞋目盼之,超不敢动,乃各罢。"与此同时,对韩遂及其属下谈话却是另一种气氛。据载,韩遂属将阎行立马韩遂身后,曹操对阎行说:"不要忘记做孝子啊。"这话是很平和地说给阎行听的,但实际是说给马超听的。绵里藏针,具有很大威慑力,因为当时阎行的父亲和马超的父亲都宿卫在邺,都是实际上的人质。二是充分塑造并展示自己的智勇风度。据说,曹操从容阵前,韩、马的属将们均在马上拱手致礼,秦(关中)兵、胡卒"前后重沓",争相观看大名鼎鼎的曹操的风采,曹操潇洒地对大家说:"你们想看我曹某吗? 我也是一个人啊,并不是有四只眼两个嘴巴,只是多智谋罢了。"[1]三是乘机显示兵威。在曹操宣言自己"多智"的时候,韩、马的将士们得到提醒,前后一看,只见曹操早已"列铁骑五千为十重阵,精光耀日"[2],不禁为之

---

① 《三国志·魏书·武帝纪》注引《魏书》。
② 《三国志·魏书·武帝纪》注引《魏书》。

寒战。曹操复约韩遂、马超应该谈及军事,但历史上没有留下记载,这大概是因为把当时的气氛记下来比军事问题更重要,更能体现双方军事态势和诸将心理,从而展示军事发展的必然趋势。易言之,曹操复约遂、超会语,达到了预期目的,长了自己的威风,灭了敌人的志气,既使敌人震惧,又使敌人内疑加重。

第三,窜书疑敌。史载,"他日,公又与遂书,多所点窜,如遂改定者,超等愈疑遂。"①阅古名将用兵,只有曹操能够使用此种手段。在曹操看来,战场上勿需讲什么信用,要的是兵不厌诈。曹操与韩遂书的内容是什么,不得而知,实际也不重要。重要的是曹操谋事之高明:首先是一个前提他已料到,这就是此信马超必定要看;其次,信的内容必须闪烁其辞,如不改动,可能有另外不同的含义,疑点明显;再次就是造假逼真,让人看成是另人有意篡改的。正是这样,马超才会更加怀疑韩遂。

三、"兵之变化非一道"

曹操的离间疑敌之计,频频得手,韩、马联军内部互相猜忌,军心不稳。曹操抓住时机,在敌人内部尚未清醒的时候,马上通知对方,约定日期会战。韩、马以及关中诸将,众虽多,但心不齐;韩、马既不相得,在实际上已无一个权威的统一指挥者,诸部联军无异于乌合。因此,关西联军虽众,但士气不高,可谓未战而气先夺。

会战之日,曹操先以轻兵挑战,示弱于敌;交战一段时间后,敌军以为曹军不过如此,斗志稍懈,曹操"乃纵虎骑夹击,大破之,斩

---

① 《三国志·魏书·武帝纪》。

成宜、李堪等。遂、超等走凉州,杨秋奔安定"。冬十月,曹操"自长安北征杨秋,围安定(今甘肃定西市境)。秋降,复其爵位,使留抚其民人"①。

关中平,曹操于十二月间自安定还,留夏侯渊屯长安,以议郎张既为京兆尹。张既是个不错的官,"招怀流民,兴复县邑",百姓很拥护他。

曹操平定关中后,对诸将谈了这次用兵致胜的原因。

第一,盛兵潼关,意在麻痹敌人,待机入河东而西渡河。据载,有的将领不解地问曹操说:"初,贼守潼关,渭北道缺,不从河东击冯翊而反守潼关,引日而后北渡,何也?"曹操从策略的高度回答说:"贼守潼关,若吾入河东,贼必引守诸津,则西河未可渡,吾故盛兵向潼关;贼悉众南守,西河之备虚,故二将(指徐晃、朱灵)得擅取西河;然后引军北渡,贼不能与吾争西河者,以二将之军也。"可见,曹操兵临潼关,夹关与敌相对,摆出决战的样子,完全是虚假的,是为了把敌人吸引在潼关,以利别部自河东西渡河,占领战略要地。

第二,示弱骄敌,乘敌不备而击之。曹操对渡河以后的用兵,有三点特别满意,一是"连车树栅,为甬道而南,既为不可胜,且以示弱";二是渡渭之后,积沙为城,筑垒避战。他说,"渡渭为坚垒,虏至不出,所以骄之也";三是伪许请和。曹操利用天气骤寒之机,运水起沙,渡兵作城,在地理形势上,反占优势。马超等欲战不得,知不可胜,而自己又没有构筑工事,甚恐随时被袭,因而提出割地求和。曹操先是不许,继而伪许之。为什么要伪许呢?曹操说,"贼不为营垒而求割地。吾伪许之,所以从其意,使自安而不为

① 《三国志·魏书·武帝纪》。

备,因畜士卒之力,一旦击之,所谓迅雷不及掩耳,兵之变化,固非一道也。"(《三国志·武帝纪》)是这样,马超、韩遂等认为没事了,可以割地求和了,所以不再加强防备;而曹操则乘时集积兵力,一战便把韩、马等联军彻底打垮。

第三,当然从客观上来说,还有敌方的问题,其中最重要的是军无适主,法制不一。联军本以韩遂为督,但韩遂并不能把全军统帅起来,特别是曹操使用离间计后,韩遂已完全失去统帅的地位和作用。正是因为这一点,所以曹操始见关中诸将每一部到,不增忧,反而辄有喜色。诸将不解,因问其故,曹操一语道破敌方的致命弱点:"关中长远,若贼各依险阻,征之,不一二年不可定也。今皆来集,其众虽多,莫相归服,军无适主,一举可灭,为功差易,吾是以喜"(同上)。

曹操自己谈其平定关陇能够取胜的原因时,未及"离间"之计。离间成功,亦应是曹操取胜原因之一。

建安十七年正月,曹操回到邺城。曹操为什么在马超、韩遂西走而尚未完全平定的情况下急于回邺呢? 主要是四个方面的原因:

一是他必须兼顾朝内权力的巩固,不宜长时间在外。从一定意义上说,巩固、发展权力,比用兵征伐不服更为重要。曹操回到邺城后,汉献帝顿感新的压力,不得不下一道诏书,允许曹操"赞拜不名,入朝不趋,剑履上殿,如萧何故事"[1]。同时又按照曹操的意图,增大了他的封地,"割河内之荡阴、朝歌、林虑,东郡之卫国、顿丘、东武阳、发干,巨鹿之廮陶、曲周、南和,广平之任城,赵之襄

---

① 《三国志·魏书·武帝纪》。

国、邯郸、易阳以益魏郡。"①

二是后方不稳,河间民田银、苏伯反,煽动幽、冀,危及老巢。田银、苏伯等乘曹操西征之机起事,曹丕以将军贾信率兵讨灭。曹操回到邺时,事已平。据载,请降者千余人,议者皆认为,曹公有旧法,"围而后降者不赦"。唯程昱认为,旧法"乃扰攘之际,权时之宜。今天下略定,不可诛之;纵诛之,宜先启闻。"曹丕接受了程昱的意见,报告了曹操,"操果不诛"。曹操对程昱之谋很是欣赏,称赞说:"君非徒明于军计,又善处人父子之间"②。由此可见,第一,曹操行令绝非拘泥,有时虽然过酷,但不时也注意权时而定;第二,他非常重视自己辖区的稳定。河间郡属冀州,河间安定与否,会直接影响到曹操的声望。因此,他不愿扩大事态。大概也正是这个原因,按照惯例"破贼文书,以一为十",而国渊上报斩首人数,皆如其实数,一就是一,二就是二。国渊对操说:"夫征讨外寇,多其斩获之数者,欲以大武功,耸民听也。河间在封域之内,银等叛逆,虽克捷有功,渊窃耻之。"操对国渊的做法很赞赏,听了国渊的分析,不禁"大悦"③。

三是马超、韩遂西走,暂时不能构成大的威胁,无须大军进剿,留下主力一部足可抗御,甚至剿除。正因为曹操此时不把马超、韩遂视为威胁,所以回邺后,五月便将马超的父亲、卫尉马腾,弟奉车都尉马休,弟骑都尉马铁杀了,夷腾三族;并杀韩遂质子。如操所料,用兵一部即可击敌。七月,使夏侯渊助左冯翊郑浑击马超余部梁兴于蓝田,马超龟缩凉州。

---

① 《三国志·魏书·武帝纪》。

② 《三国志·魏书·武帝纪》。

③ 《三国志·魏书·武帝纪》。

四是谋划再次用兵孙权。赤壁战后,曹操视孙权为主要劲敌,一切军事行动,都是为了服务于自襄樊而东征孙权,解除后顾之忧,避免腹背受敌和两面作战。关中既平,征讨孙权便提到日程上来。

第十一章　军败叹赞孙仲谋

赤壁战后,曹操、孙权均知双方必将再战,因而均在积极固边、备战,未曾稍懈。一切政治的、外交的、军事的行动亦均围绕着未来不可避免的战争而统筹酝酿着。曹操用兵西北的原因有欲解除后顾之忧而将来得以专兵江东孙权的考虑。孙权以荆州借给刘备,更是意在共拒曹操。

曹操自关中回邺,襄樊一线及淮南主力部队又经过九个月的训练备战,士气复震,于是建安十七年(公元212年)冬十月,再一次亲率大军出征,东击孙权。

一、阮瑀捉刀胁孙权

曹操在备战期间,曾让记室令史阮瑀先以曹操的名义给孙权写了一封软硬兼施的长信。因为阮瑀是受命而作,所以信的内容完全反映着曹操的思想和计谋。信中先述旧好,说"离绝以来,于今三年,无一日而忘前好,亦犹姻媾之义(指曹操曾把侄女许配给孙权弟孙匡,为儿子曹彰娶权堂兄孙贲之女为妻),恩情已深,违异之恨,中间尚浅也";继而说"常思除弃小事,更申前好,二族俱荣,流祚后嗣";然后为自己赤壁失利辩护:"昔赤壁之役,遭离疫气,烧舡自还,以避恶地,非周瑜水军所能抑挫也。江陵之守,物尽谷殚,无所复据,徙民还师,又非瑜之所能败也";同时假意表示,

211

自己无意于荆州，"荆土本非已分，我尽与君，冀取其余，非取侵肌肤，有所割损也。思计此变，无伤于孤，何必自遂于此，不复还之。"然后为自己的备战活动打掩护："往年在谯，新造舟舸，取足自载，以至九江，贵欲观湖漅之形，定江滨之民耳，非有深入攻战之计"。然后笔锋一转，威胁有加，一述自己完全有势力把你孙权打败，"以君之明，观孤术数，量君所据，相计土地，岂势少力乏，不能远举，割江之表，晏安而已哉！甚未然也"；二讲水战挡不住王者师，"若恃水战，临江要塞，欲令王师终不得渡亦未必也。夫水战千里，情巧万端，……江河虽广，其长难卫"；三言历史上凡抗王师者如淮南王刘安、西汉隗嚣、东汉彭宠，都没有好下场。最后，给开设二条路，任孙权选取：其一，"内取子布（张昭），外击刘备，以效赤心，用复前好，则江表之任，长以相付，高位重爵，坦然可观，上令圣朝无东顾之劳，下令百姓保安全之福，君享其荣，孤受其利，岂不快哉！"其二，"若怜子布，愿言俱存，亦能倾心去恨，顺君之情，更与从事，取其后善，但擒刘备，亦足为效。"就是说，如能把张昭、刘备都杀掉，我给你高位重爵；如果舍不得杀张昭，只要把刘备擒杀也可以得到谅解。①

　　这份富有文采的长信，是招降书，亦是宣战书。它明确告诉孙权，新的讨伐战争即将开始了。当然，孙权也从未对曹操抱有幻想，更无谋降之思。为了迎击曹操来犯，早在前一年，即建安十六年（公元211年）便听从长史张纮之议，将治所从京口（今江苏镇江市）西迁到"山川形胜"的秣陵（改名建业，即今南京市）。及至曹操自西而归，知其必将东向用兵，便立即开始工事上的准备。史载，吕蒙"从权拒曹公于濡须，数进奇计，又劝权夹濡须水口（今安

---

①　《文选》卷42。

徽无为县东北）立坞。"①《三国志·吕蒙传》注引《吴录》说，"权欲作坞，诸将皆曰：'上岸击贼，洗足上船，何用坞为？'吕蒙曰：'兵有利钝，战无百胜，如有邂逅，敌步骑蹙人，不暇及水，其得入船乎？'权曰：'善。'遂作之。"②可见，战前孙权、吕蒙已经做好了以战略防御为主的准备，自然不为曹操的威胁所动。

二、军败叹赞孙仲谋

建安十八年（公元 213 年）正月，曹操以号称步骑四十万之大军进军濡须口。事实证明，曹操对于南向用兵的天时地利依然估计不足，接战之初便即陷入被动。史载，曹操进军以张辽、臧霸为先锋，"行遇霖雨，大军先及，水遂长，贼船稍进"，将士们见此便想起赤壁之败，皆不安，就连张辽也感到害怕，想撤兵，幸臧霸止之。臧霸对张辽说，曹公"明于利钝"，怎么能不管我们呢？果如臧霸所料，第二天曹操即令大军发起攻击。这一仗打得还算好，攻破了孙权江西大营，俘获其都督公孙阳。孙权得知江西大营有失，亲率众七万御操，并以甘宁（字兴霸）领三千人为前部督。孙权密令甘宁"夜入魏军"，甘宁乃选手下健儿百余人，径至曹操营下，"拔鹿角，逾垒入营，斩得数十级"。曹军突遭袭击，惊慌万状，失声鼓噪，及至点起火把，"举火如星"，甘宁已退还本营，将士们"作鼓吹，称万岁"，一片欢腾。甘宁当夜去见孙权，权也极为高兴，说："足以惊骇老子否？聊以观卿胆耳。"即赐甘宁绢千匹，刀百口③。

---

① 《三国志·吴书·吕蒙传》。
② 《三国志·吴书·吕蒙传》注引《吴录》。
③ 《三国志·吴书·甘宁传》注引《江表传》。

双方相持月余，曹操始终没有把军事上的主动权控制到自己手里。不久，便再次遭到袭击。据《三国志·吴书·吴主传》注引《吴历》说："曹公出濡须，作油船，夜渡洲上。权以水军围取，得三千余人，其没溺者亦数千人。"可见损失相当严重。又说："权数挑战，公坚守不出。权乃自来，乘轻船，从濡须口入公军。诸将皆以为是挑战者，欲击之。公曰：'此必孙权欲身见吾军部伍也。'敕军中皆精严，弓弩不得妄发。权行五六里，回还作鼓吹。"由此可见，孙权倒是掌握了相当大的主动权，竟能乘轻船而入曹军，甚至已经撤走又突然返回对曹军"鼓吹"一通，实在是无异于示威。《吴主传》注引《魏略》记得更邪乎："权乘大船来观军，公使弓弩乱发，箭著其船，船偏重将覆，权因回船，复以一面受箭，箭均船平，乃还。"《魏略》记载，当不可信，一是孙权尚不至如此放肆，二是曹操亦不至如此愚钝，三是同《吴历》所记迥别。这个情节的确很精彩，所以被罗贯中移花接木变成了赤壁战时诸葛亮"草船借箭"的原型。但不管怎么样，曹操吃了败仗，致使"坚守不出"，当是真的。如果不是这样，便不会有曹操见孙权"舟船器仗军伍整肃，喟然叹曰：'生子当如孙仲谋，刘景升儿子若豚犬耳！'"[1]

曹操"坚守不出"，难以为功，又值春雨，再次出现了不宜于北方将士作战的条件。孙权看准了这点，但又自知不可能把曹操击溃，因而写信给曹操，说："春水方生，公宜速去。"另外又夹上一个纸条写了八个字："足下不死，孤不得安。"据说，曹操阅后，不仅不怒，反而很高兴地对诸将说："孙权不欺孤。"于是撤军而还[2]。孙权亦不追。

---

① 《三国志·吴书·吴主权传》注引《吴历》。
② 《三国志·吴书·吴主权传》注引《吴历》。

三、密教张辽破敌军

曹操自濡须口撤军,四月回到邺城。撤军原因固有出师不利、春水将至、胜负难卜、不宜继续暴师在外的一面;但另一方面,甚至是更重要的方面则是不能长时间离开政治中心。此前西征韩遂、马超,建安十六年七月出兵,次年正月还邺,前后近七个月;此次用兵孙权,建安十七年十月东出,次年四月还邺,又是近七个月的时间。看似偶然,实有内在的必然因素。

实际上,曹操即使军临前敌之时,也从未放弃对于发展自己势力、巩固自己地位有关的朝中大事的谋划。当时的政治中心实际在邺,但诸多大事在形式上还要通过献帝。曹操在其还邺前后,谋划并通过汉献帝实施了两件大事,一是正月庚寅(公元213年2月10日)"诏并十四州,复为九州"。十四州为司、豫、冀、兖、徐、青、荆、扬、益、梁、雍、并、幽、交;复为九州,则省司、凉、幽、并四州,其中最大的要害变动是割幽、并二州及司州之河东、河内、冯翊、扶风四郡入冀州。正如胡三省所说,并十四州复为九州,"此曹操自领冀州牧,欲广其所统以制天下耳。"① 二是五月丙申(6月16日)"以冀州十郡封曹操为魏公",并以丞相领冀州牧如故。可见,曹操撤兵,与其说是军事原因,毋宁说是出于政治大局的统筹与考虑。

曹操撤军,非如乌林兵败而返。他从容作了一些御敌部署,一使张辽、乐进、李典等七千人屯合肥,一遣庐江太守朱光屯皖(今安徽潜山县),大开稻田。三派间谍招诱鄱阳"贼帅",使作内应。

① 《资治通鉴》卷66,汉献帝建安十八年注。

曹操扩地晋爵的作为,用心完全昭示于天下,大大震动了孙权、刘备等。建安十九年(公元214年)闰五月,孙权主动发起了向皖城的进攻。时之皖城实为孤城一座。造成这种情况是曹操的一次错误决策所致。史载,建安十四年曹操军谯备边时恐滨江郡县为孙权所略,不听扬州别驾蒋济"自破袁绍以来,明公威震天下,民无他志,人情怀土,实不乐徙,惧必不安"的劝说,硬是令民内徙,结果造成"江淮间十余万众皆惊走矣"[1]。这是对孙权有利的态势。大将吕蒙劝孙权说:"皖田肥美,若一收熟,彼众必增,如是数岁,操态见矣,宜早除之。"[2]孙权亲自率军征皖,诸将欲作土山,添攻具,吕蒙急趋孙权面前提出速攻的意见,说:"治攻具及土山,必历日乃成,城备既修,外救必至,不可图也。且乘雨水以入,若留经日,水必向尽,还道艰难,蒙窃危之。今观此城,不能甚固,以三军锐气,四面并攻,不移时可拔,及水以归,全胜之道也。"[3]孙权听从了吕蒙的建议,即时发起进攻。吕蒙荐甘宁为升城督。甘宁手持练,身缘城,为士卒先,督攻在前;吕蒙以精锐继后而进。据《吕蒙传》说,"侵晨进攻,蒙手执枹鼓,士卒皆腾踊自升,食时破之",获朱光及男女数万口。果如吕蒙所谋,很快结束了战斗。张辽率兵来救,未至,闻皖城已失,只好返回。

曹操得知皖城失守,顿觉受辱,因而大怒,头脑又不冷静了。时值秋七月,大雨绵绵,曹操决定再次亲征孙权。从下面的一段记载可以看出曹操当时是何等的不冷静:"太祖(操)欲征吴而大霖雨,三军多不愿行。太祖知其然,恐外有谏者,教曰:'今孤戒严,未知所之,有谏者死。'"曹操决心很大,部下多不敢言,丞相主簿

① 《三国志·魏书·蒋济传》。
② 《三国志·吴书·吕蒙传》。
③ 《三国志·吴书·吕蒙传》并注引《吴书》。

贾逵接受教令后，感到实在是不具备出兵的条件，事关重大，不得不谏，因与同僚三主簿上书谏阻，曹操大怒，将贾逵等收监，问是谁的主意，贾逵坦称是自己的主意，遂主动蹲进牢狱。贾逵甚知曹操常以谲诈之心度人。据载，"狱吏以逵主簿也，不即著械（意谓没有马上给他戴上刑具）。谓狱吏曰：'促械我（谓赶快把我铐起来）。尊者（指操）且疑我在近职，求缓于卿，今将遣人来察我。'逵著械适讫，而太祖果遣家中人就狱视逵。"曹操得知贾逵已经戴上了刑具，怒气稍消，头脑慢慢冷静下来，因而不久又下了一道教令："逵无恶意，原复其职。"①"原"是赦免之意。"无恶意"不等于无罪，"原"其罪，复其职，只不过是从宽处理罢了。

曹操执意征孙权，遂以少子临菑侯曹植守邺，于建安十九年七月亲征。时有丞相参军傅干再谏："治天下之大具有二，文与武也。用武则先威，用文则先德，威德足以相济，而后王道备矣。往者天下大乱，上下失序，明公用武攘之，十平其九。今未承王命者，吴与蜀也。吴有长江之险，蜀有崇山之阻，难以威服，易以德怀。愚以为可且按甲寝兵，息军养士，分土定封，论功行赏，若此则内外之心固，有功者劝，而天下知制矣。然后渐兴学校，以导其善性而长其义节。公神武震于四海，若修文以济之，则普天之下，无思不服矣。"②这种迂阔之论，当然说服不了曹操。

奇怪的是，时居尚书令要职的、多谋善断的荀攸并没有提出异议。荀攸为人，极少逆操言行，常以赞襄操谋得成为己任。此次，荀攸仍不作异议，而随军出征，大概也是力使操谋有成。可惜，出兵不久，荀攸病死于途。

---

① 《三国志·魏书·贾逵传》注引《魏略》。
② 《三国志·魏书·武帝纪》注引《九州春秋》。

曹操七月出兵,十月回邺,前后不过三个月,战况如何,双方史籍均无明记,大概未曾有过重大接触。或如傅干所说,举十万之众屯之长江之滨,"若贼负固深藏,则士马不能逞其能,奇变无所用其权,则大威有屈而敌心未能服矣。"①曹军未能得机逞其能,"军遂无功"。曹操面对现实,始悟贾逵、傅干等言有道理,始知与其胶着于此,不如趁夏侯渊平凉得胜之威回军而西取张鲁。

这是一次得不偿失的用兵。当然也不能说其完全无功,细审之,略有以下几点作用:第一,既给孙权以威慑,又让孙权得以安心西谋荆州,使孙刘裂隙渐成。因此曹操回军近年,孙权对于曹操近江之地未曾再谋前进,而是移军荆州,遣吕蒙等督兵取荆州之长沙、零陵、桂阳三郡。第二,曹操军临合肥,详细察看了地理形势,预测了孙权将来用兵合肥的必然态势,进一步体察了守将张辽、李典、乐进等人的相互关系及其各自特点,因而能够预为布兵,出奇制胜。

史载,建安二十年(公元 215 年)三月,曹操西征张鲁。出发前写了一道秘密教令,叫护军薛悌带到合肥,封套的边上写着"贼至乃发"四字。时孙权、刘备亦因曹操兵讨张鲁,刘备怕失益州,求和于孙权,孙刘遂分荆州,复和。孙权得到湘江以东之荆州三郡,西向无事,便于八月乘曹操在西之机率众十万围合肥。孙权兵至,张辽、乐进、李典、薛悌等一起把教令打开,教令上写着:"若孙权至者,张、李将军出战,乐将军守,护军勿得与战。"为什么这样分派呢?胡三省注《资治通鉴》云:"操以辽、典勇锐,使之战;乐进持重,使之守;薛悌文吏也,使勿得与战。"此说当有一定道理。发教之后,诸将以众寡不敌而疑之,唯张辽领会到曹操的用心所在,

---

① 《三国志·魏书·武帝纪》注引《九州春秋》。

因对大家说："公远征在外,比救至,彼破我必矣。是以教指及其未合逆击之,折其盛势,以安众心,然后可守也。"乐进等犹豫不定,张辽怒曰："成败之机,在此一战,诸君何疑。"李典素与张辽不和,但为张辽的坚决赴敌精神所打动,慨然说："此国家大事,顾君计何如耳,吾可以私憾而忘公义乎!"于是张辽"夜募敢从之士,得八百人,椎牛犒飨将士。明日大战,辽被甲持戟,先登陷阵,杀数十人,斩二将,大呼自名,冲垒入,至权麾下。权大惊,众不知所为,走登高冢,以长戟自守。辽叱权下战,权不敢动,望见辽所将众少,乃聚围辽数重。辽左右麾围,直前急击,围开,辽将麾下数十人得出,余众号呼曰:'将军弃我乎?'辽复还突围,拔出余众。权人马皆披靡,无敢当者。自旦战至日中,吴人夺气。还修守备,众心遂安,诸将咸服。"战斗很激烈,历史的记载也颇为精彩。①

孙权围合肥十余日,城不可拔,撤军还。兵皆上路,唯孙权与少部分将士尚在合肥以东之逍遥津北,张辽觇望知之,立即率领步骑突袭过去,甘宁与吕蒙等力战,凌统率亲近扶孙权出围。孙权乘马过桥,桥丈余无板,幸亲近监谷利在马后,"使权持鞍缓控,(谷)利于后著鞭以助马势,遂得超渡。"②

张辽追击孙权,几乎把孙权捉到,曹操得知,颇为辽之勇猛精神所动,遂拜辽为征东将军。

张辽等拒守合肥、败走孙权,固然与其力战分不开,但究其根底,实乃曹操用兵谋略的胜利。这反映出曹操在头脑冷静时之善于度势、料敌、知将的能力。古人多有嘉其能者。晋人孙盛评论说："至于合肥之守,县弱无援,专任勇者则好战生患,专任怯者则

---

① 参见《三国志·魏书·张辽传》、《李典传》。
② 《三国志·魏书·张辽传》。

惧心难保。且彼众我寡,必怀贪堕;以致命之兵,击贪堕之卒,其势必胜,胜而后守,守则必固。是以魏武(指操)推选方员,参以同异,为之密教,节宣其用;事至而应,若合符契,妙矣夫!"①

四、屡屡用兵无大功

孙权利用曹操西征张鲁之机,攻取合肥未能得逞。然后,双方相持经年,各自固边备战。建安二十年(公元 215 年)十一月,张鲁投降;十二月曹操自南郑还;次年二月回邺;五月晋爵为魏王;十月再次治兵,"亲执金鼓以令进退",发兵征孙权。

建安二十一年(公元 216 年)十一月,曹操军至谯;二十二年正月,军驻居巢(今安徽无为),二月,进屯江西郝溪,进攻拒守濡须口之孙权,"权在濡须口筑城拒守,遂逼攻之,权退走";三月,孙权派都尉徐详见操请降。时之孙权、曹操都开始注目刘备,因而表现得都很冷静。孙权知其全力抗操实难获得大益,而赶走关羽夺回荆州倒是现实的;曹操亦知目前仍不具备彻底击溃孙权的条件,而刘备据有蜀汉,已成鼎足之势,构成威胁,因而亦在考虑联吴击刘之计。孙权派人请降,正得曹操之意。所以很爽快地就答应了,报使修好,并且"誓重结婚"。魏、吴修好,曹操即引军而还,留伏波将军夏侯惇都督曹仁、张辽等二十六军屯居巢;孙权则留平虏将军周泰督朱然、徐盛等驻濡须。此后,两军虽然遥相拒守,但除建安二十四年(公元 219 年)七月,孙权有过一次小的行动外,长时间基本上没有发生大的战斗。由于曹操已把主要目标转向刘备,孙权、吕蒙等也认识到与其夺取曹操之地"虽以七八万人守之,犹

---

① 《三国志·魏书·张辽传》注引孙盛语。

当怀忧"，不如攻取关羽，"全据长江，形势益张，易为守也"①，因而有集中计谋乘机夺回荆州之举。所以他们虽然各怀异图，但在形式上却已形成了暂时的联盟。

赤壁战后，曹操与孙权在合肥、濡须口等地至少有四、五次的军事接触，双方各有小胜，但都无大的进展。有时，曹操甚或以四十万之众攻孙权，孙权亦以七万或十万之众御操，规模不可谓不大，但终未形成大的战斗，到头来曹操只好发出"生子当如孙仲谋"之叹而罢。

既然如此，那么应当如何评价曹操对孙权的频频用兵呢？

首先，必须肯定曹操布防合肥，且以重要将领张辽、李典、乐进等拒守是非常正确的决策。其一，合肥地处淮南重地，既利屯田戍守，又扼孙权北取徐、扬之路；其二，合肥、居巢遥望建业，能够对孙权构成威胁；其三，把孙权的主要兵力长期率制于此，可保长江一线大部分地区的平安。魏吴接壤数千里，而十数年间只是在此一隅发生战斗，道理概在于此。这也是曹操决策的精当所在，时而发兵打一下，把孙权的兵力和注意力牵制住，以期达到让孙权围绕着自己的军事意图转的目的。

其次，曹操数次东击孙权，均属耀兵性质，而无彻底打垮孙吴的企图，所以虽然军无大胜，却起到了慑敌作用，使孙权不敢北向。史载，孙权曾想乘曹操西方用兵之机北取徐州，吕蒙立即指出："今操远在河北，新破诸袁，抚集幽、冀，未暇东顾，徐土守兵，闻不足言，往自可克。然地势陆通，骁骑所骋，至尊今日得徐州，操后旬必来争"②。君臣踌躇再三，终不敢动。

---

① 《三国志·吴书·吕蒙传》。
② 《三国志·吴书·吕蒙传》。

复次,曹操对孙权用兵战略上是可取的,但战术上却有得有失,频频失误。其中最根本的一条是他依然不能正确地认识完全不同于北方的南方的天时地利,所以战常失利。

总的看来,曹操赤壁战后对孙权的诸次用兵,虽无大胜,但绝非得不偿失。这是他统筹谋敌的组成部分,对巩固江东防线、西征张鲁和讨伐刘备、关羽等战略战术的确定,都有积极的作用。因此,应该肯定曹操的战略决策是成功的。这也是他军事思想的成功体现,绝不可以其功少而如赤壁之战视之。

第十二章　得陇不复望蜀

曹操自关中返邺后两年间,主要精力放在内固权力、外击孙权方面。他把巩固、发展在朝权力同对外耀兵用武巧妙地结合起来,使之既相得益彰,又交互作用。每次用兵回朝,总是威加一等,爵进一级,位高一重;反过来,位重爵高又影响和推动着军事势力的发展。

另一方面,曹操也始终关心着西北军事态势的发展。

一、遥制兵,夏侯渊建功西北

曹操回邺,留夏侯渊屯长安,主持西北军事;以议郎张既为京兆尹;并为河东太守杜畿增秩为中二千石,以奖励其在西征马超等期间保证军粮供应的功劳。张既和夏侯渊都没有辜负曹操的重托。张既招怀流民,兴复县邑,百姓怀之。夏侯渊则以行护军将军之职,都督朱灵、张郃等,追击马超,并先后击破马超、韩遂余众刘雄、梁兴等。

建安十七年,马超等退走凉州,复集羌、胡之众,击陇上诸郡县,"郡县皆应之,惟冀城(今甘肃甘谷县东南)奉州郡以固守"[1]。继而汉中张鲁派大将杨昂助马超。马超尽兼陇右之众并张鲁援军

---

[1] 《三国志·魏书·杨阜传》。

万余人攻冀城,自建安十八年正月至八月,凉州刺史韦康及汉阳郡太守均因救兵不至而降。马超入城,遂使杨昂杀刺史、太守,自称征西将军,领并州牧,督凉州军事。曹操命夏侯渊救冀城,未到而冀城已被马超占领。马超率众与氐王千万(名字叫千万)等迎击夏侯渊,渊军失利而还。正当马超迎战夏侯渊的时候,凉州参军杨阜与其外兄、抚夷将军天水姜叙,在叙母的激励下约定起兵。史载:"阜内有报超之志,而未得其便。顷之,阜以丧妻求葬假。阜外兄姜叙屯历城(今甘肃成县境)。阜少长叙家,见叙母及叙,说前在冀中时事,嘘唏悲甚。叙曰:'何为乃尔?'阜曰:'守城不能完,君亡不能死,亦何面目以视息于天下!马超背父叛君,虐杀州将,岂独阜之忧责,一州士大夫皆蒙其耻。君拥兵专制而无讨贼心,此赵盾(春秋时晋国人)所以书弑君也。超强而无义,多衅易图耳。'叙母慨然,敕叙从阜计。"①计定,他们遂与叙同乡人姜隐、赵昂、尹奉等和武都人李俊、王灵等合谋讨马超。同时派人入冀城暗结梁宽、赵衢等为内应。马超听说杨阜、姜叙等起兵讨己,大怒。赵衢遂乘机怂恿马超出击。马超既出,赵衢、梁宽等即闭冀城门,尽杀马超妻子。马超与杨阜等战,兵败,形同丧家之犬,南奔张鲁。张鲁以马超为都讲祭酒。

彻底击败马超,杨阜有大功。曹操封讨马超有功者十一人为侯,杨爵最显,为关内侯。杨阜谦让,曹操致书表达了有功必赏的一贯思想:"君与群贤共建大功,西土之人以为美谈。子贡辞赏,仲尼谓之止善。君其剖心以顺国命。姜叙之母,劝叙早发,明智乃尔,虽杨敞(西汉时曾任丞相)之妻盖不过此。贤哉,贤哉!良史

---

① 《三国志·魏书·杨阜传》。

记录,必不坠于地也。"①

　　建安十九年(公元 214 年),马超向张鲁求兵北取凉州,张鲁遣马超还围祁山。姜叙等告急于夏侯渊,夏侯渊使张郃督步骑五千为前军击超,超败。马超知张鲁难与共成大事,又加鲁将杨昂妒贤忌能,对自己很不友好,心中抑郁不安,遂密书请降于刘备。

　　马超败依张鲁之际,韩遂在显亲(今甘肃秦安西北),夏侯渊准备攻打时,他弃城西逃,谋走金城(今兰州西北),入氐王千万部。夏侯渊追至略阳,离韩遂军三十里,忽然决定不攻韩遂军,也不攻氐,而是转击长离(今甘肃天水境内)羌人部落。因为羌人多在韩遂部当差,攻羌,韩遂必救。果如夏侯渊所料,韩遂果然率羌、胡万余骑救长离诸羌,渊因势大破韩遂。韩遂奔逃西平(今青海西宁市)。夏侯渊败走韩遂后,立即回兵略阳,既而进军兴国(今甘肃秦安县东北),击灭兴国氐王阿贵,击败此时屯驻兴国的百顷氐王千万,千万奔归马超,南逃入蜀。夏侯渊然后北向转击高平(今宁夏固原)匈奴屠各部。韩遂穷困窘迫,第二年被部将鞠演、蒋石等杀死。至此,马、韩在西北的势力被彻底击灭。

　　马、韩平后,西北大的强劲势力已不存在,但还有两股不大的势力使得善谋大局之势的曹操心中不安。一是盘据枹罕(今甘肃临夏东北)的宋建。宋建乘汉末凉州战乱而起,割据地方三十余年,自号河首平汉王。他地方不大,势力不强,却是一个土皇帝。"太祖使渊帅诸将讨建。渊至,围枹罕,月余拔之,斩建及所置丞相已下。"二是河西诸羌。氐、羌都曾帮助马超、韩遂抵御曹军。氐王势力已被击溃,但诸羌势力除长离羌被烧掠过外,大都没有受到挫折。夏侯渊在自己统兵击宋建的同时,另遣大将张郃等平河

---

　　① 《三国志·魏书·杨阜传》。

西,"渡河入小湟中(今青海东部)"。大军届临,河西诸羌尽降。

陇西尽平,曹操很高兴,立即下了褒奖夏侯渊平陇右令:

> 宋建造为乱逆三十余年,渊一举灭之,虎步关右,所向无
> 前。仲尼有言:"吾与尔不如也"。

遂后还因此而为夏侯渊增封三百户。孔子曾对子贡说,他们两人
都不如颜回。曹操引用孔子这句"吾与尔不如也"的话,说明他对
夏侯渊在西北的军事成就非常满意;同时也表明夏侯渊的确曾经
恰当地理解并贯彻了曹操的军事意图。①

二、亲督将,张鲁畏服封侯

曹操用兵西北,平定马超、韩遂,无疑是其战棋中必走的一步。
但这并不是他的终极目标,他是要在此开辟出进一步用兵的大环
境,从而夺取汉中,窥视益州,在统一事业上走出更大的一步。所
以,他自南征孙权的前线返许后,又经过近半年的时间巩固内部权
力,杀伏后,立己女为献帝皇后,进一步使献帝完全成为掌上物。
几件大事做过以后,他便又一次带兵出征了——讨张鲁以取汉中。

汉中(治今陕西南郑)地处益州北部,入蜀要冲,是历代兵家
必争之地。时张鲁为汉宁太守,雄据巴、汉已三十余年了。

张鲁,字公祺,沛国丰(今江苏丰县)人,祖父张陵,客居于蜀,
学道鹄鸣山中,"造作道书以惑百姓,从受道者出五斗米",因而人
称其教为"五斗米道"。张陵死后,其子张衡行其道;衡死,衡子张
鲁继续行其道。史载,张鲁母有姿色,兼挟鬼道,常常往来益州牧
刘焉家。由于有这层关系,刘焉遂任张鲁为督义司马,与别部司马

---

① 以上参见《三国志·魏书·夏侯渊传》。

张修共同率兵掩袭汉中太守苏固,断绝斜谷之路。张鲁既得汉中,遂即杀了张修而并其众,成了汉中的统治者。刘焉死后,子刘璋代立,因鲁不顺服,刘璋把张鲁的母亲及全家统统杀了。张鲁、刘璋遂不两立。

张鲁据汉中,以鬼道教民,自号"师君"。学道者,初来皆名"鬼卒";受道已信(深)者,号"祭酒"。祭酒各领部众,部众多者为治头大祭酒。这是其大体的组织情况。五斗米道的教义,主要有三点,一是要求做人诚实,"皆教以诚信不欺诈",如果生病,要求病人自我反省有没有做错事,即"自首其过";二是各祭酒"皆作义舍",义舍内备有义米、义肉,行路人可以根据自己的饭量"量腹取足"。据说,如果取之过量,鬼道会使其生病的;三是"犯法者,三原,然后乃行刑。""原"是赦免的意思。就是说,对犯法的人可以赦免三次,如果仍不改正,再按律给以相应的刑事处罚。张鲁据汉中全以五斗米道教民、驭众,因此"不置长吏,皆以祭酒为治"。张鲁的统治,得到百姓拥护,所以"民夷便乐之",使他能够"雄踞巴、汉垂三十年"。史载,汉末,朝廷对张鲁毫无办法,"力不能征,遂就宠鲁为镇民中郎将,领汉宁太守,通贡献而已。"①

对于张鲁之地,孙、刘、曹三家均欲得之。在东吴,周瑜曾献计"取蜀而并张鲁"。孙权曾想把刘备尽早赶出荆州地盘,表示愿与刘备一起取蜀,因而遣使对刘备说:"米贼张鲁居王巴、汉,为曹操耳目,规图益州。刘璋不武,不能自守。若操得蜀,则荆州危矣。今欲先攻取(刘)璋,进讨张鲁,首尾相连,一统吴、楚,虽有十操,无所忧也。"②在刘备,一是不愿轻易让出荆州,二是准备以自己的

<hr>

① 《三国志·魏书·张鲁传》。
② 《三国志·蜀书·先主传》注引《献帝春秋》。

力量伐蜀而绝对不让孙权染指,因而自然拒绝了孙权的所谓"先取刘璋,进讨张鲁"的主张。

刘璋居益州而让刘备入蜀的一个重要原因也是因为试图击败张鲁据有汉中以自强。建安十六年,刘璋听闻曹操将遣钟繇等讨张鲁,内怀恐惧,不知如何是好。别驾从事张松意欲把刘备引入蜀,因对刘璋说:"曹公兵强无敌于天下,若因张鲁之资以取蜀土,谁能御之者乎?"然后给刘璋出主意:"刘豫州(备),使君(指刘璋)之宗室而曹公之深仇也,善用兵,若使之讨鲁,鲁必破。鲁败,则益州强,曹公虽来,无能为之。"①刘璋上了张松的当,遂遣另一个早已倾心刘备的法正率兵四千人迎刘备入蜀,法正乘便向刘备"陈益州可取之策"。天赐良机,刘备遂留诸葛亮、关羽等据荆州,自己将兵数万人入蜀。史载,"至涪(今四川绵阳),璋自出迎,相见甚欢"。刘璋推刘备行大司马,领司隶校尉;刘备推刘璋行镇西大将军,领益州牧。"璋增先主兵,使击张鲁"。刘备欣然答应。刘备的主要目标是取益州,而不是汉中,所以答应北击张鲁,只不过是为了掩饰真正的目的罢了。刘备为了做样子给刘璋看,自涪北到葭萌(今四川广元西南),向北进发了相当一段路程。按说,葭萌离汉中已不甚远,但刘备却"未即讨鲁",而是兵扎葭萌,驻军不前,"厚树恩德,以收众心"。刘备意取益州之谋,不久便暴露了。刘璋杀死张松,立即"敕关戍诸将文书,勿复关通"刘备②,但为时已晚。刘璋远非刘备对手,建安十九年,刘备破蜀取刘璋代为益州牧。随后,刘备积极谋划拉拢张鲁。建安二十年,"遣黄权将兵迎张鲁",但晚了一步,使将到,张鲁已降曹操。③

---

① 《三国志·蜀书·先主传》。
② 《三国志·蜀书·先主传》。
③ 《三国志·蜀书·先主传》。

由上可见,孙、刘都很重视汉中,都把张鲁作为征讨或争取、拉拢的对象。原因就在于汉中的重要战略地位。对此,曹操当然看得更清楚。

建安二十年三月,曹操一方面发密教教张辽、乐进、李典以抵御孙权之策,另一方面便即率兵返回西北,亲征张鲁了。

曹操击张鲁,将自武都(今甘肃成县西)入氐人所居地,氐人堵塞了道路,进行抵抗,曹操无法通过,即遣张郃、朱灵等大破氐寨。四月,曹操自陈仓(今陕西宝鸡东)出散关(陈仓西南)入河池(今陕西凤县西北之凤州),氐王窦茂众万余人,恃险不服。五月,曹操历尽艰难,终将氐王的防御攻破。史称"攻屠之",大概又杀了不少人。[①]

曹操有《秋胡行》诗二首,其中第一首的开头谈到征张鲁兵出散关山行路之难和地势之险:

> 晨上散关山,此道何其难!晨上散关山,此道何其难!牛顿不起,车堕谷间。坐盘石之上,弹五弦之琴,作为清角韵,意中迷烦。歌以言志,晨上散关山。[②]

开头几句以黄牛困顿累得爬不起来、车子难以行进坠入山谷之间,形象地描述散关山道路之难;后面几句则以比拟的语言表达自己的心情。应该说,此诗对征途之难和征战之困苦的描写不及建安十一年远征高干、北上太行山时所写《苦寒行》悲壮而有气势,但其思想内涵却远在《苦寒行》之上。后面几句均属虚拟,并非实有,但却是诗人心理的真实写照,反映着曹操内心所思。"坐盘石之上",是借喻《穆天子传》中"天子北征,至于胡,觞天子于盘石之

---

① 《三国志·魏书·武帝纪》。
② 《乐府诗集》卷36。

上"之意以表白自己是实际上的天子;"弹五弦之琴",也是借喻,据《礼记·乐记》说,"舜作五弦琴,以歌《南风》。"《南风》内容讲的是解民苦难,给民温暖,南风时来,生产发展。因此这里"弹五弦琴"实是暗喻自己就像虞舜一样忧国忧民,解民倒悬。"作为清角韵"依然是借喻,"清角"为古曲调名,相传为黄帝所作,声调凄清,含义深沉,一般人不仅不能随便弹奏,而且连听也听不得。春秋时,晋平公要师旷为其奏《清角》,师旷对晋平公说:"今主君德薄,不足听之。听之将恐有败。"晋平公坚持要听,"师旷不得已而鼓之。一奏,而有玄云从西北方起;再奏之,大风至,大雨随之,裂帷幕,破俎豆,隳廊瓦,坐者散走,平公恐惧,伏于廊室之间。晋国大旱,赤地三年。"(《韩非子·十过》)可见,只有有德(如黄帝)者才配得上奏、听《清角》之音。取典于此,其用意自然也就不言而喻了。"意中迷烦"当是实情,戎马倥偬,征战一生,虽然俨如天子,但终究未能平定天下,怎不令人迷乱烦躁。

秋七月,曹操军至阳平关(今陕西勉县西)。张鲁见曹操大军来伐,欲举汉中全郡投降,但其弟张卫不肯。张鲁使弟张卫与将杨昂等率众数万人"据关坚守,横山筑城十余里"。根据山势构筑起来的工事,既陡且峭,甚难攻打。起初,曹操听凉州从事和武都降人说,攻打张鲁没有什么困难,因为阳平城下南北两山相距很远,很难把守。曹操信以为然,及至实地一看,完全不是那回事,乃叹曰:"他人商度(测量),少如人意。"据胡三省注《资治通鉴》引《水经注》云,阳平所在之地实乃"连峰接崖,莫究其极"[1]。曹操攻阳平山上诸屯,山峻难登,"既不时拔,士卒伤夷者多……便欲拔军

---

[1] 《资治通鉴》卷67,汉献帝建安二十年。

230

截山而还,遣故大将军夏侯惇、将军许褚呼山上兵还"①。看来,主要是因为地理形势太复杂,曹操感到甚难用兵,没有取胜的把握,所以只好撤兵。据载,曹操令主簿刘晔督后,刘晔觉得张鲁"可克",又考虑到"粮道不继,虽出,军犹不能全",与其这样,还不如进攻,因而驰告曹操"不如致攻",遂进兵,"多出弩以射其营",结果打了胜仗,"鲁奔走,汉中遂平"②。对于这次用兵得胜,还有其他一些说法。或谓这是曹操的用兵之计。曹操故意引军退,张鲁军见曹操大军已退,守备遂懈,曹操乘机密遣解慓、高祚等乘险夜袭,大破鲁军,斩其将杨任,进攻张卫,卫等夜遁,张鲁逃奔巴中。另外还有一些史料说,曹操获胜完全是偶然因素所致。历史记载着两个戏剧性的故事:其一,夏侯惇、许褚呼兵还,前军夜行迷了路,误入张卫别营,张卫营中以为曹军夜间偷袭,顿时大乱、退散。侍中辛毗,主簿刘晔等在兵后,告诉夏侯惇和许褚说"官兵已据得贼要屯,贼已散走",惇、褚不信,亲自到前面看了一下才确信无疑,立即报告曹操,曹操即令进兵,张卫夜遁;其二"夜有野麋数千突坏卫营,军大惊。夜,高祚等误与卫众遇,祚等多鸣鼓角会众。卫惧,以为大军见掩,遂降"③。这两个故事,颇合情理,不妨信其有。除此,还有另外一些记载。但不管哪种记载,都承认曹操是在已令部下撤军的情况下获胜的。可见曹操用兵之不一道及其善捉战机、善于应变突发事件的军事才能。

张鲁闻屏障之险阳平关失陷,更知再作抵抗毫无益处,准备"稽颡"归降。部下阎圃同意张鲁的投降主张,但觉得时机不利,

① 《三国志·魏书·张鲁传》注引《魏名臣奏》。
② 《三国志·魏书·刘晔传》。
③ 《三国志·魏书·张鲁传》注引《世语》。

因对张鲁说,现在被迫归降,功必轻,"不如依杜濩赴朴胡(杜濩、朴胡均巴中少数民族头领)相拒,然后委质,功必多"。就是说先抵抗一阵子,说明自己尚有势力,然后主动投降,情况就不同了,其功肯定要比被迫投降多得多。张鲁接受了阎圃的意见,"乃奔南山,入巴中"。走前,部属想烧掉全部宝货仓库,张鲁对大家说:"本欲归命国家,而意未达。今之走,避锐锋,非有恶意。宝货仓库,国家之有。"于是"封藏而去"。曹操入驻南郑,见府库封藏完好,甚喜张鲁所为,又知张鲁本有归顺之意,遂派人前去"慰喻"。①

　　九月间,巴七姓夷王朴胡、賨(cóng)邑侯杜濩率领巴夷、賨民归附。史载,这时曹操为了在外行事方便,为自己扩大了专事于外的权力,他借用天子的名义,授命自己,可以"承制封拜诸侯守相"。《三国志·武帝纪》注引《汉魏春秋》记载了这件事:"天子以公典任于外,临时之赏,或宜速疾,乃命公得承制封拜诸侯守相,诏曰:'夫军之大事,在兹赏罚,劝善惩恶,宜不旋时,故《司马法》曰:"赏不逾日"者,欲民速睹为善之利也。……其《春秋》之义,大夫出疆,有专命之事,苟所以利社稷安国家而已。况君秉任二伯,师尹九有,实征夷夏,军行藩甸之外,失得在于斯须之间,停赏俟诏以滞世务,固非朕之所图也。自今已后,临事所甄,当加宠号者,其便刻印章假授,咸使忠义得相奖励,勿有疑焉。'"既有此命,所以当朴胡、杜濩来附时,曹操遂分巴郡,以胡为巴东太守,濩为巴西太守,皆封列侯。十一月,张鲁觉得时机已到,便尽携全家及其余众出降。曹操知张鲁来降,亲自出迎,即以鲁为镇南将军,待以客礼,封阆中侯,邑万户。同时封张鲁五个儿子及阎圃皆为列侯,并为自己的儿子彭祖娶鲁女为妻。

---

① 《三国志·魏书·张鲁传》。

至此,曹操征张鲁取得了重大成功。十二月曹操自南郑还,同时任命夏侯渊为都护将军,督张郃、徐晃等守汉中;命丞相长史杜袭为驸马都尉,留督汉中事。

对于曹操征讨张鲁的重大成功,当时担任侍中、跟随出征、后被人誉为建安七子之一的王粲极美其事,因作五言诗一首:"从军有苦乐,但问所从谁。所从神且武,安得久劳师?相公征关右,赫怒振天威,一举灭獯虏,再举服羌夷,西收边地贼,忽若俯拾遗。陈赏越山狱,酒肉逾山坻,军中多饶饫,人马皆溢肥,徒行兼乘还,空出有余资。拓土三千里,往反速如飞,歌舞入邺城,所愿获无违。"①诗人以愉快的心情描述征战,既歌曹操之功,又颂曹操之德。

的确,这是一次成功的用兵。他利用了孙、刘裂隙加深和西北战场连连取得胜利,群情激奋,以及刘备刚刚占有益州,自领益州牧,但其局面尚未稳定的时候,毅然亲征,战略上是正确的、适时的。稍有迟疑,汉中就难为己有。因为刘备既取益州,始终未忘张松所说的曹操将会因张鲁之资以取蜀土的话,所以局势尚未安定,即以黄权为护军迎接张鲁。可惜他晚了一步。在战术运用上,曹操又一次表现了杰出的才能。一是先期清除了前进路上的障碍;二是合两股兵力,逼近阳平关。其中正庆胜于陇右的夏侯渊督领张郃、朱灵等,由临夏趋武都,直抵阳平;曹操自率大将军夏侯惇、将军许褚和侍中辛毗、王粲、主簿司马懿、刘晔等,由长安至陈仓(今陕西宝鸡东),然后出散关南下至河池(今陕西凤州),进入武都郡境。两军相合于休亭(属武都郡,或即今阳平关北之巨亭),很快形成拳头。这样先夺取要塞阳平,然后东击南郑要比由长安南下,跨过秦岭而取南郑容易得多。三是巧妙地创造并把握战机。

---

① 《三国志·魏书·武帝纪》注。

233

这是谋及长远的战争。曹操在得知刘备入蜀的消息后,即时加速了攻取汉中的步伐。他出于"割蜀之股臂"的考虑,采取了诸多不同以往的策略。这些策略常为史家所非,其实完全是他大处着眼、谋及长远的缘故。其一,"承制封拜诸侯守相"。四、五月间,曹操用兵,依然是旧的风格,攻城略地,动辄"屠之";到了九月间,突然假借天子之命"封拜诸侯守相"起来了。巴七姓夷王朴胡、賨邑侯杜濩来附,均封列侯、拜郡守。及至张鲁来降,竟封鲁及鲁五子和功曹阎圃等皆为列侯,还拜鲁为镇南将军。南朝宋人裴松之注《三国志·张鲁传》评论说:"张鲁虽有善心,要为败而后降,今乃宠以万户,五子皆封侯,过矣。"看来,晋人习凿齿并不如此看,他借阎圃封侯发了一通议论说:"阎圃谏鲁勿王,而太祖追封之,将来之人孰不思顺! 塞其本源而末流自止,其此之谓与! 若乃不明于此而重焦烂之功,丰爵厚赏止于死战之士,则民利于有乱,俗竞于杀伐,阻兵仗力,干戈不戢矣。太祖之此封,可谓知赏罚之本。"[1]习凿齿的评论是有道理的,曹操大封张鲁等人的确在于以图"将来之人孰不思顺"。其二,曹操甚知,自己还邺,仅以夏侯渊督兵守汉中是相当困难的,不以宽容的政策笼络汉以及羌、胡将守,难以收民心,无异于悬军绝境。所以当韩遂的部属成公英降时,曹操亦大喜,即以英"为军师,封列侯"[2]。还有一位刘雄鸣者,蓝田人,先附而后叛,汉中破,"穷无所之,乃复归降",曹操手捉其须说:"老贼,真得汝矣!"遂复其官。时又有程银、侯选等,皆河东人,兴平之乱,各有众千余家,后与马超合,超破走,程银、侯选南入汉中,汉中破,降操,操"皆复官爵";马超将庞德降操,即拜立义将

　　① 《三国志·魏书·张鲁传》注。
　　② 《三国志·魏书·张既传》注引《典略》。

军、封侯。可以看出，所有这些都是出于军事大势的考虑。

诸此可见，曹操不及半年即有汉中，绝非偶然，既是实力的较量，更是谋略的胜利。惜哉，曹操其人，一阵清醒，一阵糊涂。随后，便即陷入踌躇不前，铸下了又一次历史性错误。

三、失掉"望蜀"的机会

建安二十年七月，曹操陷阳平，入南郑，军势大振。下一步怎么办？既然已经夺关，锁钥在握，是乘势入蜀，抑或见好即收，留军据守而大军引还？

两位丞相主簿司马懿和刘晔都主张乘胜入蜀。司马懿对曹操说："刘备以诈力虏刘璋，蜀人未附而远争江陵，此机不可失也。今若曜威汉中，益州震动，进兵临之，势必瓦解。圣人不能违时，亦不可失时也。"①刘晔也向曹操进言，说："明公以步卒五千，将诛董卓，北破袁绍，南征刘表，九州百郡，十并其八，威震天下，势慑海外。今举汉中，蜀人望风，破胆失守，推此而前，蜀可传檄而定。刘备，人杰也，有度而迟，得蜀日浅，蜀人未恃也。今破汉中，蜀人震恐，其势自倾。以公之神明，因其倾而压之，无不克也。若小缓之，诸葛亮明于治而为相，关羽、张飞勇冠三军而为将，蜀民既定，据险守要，则不可犯矣。今不取，必为后忧。"②司马懿和刘晔的主张很明确：机不可失，乘胜入蜀。曹操没有听司马懿和刘晔的意见，他感慨地说："人苦无足，既得陇，复望蜀邪！"③这里曹操借用了东汉光武帝刘秀的一句话，表达自己的心情。据《后汉书·岑彭传》记

① 《晋书·宣帝纪》。
② 《三国志·魏书·刘晔传》。
③ 《资治通鉴》卷67，汉献帝建安二十年。

载,建武八年(公元32年)大将军岑彭带兵跟随刘秀破天水,"与吴汉围隗嚣于西城",刘秀东归时命令岑彭说:"西城若下,便可将兵南击蜀虏。人苦不知足,既平陇,复望蜀。"这是鼓励岑彭平陇消灭隗嚣之后立即入蜀击灭公孙述。岑彭按照刘秀的意图,率兵入蜀,大败公孙述,诏守益州牧。嗣后不久,岑彭被刺身亡,将军吴汉等于次年攻灭公孙述。曹操借用刘秀的话,把肯定语变成感叹语,意思是说应该知足,不要得了陇,还想得蜀。七天后,有蜀降者说操克汉中后"蜀中一日数十惊,守将虽斩之而不能安也"。这时,曹操又有点动心了,问刘晔说:"今尚可击不?"晔说:"今已小定,未可击也。"①

　　曹操该不该乘胜入蜀,向有不同评论。注史者,南朝宋人裴松之认为曹操失掉一次大好机会。他说:"魏武后克平张鲁,蜀中一日数十惊,刘备虽斩之而不能止,由不用刘晔之计,以失席卷之会。"另一注史者,元人胡三省则为刘晔后来的话辩解,说:"七日之间,何以遽谓之小定?晔盖窥觇备之守蜀有不可犯者,故为此言以对操焉耳。"意思是说,所谓"小定",不过是托辞,实际上刘晔也已看清楚不可入蜀,所以用此来回答曹操的问题。这就是说,胡三省认为,曹操不入蜀的决策是正确的。后人论此,大约亦不外这两种意见。近人多认为后一种意见是对的,归纳其理由主要有三点:一,曹操很清醒地看到前进中的困难,蜀道之难更过散关,以疲惫之师越险攻蜀,怎得"席卷";如果曹军深入,蜀军据险守要,会使曹军陷入进退两难之地;二,后顾之忧太重,江东孙权、荆州关羽均在窥伺自己的后路,如果大兵入蜀,必将授孙权、关羽以机,腹背受敌,后果不堪设想。当时孙、刘分荆州以取暂和,孙权军攻合肥,证

---

　　① 《三国志·魏书·刘晔传》注引《傅子》。

明了这种顾虑不是多余的;三,陇右初平,羌人未附,汉中初定,根基不稳,遽然推进,后需难继。

其实还应加一条,即"内有忧逼",曹操不愿长期在外。事实是最好的证明,曹操建安二十一年二月还邺;三月亲耕籍田,行天子之仪;五月晋爵为魏王;先后赐死中尉崔琰,把尚书仆射毛玠捉入狱中;不久,建安二十二年四月"设天子旌旗,出入称警跸",成为实际上的"天子"。毫无疑问,这才是曹操急于引军而还的最为重要的原因。因为当此之时,进一步巩固和发展权力,绝除对自己的不利因素,逐步把汉献帝的名义权力也剥夺净尽比什么都重要。

那么"既得陇,复望蜀"是不是可能呢? 回答应当是肯定的。

第一,从当时敌我双方谋臣之见看。己方,谋兵不亚于操、后迁大将军大都督而数败诸葛亮于祁山的司马懿认为"机不可失";颇有军事才能、屡为曹操称许、在曹丕称帝后屡献大谋以应吴、蜀的刘晔亦认为,应该"因其倾而压之",富有远见地指出如果不取,"必有后忧"。这就是说,当时主张入蜀的人并非一般人等,而是善知军谋的杰出人物。他们完全是度势而言,绝非一时冲动。再从敌方看,刘备谋臣法正作了如下分析:"曹操一举而降张鲁,定汉中,不因此势以图巴、蜀,而留夏侯渊、张郃屯守,身遽北还,此非其智不逮而力不足也,必将内有忧逼故耳。"这就是说,法正也认为,以曹操之智谋和势力,足可以"因此势以图巴、蜀"。正因如此,当其知操率大军北还而留夏侯渊、张郃屯守时非常兴奋,即对刘备说:"今策渊、郃才略,不胜国之将帅,举众往讨,则必可克。"①

第二,从军事态势看。曹操克汉中,入南郑,益州震动。蜀臣杨洪后来说诸葛亮增兵刘备时说过:"汉中,益州咽喉,存亡之机

_____

① 《三国志·蜀书·法正传》。

会,若无汉中,则无蜀矣。此家门之祸也,发兵何疑。"①可见,曹兵驻扎南郑,实将益州北门控制在手,形势极为有利;当时的张鲁已入巴中,准备投降;不久,巴郡内的七姓夷王、賨邑侯均降附,曹操因分巴郡为三,以夷帅分别担任巴东、巴西、巴郡太守。这就是说,益州刺史部的北部,包括汉中、巴郡等实已成为曹操的实际控制或间接控制之地。大概也正是因为这个缘故,不久之后,张郃才能够"督诸军徇三巴,欲徙其民于汉中,进军宕渠(今四川渠县)"。另一方,当时刘备的主要军事势力,的确如司马懿所说正远争江陵。曹操建安二十年七月入南郑,刘备听到"曹公定汉中,张鲁遁走巴西"②的消息,而急于同孙权分荆州媾和,及至引军还江州(今重庆),已是当年十一月间的事。可见,至少有四个月的时间,军事优势一直是在曹操一方。或谓益州震动,"蜀中一日数十惊",不过是数日之事,七日之后已"小定",如果苦历时日,及至打到成都,蜀已"大定"。这是静态地看问题。曹操破汉中,蜀人震惊,只是当知曹操大军驻汉中不进时才有了七天后的"小定";如果不是这样,而是大军继胜而进,那么蜀中就绝不会"小定",而必是惊上加惊,也绝不会是一般的"斩之而不能安",而必是唯恐逃命不及了。

第三,从地理形势看,凡认为曹操的决策是正确的,大都强调蜀道之难。曹操既履散关之险,必惧蜀道之难。事实上,蜀道难固难矣,但并不是曹操之根本所虑。当时,汉中郡属益州刺史部,是益州的北部屏障和门户,阳平关既是南郑的关隘,又是益州的关隘。克阳平,取汉中,实际便扼住"益州咽喉",然后即可避过米仓山、大巴山艰难之处,沿嘉陵江谷地南进入蜀。历史证明,张鲁投

① 《资治通鉴》卷68,汉献帝建安二十三年。
② 《三国志·蜀书·先主传》。

降后,曹操引大军还,留张郃与夏侯渊守汉中,随后张郃即按照曹操的意图,别督诸军进入巴东、巴西二郡,"徙其民于汉中",甚至一直打到宕渠,只是因为到宕渠"为备将张飞所拒",才引还南郑①。宕渠为今之四川渠县,地处川东达县地区西南部。可见,张郃的部队已能到达益州腹地。他们并没有因为地理方面的困难而不前。从另一方面看,张郃到达宕渠,刘备令张飞与张郃战于瓦口,郃收兵还南郑,张郃回军路上和不久之后蜀军向汉中进发,似乎也没有遇到什么严重的地理方面的困难,即到达了阳平。因此可以肯定,在当时即使地势有所不利、蜀道亦有艰难,但并没有困难到难以用兵的程度,况且开始时尚无劲兵把守,实难阻止大兵压境。所以,不能以此证明曹操不入蜀的决策是正确的。

第四,后顾之忧虽有,但不可怕。曹操征张鲁之时,亦是孙权、刘备矛盾日趋明朗化之时。曹操毅然用兵汉中,也正是由于看准了这一点。同时他也早已料到谋兵汉中以后,孙权会有动作,所以才有"贼至乃发"的密教给张辽等。曹操将攻汉中,本已剑拔弩张的孙、刘两家"更寻盟好,遂分荆州";七月曹操陷阳平、取南郑,八月间孙权即率众十万围合肥,结果惨败于曹操的预谋之下。应该说,孙权、关羽等的确是后顾之忧,不可不预。但就当时的情势看,并不可怕,一是孙权新败,余悸未平,短时间内不可能组织大的进攻;二是孙、刘矛盾依然存在,不可能形成可靠的联盟;三是孙、刘两家当时均无进取中原之谋。事实也证明,从建安二十年七月曹操拔汉中,到二十一年二月曹操还邺,以至二十二年正月曹操主动攻孙权,前后一年半,孙权均无大的行动。因此,不能把后顾之忧看得太重;事实上,曹操也没有把它看得太重。

---

① 《三国志·魏书·张郃传》。

第五，羌人新败未必尽附，但一时尚不构成后方的威胁。论者或谓羌人新附、关陇不稳亦是曹操不敢贸然入蜀的原因之一。实则从历史记载看，当时的羌、氐诸部虽不内附，并曾助马超、韩遂抗操，但极少主动攻击中原，每有战事，多系被动受兵。夏侯渊受命讨伐马超、韩遂，因势击其辅助势力，于是有了攻击兴国氐、长离羌和围枹罕斩宋建，以及张郃兵入湟中，降服诸羌之举。当时韩遂已死，马超已奔，诸羌虽众，但诸部多附于曹，并未形成什么统一的反抗力量。所以，就当时之大势看，诸羌不会贸然行动，曹操也不该因此而影响对于大局的考虑。

总之，曹操既取汉中而不入蜀是其一生中不亚于赤壁之败的又一次历史性错误。造成这次错误决策的根本原因是曹操急于巩固和发展朝中权力，急于回朝筹划晋爵为王（回邺三个月后），进而"设天子旌旗，出入称警跸"（一年后）和戴上"十有二旒"的天子才能戴的冠冕，"乘金根车，驾六马，设五时副车"（一年半后）。

果如司马懿所说，机不可失，时不再来。自此之后，刘备、诸葛亮自始至终都把汉中作为最重要的战略要地，紧紧地扼住了益州的出入门户；曹操则从此陷入被动挨打局面，从外线主动进攻转为内线被动御敌，以至不仅再无谋蜀的机会，而且保留既得地盘也陷入困难，从而也为子孙谋取统一大业之举留下了难以逾越的沟坎，穷于防御，而无进攻之力。惜哉，"圣人不能违时，亦不可失时也"（司马懿语）。嗣后，我们看到的就完全是被动作战了。

四、汉中不复再有

历史的结局是人类历史实践活动的结果，因而也是检验历史人物谋略、决策及其行动是否正确的标尺。

曹操自汉中还邺,永远失去了再次谋蜀的可能,随之而来的就是不断的军事失败,统一的愿望彻底化为泡影。

1. 被动受敌下之小胜

曹操留下夏侯渊、张郃屯守汉中,但并未授以御敌之策。北还之前,令"张郃督军徇三巴,欲徙其民于汉中"的决策也不恰当。因为这是孤军深入,所以,进军宕渠受到张飞阻击,只好急返南郑。

相反,刘备君臣对汉中的重要性的认识却不断地提高了,统一了,因而一套完整的夺取汉中、进一步保有汉中,以谋将来发展的计划应时而完成了。他们的战略要点是主动出击。众所周知,刘备本来是很怕曹操的,甚至竟有望其旌旗而窜逃的事情发生;但他并不怕曹操的部将。所以,当其得知曹操北还,胆量顿时大起来了。的确,他们从此进入了一个历史的转折点,即真正地可以列兵抗操,作为独立的力量同操争夺天下了。

此后,中国大地上兵戎相向者主要是魏、蜀、吴三家,因此,真正的鼎足之势形成了,鼎足三分的争夺战争也真正地开始了。

曹操北还,正好为刘备提供了谋取发展的机会。对此,我们可以从法正献给刘备的计策中看得清清楚楚。第一,法正认为,汉中必得无疑,因为曹操北还,而夏侯渊、张郃的才略不及刘备将帅的才略,"举众往讨,必可克之";第二,法正认为,克复汉中将会获得重大好处,他说:"克之之日,广农积谷,观衅伺隙,上可以倾覆寇敌,尊奖王室;中可以蚕食雍、凉,广拓境土;下可以固守要害,为持久之计。"所以,法正形象生动地称曹操北还是"此盖天以与我,时不可失也"。① 刘备正是按照法正的计策开始了主动攻击操兵的

---

① 《三国志·蜀书·法正传》。

行动。建安二十二年(公元217年)末,刘备遣张飞、马超、吴兰等屯下辩(今甘肃成县西);二十三年亲率诸将进兵汉中,分遣将军吴兰、雷铜等入武都。

曹操闻刘备来犯,立即定下了对应之策。应该说,曹操诸多临时制宜的策略有时是颇为成功的。他即派心腹战将曹洪督军前去迎战张飞、马超、吴兰等。他怕曹洪贪财好色贻误大事,又派骑都尉曹休和议郎辛毗去做曹洪的参军,下令说:"昔高祖贪财好色,而良(张良)、平(陈平)匡其过失,今佐治(辛毗)、文烈(曹休)忧不轻矣。"①令文借用张良、陈平匡正刘邦过失的故事,明喻辛毗、曹休注意防止曹洪的老毛病。曹操还特地对曹休说:"汝虽参军,其实帅也"②曹洪闻知此令,颇为知趣,"亦委事于休"。曹休没有辜负曹操所托,他建议曹洪乘张飞等未集之机,"促击"吴兰。结果大破之,斩吴兰将任夔,吴兰逃亡中被氐人杀死,张飞、马超败走汉中。

对于刘备亲自率领的军队,曹操诸将也进行了顽强抵抗。"刘备屯阳平关,夏侯渊、张郃、徐晃等与之相拒。"当时,根据曹操的部署,夏侯渊、徐晃屯阳平与刘备相对,张郃屯广石(当在今广元市境内),为掎角之势。初始,刘备错误地低估了曹操军队的力量,试图将其截为两段而击之。史载,刘备为了断绝渊、郃间的联系,遣陈式等十余营兵力去切断马鸣阁栈道(在今四川昭化县境)。徐晃即率别部急趋,大破陈式等部,蜀兵"自投山谷,多死者"。曹操听到这个消息非常高兴,授徐晃符节,以示优宠,并即令曰:"此阁道,汉中之险要咽喉也。刘备欲断绝内外,以取汉中。

①《三国志·魏书·辛毗传》。
②《三国志·魏书·曹休传》。

将军一举,克夺贼计,善之善者也。"①刘备攻张郃于广石,亦不能克。据说,刘备"以精卒万余,分为十部,夜急攻郃。郃率亲兵搏战,备不能克"②。至此,刘备始知,即使操不在此,亦不可轻视,急忙给诸葛亮写信,令发益州兵。诸葛亮有点迟疑,因而引发出前述从事杨洪"若无汉中则无蜀矣"的一番议论。

2. 定军山痛折大将夏侯渊

夏侯渊等与刘备相拒阳平二年有余,操军虽有小胜,但战争的主动权却始终在刘备一方。时既至此,曹操逐渐认识到,不仅"望蜀"不可能,就是确保汉中,扼住益州咽喉也是极不容易,因此还邺两年半几件大事完成以后,又决定亲自率兵击刘备。建安二十三年(公元218年)七月出兵,九月至长安。与此同时,刘备也在积极谋划新的战略战术,并努力争取在曹操到达之前付诸实施。所以,曹操未及到达汉中,夏侯渊已经兵败定军山了。

建安二十四年(公元219年)正月,刘备自阳平南渡沔水(即汉水),"缘山稍前,营于定军山"。定军山北临汉水,位在今勉县南,东望汉中,是汉中的又一屏障和门户。因此,夏侯渊、张郃亦以主要兵力在此布防。刘备夜命黄忠乘高鼓噪攻之,"忠推锋必进,劝率士卒,金鼓振天,欢声动谷"③;同时派军烧夏侯渊军营外围的鹿角,"渊使张郃护东围,自将轻兵护南围。备挑郃战,郃军不利,渊分所将兵半助郃,为备所袭,渊遂战死"④。曹操任命的益州刺史赵颙也同时被杀。

---

① 《三国志·魏书·徐晃传》。
② 《三国志·魏书·张郃传》。
③ 《三国志·蜀书·黄忠传》。
④ 《三国志·魏书·夏侯渊传》。

定军山兵败，张郃引兵还阳平。夏侯渊战死，操军无帅，"军中扰扰，不知所为"，因为"恐为刘备所乘，三军皆失色"①。督军杜袭与司马郭淮等毅然共推张郃代为军主。张郃自建安五年由袁绍归操屡建功勋，名震遐迩，众望所归。郭淮因对大家说："张将军，国家名将，刘备所惮；今日事急，非张将军不能安也。"②张郃代理军主，"勒兵按陈，诸将皆受郃节度，众心乃定"③。郭淮说得不错，刘备不怕夏侯渊，倒的确有点怕张郃。据《三国志·张郃传》注引《魏略》说，"渊虽为都督，刘备惮郃而易渊。及杀渊，备曰：'当得其魁，用此何为邪！'"惮，怕；易，轻视。可见，刘备早就把张郃看作操军之魁。刘备本拟次日乘胜渡过汉水，见操军已经安定，恐半济被张郃所击，终不敢渡。曹操时在长安，得知消息后，对于杜袭、郭淮、张郃的临时制变很满意，立即"遣使假郃节"，赋予张郃以军中最高统帅的权力。

对于夏侯渊之死，曹操表现出极大的悲伤与惋惜，因给夏侯渊谥号为"愍侯"。"愍"就是哀怜的意思。史载，曹操对夏侯渊的勇敢精神很欣赏，所以前有《夏侯渊平陇右令》之褒，但对其缺点也很清楚，所以渊虽然多次取得战功，曹操常告诫他说："为将当有怯弱时，不可但恃勇也。将当以勇为本，行之以智计；但知任勇，一匹夫敌耳"④。夏侯渊没有把曹操的话记在心上，致有此败。为此，曹操特作《军策令》以诫全军。其令说：

> 夏侯渊今月贼烧却鹿角。鹿角去本营十五里，渊将四百兵行鹿角，因使士补之。贼山上望见，从谷中卒出，渊使兵与

① 《三国志·魏书·张郃传》。
② 《三国志·魏书·张郃传》。
③ 《三国志·魏书·张郃传》。
④ 《三国志·魏书·夏侯渊传》。

斗,贼遂绕出其后,兵退而渊未至,甚可伤。渊本非能用兵也,军中呼为"白地将军",为督帅尚不当亲战,况补鹿角乎![①]

这里反映出曹操爱将之思,同时也反映出他的制将用兵之意,体现了他"督帅不亲战",以及"将当以勇为本,行之以智计"的军事思想。

3. 汉中不复再有

刘备屯阳平关,曹操甚感刘备将成为严重威胁。建安二十三年(公元 218 年)九月,曹操到达长安。但到了长安以后,后方接连发生了几件事,使他放心不下,以至迟迟不进,滞兵半年之久。所以,说得严重一点,就曹方失利原因而言,曹操有不可推卸的责任,是他贻误战机,从而送掉了夏侯渊的性命,汉中遂为不保。使其滞兵不前的第一件事是,出发前,北方代郡乌桓反,他以其子曹彰为北中郎将,行骁骑将军讨乌桓。彰虽骁勇,但是初次率兵出征,曹操总是有点担心;第二件事是,十月,宛守将侯音反,操命时屯樊以镇荆州的征南将军曹仁讨音。建安二十四年正月曹仁屠宛、斩侯音。及至两件担心的事平定,正拟整军待发,"白地将军"夏侯渊已在定军山战死了。

建安二十四年(公元 219 年)三月,曹操自长安出斜谷(今陕西眉县西南)。斜谷道险,曹操恐被刘备截击,先以先遣部队抢占要害之地,然后大军续进。刘备既已取得定军山的胜利,胆子也大起来了,所以当知曹操驱兵前来,满有把握地对担负狙击任务的将领们说:"曹操虽来,无能为也,我必有汉川矣。"据载,"及曹公至,

---

① 《太平御览》卷337。

先主敛众据险,终不与交锋"①。有过一些小的战斗,曹军大都失利。据《三国志·赵云传》注引《云别传》说,"夏侯渊败,曹公争汉中地,运米北山下,数千万囊。黄忠以为可取,云兵随忠取米。忠过期不还,云将数十骑轻行出围……值曹公扬兵大出",赵云"前突其阵,且斗且却"。魏兵追至营下,赵云入营,"更大开门,偃旗息鼓",魏兵怀疑有埋伏,不敢攻营而退。赵云"雷鼓震天,惟以戎弩于后射公(曹操)军,公军惊骇,自相蹂践,堕汉水中死者甚多"②。

曹操与刘备相持一个多月,军士死了不少,也逃走了不少。曹操观形势、察地理、度兵力,知道汉中很难保住,一种矛盾的心情顿然而生,欲进不能,欲还可惜,但最后终于作出了正确的决策:"引出汉中诸军还长安"③。决策既定,遂出夜间口令为"鸡肋"。据《三国志·武帝纪》注引《九州春秋》说:"时王(曹操)欲还,出令曰'鸡肋',官属不知所谓。主簿杨修便自严装,人惊问修:'何以知之?'修曰:'夫鸡肋,弃之如可惜,食之无所得,以比汉中,知王欲还也。'"

曹操三月临汉中,五月还长安,前后不及三个月。自此以后,汉中便成了刘备的地盘而不复魏有了。

既离汉中,那么新的防线设在哪里呢?善于度地用势的曹操,不惜大步后退,决定把防线建在汉中与关中之间的交通要冲、历代兵家必争的陈仓。这一决策虽然是防御性的,但却是正确的。因而,有效地扼住了刘备、诸葛亮前进之势,终三国之季,诸葛亮始终

①　《三国志·蜀书·先主传》。
②　《三国志·蜀书·赵云传》注。
③　《资治通鉴》卷68,汉献帝建安二十四年。

未能超过陈仓一线。决策已定,曹操便立即派曹真至武都迎曹洪等军还屯陈仓。

曹洪军还,武都即为不保,曹操深恐刘备北取武都氐以逼关中。既丢地又失民,曹操怎么能甘心呢!他因此问雍州刺史张既应急之策,张既认为可以劝氐人"北出就谷以避贼",并告诉大家先到达目的地者"厚其宠赏",这样,"则先者知利,后必慕之"。曹操接受了张既的建议,于是派张既到武都徙氐王五万余落出居扶风、天水界。可见,这也是很厉害的一着。徙民实边、屯田戍疆,一切都服从于军事,服务于军事,这是曹操终生不渝的原则。

刘备既得汉中,很快向西北推进到武都;东面则遣宜都太守孟达从秭归北攻房陵(今湖北房县),杀房陵太守蒯祺,又遣养子副军中郎将刘封自汉中乘沔水下,统孟达军,与达会攻上庸(今湖北竹山县西南),上庸太守申耽举郡投降。操兵既退,刘备得以拓地,蜀兵因而大振。刘备的腰杆子更硬起来了,遂于七月设坛场于沔阳(今陕西勉县东),自称起汉中王来。史载,刘备自称汉中王,设坛场于沔阳,陈兵列众,群臣陪位,把曹操所表授的左将军及宜城亭侯印退给朝廷,立子禅为太子,拔牙门将军魏延为镇远将军,领汉中太守,以镇汉川。然后,刘备还治成都,以许靖为太傅,法正为尚书令,关羽为前将军,张飞为右将军,马超为左将军,黄忠为后将军。

刘备回成都,曹操也自长安内行,十月至洛阳。回洛前,做了两件同丞相府长史杜袭有关的事,一是决定留杜袭镇守长安。史载,"太祖(曹操)东还,当选留府长史,镇守长安,主者所选多不当,太祖令曰:'释骐骥而不乘,焉皇皇而更索?'遂以袭为留府长史,驻关中。"①二是听杜袭谏,收抚许攸(胡三省注:此又一许攸,

---

① 《三国志·魏书·杜袭传》。

非自袁绍来奔之许攸也)。据载,"时将军许攸拥部曲,不附太祖而有慢言。太祖大怒,先欲伐之。群臣多谏:'可招怀攸,共讨强敌。'太祖横刀于膝,作色不听。袭入欲谏,太祖逆(迎上去)谓之曰:'吾计以定,卿勿复言。'袭曰:'若殿下计是邪,臣方助殿下成之;若殿下计非也,虽成宜改。殿下逆臣,令勿言之,何待下之不阐乎(为什么不等我把话说明呢)?'太祖曰:'许攸慢吾,如何可置乎?'袭曰:'殿下谓许攸何如人邪?'太祖曰:'凡人也。'袭曰:'夫惟贤知贤,惟圣知圣,凡人安能知非凡人邪? 方今豺狼当路而狐狸是先,人将谓殿下避强攻弱,进不为勇,退不为仁。臣闻千钧之弩不为鼷鼠发机,万石之钟不以莛(草本植物的茎)撞起音,今区区之许攸,何足以劳神武哉?'太祖曰:'善。'遂厚抚攸,攸即归服。"①这段记录,反映出两方面的问题,一是时之曹操心情极为浮躁,稍觉部属不敬,即刻勃然大怒,非置之死地而后罢;二是喜欢戴高帽子、听奉承话。"千钧之弩不为鼷鼠发机,万石之钟不以莛撞起音"。这种话,曹操听起来很舒服。但不管怎么说,曹操最后还是正确地处理了这件事,避免了流血,保存了势力。

综上可见,曹操用兵西北,平马超,击韩遂,除宋建,进而驱兵汉中伐张鲁,扼住益州门户的战略是无可非议的。尽管战争是艰苦的,但收益是可喜的,清除了前进路上的诸多障碍,拓地又何止千里! 但在关键的时刻,他为政治上的更大利益所驱动,把及时称王比用兵于蜀看得更重要,失掉了一次长驱蜀地的机会。"机不可失,时不再来"。一旦失去了战机,军事态势便从根本上起了变化,战略进攻转为战略防御,外线作战变为内线作战,主动权丢了,全面陷入被动之中,再复"望蜀"成了完全的不可能。

----

① 《三国志·魏书·杜袭传》。

第十三章　封公建国，晋爵为王

曹操是一位杰出的军事家，也是一位人所共认的政治家。他说："然欲孤便尔委捐所典兵众，以还执事……实不可也。何者？诚恐己离兵为人所祸也。既为子孙计，又己败则国家倾危，是以不得慕虚名而处实祸，此所不得为也。"① 这是肺腑之言。不慕虚名，重实权，是他从实践中得出的结论。

一、封公建国

封公建国，独立建帜，是曹操摆脱汉帝对他仅有的名义上的羁縻、带有本质性的行动。走完这一步，问鼎的条件自然也就逐步具备了。当然，最终达到这一步是有一个过程的。

曹操自从击败袁绍，自领冀州牧，让还了兖州牧以后，便以冀州作为自己的根据地尽力经营。根据史籍看来，曹操除征伐在外，常居地亦由许迁到邺城；仅以诸多心腹把持要冲，留守许。因而邺城逐步取代许而成了北方的政治中心。

建安九年（公元 204 年）九月，曹操自领冀州牧后，试图扩大冀州的地盘。当时，有拍马屁的人建议曹操复置古之九州，以广其地。如果按照《书·禹贡》所说九州之冀州，辖地相当于今山西全

---

① 　《三国志·魏书·武帝纪》注引《魏武故事》。

境、陕西一部、河北绝大部、山东西北部,不仅包括汉代十三州刺史部之冀州,而且包括并州、幽州及司隶校尉部等。其理由是"冀部所统既广,则天下易服"。曹操被说得心动了,想照办。荀彧急说曹操:"今若依古制,是为冀州所统,悉有河东、冯翊、扶风、西河、幽、并之地也。公前屠邺城,海内震骇,各惧不得保其土宇,守其兵众。今若一处被侵,必谓以次见夺,人心易动,若一旦生变,天下未可图也。愿公先定河北,然后修复旧京(洛阳),南临楚郢,责王贡之不入。天下咸知公意,则人人自安。须海内大定,乃议古制,此社稷长久之利也。"①荀彧之议,可谓站得高,看得远,就当时的情况看非此不足以安定州郡。荀彧的深谋远虑,客观上也给急于求大成的曹操泼了一瓢冷水,使其清醒了许多。因此,操即报荀彧书说:"微足下之相难,所失多矣!"于是遂把复古九州的事搁置下来。当然,自此二人之间亦有了芥蒂。

建安十七年正月,曹操宣布"割河内之荡阴、朝歌、林虑,东郡之卫国、顿丘、东武阳、发干,巨鹿之廮陶、曲周、南和,广平之任城,赵之襄国、邯郸、易阳以益魏郡"②。

建安十六七年,曹操频获军事胜利,功愈多,震主之威愈烈,于是献帝下诏允许操"赞拜不名,入朝不趋,剑履上殿,如萧何故事"③。曹操诸事独专,献帝对于曹操的面陈和上奏,不敢说不,只有点头称是的份儿。有一次汉献帝实在是忍无可忍了,"操以事入见殿中,帝不忍其愤,因曰:'君若能相辅,则厚;不尔,幸垂恩相舍。'"对于这突如其来的反抗,曹操毫无思想准备,大惊失色,"俯仰求出"。按照当时的仪礼,"三公领兵朝见,令虎贲执刃挟之。"

---

① 《后汉书·荀彧传》。
② 《三国志·魏书·武帝纪》。
③ 《三国志·魏书·武帝纪》。

据载,曹操被禁卫兵搀扶着出了大殿后,"顾左右,汗流浃背,自后不敢复朝请"①。这样的事,自然使他想起了历史上诸多权臣在朝廷之内被杀的事实,客观上加速了他急于封公建国,从而以正当的名义常居邺城,遥控许都。

建安十七年冬十月,开始酝酿正式晋爵问题。谏议大夫董昭揣夺曹操之意首倡其议。董昭言于曹操说:"自古以来,人臣匡世,未有今日之功;有今日之功,未有久处人臣之势者也。今明公耻有惭德而未尽善,乐保名节而无大责,德美过于伊(伊尹)、周(周公),此至德之所极也。然(商)太甲、(周)成王未必可遭(遇),今民难化,甚于殷、周,处大臣之势,使人以大事疑己,诚不可不重虑也。明公虽迈威德,明法术,而不定其基,为万世计,犹未至也。定基之本,在地与人,宜稍建立,以自藩卫。"②这段话的重点在于"有今日之功,未有久处人臣之势者",本质就是说服曹操及早独自建国立制。董昭在曹操的安排或默许下积极活动,他"以丞相宜进爵国公,九锡备物,以彰殊勋"的议题同列侯诸将讨论,在给荀彧的信中特别强调:"今曹公遭海内倾覆,宗庙焚灭,躬擐甲胄,周旋征伐,栉风沐雨,且三十年,芟夷群凶,为百姓除害,使汉室复存,刘氏奉祀。方之曩者数公,若太山之与丘垤(dié,小土丘),岂同日而论乎? 今徒与列将功臣,并侯一县,此其天下所望哉!"③荀彧表示了不同意见。荀彧以为曹操"本兴义兵以匡朝宁国,秉忠贞之诚,守退让之实。君子爱人以德,不宜如此。"曹操没有想到他一向器重的心腹荀彧在此关键问题上竟发出如此不合作的言论,"由是心不能平",于是以"表请"荀彧劳军于谯的办法,把

① 《后汉书·伏后传》。
② 《三国志·魏书·董昭传》。
③ 《三国志·魏书·董昭传》注引《魏氏春秋》。

荀彧调离许都,并以侍中、光禄大夫参丞相军事,留在军中,实际免去了他的尚书令职务①。

荀彧阻止不了曹操晋爵立国的进程。建安十八年正月,以天子诏书的名义并全国十四州为九州,以广冀州地域,作立国的准备;五月"策命"便到了。

史载,"策命"是尚书左丞潘勖作的。这时,对操更为忠心不二的华歆已继荀彧而为尚书令。他们虽为汉尚书,但却是为操办事的。所以,此"策命"实是华歆、潘勖的受命作。既是受命作,难免官样文章之气,但也恰恰因为这一点,即"策命"是用皇帝的口气说话,所以毫不隐讳而更方便地说出了曹操想说的话,反映了曹操的思想实际。

"策命"写得很长,首述曹操大功十余项:(1)"首启戎行",讨董卓有功;(2)讨伐黄巾,"以宁东夏";(3)赶跑韩暹、杨奉,迁都于许,"造我京畿,设官兆祀,不失旧物";(4)"棱威(威势)南迈",消灭了袁术;(5)"回戈东征",吕布就戮;(6)"乘辕将返,张杨殂毙,眭固伏罪,张绣稽服";(7)"奋其武怒,运其神策,致届官渡",消灭了袁绍;(8)"济师洪(黄)河,拓定四州",除掉袁谭、高干,击走海盗,收服黑山;(9)"束马县车",一征而灭"乌丸三种";(10)"王师首路",南征刘表,"百城八郡,交臂屈膝";(11)消灭了马超、成宜等,"遂定边境,抚和戎狄";(12)鲜卑、丁零"重译而至",箄于、白屋(皆少数族称)"请吏率职"。结语落脚到"虽伊尹格于皇天,周公光于四海,方之蔑如也"。自比于伊尹、周公,正是曹操自己常说的话。然后就是"策命"的重点和实际内容了,一是扩地加封,"今以冀州之河东、河内、魏郡、赵国、中山、常山、钜鹿、安

① 《三国志·魏书·荀彧传》。

平、甘陵、平原凡十郡，封君为魏公"，"外内之任，君实宜之"，并强调"以丞相领冀州牧如故"，二是给予"九锡"之赏。锡，通赐。九锡本是天子给建有特殊功勋的大臣的九类赏赐。"策命"中列述"九锡"甚详，此不具述。历史上，凡获九锡之赏者大都离篡位就不远了。换言之，权臣逼赐九锡，实际就是在为最后夺权作准备。三是"策命"的最后强调说，"魏国置丞相已下群卿百寮，皆如汉初诸侯王之制。"

"策命"特意强调置官皆如"汉初"二字，这是因为王国官制在汉时变化很大。汉初诸侯王地广权大。据《史记·五宗世家》说，"高祖时，诸侯皆赋，得自除内史以下，汉独为置丞相，黄金印。诸侯自除御史、廷尉、宗正、博士，拟于天子。"《汉书·诸侯王表序》说，"藩国大者，跨州兼郡，连城数十，宫室百官，同制京师"；《后汉书·百官志》也说，"汉初立诸王，因项羽所立诸王之制，地既广大，且至千里。又其官职，傅为太傅，相为丞相，又有御史大夫及诸卿，皆秩二千石，百官皆如朝廷。国家唯为置丞相，其御史大夫以下皆自置之。"这种"拟于天子""百官皆如朝廷"的情况，很快便形成尾大不掉之势，如贾谊所说"一胫之大几如要（腰），一指之大几如股"[1]。后来汉文帝用贾谊议"众建诸侯而少其力"；汉景帝用晁错策"削藩"，继而平定七国之乱；汉武帝用主父偃谋，颁布"推恩令"，才逐步分割和削弱了王国的地盘和权力，"诸侯唯得衣食税租，不与政事"[2]。可见，"策命"强调置官如"汉初"之制，就是要其"拟于天子"，"同制京师"，建立一个独立于汉的国家。

---

① 《汉书·贾谊传》。
② 《汉书·诸侯王表序》。

曹操接到按照自己的意思写的"策命"，照例三让而后就，先后写了《辞九锡令》和《让九锡表》，说什么自己的功劳不及昔日受九锡之赏的周公、汉初异姓八王，"九锡大礼，臣所不称"；又说什么"事君之道，犯而无欺，量能处位，计功受爵，苟所不堪，有殒无从。加臣待罪上相，民所具瞻，而自过谬，其谓臣何?"[①]诸心腹，如荀攸、钟繇、毛玠、夏侯惇、程昱、贾诩、董昭、曹洪、曹仁以及王粲、杜袭等三十余人联名劝进，极论"魏国之封，九锡之荣，况于旧赏（即同周汉历代相比），犹怀玉而被褐也（就像身怀宝玉的人而给他穿上件土布衣）"，不仅当之无愧，而且奖赏得还远远不够呢?该走的程式走完以后，曹操接受了"策命"，遂即上了一份谢表，说什么"伏自惟省，列在大臣，命制王室，身非己有，岂敢自私"，"天威在颜，悚惧受诏"[②]。表演得淋漓尽致。曹操此举在历史上产生了极其深远而又恶劣的影响。往昔虽有三揖三让之礼，但大都是聘享、宴饮之仪，诸如《周礼·仪礼》所言"宾客摈相"之礼，"宾进车答拜，三揖三让"；《礼记·聘礼》"三让而后入庙门"、"三让而后传命"等。曹操开自授自受虚伪"让国"之先例。此例一开，遂被历代篡国逼禅者效尤。正如清人赵翼所说："至曹魏则既欲移汉天下，又不肯居篡弑之名，于是假禅让为攘夺。自此例一开，而晋、宋、齐、梁、北齐、后周以及陈、隋皆效之。此外尚有司马伦、桓玄之徒，亦援以为例。甚至唐高祖本以征诛起，而亦假代王之禅，朱温更以盗贼起，而亦假哀帝之禅。至曹魏创此一局，而奉为成式者，且十数代，历七八百年，真所谓奸人之雄，能建非常之原者也。然其间亦有不同者。曹操立功汉朝，已加九锡，封二十郡，爵魏王，

---

① 《艺文类聚》卷53。
② 《三国志·魏书·武帝纪》注引《魏书》、《魏略》。

建天子旌旗，出警入跸，然及身犹不敢称帝，至子丕始行禅代。司马氏三世相魏，懿已拜丞相，加九锡，不敢受；师更加黄钺，剑履上殿，亦不敢受；昭进位相国，加九锡，封十郡，爵晋公，亦辞至十余次，晚始受晋王之命，建天子旌旗，如操故事，然及身未称帝，至其子炎始行禅代。及刘裕则身为晋辅而即移晋祚。自后齐、梁以下诸君，莫不皆然，此又一变局也。"①赵翼所论极是，十数代逼禅者皆袭曹魏故伎。虽有小异，但不离其宗。甚者如隋文帝逼周禅，前后所为，较之曹操，如出一辙。

自此，曹操加快了立国的步伐。受诏不久，曹操立即在邺建魏社稷（建魏的祭祀土地神，和谷神的祭坛）、宗庙。同时，把三个女儿送给献帝为贵人。曹操既谋汉室，为什么还要把女儿送给献帝呢？这就是曹操的谲诈之所在。曹操建国于邺，朝野震动，但当时他还没有立即废汉的打算，献出三个女儿，就是不惜以三个女儿的命运为代价稳定国人之心，表明自己受命时所说的"灰躯尽命，报塞厚恩"的话是真实的，此其一；第二，当然，也是为了更有效地控制皇帝。另外，此事与荀彧还有很大关系。据《三国志·荀彧传》注引《献帝春秋》说："董承之诛，伏后与父（伏）完书，言司空（操）杀董承，帝方为报怨。完得书以示彧，彧恶之，久隐而不言。完以示妻弟樊普，普封以呈太祖，太祖阴为之备。彧后恐事觉，欲自发之，因求使至邺，劝太祖以女配帝。太祖曰：'今朝廷有伏后，吾女何得以配上，吾以微功见录，位为宰相，岂复赖女宠乎！'彧曰：'伏后无子，性又凶邪，往常与父书，言辞丑恶，可因此废也。'"裴松之认为此言无征，"皆出自鄙俚"，是"玷累贤哲"之言。的确有些话是不对的，如谓"伏后无子"（按伏后二子皆被操杀）。其实，就荀

① （清）赵翼：《廿二史札记·禅代》。

或生前的思想状态看，此为完全是可能的，一是出于自保，一是为了紧密汉室与曹操的关系，从而达到羁縻曹操不至走出篡汉一步的目的。

是年十一月，曹操把魏国的"中央"机构建立起来，开始置尚书、侍中、六卿，以及吏部、左民、客曹、五兵、度支五曹。对汉室诸官进行了大调整，诸多丞相府要员及朝官、列侯由汉官转为魏官。以丞相府军师荀攸为尚书令，凉茂为仆射；汉官东西曹掾崔琰、毛玠、何夔，掾属常林以及丞相府留府长史徐奕分别担任魏五曹尚书；汉官尚书、丞相掾或掾属卫觊、王粲、和洽和丞相军祭酒杜袭等为魏国侍中；代荀彧为汉尚书令的华歆不久也转为魏国御史大夫；其他汉官如魏郡太守王修为大司农，谏议大夫袁涣为郎中令行御史大夫，谏议大夫王朗领魏郡太守，治书侍御史陈群为御史中丞。另外还提拔了一大批人。这样便轻而易举地把汉廷要害部门的重要官员转移了。这些人虽然过去也大多是丞相的属下，但名义是汉官，现在不同了，有的人既是汉官又是魏官，有的人则直接变成了魏官。汉室决策部门的要员抽走了，本已被丞相架空的皇帝更进一步架空了。政治中心自然也就在邺而不在许了。

二、晋爵为王，设天子旌旗

挟天子以令诸侯是曹操军事思想的体现，更是他政治思想的重要体现。这一思想，推动了他的事业的发展，统一了北方，奠定了魏国的根基；另一方面，一时间也成了他的思想桎梏，想做天子而最终不能迈出这一步。

曹操认为，"天子"这块招牌谁举起来谁就占有道义上的优势。所以起兵之初，他便指出："向使董卓闻山东兵起，倚王室之重,据二周之险,东向以临天下,虽以无道行之,犹足为患。"①及至兵力日壮,天下分争之势已成,他以及他的谋臣对此认识就更明确了。治中从事毛玠首说曹操"宜奉天子以令不臣,修耕植,畜军资"②;继而荀彧劝曹操"奉主上以从民望"③。当然,认识到这一点也不止曹操及其谋士,其他如沮授说袁绍"宜迎大驾,安宫邺都,挟天子而令诸侯,畜士马以讨不庭"④,但袁绍不懂,既至知道其重要,曹操已先,悔之晚矣。

曹操迎天子而制之,把天子的大旗拿在自己手里号令天下,迅即引起震动,发生了慑敌之效。沛相陈珪说吕布:"曹公奉迎天子,辅赞国政,威灵命世,将征四海,将军宜与协同策谋,图太山之安。"⑤诸葛亮隆中对策言于刘备:"今操已拥百万之众,挟天子而令诸侯,此诚不可与争锋。"⑥桓阶说长沙太守张羡背刘表而附操:"曹公虽弱,仗义而起,救朝廷之危,奉王命而讨有罪,孰敢不服?"⑦傅巽说刘琮降操:"逆顺有大体,强弱有定势,以人臣而拒人主,逆道也。"⑧张昭说孙权:"曹公豺虎也,然托名汉相,挟天子以征四方,动以朝廷为辞,今日拒之,事更不顺。"⑨可见,在四百年汉统仍有影响的情况下,天子的旗帜仍有不小的号召力,在不少人的眼里,抗操就是抗汉,就是以下抗上。

挟天子,在政治上、军事上都发挥着很大作用。因此凡是敢于

① 《三国志·魏书·武帝纪》。
② 《三国志·魏书·毛玠传》。
③ 《三国志·魏书·荀彧传》。
④ 《三国志·魏书·袁绍传》注引《献帝传》。
⑤ 《三国志·魏书·吕布传》。
⑥ 《三国志·蜀书·诸葛亮传》。
⑦ 《三国志·魏书·桓阶传》。
⑧ 《三国志·魏书·刘表传》。
⑨ 《三国志·吴书·周瑜传》。

抗操的敌对势力总要揭露曹操"挟天子"的本质,如周瑜说曹操名为汉相,实为汉贼;刘备说,"曹操阶祸,窃执天衡"、"剥乱天下,残毁民物"①。朝内也有言操有不逊之志者。曹操为了反驳内外言论,则尽力反复说明自己如何屡立大功,如何忠于汉室,遂有《让县自明本志令》一类的文字写出。

毋庸讳言,魏建国后,事物的本质便在急遽变化。建安十九年(公元214年)正月,即魏国政权正式建立不到二个月,曹操行天子仪式"始耕藉田";三月,以天子诏宣布"魏公位在诸侯王之上,改授金玺、赤绂、远游冠";十一月,杀汉献帝皇后伏寿;十二月,以天子命"置旄头,宫殿设钟虡(皆诸侯及天子之待遇)";二十年(公元215年),以自己的次女曹节为汉献帝皇后;九月,以"军之大事,在兹赏罚,劝善惩恶,宜不旋时"为由,"承制封拜诸侯守相","自今已后,临时所甄,当加宠号者,其便刻印章假授"②,把皇帝形式上的任命郡守、国相的权力也剥夺了;十月,为了拉拢更多的人,始置名号侯至五大夫,与旧列侯、关内侯凡六等,以赏军功;二十一年(公元216年)五月,晋爵为魏王。

曹操从受爵魏公建国到晋爵魏王,中经二年六个月时间。如果说受爵魏公还仅是"拟于天子"、"同制京师"的话,那魏王就更不同前了。史载,曹操假天子之命,很快便获得如下特权:(一)二十二年四月,"天子命王设天子旌旗,出入称警跸。"设天子旌旗就是打天子的旗号,用天子规格的仪仗队、銮驾;称警跸,就是如天子一样,在出入经过的地方实行戒严,断绝行人;(二)十月,"天子命王冕十有二旒,乘金根车,驾六马,设五时副车。"旒,指冠冕(帽

---

① 《三国志·蜀书·先主传》。
② 《三国志·魏书·武帝纪》注引《汉魏春秋》。

子)前后的玉串。据《周礼》和《礼记》载,子、男的冠冕五旒,侯、伯七旒,上公九旒,"天子玉藻,十有二旒"。就是说曹操戴的帽子是只有天子才有资格戴的那种有十二条玉串的帽子。至于"乘金根车、驾六马,设五时副车"亦皆天子之仪。

于此看来,不管是实际权力,还是冠冕形式、乘车策马,曹操都已经是毫无二致的"天子"了。所谓绝无不逊之志、绝无篡汉之心一类的表示都被自己的行动揭穿了。

曹操已经过了做天子的瘾,但他不承认自己是"真正的天子",更不篡汉称帝。这是为什么呢?

第一,曹操认为,"废立之事,天下之至不祥也"[①]。这是他早年已经形成的观念。所以,条件不完全具备,他绝不干此等事。

第二,报汉之心始终对他有着一定影响。曹操出身于大的宦官、官僚家庭,因而常说"累叶受恩,膺荷洪施,不敢顾命"(《领兖州牧表》)一类的话。这种报汉的心情,初期的诸多表文表现得尤为明确。如《让县自明本志令》载,他"始举孝廉,年少,自以本非岩穴知名之士,恐为海内人之所见凡愚,欲为一郡守",后来"征为都尉,迁典军校尉,意遂更,欲为国家讨贼立功,欲望封侯作征西将军",及至身为宰相,觉得"人臣之贵已极,意望已过"。这些话,都透露着服事汉室、愿做汉臣之心。这种心情,直到封公建国时仍旧依稀可见,如《上书谢策命魏公》谓"臣蒙先帝厚恩,致位郎署……陛下加恩,授以上相,封爵宠禄,丰大弘厚,生平之愿,实不望也……今奉疆土,备数藩翰,非敢远期,虑有后世;至于父子,相誓终身,灰躯尽命,报塞厚恩"[②]。毫无疑问,报汉之心长期未泯,对

---

① 《三国志·魏书·武帝纪》注引《魏书》。
② 《三国志·魏书·武帝纪》注引《魏略》。

他处理同汉室的关系是有影响的。

第三,曹操拥汉扶汉而不篡汉的话说得太多了,实在是不便自食其言。这类话,如从兴平二年(公元195年)《领兖州牧表》算起到建安十八年(公元213年)《上书谢策命魏公》,讲了近二十年;直到建安十九年"位在诸侯王之上"以后,才不再说了。不再说了,说明他的内心深处正在起变化。所以,窃以为《自明本志令》类的说词虽曾起过稳定人心的作用,但却束缚了其后来的行动。

第四,不愿把自己同刘备、孙权摆在同等地位上。天下三分之势已成,但汉天子仍是汉室的象征、统一的象征,如果遽为天子而废汉,不仅给刘备、孙权等以口实,而且在客观上无异于承认了刘备、孙权割据政权的合法性,无异于把自己同他们置于同等地位。这样做,是自己把自己降到了一方政权的位置上,显然这对自己仍有很不利的一面。所以当孙权上书"称说天命"时,他便不无诙谐地说"是儿欲踞吾著炉火上邪"。正如司马光所说,"以魏武之暴戾强伉,加有大功于天下,其蓄无君之心久矣,乃至没身不敢废汉而自立,岂其志之不欲哉? 犹畏名义而自抑也。"[①]

尽管这样,曹操的内心实际,至少从封王以后,已经有了质的飞跃。建安二十四年在洛阳构筑建始殿,不妨看作是他准备走向最后一步的明显表现。至于这一步是由自己还是由儿子去完成,那是要看形势来定的。可以断言,如果身体健康,天假数年之寿,他会亲自完成这一步的。也可以断言,正是因为他有了一些准备以魏代汉的表现,侍中陈群、尚书桓阶等才会乘孙权上书之机劝进:

汉自安帝已来,政去公室,国统数绝,至于今者,唯有名

---

① 《资治通鉴》卷68,汉献帝建安二十四年。

号,尺土一民,皆非汉有,期运久已尽,历数久已终,非适今日也。是以桓、灵之间,诸明图纬者,皆言"汉行气尽,黄家当兴"。殿下应期,十分天下而有其九,以服事汉,群生注望,遐迩怨叹,是故孙权在远称臣,此天人之应,异气齐声。臣愚以为虞、夏不以谦辞,殷、周不吝诛放,畏天知命,无所与让也。

夏侯惇说得更干脆利落:

天下咸知汉祚已尽,异代方起。自古已来,能除民害为百姓所归者,即民主也。今殿下即戎三十余年,功德著于黎庶,为天下所依归,应天顺民,复何疑哉!

陈群、桓阶、夏侯惇等人说的话并非虚辞,汉室的确是只有一个名号,曹操僭而代之的条件已经基本具备。曹操听了陈群、桓阶、夏侯惇的话以后,先是引用孔子的话"施于有政,是亦为政(意谓自己的主张已经施之于政事,也就是为政了。如果露骨地揭示曹操的心意就是:我已经做了天子的事,所以实际上也就是天子了)",自我解嘲;进而根据当时的形势,可能还有自己身体的原因,说:"若天命在吾,吾为周文王矣!"周文王生前未能灭商,其子武王姬发抱着他的牌位伐纣,终将殷商灭掉而代之。可见,曹操的意思很明确:上帝已经允许我做天子了,但这最后的一步,让我的儿子去完成吧![1] 由此,更可进一步断言,正是曹操在现实和舆论上都已做好了充分的准备,所以他死以后,他的儿子仅仅用了几个月的时间就顺利地逼汉禅位了。

---

[1]　参见《三国志·魏书·武帝纪》注引《魏略》、《魏氏春秋》。

第十四章　联吴击关羽

曹操弃汉中，引军还长安，刘备、诸葛亮非常有效地利用了这一形势，势力因之大振。刘备自称汉中王，表明了坚决抗操而进一步谋取大业的决心。

一、"水淹七军"

建安二十四年（公元 219 年）秋七月，关羽使南郡太守糜芳守江陵，将军傅士仁守公安，自率主力攻曹操的征南将军曹仁于樊城。曹操遣左将军于禁、立义将军庞德助仁，驻屯于樊北。史载，八月大霖雨十余日，汉水泛滥，平地水五六丈，"禁等七军皆没"。于禁与诸将"登高望水，无所回避"，关羽乘大船因水势而攻于禁，于禁被迫投降关羽①。庞德则表现了宁死不降的精神。庞德在堤上，披甲持弓，箭不虚发，自平旦战至日过中；矢尽，以短兵相接，"战益怒，气愈壮"。由于水势不断上涨，吏士们穷迫皆降，不得已庞德与麾下三人"弯弓傅矢，乘小船欲还（曹）仁营"，结果"水盛船覆，失弓矢，独抱船覆水中，为关羽所得"。关羽劝其投降，庞德厉声大骂说："竖子，何谓降也！魏王带甲百万，威震天下；汝刘备庸才耳，岂能敌邪！我宁为国家鬼，不为贼将也！"关羽遂将庞德杀

---

① 《三国志·魏书·于禁传》。

死。于禁是曹操的名将，一直与张辽、乐进、张郃、徐晃等齐名，每有征战，曹操都是以他们"行为军锋，还为后拒"；庞德本是马超的部属，马超被曹操打败，庞德随马超奔汉中，从张鲁，曹操定汉中，庞德随众降操，操"素闻其骁勇，拜立义将军"。据载，樊下诸将因为庞德从兄庞柔在蜀，又是马超的部将，对其不放心，庞德因而常说："我受国恩，义在效死。我欲身自击羽。今年我不杀羽，羽当杀我。"①曹操得知于禁投降关羽而庞德死节时，哀叹久之，并为庞德流涕，因曰："吾知禁三十年，何意临危处难，反不如庞德邪！"②

水，大水，继赤壁乌林之战以后，又一次给曹操的军队带来危难。相反，却给关羽水军带来了极大方便。汉水泛溢，平地数丈，大水灌入城内，"樊城得水，往往崩坏"。关羽急攻城，城内将吏皆惧，有的主张弃城而走，对曹仁说："今日之危，非力所支。可及羽围未合，乘轻船夜走，虽失城，尚可全身。"汝南太守满宠则竭力劝阻，满宠说："山水速疾，冀其不久。闻羽遣别将已在郏下，自许以南，百姓扰扰，羽所以不敢遂进者，恐吾军掎其后耳。今若遁去，洪河（指黄河）以南，非复国家有也，君宜待之。"③曹仁听从了满宠的建议，于是沉杀白马与军人盟誓，同心固守。当时，城中人马数千，大水不断上涨，"城不没者数板（城高二尺为一板）。羽乘船临城，围数重，外内断绝，粮食欲尽，救兵不至"④；同时，关羽又遣别将围将军吕常于襄阳。曹操所授之荆州刺史胡修、南乡太守傅方都投降了关羽。

时荆、宛以及颍川、弘农诸州郡，曹魏统治很不稳固，正如满宠

---

① 《三国志·魏书·庞德传》。
② 《三国志·魏书·于禁传》。
③ 《三国志·魏书·满宠传》。
④ 《三国志·魏书·曹仁传》。

所说,"自许以南,百姓扰扰"。先是南阳吏民苦于供给曹仁徭役,宛守将侯音、卫开等反,曹操命曹仁讨音等,曹仁与庞德一起破宛而屠之,斩侯音、卫开。侯音等反,即使参与镇压的人,也不能不承认他们是"顺民心,举大事,远近莫不望风"①。曹仁屠宛,显然是不得人心的。继而是陆浑(今河南嵩县境)民孙狼等反,杀县主簿,南附关羽。"羽授狼印,给兵,还为寇贼"②。

是年十月,曹操自长安回到洛阳。时之大势对于曹操很不利,既弃汉中,失利于西;又值梁、郏、陆浑"群盗"并起。不管是叛将,还是反民,又大都遥受关羽印号,为羽支党,与羽相呼应。正是在这种情况下,刘备、关羽利用了于己有利的形势,发起围攻樊城之战,致使于禁七军皆没而降,庞德被杀。

二、联吴击关羽

历史记载说,这时自许以南,"群盗"遥应羽,因而关羽"威震华夏",竟使曹操被迫召集重要的政治军事会议,讨论了要不要"徙许都以避其锐"的问题③。在此关键时刻,丞相军司马司马懿和西曹属蒋济献出了联吴的谋略。

司马懿和蒋济对曹操说:"于禁等为水所没,非战攻之失,于国家大计未足有损。刘备、孙权外亲内疏,关羽得志,权必不愿也。可遣人劝权蹑其后,许割江南以封权,则樊围自解。"④曹操接受了司马懿和蒋济的意见,作出了联吴击关羽的正确决策。

---

① 《资治通鉴》卷68,汉献帝建安二十三年。
② 《资治通鉴》卷68,汉献帝建安二十四年。
③ 《三国志·蜀书·关羽传》。
④ 《三国志·魏书·蒋济传》。

在三足鼎立的形势下,如何更有利地发展自己、战胜敌人,实是曹、孙、刘各方无时不在思考的战略大计。以一抗二,还是合二对一,利害得失,道理浅显,但表现在认识上和实践上却是各有不同。即使固定的某一方对另一方,联合抑或对抗,前后决策亦不相一。对比起来,曹操对这个问题的认识,赤壁战后虽然有所觉悟,也曾试图挑拨孙、刘关系,鼓励孙权把刘备赶出荆州,但远不及诸葛亮、鲁肃的认识深刻。这是因为曹操低估了孙、刘的力量,尤其是低估了孙、刘联合所形成的合力,自以为中原大军数倍于孙、刘,总有一天会把他们通通收拾掉。在这种思想指导下,相当长的时间内,他不能不按照两面作战的战略布兵。因此,对吴用兵,不能不顾及西北方面的形势;对西北或刘备用兵,又不能不顾及孙权屡屡犯边的事实。现在形势起了变化,西北军事不利,刘备益张;荆宛关羽构难,吏民为乱;襄樊受困,许都临险。在此形势下,经司马懿、蒋济一点,以曹操之聪明自然顿时彻悟。于是他立即作出了其生前又一次、也是最后一次正确的军事决策,并且非常成功地运用于军事实践中。

当然,这一决策不仅考虑了当时的军事态势,同时也是基于孙、刘矛盾的新发展。孙权对于刘备的战略有一个发展变化的过程。赤壁战时,孙、刘联合抗操取得了重大胜利;战后不久,刘备抓紧时机扩展地盘,乘势占有四郡之地,矛盾便明朗化了;及刘备取益州,孙权想把刘备所占荆州诸郡收回,刘备不允,矛盾开始激化了;随后,孙权遣吕蒙夺三郡,刘备自蜀亲到公安,遣关羽争三郡,关羽驱逐孙权所置三郡长吏,矛盾就更加激化了。曹操没有有效地利用这一情势,反而出兵关中,为刘备所乘,刘备复与孙权修好,分荆州地,矛盾得到暂时缓和。及至关羽攻曹仁于樊,水淹于禁七军,羽势陡盛,东吴顿时再次感到了威胁。可见,司马懿、蒋济之言

265

甚得要领:"关羽得志,权必不愿"。这就是曹、孙联击关羽的客观基础。

历史的记载表明,孙吴对于曹、刘的策略,最富变化。起初鲁肃坚决主张联刘抗曹,认为"以曹操尚存,宜且抚辑关羽,与之同仇,不可失也"。及至吕蒙代鲁肃为督,"以为羽素骁雄,有兼并之心,且居国上流,其势难久",主张取羽,认为只有击败关羽,"全据长江,形势益张"①。对此两种主张,论者大都褒鲁肃而非吕蒙,认为天下大势,孙刘非联合不足以抗操,如果孙刘相争,必给曹操以渔利之机。从谋划打败曹操的角度说,此说不无道理,但却明显地表露出一种非历史的观点。这在客观上是把曹操置于非正义一方,立论完全着眼于如何打败曹操。事实上,曹操、孙权、刘备三方是相对独立的三个实体,各自决策的出发点,均在于权衡三方关系,进而考虑自己的利益所在。三角的关系,对任何一方来说,其他两方都是自己的敌人。联合一方对另一方,有力地抗击或抑制、削弱了另一方,于己是有利的。但如果致使临时联合的一方,实即潜在的敌人乘机发展起来,也是于己不利的。由此看来,我们不能不注意到,就东吴的利益说,没有孙刘联合便没有赤壁的胜利。但后来情况不同了。起初鲁肃劝孙权联刘抗曹是正确的;后来孙权、吕蒙一变而为进攻关羽,亦是对的。刘备的势力正趋迅猛发展,关羽亦在荆州诸郡坐大,对吴构成了严重威胁。应该说,就当时的军事形势看,关羽对吴的威胁远远超过了曹操对吴的威胁。实际上,关羽攻樊城的最终目的完全是为了解除控江东下的后顾之忧。

任何军事上的联盟,都是利益的联盟。当此之时,曹操要除关羽的威胁,孙权又何尝不是如此。他们因为有利益上的共同点,自

---

① 《三国志·吴书·吕蒙传》。

然就比较容易地暂释前嫌而联合起来了。至于说孙权为其儿子求婚于关羽,关羽不仅不许,还对其来使辱骂一通,那不过是固有矛盾的尖锐反映和进一步激化矛盾的一个因素而已。

孙权得到曹操"许割江南以封权"的承诺,自然很高兴,立即写信给曹操,"请以讨羽自效"。于是一种各存异心、互相利用的暂时联盟便告成立。

襄、樊危急,许都不安。建安二十四年十月,曹操自长安回到洛阳,即派平寇将军徐晃屯宛,助曹仁,并决定自将大军南救曹仁。当时群下都劝曹操亲兵南救,只有侍中桓阶不同意曹操亲临前线,桓阶问曹操:"大王(操)以仁等为足以料事势不也?"操答:"能。"又问:"大王恐二人(曹仁、吕常)遗力邪?"操答:"不。"又问:"然则何为自往?"操答:"吾恐虏众多,而晃等势不便耳。"桓阶作如下分析:"今仁等处重围之中而守死无贰者,诚以大王远为之势也。夫居万死之地,必有死争之心;内怀死争,外有强救,大王案六军以示余力,何忧于败而欲自往?"[1]曹操很欣赏桓阶的分析,因而行至中途,驻军摩陂(今河南郏县境),遥制诸军抗援事宜。说穿了,曹操是从桓阶的分析中得到了更深刻的启发,这就是:第一,襄、樊虽然危急,但曹仁、吕常以及徐晃等不至于败,不必担忧;第二,急救必然自耗其力,缓救正可让孙权"自效"。事实完全证明,曹操就是这样谋划这次交兵的。

徐晃屯宛,"晃所将多新卒,以羽难与争锋,遂前至阳陵陂(当在今湖北襄阳境内)屯。"曹操另遣将军徐商、吕建等援晃,并令:"须兵马集至,乃俱前。"关羽兵屯偃城(今湖北襄阳境),徐晃率兵到,"诡道作都堑,示欲截其后"(指绕到羽军背后构筑工事,表示

① 《三国志·魏书·桓阶传》。

要截断羽军后路），羽军害怕，"烧屯走"，晃得偃城，连营稍前①。据载，曹操为了贯彻自己的军事意图，还特意派遣赵俨以议郎参曹仁军事。当时徐晃的部下不能体会曹操用意，"呵责晃促救"。赵俨对诸将说："今贼围素固，水潦犹盛，我徒卒单少，而仁隔绝不得同力，此举适所以敝内外耳。当今不若前军逼围，遣谍通仁，使知外救，以励将士。计北军不过十日，尚足坚守，然后表里俱发，破贼必矣。如有缓救之戮，余（我）为诸君当之。"赵俨既然承担了"缓救"的责任，诸将自然高兴。于是徐晃使其前军竟在离关羽围困樊城的军队三丈远的地方扎下营来，"作地道，箭飞书与仁，消息数通"②。赵俨为什么敢于承担"缓救"的责任？徐晃军营能迫羽围如此之近而不突袭之，又是为何？道理很简单，因为他们都已理解了曹操的用兵意图，即：假吴手而破关羽。胡三省对此曾作如下评论："晃营迫羽围如此而不能制，使（假使）吕蒙不袭取江陵，羽亦必为操所破，而操假手于蒙者，欲使两寇自敝而坐收渔人、田父之功也。"③

同时，曹操命令徐晃把孙权"请以讨羽自效"的信息分别射进曹仁营中和关羽的营屯中。起初，孙权派人告诉曹操，说要遣兵西上，偷袭关羽的江陵、公安二城，希望不要泄漏，以免关羽有备。操问群臣，大家都认为应该保密。老谋深算的董昭甚知曹操心意，却说："军事尚权（权变，权谋），期于合宜。宜应权（孙权）以密，而内露之。羽闻权上，若还自护，围则速解，便获其利。可使两贼相对衔持，坐待其弊。秘而不露，使权得志，非计之上。又，围中将吏不

---

① 《三国志·魏书·徐晃传》。

② 《三国志·魏书·赵俨传》。

③ 《资治通鉴》卷68，汉献帝建安二十四年。

知有救,计粮怖惧,倘有他意,为难不小。露之为便。且羽为人强梁,自恃二城守固,必不速退。"①曹操按照董昭所说,表面上答应孙权保密,实则故意暴露给关羽。事态发展果如曹操、董昭所料,围里曹仁军闻之,"志气百倍";关羽闻之,顿起犹豫。为什么犹豫呢?胡三省认为,"羽虽见权书,自恃江陵、公安守固,非权旦夕可拔;又因水势结围以临樊城,有必破之势,释之而去,必丧前功,此其所以犹豫也。"②作此分析,确有道理。到了口边的肉不取而去,的确是于心不甘。关羽犹豫了,拔樊的决心动摇了,两面抗敌的信心自然也就不足了。信心既然不足,斗志亦自然受到影响。关羽不及曹操处事果断,曹操弃关中而有"鸡肋"之叹,关羽不释樊城之围遂有二城之失,并致大败。

曹操前后又给徐晃派去了殷署、朱盖等十二营军队。徐晃兵力既增,遂趁关羽狐疑之机向关羽发起了一次攻击。关羽因水而临樊城,所以军营大都屯驻于高阜之上。史载,关羽"围头有屯,又别屯四冢(当指屯住四个土丘之上)。晃扬声当攻围头屯,而密攻四冢。羽见四冢欲坏,自将步骑五千出战,晃击之,(羽)退走,(晃)遂追陷与俱入围,破之,(羽军)或自投沔水死。"投降关羽的荆州刺史胡修和南乡太守傅方,亦皆被徐晃军杀死。曹操对于徐晃迅即取得如此胜利很高兴,对徐晃大加表扬说:"贼围堑鹿角十重,将军致战全胜,遂陷贼围,多斩首虏。吾用兵三十余年,及所闻古之善用兵者,未有长驱径入敌围者也。且樊、襄阳之在围,过于莒、即墨,将军之功,逾孙武、穰苴。"因此,当徐晃"振旅还摩陂,太祖迎晃七里,置酒大会。太祖举卮酒劝晃,且劳之曰:'全樊、襄

---

① 《三国志·魏书·董昭传》。
② 《资治通鉴》卷68,献帝建安二十四年注。

阳,将军之功也。'"①

关羽撤樊城围而退,但其舟船仍据沔水,所以一时间襄阳依然隔绝不通。但曹操并没有进一步追击关羽。这又是为什么呢?战争的过程告诉我们,这又是曹操计之所在。

孙权视关羽为主要威胁,必欲除之而后安,既然与曹操达成谅解,便立即开始谋划攻取江陵的行动。关羽其人,骁勇可嘉,智谋不足,被孙权、吕蒙等施出的烟幕所迷,上了大当。孙权及其将吕蒙、陆逊等甚知关羽的弱点,而且成功地利用了关羽"意骄志逸"的弱点和"但务北进"、少备孙权的战略错误。先是吕蒙诈病,孙权露檄召蒙还,使关羽放松警惕,不备南郡而"稍撤兵以赴樊"②;既尔陆逊代蒙,针对关羽喜欢"戴高帽"的弱点,写信给关羽,将其大大吹捧了一通,说什么樊城一战,于禁投降,"小举大克,一何巍巍!敌国败绩,利在同盟",又说什么"于禁等见获,遐迩欣叹,以为将军之勋足以长世";同时,假意向关羽献策,说什么"古人杖(凭靠)术,军胜弥警";并致谦下自托之意,自称"书生疏迟,忝所不堪,喜邻威德,乐自倾尽,虽未合策,犹可怀也。倘明注仰,有以察之。"关羽读了陆逊的信,"意大安,无复所嫌"。陆逊遂向孙权"具启形状,陈其可禽之要"③。

关羽得于禁等人马数万,粮食乏绝,擅取孙权湘关米,为孙权发兵提供了借口。曹操深知孙权正是在已经决定袭击关羽的情况下决定联曹"请以讨羽自效"的,所以打了一场有限的战争后,便拥兵不前而坐山观虎斗了。但曹操没有想到孙权、吕蒙竟会那样

① 《三国志·魏书·徐晃传》。
② 《三国志·吴书·吕蒙传》。
③ 《三国志·吴书·陆逊传》。

270

容易地取得南郡。史载,"蒙至寻阳,尽伏其精兵䑠䑐中,使白衣摇橹,作商贾人服,昼夜兼行,至羽所置江边屯候,尽收缚之,是故羽不闻知。遂到南郡,(傅)士仁、糜芳皆降。蒙入据城,尽得羽及将士家属"①。糜芳、傅士仁本是关羽让其留江陵、公安的,因为供给军资不及时,关羽扬言要治他们的罪,芳、士仁怕治罪,便即投降了吕蒙。关羽闻南郡失守,即走南还。这就是说,孙权几乎是兵不血刃地夺取了南郡。于此,曹操的将领们有点耐不住性子了,深恐功劳被孙吴独占,如曹仁便把诸将召集起来讨论怎么办,大家都认为应该乘关羽危惧之机,追而擒之。幸赵俨甚得曹操之意,赵俨对大家说:"权邀羽连兵之难,欲掩制其后,顾羽还救,恐我承其两疲,故顺辞求效,乘衅因变以观利钝耳。今羽已孤迸,更宜存之以为权害。若深入追北,权则改虞于彼,将生患于我矣。王必以此为深虑。"②正如赵俨所策,曹操听到关羽南走的消息,深恐诸将追击,果然急令曹仁勿追。

曹操的用意很清楚,就是让孙权去消灭关羽,从而使孙、刘势不两立。据胡三省说,"此战国策士所谓'两利而俱存之'之计也。"的确是这样。

关羽势穷,西保麦城(今湖北当阳东南)。然而士卒解散,孤城难保,不得已率十余骑逃出麦城,结果在章乡(一说走到临沮。章乡、临沮均在当阳境内),被孙权的伏兵、潘璋的司马马忠等截获。关羽及其养子关平均被斩首。

关羽被杀死,孙权既感除掉大患,又感问题严重。从战略上考虑,他不能不把曹操拉上。他要制造假象表明自己是奉操命而袭

① 《三国志·吴书·吕蒙传》。
② 《三国志·魏书·赵俨传》。

杀关羽的,据《三国志·关羽传》注引《吴历》说:"权送羽首于曹公,以诸侯礼葬其尸骸。"

关羽授首之后,曹操对孙权加紧笼络,即表孙权为骠骑将军,假节,领荆州牧,封南昌侯。孙权因知孙、刘之战势不可免,则主动上书称臣于操,称说天命,劝操做皇帝。时之曹操已非昔日,不再讳言坐天下,但仍觉时机尚不成熟,为了观察众臣之心故而将权书拿给臣下们看,对大家说:"是儿欲踞吾著炉火上邪!"大臣们大都明白曹操的心意,于是侍中陈群等都说:"汉祚已终,非适今日。殿下功德巍巍,群生注望,故孙权在远称臣。此天人之应,异气齐声,殿下宜正大位,复何疑哉!"曹操说:"若天命在吾,吾为周文王矣。"这是明确表示将取汉而代之,只不过是正天子名位的事将由自己的儿子去完成吧![1]

三、军事决策上的新观念

魏吴联合抗击关羽的战争以关羽的失败被杀结束。蜀对吴的复仇战争也以刘备夷陵惨败,托孤白帝城告终。

战争是由刘备、关羽主动发起的。曹操汉中受挫,刘备北扼益州门户,东进上庸、房陵,军事上两线得势,北趋关陇,遥威长安,东拓地盘,渐近襄、樊。襄阳与江陵,势同唇齿,无襄阳,则江陵受敌不立。对于关羽来说,襄、樊是江陵的门户,只有夺得襄阳,才能控制汉水,确保江陵安全而进一步谋夺荆州全境,也才有机会北向宛洛,进一步谋击曹操,所以非争不可。这实际也是诸葛亮、刘备战略部署的组成部分,并非完全出自关羽独擅与冒险。对曹操来说,

---

① 《三国志·魏书·武帝纪》注引《魏略》。

襄、樊当然也是必保之地,保襄阳则扼汉水,南可逼江陵(关羽),东可望武昌(孙权)。正因如此,曹操对于关羽围樊给予了极大重视。

联吴击关羽是曹操生前指挥的最后一次战争。这次战争的重大意义在于最后把三国的历史地位、割据地理形势确定下来。对于曹魏来说,解除了关羽的威胁,巩固了南线,更加有效地控制了襄、樊,使之成为南拒孙吴、西扼蜀汉的重要据点。孙权也如愿以偿,夺回了被刘备控制的荆州诸郡。只有刘备是败家。刘备复仇不成再遭大挫,诸葛亮只好弃荆州而退保巴蜀。嗣后四十余年间,虽然依旧你征我讨,攻伐不断,但鼎足疆场仅有小异而无大变。从这个意义上说,曹操指挥的这最后一次战争为曹魏的立国奠定了最后的疆域基础;同时在实际上宣告了试图完成统一大业,不仅于曹操不可能,而且短时间内任何一方也不存在这种可能。因为它们随时可以根据各自利益所在重新组合,从而以足够的合力和有效的手段抑制和抗击着图谋发展的一方。诸葛亮在《隆中对》中曾为刘备设想"跨有荆、益,保其岩阻,西和诸戎,南抚夷越,外结好孙权,天下有变,则命一上将将荆州之军以向宛、洛,将军身率益州之众出于秦川"[①],但刚一起步,便受此大挫。两线击操的设想彻底破产。刘备死后,诸葛亮"受任于败军之际,奉命于危难之间",数谋北定中原,"攘除奸凶,兴复汉室,还于旧都",但只能北出秦川一线。诸葛亮五次伐魏,少有收获而屡屡败绩,最终忧死于军旅之中。可见,说这次战争对三国形势及其以后的割据与统一有着深刻的历史影响是不为过的。

战争的胜负往往取决于双方的主要决策者的战略思想和战术

① 《三国志·蜀书·诸葛亮传》。

指导。因此,探讨战争胜负的原因常常讲及双方的指挥者的得与失。这次战争,关羽失败了、被杀了,当然有关羽意傲志逸和指挥错误的原因,但当我们讨论曹操的作用时,不能不肯定曹操的决策正确和在战争过程中表现出的一些可以称道的思想。

第一,曹操迫于形势,改变了两面作战的战略而为联吴抗蜀。前曾提及,此前曹操对于这个关键性的问题,认识不是没有,而是并不深刻。很明显,没有曹、孙的联合,便没有关羽的彻底失败。战争历程表明,关羽即使樊城失利,但依然控制着汉水,使襄阳隔绝不通,只有当其得知南郡为孙权所破,才慌了神,即走南还。于是,令曹魏上下人等担心的襄阳、樊城之围便完全解除了。

第二,曹操晚年表现出了更多军事民主思想。历史记载表明,这次战争中曹操的几次重大决策虽然不无自己的分析判断,但大都是在听取了属下意见后定的。听从司马懿、蒋济的建议,"许割江南以封权",定下了联吴之策;用董昭之议,披露了孙权"请以讨羽自效"之密,从而堵住了孙权决策上的退路,大长己军士气,动摇了关羽的军心;听桓阶之见,不亲临前线而"远为之势",从而示信于将,使其"居万死之地,必有死争之心";和赵俨之议,关羽南走而不追,从而达到如下目的,或"存之以为权害",免孙权"生患于我",或借孙权之力以除关羽,使其两伤,激化孙、刘两家的矛盾。

第三,曹操善于御将的能力更得充分体现。曹操本善选将御将,因而诸将畏服,战甘效死。他所未料的是"水淹七军",于禁被水围困,穷迫投降。说实在的,于禁是失之于水,并非失之于关羽。如果不是水困无奈,为了活"人马数万"的命,以于禁其人,绝对不会投降。至于庞德死节,虽可赞许,但实乃匹夫勇耳。这里要说的是他使用了善于理解其意图的平寇将军徐晃和议郎赵俨。徐晃本在汉中,曾因救护马鸣阁道立大功而得曹操表扬。曹操甚知徐晃之能,因而当其引军还时直接把他派到了最危急的襄、樊前线。徐晃没有辜负曹操的期望,所行皆当操意。条件未备时他可以"去贼围三丈所"而不突袭;条件既备时,他可以冒死"追陷与俱入围"。赵俨本为丞相主簿,是一个军事参谋人才,曾并参张辽、于禁、乐进三军事,亦曾为关中护军,尽统诸军。这次曹操派他"以议郎参曹仁军事南行"。赵俨同徐晃配合默契,所谋皆称操意,从而保证了曹操此次战争决策的实行。

第十五章　尚礼崇法，不信天命

　　曹操在谈到治军时说："我在军中持法是也"①；又说："礼不可以治兵也"②。可见，治军尚法重法的思想是非常明确的。但对于治国行政又作何主张呢？建安十九年（公元214年）曹操初建魏国曾对丞相理曹掾高柔说：

> 夫治定之化，以礼为首；拨乱之政，以刑为先。是以舜流四凶族，皋陶作士；汉祖除秦苛法，萧何定律。掾清识平当，明于宪典，勉恤之哉！③

　　这是为了任命高柔为管理刑狱的理曹掾而发的令文，因此文中强调了刑法之用，并鼓励高柔努力做好这件事。论者或以此为据塑造曹操的法家形象，实在是有失于偏。很清楚，令文中谈到了两种不同的社会背景，所谓治定"以礼为首"，强调了"首"字。"为首"而不是"惟一"，因此它不排斥刑法之用，只是"首先"和"其次"的关系；同理，所谓拨乱"以刑为先"，当然也不排斥礼之用，只是"先"与"后"的关系而已。

　　曹操的诸多言论和行动，使我们不能不承认他的思想受儒家影响很深，根基属于儒家思想范畴，崇尚仁义礼让，并试图以仁义、道德、礼让教民。但另一方面，我们也不能不重视曹操思想中的重

---

① 《三国志·魏书·武帝纪》。
② 《孙子·谋攻篇》注。
③ 《三国志·魏志·高柔传》。

法尚法的一面。他是一个矛盾统一体。

　　陈寿说，曹操"揽申、商之法术，该韩、白之奇策"[1]；傅玄说，"魏武好法术而下重刑名"[2]；刘勰《文心雕龙·论说篇》也说，"魏之初霸，术兼名法"。可见，曹操重法尚术，古所共认。但论者或据以论定曹操为法家，实属非然。细品古人所论，不难发现，诸论都是在置其主体思想而不谈的前提下特意突出其有别于众的思想和主张。例如，陈寿用"揽"与"该"字。"揽"是收揽的意思，"该"通"赅"，是包容的意思，很明显还有一个占有主体地位的东西没有提。这个主体的东西是什么呢？就是他自己所说的"好学明经"，就是儒家思想。同理，诸如"好法术"、"术兼名法"以及"特好兵法"云云，都不宜将其所"好"所"兼"视作主导思想，至多是同时所"好"和兼而习之而已。

　　事实也证明，曹操处于乱世之中，虽然在更多的场合强调刑法，但同时也没有忘记礼教之用，始终是两手俱用，而且在两手俱用之中表现出了特有的谲诈之能。

一、尚仁重德，倡礼嘉义

　　曹操尚仁重德、倡礼嘉义的话说过很多，但由于为人谲诈，常给人以不真实的感觉。其实，只要联系当时的社会环境看，他竟说出如许言论亦不失为其真实思想的反映。

　　曹操在一首《秋胡行》的乐府诗里指出"仁义为名，礼乐为荣"，意喻自己行事，本于仁义，以施行仁义为职责，以制礼作乐、

---

[1]　《三国志·魏书·武帝纪》。

[2]　《晋书·傅玄传》。

厘定制度作为安定社会的辅助手段，以期社会大治。他在题为《善哉行》的一首诗里，大赞积德重仁之人，以明自己所尚。

> 古公亶父，积德垂仁。思弘一道，哲王于豳。太伯仲雍，王德之仁。行施百世，断发文身。伯夷叔齐，古之遗贤。让国不用，饿殂首山。智哉山甫，相彼宣王。何用杜伯，累我圣贤。齐桓之霸，赖得仲父。后任竖刁，虫流出户。晏子平仲，积德兼仁。与世沉德，未必思命。仲尼之世，王国为君。随制饮酒，扬彼使官。（《乐府诗集》卷 36）

古公亶父是周的祖先。《史记·周本纪》说，古公亶父"积德行义，国人皆戴之"，后因避少数民族熏育攻掠，由豳（今陕西彬县一带）迁至岐下（今陕西岐山境），"豳人举国扶老携弱，尽复归古公于岐下。及他旁国闻古公仁，亦多归之。"太伯、仲雍是古公亶父的两个儿子，因知古公想立季历以传位姬昌，主动让位，避居荆蛮之地。伯夷、叔齐，殷末贤者，兄弟互相让国，后来不食周粟，饿死首阳山（今山西运城南）。仲山甫，周宣王大臣，《诗·烝民》专颂其德："仲山甫之德，柔嘉维则，令仪令色，小心翼翼……既明且哲，以保其身，夙夜匪解（懈），以事一人。"仲父，指管仲，辅助齐桓公，改革政治，九合诸侯，一匡天下。据《国语》载，齐桓公想使鲍叔为相，鲍叔荐管仲，说自己有五个方面不如管仲，（1）宽和惠民，（2）治国家不失其柄，（3）忠惠可结于百姓，（4）制礼义可法于四方，（5）执枹鼓立于军门，使百姓皆加勇。另外，曹操还在《短歌行》诗里盛赞周文王"圣德"，赞齐桓"正而不谲，其德传称"，赞管仲之德，"民受其恩"。

曹操非常重视并提倡礼让，他赞扬许由的谦让精神；他在《礼让令》中提出："里谚曰：'让礼一寸，得礼一尺'，斯合经之要矣。"又说："辞爵逃禄，不以利累名，不以位亏德之谓让。"他对仁义礼让之风下降感到伤心。建安八年（公元 203 年），曾发出《修学令》说：

> 丧乱以来，十有五年，后生者不见仁义礼让之风，吾甚伤之。其令郡国各修文学，县满五百户置校官，选其乡之俊造者而教学之，庶几先王之道不废，而有以益于天下。

《修学令》反映了曹操重视教育的思想，也反映了他试图用什么内容教民育民的思想。

曹操赞赏"积德垂仁"之先圣前贤，同时也很重视具有此种品德人的任用。比如，他尊崇儒学名人，盛赞卢植"名著海内，学为儒宗，士之楷模，乃国之桢干也"①。他喜欢博学经典之人，像本为县令长、后迁南阳太守的杨俊，因为"宣德教，立学校，吏民称之"，被提拔为征南军师，魏国建时，迁中尉②；凉茂，经常督促自己的儿子读诗书，"少好学，论议常据经典，以处是非"，被辟为司空掾③。他善纳倡德之言，如袁涣初归操，说操"鼓之以道德，征之以仁义，兼抚其民而除其害"，提出"世乱则齐之以义，时伪则镇之以朴"的建议，曹操"深纳焉"；后袁涣行御史大夫事，又言于操说："今天下大难已除，文武并用，长久之道也。以为可大收篇籍，明先圣之教，以易民视听，使海内斐然向风，则远人不服可以文德来之。"曹操"善其言"④。

特别有趣的是曹操非常注意用一些儒学根底很深的人教导自己的儿子。崔琰，"读《论语》、《韩诗》。至年二十九，乃结公孙方等就郑玄受学。"曹操以崔琰傅文帝，琰以《书》、《春秋》、《诗》、

---

① 《三国志·魏书·卢毓传》注引《续汉书》。
② 《三国志·魏书·杨俊传》。
③ 《三国志·魏书·凉茂传》。
④ 《三国志·魏书·袁涣传》。

《礼》教。有一次曹丕出猎，"志在驱逐"，崔琰书谏说："盖闻盘于游田，《书》之所戒，鲁隐观鱼，《春秋》讥之，此周孔之格言，二经之明义。殷鉴夏后，《诗》称不远，子卯不乐，《礼》以为忌（古代迷信，以子日、卯日为不吉利的日子），此又近者之得失，不可不深察也。"①曹操为其诸子置掾选令有着明确的标准。史载，曹操为"诸子高选官属，令曰：'宜得渊深法度如邢颙辈。'"邢颙是个什么样的人呢？时人称之为"德行堂堂邢子昂"（颙字子昂）②。还有一位名叫任嘏者，"年十四始学，疑不再问，三年中诵五经，皆究其义，兼包群言，无不综览"，礼教所化，远近闻名，曹操"召海内至德，嘏应其举，为临菑侯（曹植）庶子"③。庶子，官名，属太子近侍官。汉制，太子属官除太傅、少傅外，还有庶子、舍人、洗马，以及太子詹事及其属官。时曹操有意立曹植为太子，故有其设。更有一位丞相东曹掾何夔，对操说："自军兴以来，制度草创，用人未详其本，是以各引其类，时忘道德。夔闻以贤制爵，则民慎德，以庸制禄，则民兴功。以为自今所用，必先核之乡闾，使长幼顺叙，无相逾越。显忠直之赏，明公实之报，则贤不肖之分，居然别矣……"显然是一篇道德说教，曹操亦称"善"，遂拜夔为尚书仆射，继而命为太子（曹丕）少傅，不久转为太傅，史称"每月朔，太傅入见太子，太子正法服而礼焉"④。

曹操很重视"孝道"。他可以借"孝"字誉人，也可以借"不孝"之名杀人。据载，曹操为兖州牧时，以毕谌为别驾，张邈劫谌母弟妻子，曹操对谌说："卿老母在彼，可去。"谌表示决无二心，但

---

① 《三国志·魏书·崔琰传》。
② 《三国志·魏书·邢颙传》。
③ 《三国志·魏书·王昶传》注。
④ 《三国志·魏书·何夔传》。

遂后乘机跑到张邈那里去了。不久曹操破吕布、张邈,生擒谌。大家都为谌担心,曹操对大家说:"夫人孝于其亲者,岂不亦忠于君乎,吾所求也。"①遂以为鲁相。这几句话,完全是《论语》中所说的"其为人也孝弟(悌),而好犯上者鲜矣"②的翻版。曹操杀孔融,故意把祢衡的话"父母与人无亲,譬若缶器,寄盛其中"(祢衡是否说过此类话也值得怀疑),硬安在孔融头上,说孔融忤逆不孝,"违天反道,败伦乱理"。罪名虽然是捏造出来的,但反映出他的确是要显示自己重视伦理、提倡孝道。

曹操其人的两面性格很突出,时或翻脸不认人,寡恩少义,但时有颇重义气,立意倡导义气之风。部将陈宫叛后被擒,曹操"召养其母终其身,嫁其女"③;关羽奔刘备于袁绍军,左右欲追之,操令勿追并说:"事君不忘其本,天下义士也"④;王修哭袁谭之死并乞收尸、脂习抚孔融尸大恸、郭宪不参与斩送韩遂头,曹操皆赦其罪而叹其志义。

二、峻刑苛法

严格说来,两手政策共用同施或时有侧重,这并不是什么殊闻罕例,而正是历代所有获得成功的政治家所共同的特点或优点。

1. 随宜设科

乱世用重典,实是儒法诸家的共同主张。曹操迎帝都许之后,

---

① 《三国志·魏书·武帝纪》。
② 《论语·学而》。
③ 《三国志·魏书·吕布传》。
④ 《三国志·蜀书·关羽传》注引《傅子》。

理事处狱大较皆以汉法。但时局大乱,法有不宜,律有不及,执法亦有轻重不当。曹操很快就看到这一点,因此,立即从两个方面着手整肃。

一是重视选用执法之人。曹操选用执法之人同处理别的事情一样,也常表现出两面性。主导的方面,例如他指出,"刑,百姓之命也。"主张"其选明达法理者,使持典刑"①。如以高柔为刺奸令史。高柔处法允当,狱无留滞,夙夜匪懈,至拥膝抱文书而寝。史载,"太祖(操)尝夜微出,观察诸吏,见柔,哀之,徐解裘覆柔而去。"②但另一方面,他又从实用主义出发,起用一些心术不正的人。例如,他以卢洪、赵达等为校事,使察群下,高柔认为达等人品不好,不适合做校事官,曹操说:"卿知达等,恐不如吾也。要能刺举而辨众事,使贤人君子为之,则不能也。"③这是明知其为小人而故用之。

二是"随宜设辟"、制置"新科"。魏明帝时,散骑常侍刘劭作考课论,制下百僚,司隶校尉崔林说,"太祖(操)随宜设辟,以遗来今,不患不法古也。以为今之制度,不为疏阔,惟在守一勿失而已。"④可见,曹操"随宜设辟",已为后代继承,成为曹魏"守一勿失"的制度。

曹操新科,同原来的法律相比,更加严峻,表现在:

(1)不考虑具体条件而一之。史载,曹操制定的新法,不区别具体情况要求各地一律照办。长广(治今山东莱阳东)太守何夔曾"以郡初立,近以师旅之后,不可卒绳以法"为由提出意见,说:

---

① 《三国志·魏书·武帝纪》。
② 《三国志·高柔传》注引《魏氏春秋》。
③ 《三国志·魏书·高柔传》。
④ 《三国志·魏书·崔林传》。

"自丧乱已来,民人失所,今虽小安,然服教日浅,所下新科,皆以明罚敕法,齐一大化也。"①

（2）加重旧法。曹操在许多方面都加重了原来的法律。比如,"旧法,军征士亡,考竟其妻子。太祖患犹不息,更重其刑。"史载,有鼓吹宋金等在合肥亡逃。金有母妻及二弟皆被捉进官府,主者奏尽杀之。理曹掾高柔认为这样作于军不利,因对曹操说:"士卒亡军,诚在可疾,然窃闻其中时有悔者。愚谓乃宜贷（宽贷）其妻子,一可使贼中不信,二可使诱其还心。正如前科,固已绝其意望,而猥复重之,柔恐自今在军之士,见一人亡逃,诛将及己,亦且相随而走,不可复得杀也。此重刑非所以止亡,乃所以益走耳。"曹操总算接受了高柔的意见,"即止不杀金母、弟,蒙活者甚众"。②更有甚者,妻子到丈夫家刚数日,而未与其夫见过面,夫逃也要坐罪"弃市"。史载,"文帝为五官将,召卢毓署门下贼曹。崔琰举为冀州主簿。时天下草创,多逋逃,故重士亡法,罪及妻子。亡士妻白等,始适夫家数日,未与夫相见,大理奏弃市。毓驳之曰:'夫女子之情,以接见而恩生,成妇而义重。……今白等生有未见之悲,死有非妇之痛,而吏议欲肆之大辟,则若同牢合卺之后,罪何所加?……苟以白等皆受礼聘,已入门庭,刑之为可,杀之为重。'太祖曰:'毓执之是也。'"③死罪虽然免了,但仍然要受刑,是"刑而不杀",可见处罚仍然很重。另如记载中所谓曹操"重"某某法以及限时执行某种法令和某些新增科禁等等,实质上,都是为了加重旧法。

（3）执法随意。曹操重视随时设辟,因而设科、执法便常常表

---

① 《三国志·魏书·何夔传》。

② 《三国志·魏书·高柔传》。

③ 《三国志·魏书·卢毓传》。

现出随意性。如对待俘虏，建安五年烧袁绍乌巢粮谷，降卒千余人，操令"皆取其鼻"以示绍军，继而降者七万余人，也统统活埋了。建安十一年征高干，围壶关，曹操又令曰："城拔，皆坑之"①。曹操诸令及其所为，逐渐变成正式"法令"，所以当镇压了河间民田银、苏伯起义后，议者皆说："公有旧法，围而后降者不赦。"②曹操杀降之巨，此不赘述。他甚至制令，征发的民夫如果逃亡，也是杀无赦。曹操讨袁谭，川渠水冻，征民破冰通船，民有惮役而逃者，曹操下令"民亡椎冰，令不得降"。据载，有一椎冰逃民到曹操那里去自首，操对其说："听汝则违令，杀汝则诛首，归深自藏，无为吏所获。"③民知不免，垂泣而去，最后还是被杀了。即使自首也得不到轻处，可见立法之随意和执法之严酷。曹操时或感情用事，怒而行事令人发指。史载，建安二十三年(公元 218 年)汉太医令吉本与少府耿纪、司直韦晃等反，攻许，烧丞相长史王必营，王必伤重而死，"王(操)闻王必死，盛怒，召汉百官诣邺，令救火者左，不救火者右。众人以为救火者必无罪，皆附左。王以为'不救火者非助乱，救火者乃实贼也'。皆杀之。"④可见，盛怒之下，已无法可言。

(4)重连坐之法。史载，建安二十四年九月西曹掾魏讽反，坐死者数十人，甚至一向被曹操所重用的相国钟繇也因曾经推荐过魏讽而被免官。

2. 不以故旧废法

曹操用法虽多诡诈，但主张执法公平，用戮不违亲戚，不以故

---

① 《三国志·魏书·曹仁传》。
② 《三国志·魏书·程昱传》注引《魏书》。
③ 《三国志·魏书·武帝纪》。
④ 《三国志·魏书·武帝纪》注引《山阳公载纪》。

旧废法。这是应当受到赞许的。在这方面留下不少生动的故事。

曹操初迎天子，以杨沛为长社令，"时曹洪宾客在县界，征调不肯如法，沛先挝折其脚，遂杀之。"由此，曹操以杨沛为能，累迁九江、东平、乐安太守。后来，杨沛因与督军争斗，违法，被判髡刑五岁。服刑未满，会曹操出征在谯，"闻邺下颇不奉科禁，乃发教选邺令"，条件就是"当得严能如杨沛比"，因此曹操从服刑的徒役中起杨沛为邺令。曹操见杨沛，问"以何治邺?"杨沛回答说："竭心尽力，奉宣科法。"曹操称"善"，并顾谓坐席说："诸君，此可畏也。"据说，杨沛尚未到邺，"而军中豪右曹洪、刘勋等畏沛名，遣家骑驰告子弟，使各自检敕"①。

刘勋最终还是没有逃过法网。据《三国志·司马芝传》称，征虏将军刘勋，贵宠骄豪，"自恃与太祖有宿，日骄傲，数犯法，又诽谤"。被人告发，曹操将其收治，"以不轨诛，交关者皆获罪"，并免掉了刘勋侄子刘威的豫州刺史职务。

魏国初建，曹丕立为太子，以鲍勋为中庶子，徙黄门侍郎，出为魏郡西部都尉，太子郭夫人弟为曲周县吏，因盗取官布，法应弃市。当时操在谯，太子曹丕留邺，丕"数手书为之请罪"。尽管太子说了话，鲍勋还是不敢擅纵，便将所有情况上报曹操。从曹丕对于鲍勋"及重此事，恚望滋甚"的记载看，曹丕的舅子大概还是被依法斩首了②。

曹操曾以满宠为许令，"时曹洪宗室亲贵，有宾客在界，数犯法，宠收治之。"曹洪写信给满宠，让满宠放人，满宠不听；后来曹洪去找曹操说情，满宠怕曹操让他赦免犯人，立即把犯人杀了。曹

①　《三国志·魏书·贾逵传》注引《魏略》。
②　《三国志·魏书·鲍勋传》。

操很赞赏满宠的做法,高兴地说:"当事不当尔邪?"(做事难道不就该这样吗?)①

建安二十三年,代郡乌桓反,曹操以其子鄢陵侯曹彰为北中郎将,行骁骑将军。临行前,曹操告诫曹彰说:"居家为父子,受事为君臣,动以王法从事,尔其戒之。"②

诸此,皆见曹操的确"不以亲旧废法",而且做到了"用戮不违亲戚"。

曹操不仅要求亲戚、部属和所有军士、老百姓奉法,而且自己也重视带头奉法。典型事例当数"割发代刑"。《三国志》注引《曹瞒传》说,有一次出军,行经麦田中,令"士卒无败麦,犯者死。"骑士皆下马,拨开麦子,牵马行进。就在这个时候,曹操的坐骑腾入麦中,踏倒麦子一大片,曹操令主簿议罪,"主簿对以《春秋》之义,罪不加于尊。"曹操说:"制法而自犯之,何以帅下? 然孤为军帅,不可自杀,请自刑。"于是"援剑割发以置地",表示已受刑。此举不无滑稽,说明曹操其人的确诡计多端;但从另一角度说,我们不能不承认他对待法令的执行是认真的。就其客观情势说,当时做到这一点就表示了执法的严肃性,不仅能得到士众的谅解,而且必能激励士卒重视奉法。

3. 执法亦有宽贷时

曹操立法苛峻,执法随意。所以从本质上说,他不是那种论刑皆本于法的法家,而是一位特别主张人治的专权主义者。在重人治的情况下,会出现两种现象,一是超越法律从重论罪,一是废损

---

① 《三国志·魏书·满宠传》。
② 《三国志·魏书·曹彰传》。

法律减等论罪。两者表现形式虽然不同,但本质却是一致的,即虽然法有规定,但统治者可以根据形势需要或自己的好恶或重其刑,或轻其刑。

论者都很重视曹操严刑酷法、越律而杀的问题,但往往忽视了他执法亦有宽贷时的一面。

史载,有人偷了官府的丝绢,吏疑女工,便把女工捉到监狱里,管理诉讼刑狱的大理正司马芝提出:"夫刑罪之失,失在苛暴。今赃物先得而后讯其辞,若不胜掠,或至诬服。诬服之情,不可以折狱。且简而易从,大人之化也。不失有罪,庸世之治耳。今宥所疑,以隆易从之义,不亦可乎!"曹操接受了司马芝的意见。可见,当时刑罪苛暴,屈打成招是有的,因而司马芝提出"宥所疑,以隆易从之义",曹操觉得司马芝的话有道理,便"从其议",把女工放了①。

再如,建安二十四年魏讽反,黄门侍郎刘廙"坐弟与魏讽谋反,当诛。(陈)群言之太祖,太祖曰:'廙,名臣也,吾亦欲赦之。'"②曹操为了释放刘廙引经据典下令说:"叔向不坐弟虎,古之制也。"叔向,春秋时晋国大夫,其弟叔虎因晋国内部斗争被范宣子杀死,大夫祁奚说服范宣子,没有连坐叔向。曹操遂将刘廙赦免不问,徙署丞相仓曹掾。

另如,魏国初建,徐邈为尚书郎。"时科禁酒,而邈私饮至于沉醉。校事赵达问以曹事,邈曰:'中圣人。'达白之太祖,太祖甚怒。度辽将军鲜于辅进曰:'平日醉客谓酒清者为圣人,浊者为贤人,邈性修慎偶醉言耳。'竟坐得免刑。"③

---

① 《三国志·魏书·司马芝传》。

② 《三国志·魏书·陈群传》。

③ 《三国志·魏书·徐邈传》。

历史上有关曹操宽法赦免有罪的记载还有一些，不再一一列举。从诸多记载分析，可以明显得到两点认识，第一，曹操主动或听从大臣意见，赦免或轻罚有罪，当属特例，否则便勿需记载下来。所以说，曹操行法，虽然时有宽贷，但尚严峻苛仍然是主要方面；第二，宽贷之例，大都发生在魏建国以后，这说明曹操行法虽然常受情绪制导，但根本原因是他所统治的北方的秩序渐趋稳定，一味严刑酷法，不仅不合乎社会形势，而且也不为诸大臣所认同，因此我们可以认定，这正是曹操"治定礼为首，拨乱刑为先"思想的中和与体现。

4. 议复肉刑

曹操复肉刑之想，虽然没有付诸实践，但在历史上却有很大影响，成为中国刑法史上必书的一页。

建安中期以后，曹操欲复肉刑，因令大臣们讨论复肉刑的问题。他知道陈群父子都是主张复肉刑的，因而想让陈群主持此事，并让其首先发表意见，对陈群说：

> 安得通理君子达于古今者，使平斯事乎？昔陈鸿胪以为死刑有可加于仁恩者，正谓此也。御史中丞能申其父之论乎？[1]

陈鸿胪名纪，官至鸿胪卿，是魏国御史中丞陈群的父亲。史载，"后汉献帝之时，天下既乱，刑罚不足以惩罪，于是名儒大才崔实、郑元（玄）、陈纪之徒咸以为宜复肉刑。"[2]陈群根据操的发问回答说："臣父纪以为汉除肉刑而增加笞，本兴仁恻而死者更众，所

---

① 《三国志·魏书·陈群传》。
② 《通典·刑六》。

谓名轻而实重者也。名轻则易犯，实重则伤民。《书》曰：'惟敬五刑，以成三德。'《易》著劓（yì）、刖（yuè）、灭趾之法，所以辅政助教，惩恶息杀也。且杀人偿死，合于古制；至于伤人，或残毁其体而裁剪毛发，非其理也。若用古刑，使淫者下蚕室，盗者刖其足，则永无淫放穿窬之奸矣。夫三千之属，虽未可悉复，若斯数者，时之所患，宜先施用。汉律所杀殊死之罪，仁所不及也，其余逮死者，可以刑杀。如此，则所刑之与所生足以相贸矣。今以笞死之法易不杀之刑，是重人支体而轻人躯命也。"①

　　陈群之言，要在四点，第一，汉除肉刑而增笞，本想轻刑，结果是名轻而实重；第二，肉刑之法，合乎古制，正可以"辅政助教，惩恶息杀"；第三，与其把没有死罪的人"笞死"，还不如改用肉刑，以保全人的生命；第四，肉刑之属甚多，未可复悉，劓、刖数者，"时之所患，宜先施用"。

　　为了便于理解曹操、陈群等人的主张，有必要略述有关肉刑的源流。据《尚书·吕刑》载，有所谓"五刑"，一曰墨刑，即刺面涂墨；二曰劓刑，即割鼻子；三曰刖刑，即削足趾；四曰宫刑，即男子"割势"，女子幽闭于室；五曰大辟，即死刑。其中墨罚、劓罚之属各千，刖罚之属五百，宫罚之属三百，大辟之属二百，因称"五刑之属三千"。后来，汉高祖初入咸阳，约法三章，杀人者死，伤人及盗抵罪，蠲削秦法，兆人大悦。《通典·刑一》说，"然大辟尚有三族之诛，先黥、劓、斩左右趾，笞杀枭其首。菹其骨肉于市，其诽谤詈诅又先断舌，故谓之具五刑。"吕后称制时，曾除三族罪。汉文帝尽除收孥相坐律令，继除诽谤之罪，刑法大省。十三年（公元前167年）又感齐女淳于缇萦之言，除肉刑。从记载看，除肉刑的直

---

① 《三国志·魏书·陈群传》。

接原因就是有感于淳于缇萦替父淳于意赎罪。史载,汉文帝十三年齐太仓令淳于意有罪,逮系长安当刑,其女缇萦上书曰:"妾父为吏,齐中皆称廉平,今坐法当刑,妾痛死者不可复生,刑者不可复属,虽欲改过自新,其道无繇(由),妾愿没入官婢,赎父刑罪。"汉文帝悲怜其意,遂下令曰:"盖闻有虞氏之时,画衣冠、异章服以为戮,而人弗犯,今法有肉刑三(黥、劓二,刖左右趾一)而奸不止,吾甚自愧。夫训道不纯,愚人陷焉,诗曰:'恺悌君子,民之父母,今刑者断支体、刻肌肤,终身不息,或欲改行为善,而道无繇,岂称为父母之意哉!其除肉刑。"根据文帝的旨意,丞相张苍、御史大夫冯敬奏议定律令:"诸髡者完为城旦舂,当黥者,髡钳为城旦舂,当劓者笞三百,当斩左趾者笞五百,当斩右趾及杀人先自告(意为自首可免罪),及吏坐受赇(接受贿赂)枉法,守县官财物而即盗之,已论命,复有笞罪者,皆弃市(意为犯有死罪,又犯笞罪者,执行死罪)……"①

从汉文帝的诏令看,肉刑似乎仅指黥、劓、刖三种。据马端临《文献通考·刑二》载,汉景帝元年有诏说:"孝文皇帝除宫刑,出美人,重绝人之世也。"可见,汉文帝除肉刑,是指不包括死罪在内的黥、劓、刖、宫四种。

对于汉文帝除肉刑,一直有两种不同评价,或曰"德侔天地",或曰"加笞与重罪无异,幸而不死,不可为人"②,所以,汉景帝时,又减笞打之数。从汉文帝除肉刑到曹魏建国,肉刑之不用已三百余年(实际并未完全根绝)。三百年中,常常有人批评笞刑之酷,笞未毕而人已死。所以大多数人认为,笞刑之酷远较肉刑为甚。

---

① 《通典·刑六》。
② 《通典·刑八》。

那么曹操议复肉刑,是欲宽刑,还是想严刑呢?古来就有两种评论,陈群赞同复肉刑,指出除肉刑而增笞是"名轻而实重",相国钟繇也持相同意见,先时荀彧亦曾根据曹操的意图"博访百官,欲复申之"。可见,他们都是从轻刑的角度去体会曹操的意图。相反,孔融则不同。孔融曾于建安中针对欲复肉刑之议,发过一篇长论:"古者俗庞,善否区别,吏端刑清,政无过失,百姓有罪皆自取之。末代凌迟,风化坏乱,政挠其俗,法害其教,故曰上失其道,民散久矣,而欲绳之以古刑,投之以残弃,非所谓以时消息者也。纣剒(cuò,割)朝涉之胫,天下谓之无道。九牧之地千八百君,若各刖一人,是天下常有千八百纣也,求俗休和,弗可得已。且被刑之人,虑不全生,志在必死,类多趋恶,莫复归正。夙沙(春秋时齐人)乱齐,伊戾(春秋时宋人)祸宋,赵高、英布为世大患,不能止人不为非也,适足绝人还为善耳。虽忠如鬻拳,信如卞和,智如孙膑,冤如巷伯,才如史迁,达如子正,一罹刀锯,没世不齿,是太甲之思庸,穆公之霸秦,南睢之骨立,卫武之初宴,陈汤之都赖,魏尚之守边,无所复施也。汉开改恶之路,凡为此,故明德之君远度,深惟弃短就长,不苟革其政者也。"①另如大司马郎中令王修等皆以为"时未可行"。"时未可行"云云,史无明义,因而不知是从"重"的角度,还是从"轻"的角度说的,但史家常将孔融、王修并提,"曹公秉政欲复肉刑,陈群深陈其便,钟繇亦赞成之,孔融、王修不同其议,遂止。"②由此推测,王修的观点可能同孔融是一致的。我以为不可以不变看曹操,好像曹操只会峻法严律而不会考虑轻法的问题。曹操是个政治家,他要审时度势以制策。曹操认为,建安中期以

① 《通典·刑六》。
② 《三国志·魏书·王修传》。

后,刑律问题应该考虑,否则不利于逐步建立起自己的统治。他本想立即恢复所有肉刑,但当孔融、王修等提出不同意见,他的确又考虑了"时未可行",即条件尚不具备的问题,第一,反对者甚多,"当时议者,唯钟繇与群议同,余皆以为未可行";第二,军事未罢,行肉刑,恐不利招附来者。

复肉刑未得即行,但曹操其人,想做的事总想做到,于是便采取了一种变通的形式表示了他复肉刑的决心、目的以及意在轻刑之思。"于是乃定甲子科犯,钛左右趾者易以木械。是时乏铁,故易以木焉。又以汉律太重,故令依律论者,听得科半使半减也。"①钛(音 dì),剃意。斩左右趾改成戴木镣,其他犯罪依汉律减半执行。无疑,这在形式上实已恢复了肉刑,但较汉律轻了许多。不过使用范围仅限"甲子科犯"。"甲子"似非指纪年,因为如按年记,前一个甲子年在汉灵帝中平元年(公元 184 年),后一个甲子年在魏齐王正始五年(公元 244 年),显然是不可能的。因此可能是按干支纪日,特指某一甲子日的犯人。此一推论,并非无稽。据《后汉书·献帝纪》记载和《三国志·武帝纪》及其注引各书看,建安二十三年发生过一件特大事件,即汉太医令吉本、少府耿纪、司直韦晃起兵,欲挟天子以攻魏,烧王必营,旋被镇压。这事件的发生日就是正月甲子。虽然首谋者已被"夷三族",汉官亦多"以为救火者必无罪皆附左"被杀,但仍有许多受牵连的尚未处理。此时,曹操头脑已开始有所冷静,因而便有了"甲子科犯"令的发出。正因为是特令,所以在历史上未被视为正式法律,因而也才会有"文帝(曹丕)受禅,又议肉刑,详议未定,会有军事,复寝"以及"至齐王芳,正始中征西将军夏侯元、河南尹李胜又议肉刑,竟不能决"的记载。

---

① 《通典·刑一》。

三、"神龟虽寿,犹有竟时"

曹操不是哲学家,没有什么系统的哲学思想可谈。但任何人,特别是如曹操者流的历代政治家、军事家的言论和行动,无不受着一定的世界观、人生观的制约。因此,他们的言行,亦当含有哲学的内涵。

1. 不信天命

曹操在其《让县自明本志令》中说:"或者人见孤强盛,又性不信天命之事,恐私心相评,言有不逊之志,妄相忖度,每用耿耿。"这是回答反对者的话,也是曹操认定的反对者对自己的谴责话。主客观都这样评论,所以曹操有不信天命的表现,当属事实。

曹操不信天命,实乃形势使然。他身为汉相,同时又在谋划曹魏事业的发展,即使自己不取汉而代之,也要为子孙后代奠定代汉的根基。既有此心,便不当相信天命。因为通常所谓"天命"的最主要含义是"受命于天"。所以,如言天命,首先必须回答汉祚久暂的问题。别人可以大谈汉代已进入季世、土德将代火德而兴,预言汉朝将要灭亡,但曹操不能。因为那样,篡汉野心就暴露无遗了。可见,从某种意义看,曹操不信天命,也不谈天命之事,完全是基于重大的政治问题的考虑。也正是因为"天命"同一个时代的"政权"紧紧相连,所以反对者们由此便觉察到曹操"性不信天命",就是"有不逊之志"。曹操回答反对者的意见,也基于此。

事实证明,曹操的确也不是完全不信天命。他的天命观到了一定时机便自然流露出来了。建安二十四年(公元 219 年),孙权上书称臣,称说天命;侍中陈群、尚书桓阶也乘机进言,说汉家期运久已尽,历数久已终,"畏天知命,无所与让也。"(《三国志·武帝纪》注引《魏略》)曹操在此情势下,终于道出了真话:"若天命在吾,吾为周文王矣。"

总之,曹操说他"性不信天命之事",在其一生的相当长的时间内是真的。因为不谈天命,更利发展。晚年,对于称说天命之事,颇感兴趣,而且自言天命,也是真的。因为言说天命才利于取汉而代之。

2. 不信乱神

曹操不是无神论者,也不完全是泛神论者。他不信乱神,所以敢于禁断淫祀;他是有神论者,所以"始定天下,兴复旧祀"[1]。

禁断淫祀不自曹操始,但曹操禁断淫祀的历史影响,却远远超过以往。什么是"淫祀"?淫,滥,超过限度;祀,祭祀。淫祀,就是无节制地祭祀许许多多不在"祀典"规定范围内的神灵。淫祀之害,早已引起统治者的注意。

曹操禁断淫祀:一是前已述及的做济南相时皆毁城阳景王刘章祠屋六百余,"止绝官吏民不得祠祀";二是"及至秉政,遂除奸邪鬼神之事"[2]。另外还有曹操不信左道的记载,建安四年(公元199年),他讨河内,俘房告诉他:"河内有一神人宋金生,令诸屯皆云鹿角不须守,吾使狗为汝守。不从其言者,即夜闻有军兵声,明日视屯下,但见虎迹。"曹操即令武猛都尉吕纳,将兵掩捕,捉住宋金生,立即军法从事,将其杀了[3]。

《三国志》注引《魏书》说:"世之淫祀由此遂绝"。就当时的

---

① 《通典·礼·天子七祀》。
② 《三国志·魏书·武帝纪》注引《魏书》。
③ 《御览》卷337。

情况看,可能收到很大成效,但如历史地来看,这样估价显然是太高了。因为淫祀虽然一度被禁,但后来还是死灰复燃了。从《通典》或《文献通考》的记录中我们能比较客观地了解曹操禁断淫祀的历史影响,尤其是对于魏晋时期的影响。

《通典·淫祀兴废》说,魏武王(曹操)秉汉政普除淫祀,文帝黄初五年(公元224年)诏:"先王(指禹、汤、文武)制祀五行,名山川泽非此族也,不在祀典。叔世衰乱,崇信巫史,至乃宫殿之内、户牖之间,无不沃酹,甚矣。自今敢设非礼之祭、巫祝之言,皆以执左道论,著于令。"明帝青龙初年又诏:"郡国山川不在祀典,勿祀。"可见,魏朝文帝、明帝都曾比较认真地贯彻过曹操"普除淫祀"的主张,虽然阻力甚大,但亦当收到一定成效。

晋武帝继承魏制,即位之初即于泰始元年(公元265年)下诏,肯定了魏朝的制度,诏说:"昔圣帝明王修五岳、四渎、名山、川泽各有定制,所以报阴阳之功故也。……是以其人敬慎幽冥而淫祀不作。末世信道不笃,僭礼黩神,纵欲祀请,曾不敬而远之徒偷以求幸,妖妄相煽,舍正为邪,故魏朝疾之,其按旧礼具为之制,使功著于人者必有其报,而妖淫之鬼不乱其间。"因此,次年二月有司奏春分"祠厉殃及禳祠",即诏:"不在祀典,除之。"

南北朝时,南朝宋武帝永初二年(公元421年)"普禁淫祀";北魏"颇用古礼,祀天地宗庙百神而犹循其旧俗,所祀神甚众",魏太武拓跋焘从崔浩议,"存合于祀典者五十七所,其余重复及小神悉罢之"。

淫祀不仅是一般的迷信活动,而是有着深厚社会基础,反映着一种社会思想认识,代表着一定社会阶层的利益,所以在当时的社会政治、经济和文化条件下,完全禁断是不可能的。因此,随后魏武影响渐消,淫祀之风复盛。

淫祀时盛时禁,反反复复,不管从什么角度看,曹操做济南相禁断淫祀及其秉汉政普除淫祀之举,都应给予充分肯定。因为,第一,这确实反映了曹操有不信乱神的思想。虽然,这还谈不上曹操有什么唯物主义思想,但他"信神不笃",当是真的。就当时的社会现实来说,这已是超然于世的不同凡响的认识;第二,禁断淫祀,打击了迷信落后和利用淫祀朘削人民的地方豪强势力,对于一时的社会稳定和人心风俗的纯洁产生过积极的影响;第三,曹操开反对淫祀之先,尽管后来淫祀之风依然很盛,但曹操普除淫祀之举,依然常常为人所称道,足见其影响之深广。

当然,还应该看到曹操不信乱神的局限性。他反对淫祠、淫祀,重点当在"淫"字。淫者滥,滥则带来许多社会问题,不可不禁。"非其所祭而祭之,名曰淫祀。淫祀无福。"(《礼记·曲礼下》)从诸多记载看,曹操同其他后世反对淫祀者一样,他们都强调"凡不在祀典者",除之。换言之,曹操并不是反对一切祭祀,尤其是不反对已列于祀典者。汉魏之祀典为何?不得知。但可以断言,各朝祀典大都是依照《周礼》、《礼记》而定。《周礼》、《礼记》反映着万物有灵、泛神论的观点,所祭已经够滥了,不仅当祭先帝前贤,当祭祖先,而且天地日月星、山川湖泊亦当祭。

曹操在这样的时代,又是在这样的所谓"祀典"范围内考虑问题,当然不会是真正意义上的"不信乱神"。

这里还要特别讲一下,曹操虽然反对淫祀、反对邪神,而且在一定程度上表现得非常坚决,但另一方面又不时透露出矛盾的心理。诸如:第一,曹操相信鬼魂的存在。史载,曹操爱子仓舒死了,司空掾邴原的女儿早亡。曹操想为子结"阴亲",欲求邴原女合葬,原辞曰:"合葬,非礼也。原之所以自容于明公,公之所以待原者,以能守训典而不易也。若听明公之命,则是凡庸也,明公焉以为哉?"所谓"合葬,非礼也",是指《周礼·地官·媒氏》所言:禁迁葬者与嫁殇者。据郑玄说:"迁葬谓生时非夫妇,死即葬,迁之使相从也;殇十九以下未嫁而死者,生不以礼相接,死而合之,是以乱人伦也。"①邴原说以古礼而坚辞,曹操不得已只好作罢。第二,曹操重祥瑞信异兆。曹操有《内诫令》一道说:"百炼利器,以辟不祥,摄服奸宄者也。"(《御览》卷345)"百炼利器"指的是曹操做的"百辟刀"五把。他把五把经过千锤百炼的宝刀分给儿子们,用以除凶避邪,震慑奸人。曹操从汉中回到洛阳,建造建始殿,濯龙祠有树妨碍施工,迁移时,根伤"出血"。曹操见状而恶之,以为不祥,还遂寝疾。

诸此说明,其一,曹操反对淫祀,但并不否定鬼神和灵魂的存在,而是否定祭非其类,反对非其所祭而祭之。孔子说过:"非其鬼而祭之,谄也。"(《论语·为政》)大概此话对曹操也有相当的影响。其二,曹操反对邪神乱鬼,但由于本身并没有从神鬼论的羁绊中解脱出来,所以还相信灵魂不灭,相信异兆,因而必然对异象产生恐惧,以至恐慌致疾。

因此,愚以为对曹操禁断淫祀、普除奸邪鬼神之事,从社会的意义上应该给以充分重视和估价;但就曹操的认识论、世界观来说,只能作有限度的肯定。如果作过高的评价,认为曹操已具有无神论思想,显然是不对的,因为这不符合时代的必然,也不符合曹操的思想实际。

3. 慕仙而不信仙

曹操存诗二十一首,其中七首谈及神仙,铺述登仙境以及与神

---

① 参见《通典·礼六十三》。

仙共游之乐、共语之快。这些诗讲到神仙,栩栩如生,跃然纸上;描述仙境,如历在目,毕真毕现。尽管如此,我认为绝不可以此而断定曹操真的相信神仙的存在。道理很简单,他描述得越生动,越具体而形象,越证明他笔下的神仙是自己的想象而非实在。所以,说穿了,他只不过是借用古已流传的神仙故事和神仙人物抒发自己的感情和政治抱负而已。因此,我把曹操的仙游诗看作是政治诗。慕仙而与其游,都是表象,只要认真分析,就可透过表象看到本质。

曹操的仙游诗大多流露着期做盛世王的理想。所谓"驾六龙,乘风而行。行四海外,路下之八邦。历登高山临溪谷,乘云而行,行四海外"(《气出唱》),以及"驾虹霓、乘赤云,登彼九疑历玉门。济天汉,至昆仑,见西王母谒东君"(《陌上桑》),无不透视着他渴望天下一统的思想。驾龙乘风,君临天下,路无阻碍,四通八达,何等气派。这不就是前时盛世之王,诸如秦皇汉武的写照吗?身跨虹霓,脚踏赤云,登九嶷山、游玉门关,济银河,至昆仑,六合之内任驰骋,这种气势较之虞舜南巡,不是更为浩大吗?

曹操期望着天下一统而不能致,满腔的热忱与苦闷,便以乐府诗的形式发泄出来。

> 东到泰山,仙人玉女,下来翱游。骖驾六龙,饮玉浆。河水尽,不东流。解愁腹,饮玉浆,奉持行。

> 东到蓬莱山,上之天之门。玉阙下,引见得入,赤松相对,四面顾望,视正焜煌(明亮,辉煌。焜,音 kùn)。开玉心正兴,其气百道至。传告无穷闭其口,但当爱气寿万年。

> 东到海,与天连。神仙之道,出窈入冥,常当专之。心恬澹,无所愒(同憩,休息)欲。闭门坐自守,天与期气。愿得神之人,乘驾云车,骖驾白鹿。上到天之门,来赐神之药。跪受之,敬神齐,当如此,道自来。(《气出唱·驾六龙》)

诗的内容,剥开"仙气"的外衣,不难看出它的实际喻义是讲述君王出巡之盛。同时也写出了自己的满腹惆怅。君王出巡,到处受到最高的礼遇与款待。最后落脚到"神仙之道,出窈入冥",只有心无贪欲,淡泊安闲,静而待之。意谓真正地实现自己的理想仍需时日。从意愿的角度说,他的确希望真的有神仙,因为那样就可得到不死之药,最终完成自己的事业了。

华阴山,自以为大,高百丈,浮云为之盖。仙人欲来,出随风,列之雨。吹我洞箫,鼓瑟琴,何闾闾!酒与歌戏,今日相乐诚为乐。玉女起,起舞移数时。鼓吹一何嘈嘈。

从西北来时,仙道多驾烟,乘云驾龙,郁何蓩蓩(mǎo,茂盛)!遨游八极,乃到昆仑之山,西王母侧,神仙金止玉亭。来者为谁?赤松王乔,乃德旋之门。乐共饮食到黄昏。多驾合坐,万岁长,宜子孙。(《气出唱·华阴山》)

形式上看,此诗表现的仅仅是诗人的慕仙之意。但真正的内涵则在深喻帝王之乐。这是一种天上人间的描述。人间帝王要去见西王母,结果是众多的神仙腾云驾雾集中到西王母身边,以示四方来朝,仙人赤松、王乔和德、旋诸星君均出来迎接,相与共饮直到黄昏,群仙坐在一起,共祝长生不老多子多福。诗中备及酒、色、仙、寿。如要达到如此之盛,当然是非帝王而不可得。

另如《秋胡行》二首,或云神仙来到身旁,或说与神人共游。而诗的真正内涵都是感怀大业难成。

有何三老公,卒来我身旁。有何三老公,卒来我身旁。负掩(yān,同掩)被裘,似非恒人。谓卿云何困苦以自怨,徨徨所欲,来到此间?(《秋胡行·晨上散关山》)

此诗写于建安二十年(公元 215 年)西征张鲁时,晨上散关山,因遇到极大困难,困苦而自怨。为什么要来到这个地方呢? 矛盾的心情跃然纸上。诗中曹操实以天子自况,因而既叹统一的事业难以实现,但又不愿就此作罢,意中迷烦。仙人劝他放下事业,为仙而去。"道深有可得。名山历观,遨游八极,枕石漱流饮泉。沉吟不决,遂上升天。"(同上)此实诗人意念中语,放下事业,遍历名山,遨游天边,枕石而眠,漱饮清泉,逍遥自在,惬意得很。但他不能这样做。"沉吟不决",虽属矛盾的心理表现,但实际也是不为仙事所动的表现。他的另一首《秋胡行》诗,落脚点则更加清楚地放到了人间,表露了自己的志向是欲为圣王。

> 明明日月光,何所不光昭! 明明日月光,何所不光昭! 二仪合圣化,贵者独人不? 万国率土,莫非王臣。仁义为名,礼乐为荣。歌以言志,明明日月光。

> 四时更逝去,昼夜以成岁。四时更逝去,昼夜以成岁。大人先天而天弗违。不戚年往,忧世不治。存亡有命,虑之为蚩。歌以言志,四时更逝去。

> 戚戚欲何念! 欢笑意所之。戚戚欲何念! 欢笑意所之。壮盛智慧,殊不再来。爱时进趣,将以惠谁? 泛泛放逸,亦同何为! 歌以言志,戚戚欲何念。

日月普照大地,天地化育万物,而人是最为宝贵的;普天之下,莫非王土,率土之滨,莫非王臣。自己的责任,不在飘摇八极,与神人共游,而在于以仁义礼乐治理天下。"四时更逝去,昼夜以成岁","不戚年往,忧世不治",过去的已经过去了,不应更多地考虑自己一天天地老了,而应该更多地考虑治理当前社会问题。

总之,曹操仙游诗写了不少,而且大都写得很漂亮、很形象,但这都是曹操理念中的东西,诸多描述均不外人间理想的仙境拟化,因此,它不表明曹操真的相信神仙的存在,而表明的是曹操对政途之艰的慨叹和对政治理想的某些追求,以及对美好未来的憧憬。

所以说:仙游诗的真正内涵不在神仙,而在政治。

4. 神龟虽寿,犹有竟时

曹操的乐府诗中多有慕仙成道之语。前面说过,仙游诗宜作政治诗来看。但又必须承认,他又的确是向往着那种缥缈的、不存在的、但可以给人以精神慰藉的神仙境界。其中尤为向往的是仙人的长寿。因此他的仙游诗大都含有慨叹人生苦短和期寿的内容。

> 天地何长久,人道居之短。天地何长久,人道居之短。世言伯阳(老子,字伯阳),殊不知老;赤松、王乔,亦云得道。得之未闻,庶以寿考。(《秋胡行》)

> 飘飖八极,与神人俱。思得神药,万岁为期。(同上)

> 东西厢,客满堂。主人当行觞,坐者长寿遽何央。(《气出唱》)

这都反映了曹操是多么希望自己长寿,甚至想得到长生不老的神药,得到西王母的祝福。

曹操为什么这样汲汲于寿呢？ 第一,人生期寿实属自然本性。于此,多少有所作为的帝王较之贫民百姓表现尤甚。秦皇使人求不死之药,汉武封禅泰山,遂至东莱,亦遣方士求神怪,采芝药,都是期望长生不死。所不同的是,秦皇、汉武被方士所迷,对于神仙笃信不疑,而曹操虽然在期寿这个根本问题上怀有同样心情,但对神仙却并不是那么笃信的。既然期望长寿属于人之常情,所以已是暮年的曹操发此之想,并不足怪。第二,应该注意到曹操期寿的更深一层的意义。建安十二年(公元 207 年),曹操历尽艰辛,取得北征乌桓的胜利,完成了统一北方的任务。但这时他已五十三岁了,他想到南方诸雄尚在,要完成全国统一大业,前头还有更多更大更艰巨的事情要做,于是便有了烈士暮年的感慨;及至赤壁战败,入蜀受挫,三国鼎立大势已定,曹操甚知大业之得绝非短时间可成,而自己却已进入暮年,因而很自然地便发出了"人生几何?譬如朝露,去日苦多"的伤感。事业未就,壮志未酬,而自己老了,如果天假年寿若干,该是多好啊!应该说,这样的期望,无可厚非。孔老夫子不是为了读《易经》也还希望天假数年之寿吗!

论者或谓曹操的慕仙期寿表现了一种消极情绪,因而产生了不好的历史影响。乍一看来,不无道理。"对酒当歌,人生几何?譬如朝露,去日苦多。慨当以慷,忧思难忘。何以解忧,惟有杜康"(《短歌行》);"绝人事,游浑元(天地间),若疾风游欻飘翩"(《陌上桑》);"心恬澹,无所愒欲,闭门坐自守,天与期气"(《气出唱》),都流露着"年之暮奈何"(《精列》)的感伤。但当你把全诗读下来,从另外的角度想一想,便不是那个样子了。他慨叹的是"时过时来微",盛年已过,应该珍惜未来不多的时光。诗的积极意义昭然若揭。

更值得重视的是,曹操在他的诗中还透露出某些唯物主义的思想认识。他明确地指出,人总是要死的。

> 厥初生,造化之陶物,莫不有终期。莫不有终期,圣贤不能免,何为怀此忧?愿蟂龙之驾,思想昆仑居。思想昆仑居。见期于迂怪,志意在蓬莱。志意在蓬莱。周孔圣徂落,会稽以坟丘。会稽以坟丘,陶陶谁能度?君子以弗忧?年年暮奈何,时过时来微。(《精列》)

天地之间一切有生命的东西,都有终结的时候,这是圣贤也免不了的,周公、孔子死了,夏禹在会稽的坟丘已历多少时日,谁也说不清楚。既然死是不可避免的,何必心怀此种忧愁。怎么办?一是成为神仙,乘坐着蟂龙拉的车到昆仑山和蓬莱山上去居住,去游玩;

二是君子坦荡荡,过去的已经过去了,那就很好地珍惜未来不多的日子吧!无疑,前者是一种美好的愿望,后者才是他真实的思想。

这样解其诗绝非臆断,因为曹操在《龟虽寿》的诗中明确地阐明了这样的思想。

> 神龟虽寿,犹有竟时。腾蛇乘雾,终为土灰。老骥伏枥,志在千里;烈士暮年,壮心不已。盈缩之期,不但在天;养怡之福,可得永年。幸甚至哉,歌以咏志。

神龟尽管活得很久,但总有死的一天;腾蛇虽然能够驾雾升空,但最终还免不了成为土灰一团。死是不可避免的,关键是用什么样的态度对待它。"老骥伏枥,志在千里;烈士暮年,壮心不已",这是曹操五十多岁、北征乌桓取得胜利而踌躇满志的时候的真实思想。这个时候,他虽然已有暮年之感,但绝不会惧死,而是要利用有生之年大干一场,从而继续壮大、发展自己的业绩。"盈缩之期,不但在天;养怡之福,可得永年",同样迸发出他的思想中的光辉之点。寿限长短,不仅在天,还要看自己是否注意保护身体,只要注意保养,就可增寿延年。曹操在这里虽然没有完全否定了"天",但至少将"天"的决定性作用减去了一半,那一半就是"人"自己的作用。这较之孔老夫子的"死生有命,富贵在天"(《论语·颜渊》),无疑是前进了一大步。所以,在此问题上应该肯定,曹操的确是具有一种朴素的唯物的思想认识。

正是基于这样的认识,所以他敢于明确地说人的德行的好坏和生死寿夭没有关系。

> 德行不亏缺,变故自难常。郑康成行酒,伏地气绝;郭景图命尽于园桑。[①]

---

① 《董卓歌》,《三国志·魏书·袁绍传》注引《英雄记》。

德行好的人，难料不发生意想不到的变故，大儒郑玄在给人敬酒时倒地而死，郭景图（生平不详，大概也是有德行的名人）突然在桑园里死去。曹操敢于说出生死与德行无关的话，就当时来说是相当大胆的。所以鲁迅在《魏晋风度及文章与药及酒之关系》一文中说："曹操作诗，竟说是'郑康成行酒伏地气绝'，他引出离当时不远的事实，这是别人所不敢用的。"

曹操既知生死与德行无关，又知"养怡"可以延年，因此他特别注意保养与锻炼身体。据记载，曹操对待吃东西很讲究，曾著《四时食制》，记述食物形状、特性和产地。就《御览》所见，仅吃的鱼就有十数种之多。另，曹操写有《与皇甫隆令》，令谓：

> 闻卿年出百岁，而体力不衰，耳目聪明，颜色和悦，此盛事也。所服食施行导引，可得闻乎？若有可传，想可密示封内。[①]

可见曹操对于长寿的人非常羡慕，反映了他期寿之念始终不衰；同时也反映出他极盼得到养生之法的心情，尤其对于吃什么东西、如何锻炼身体，很想知道。

---

① 《千金方》81。转引自《曹操集译注》，中华书局 1994 年版。

第十六章　用人重谋，举贤勿拘品行

天下之争，往往就是人才之争。历史不止一次地证明，诸雄争立，最后的胜利者，往往就是善致人才、善用人才者。曹操是一位富有远见的政治家，而且颇娴历史的经验与教训，因此他对此认识得更为深刻。重视人才的罗致和使用，是曹操获得重大成功的条件之一，也是他思想中贯彻始终的光辉点之一。

一、"吾任天下之智力，以道御之"

靠什么而得天下？曹操与袁绍起兵讨董卓时，有过一次对话，袁绍问："若事不辑，则方面何所可据？"曹操反问道："足下意以为何如？"绍说："吾南据河，北阻燕、代，兼戎狄之众，南向以争天下，庶可以济乎？"操说："吾任天下之智力，以道御之，无所不可。"①

寥寥数语，反映出两种截然不同的政治观和战争观。袁绍把地理环境作为第一要素；曹操则认为，最为重要的是人，只要能用正确的思想路线驾驭并任用天下之智力（既包括智谋之士，也包括能战之勇力），在什么样的地方都可以发展势力，最终夺取天下。

曹操为了说明自己的观点，针对袁绍的观点，还进一步指出：

---

① 《三国志·魏书·武帝纪》。

"汤武之王,岂同土哉?若以险固为资,则不能应机而变化也。"①商汤起自东方,周武王起自西方,地理不同,但都取得天下,可见地理条件不是决定性的因素;如果仅以地理的险固为依靠,那么就不能随着形势的变化而变化了。

历史证明,袁绍和曹操都把自己的观念贯彻在自己的行动中。袁绍如愿以偿,占有冀州,为冀州牧,兼有冀、青、幽、并之地,地不可谓不广,亦不可谓不固,但刚愎自用,不善网罗人才、使用人才,文如荀彧、郭嘉,武如张郃、高览等都先附而后离去,枢机重臣如沮授、田丰等谋不得用,或削其权,或监而杀之。结果,虽据险固之地,但不能如其谋臣田丰所说,"据山河之固,拥四州之众,外结英雄,内修农战,然后简其精锐,分为奇兵,乘虚迭出,以扰河南"②。所以,带甲虽众,但不善御,最终师丧地失,呕血而死。曹操则不同,始终把网罗人才作为一件大事来对待,每得一人才,往往喜形于色。初平二年(公元191年),荀彧离开袁绍投奔曹操,曹操见到荀彧,情不自制,"大悦",说"吾之子房也"。曹操素闻荀攸名,因征之,入为尚书,"与语大悦",高兴地说:"公达,非常人也。"他甚至不无夸张地说得一人才比得一州之地还高兴。建安十三年(公元208年)七月进军荆州,八月刘表病死,谋士蒯越(字异度)等劝刘琮降曹。曹操就此事写信给荀彧说:"不喜得荆州,喜得蒯异度耳。"③及至后来,权力日隆,野心日大,因而常以周公自比,并决心效周公虚心纳士、广罗人才的故事。这种求才心切的心情常在自己的诗歌中表现出来。

---

① 《三国志·魏书·武帝纪》注引《傅子》。

② 《三国志·魏书·袁绍传》。

③ 《三国志·魏书·刘表传》注引《傅子》。

对酒当歌,人生几何?譬如朝露,去日苦多。慨当以慷,忧思难忘。何以解忧,惟有杜康。青青子衿,悠悠我心,[但为君故,沉吟至今。](据《文选》补八字)呦呦鹿鸣,食野之苹。我有嘉宾,鼓瑟吹笙。明明如月,何时可掇?忧从中来,不可断绝。越陌度阡,枉用相存,契阔谈宴,心念旧恩。月明星稀,乌鹊南飞。绕树三匝,何枝可依?山不厌高,水不厌深,周公吐哺,天下归心。(《短歌行》)①

曹操在这里慨叹事业未成,人已老。人生苦短,满腔惆怅,不管如何强打精神,但大业未成,总是教人忧虑,使人难忘。"何以解忧,惟有杜康"。他借酒浇愁、解闷,不由想到事业不成,还是人才问题,因而便想起了《诗经》中的《郑风·子衿》和《小雅·鹿鸣》。《子衿》诗有云:"青青子衿,悠悠我心,纵我不往,子宁不嗣音。"本刺乱世而学校不修。意谓身穿青领布衫的学子们弃学而去,我的心中很是忧伤;(你们怎么走了呢)纵然我没有去见你们,你们也应等待我的消息啊!或谓这是写一个女子对情人的思念,并责其忘己。不管作何解,但总是对人才的思慕。《鹿鸣》讲的宴请群臣嘉宾,借喻鹿儿找到好吃的草,互相召唤,发出"呦呦"的叫声,大家都跑到既给饮食,又给奖励的地方去。进而点到主题,嘉宾来到,我将"鼓瑟吹笙",给予隆重欢迎。"明明如月,何时可掇?忧从中来,不可断绝"、"越陌度阡,枉用相存,契阔谈宴,心念旧恩",都是表露求才心切之情。诗的最后,等于向天下才士发出号召,"月明星稀,乌鹊南飞,绕树三匝,何枝可依?"来吧!到我这里吧!"山不厌高,水不厌深,周公吐哺,天下归心。"我要学习周公

---

① 《乐府诗集》卷30。

"一沐三握发,一饭三吐哺,起以待士,犹恐失天下之贤人"①的精神,尽罗天下才士。

另外,曹操还有一首《善哉行》诗,描述宴请宾客时的感受,表现了同样的心情。

> 朝日乐相乐,酣饮不知醉。悲弦激新声,长笛吹清气。
> 一解。
>
> 弦歌感人肠,四座皆欢悦。寥寥高堂上,凉风入我室。
> 二解。
>
> 持满如不盈,有德者能卒。君子多苦心,所愁不但一。
> 三解。
>
> 慊慊下白屋,吐握不可失。众宾饱满归,主人苦不悉。
> 四解。
>
> 比翼翔云汉,罗者安所羁? 冲静得自然,荣华何足为!
> 五解。②

酣饮美酒,弦歌感人,一片欢乐场面。一阵凉风吹来,使自己的头脑顿时清醒。诗意急转而升华,诗人告诫自己身居高位绝不可骄傲自满,只有有德之人能够善始善终,需要操心的事很多很多,让人犯愁的事也不只一件。但什么事情最重要呢? 谦虚待人,礼贤下士,"吐握不失";虽然已有不少人才入我彀中,饱餐而归,但犹恐还没有把所有人才罗致而来。因而不由感慨:"比翼翔云汉,罗者安所羁?"如果让一些有用的人才如鸟儿一样高飞远去,那就很难再罗致到他们了;"冲静得自然,荣华何足为!"恬静淡泊的人悠悠自得惯了,荣华富贵是不能打动他们的心的。

---

① 《史记·鲁周公世家》。
② 《乐府诗集》卷36。

二、用人重谋，"诚在面从"

曹操重视人才的罗致和使用，终其一生而不移。但如果综合考察，则将发现，他的思想是在实践中不断升华的。

建安初年，刚刚迎帝都许，百废待兴，急需人才，他征召贤能，重用旧部，奖携有功，擢用旧僚，很快建立并发展了自己的势力，有效地控制了中央和军事实权。这表明曹操在网罗人才和使用人才方面取得了重大成就，但从思想的角度考察，似乎尚乏重大建树。

官渡之战之后，曹操开始真正从思想和理论上考虑问题，表现之一就是用人重谋，"诚在面从"的思想。建安十一年（公元206年），他发出了《求言令》：

> 夫治世御众，建立辅弼，诚在面从，《诗》称"听用我谋，庶无大悔"，斯实君臣恳恳之求也。吾充重任，每惧失中，频年已来，不闻嘉谋，岂吾开延之不勤之咎邪？自今以后，诸掾属、治中、别驾，常以月旦各言其失，吾将览焉。①

另据《初学记》载，曹操为了"求言"还专门设置了主管这件事的官员，负责按时发送统一格式的纸张和函套，因令：

> 自今诸掾属、治中、别驾，常以月朔各进得失，纸书函封，主者朝常给纸函各一。②

历史表明，曹操的胜利，特别是建安初年的诸多胜利都是同诸多谋臣共同谋划而取得的，其中如荀彧、郭嘉、荀攸、贾诩等都发挥了很大作用。但自平定河北、自领冀州牧以后，曹操威望日高，权

---

① 《三国志·魏书·武帝纪》注引《魏书》。
② 《初学记》卷21。

力日大,自负之心日长,在一段时间内便很少主动听取谋士们的意见了;谋士们亦慑于曹操的威权而少主动献策。因此,诸多决策出现了失误,如征高干,先是遣乐进、李典击之,继而亲征,但围城三月而不能拔。为什么呢? 因为他下令说:"城拔,皆坑之。"[1]曹操听不到不同意见,在事实面前逐渐觉悟到自己用人方面存在问题,因而发出《求言令》指出,"频年以来,不闻嘉谋,岂吾开延不勤之咎邪?"为了纠正这一现象,他汲取历史的经验,把问题提到一定的思想高度,作出了理论上的概括,指出:"治世御众,建立辅弼,诚在面从。"面从,就是长官意志,上级领导说什么就是什么,只跟着附和,或想方设法完善上级领导的意图,而不主动从多方面或反对方面权衡得失、提出问题。孔子说"君子和而不同,小人同而不和"。所谓"小人同而不和",也是这方面的意思。为了减少或防止"面从"现象,鼓励众官进言献谋,曹操曾积极从两个方面进行工作:

第一,鼓励并强制属官提出建设性意见。上述"自今以后,诸掾属、治中、别驾,常以月朔各言得失,吾将览焉",就是明显的例子。月旦、月朔,指每月初一日。这就是说,曹操要求其主要属官每月初一都要呈送一份书面报告,对其所司各事作出得失分析。这是一种述职性质的报告。这种报告固然要汇报成绩,要讲"得",同时也要汇报问题和缺点,要讲"失"。既然是得失之议,自然就应有建设性的议论和具体措施的提出,于是便不愁"嘉谋"不闻了。惜哉,这种每月交一份书面报告的制度终究坚持了多久,无从考知。

第二,优奖嘉谋。在《求言令》发出之前,曹操已开始了大奖

---

[1] 《三国志·魏书·曹仁传》。

善谋的活动。建安八年(公元203年),他连上数表,借用为荀彧请爵的因由,尽言荀彧之功,突出"奇策密谋"之用;表述了"虑为功首,谋为赏本,野绩不越庙堂,战多不逾国勋"的思想,指出"珍策重计,古今所尚";通过肯定荀彧参同计划,周旋征伐,每皆克捷,奇策密谋,悉皆共决的功绩,进而讲到"《诗》美腹心,《传》贵庙胜",彧有大功,宜进封赏,以彰元勋,以劝后进。[①] 据说,荀彧认为自己没有实际战功,辞让不受。曹操写信给荀彧,把珍策重谋的思想作了进一步强化。因说:"与君共事以来,立朝廷,君之相为匡弼,君之相为举人,君之相为建计,君之相为密谋,亦已多矣。夫功未必皆野战也,愿君勿让。"[②]信中突出"匡弼"、"举人"、"建计"、"密谋"四点,均属谋臣之所为和应为;"功未必皆野战",进一步强调了重谋、尚谋、"谋为赏本"的主张。

与此同时,他还嘉奖了荀攸。曹操曾以荀攸之计,大破袁绍于官渡,援袁谭攻袁尚,继而尽灭袁氏,其谋皆善。曹操因而为荀攸请封,表称:"军师荀攸,自初佐臣,无征不从,前后克敌,皆攸之谋也。"[③]重点也突出了一个谋字。

建安十二年(公元207年)二月,曹操东征管承后回到邺城,开始论功行赏,发出了具有重大意义的《封功臣令》:

吾起义兵,诛暴乱,于今十九年,所征必克,岂吾功哉?乃贤士大夫之力也。天下虽未悉定,吾当要与贤士大夫共定之;而专飨其劳,吾何以安焉!其促定功行封。[④]

这是曹操第一次集中大封功臣的行动,有着承前启后的作用。

① 袁宏:《后汉纪》卷29。或谓两表实一,但文字完全不同。
② 《三国志·魏书·荀彧传》注引《彧别传》。
③ 《三国志·魏书·荀攸传》。
④ 《三国志·魏书·武帝纪》。

所谓承前就是封赏了自中平六年(公元189年)陈留起事以来十九年间跟随自己打天下的谋臣与武将。无异于一次功劳评结大会赏。据载,此次大封功臣二十余人,皆为列侯,其余各依次受封,及复死事之孤,轻重各有差。特别值得注意的是,曹操在这次评赏功臣中再次强调了谋臣"贤士大夫"的地位和作用,表现在:一是专发了有关荀彧、荀攸的特令,说"正忠密谋,抚宁内外,文若(彧)是也,公达(攸)其次也。"二是又一次为荀彧请封,写了《请增封荀彧表》,不仅更充分地述其功劳,而且更加明确了自己的用人思想的重大特点,即所谓"贵指踪之功,薄捕获之赏"、"尚帷幄之规,下攻拔之力"。

曹操重视谋臣之用,还可从他对待郭嘉之死得到验证。曹操北征乌桓虽然军事上取得了重大成功,但最让他伤心的是回军途中智谋之士、军祭酒郭嘉病逝。郭嘉之死,可能在东临碣石以后。否则,不会有碣石观海那样高的兴致。

曹操说过,"唯奉孝(郭嘉字)为能知孤意。"[1]说,郭嘉最善于领会曹操的意图,所以每说必中。他"深通有算略,达于事情",每每在关键时刻,解除了曹操的犹疑之念,提供了曹操决策的根据和理由,坚定了曹操的决策信心。据记载,郭嘉死,年三十八岁,曹操"临其丧,哀甚",对荀攸等说:"诸君皆孤辈也,唯奉孝最少。天下事竟,欲以后事属之,而中年夭折,命也夫!"随后上表为郭嘉襃功请封,其表略谓:

军祭酒郭嘉,自从征战,十有一年。每有大议,临敌制变。
臣策未决,嘉辄成之。平定天下,谋功为高。不幸短命,事业

---

① 《三国志·魏书·郭嘉传》。

未终。追思嘉勋，实不可忘。可增邑八百户，并前千户。①

另据《三国志·武帝纪》注引《魏书》和《傅子》所载曹操《请追增郭嘉封邑表》和两封给荀彧的信还讲到，"上为陛下悼惜良臣，下自毒恨丧失奇佐"，累陈"悲痛伤心"之情，坦言"今表增其子满千户，然何益亡者！追念之感深。且奉孝乃知孤者也，天下人相知者少，又以此痛惜，奈何奈何！"②诸此无不反映着他对重要谋臣的重视程度。

"诚在面从"和是否乐于"纳谏"是相辅相成的。所以，这里特别还应该提到的是，曹操在"诚面从"求言令之后，建安十二年北征乌桓回师邺城，不仅大封有功，而且还特赏了敢谏之人。《三国志·武帝纪》注引《曹瞒传》记载了曹操封赏敢谏者的情况。

> 时寒且旱，二百里无复水，军又乏食，杀马数千匹以为粮，凿地入三十余丈乃得水。既还，科问前谏者，众莫知其故，人人皆惧。公皆厚赏之，曰："孤前行，乘危以徼幸，虽得之，天所佐也，故不可以为常。诸君之谏，万安之计，是以相赏，后勿难言之。"

谏而不纳，然后皆赏之。这是为什么？恐塞言路也。这既说明，曹操能够大处着眼考虑问题，同时也说明曹操在一定情况下亦善接受不同意见。这种情况后来也有，如建安十九年（公元214年）贾逵谏阻雨季伐吴被收监待诛，后来证明贾逵的意见是对的，立发《原贾逵教》，称："逵无恶意，原，复其职。"③

曹操重谋赏、封功臣的行动极大地鼓舞了部属，并在全社会发

---

① 《三国志·魏书·郭嘉传》。

② 《三国志·魏书·郭嘉传》注引《傅子》。

③ 《三国志·魏书·贾逵传》注引《魏略》。

生了重大影响,这就是它的启后作用。文如华歆、王朗,闻征而鼓舞,愿为其用;武如徐晃、朱灵等终生以遇明主自豪。徐晃常常感慨地说:"士人患不遇明君,今幸遇之,当以功自效";朱灵说,曹操"乃真明主也。今已遇,复何之"。曹操征荆州,王粲、蒯越劝刘琮降,并随归操。曹操置酒汉江之滨,粲举杯向操祝酒:"方今袁绍起河北,仗大众,志兼天下,然好贤而不能用,故奇士去之。刘表雍容荆楚,坐观时变,自以为西伯可规。士之避乱荆州者,皆海内之俊杰也,表不知所任,故国危而无辅。明公定冀州之日,下车即缮其甲卒,收其豪杰而用之,以横行天下;及平江、汉,引其贤俊而置之列位,使海内回心,望风而愿治,文武并用,英雄毕力,此三王之举也。"①可见,曹操知人善用已誉满海内,并收到了颇为强烈的社会效果。曹操下荆州,以刘琮为青州刺史,蒯越等侯者十五人,蒯越为光禄勋、韩嵩为大鸿胪、邓羲(羲,一作义)为侍中、刘先为尚书令,"其余多至大官"②。

三、惟才是举

"惟才是举"是曹操用人思想的重大发展。

建安十三年(公元 208 年),曹操兵败赤壁,火烧战船,不禁长叹:"郭奉孝(嘉)在,不使孤至此。"③出谋欠周,用兵不利,竟致前所未有的惨败。这件事,使曹操再次感到人才的重要。同时也促使他又一次把广罗人才和奖励战功放到了重要地位上。

首先,他把爵赏有功以劝后进的事再次大加强调。田畴文武

---

① 《三国志·魏书·王粲传》。
② 《三国志·魏书·刘表传》。
③ 《三国志·魏书·郭嘉传》。

有效,节义可嘉,诚应宠赏,但其坚决不听封已经过去三年。曹操本已同意,"听畴所执",至此又出《爵封田畴令》,令中再次备赞田畴在北征乌桓时的嘉谋,同时把爵赏的授受问题提到原则的高度。令文说,表封田畴亭侯,食邑五百,"而畴悬恻,前后辞赏,出入三载,历年未赐,此成一人之高,甚违王典,失之多矣。宜从表封,无久留吾过。"足见曹操对此看得很重,该不该赐封和受不受封赏都不仅是个人问题。该赐而未赐,"失之多矣"。为什么?"成一人之高,甚违王典"是其一,但归根结底是此风既倡,有碍仕路,不利人才的罗致和使用,更不利于天下智力忠心于国事。田畴不受封,客观上是对曹操用人思想的极大抵制,鼓励了洁行自高、不忠王事。"畴上疏陈诚,以死自誓。太祖不听,欲引拜之,至于数四,终不受。有司劾畴狷介(耿直,洁身自好)违道,苟立小节,宜免官加刑"。曹操把田畴辞封的问题交由世子曹丕和大臣们讨论,曹丕将其比做古人"子文(春秋时楚国令尹)辞禄,申胥(春秋时楚国大夫)逃赏",以为"宜勿夺以优其节";尚书令荀彧认为"君子之道,或出或处,期于为善而已。故匹夫守志,圣人各因而成之";司隶校尉钟繇认为"畴虽不合大义,有益推让之风,宜如世子议"。最后,曹操虽然宽恕了田畴,停爵赏而拜为议郎,但在实际上终以为恨。①

与此同时,曹操及时表彰了南向用兵以来的一些功臣,如为张辽增邑、假节,表彰了他攻上天柱山,斩杀陈兰、梅成的功劳;存恤赤壁战中的死难吏士家室,发出了《存恤吏士家室令》,备尽存恤抚慰之意。诸此,都是为其即将进行的大张旗鼓地招致人才作舆论和思想的准备。

---

① 《三国志·魏书·田畴传》并注。

同时,为了做好人才的罗致和使用的工作,曹操加强了丞相主簿东西曹的官员的配备,特辟扬州别驾蒋济为丞相主簿西曹属令。曹操为此特发一道教令:"舜举皋陶,不仁者远,臧否得中,望于贤属矣。"可见对于主管招致和任用人才的官员的重视和对蒋济的厚望。

在做了这些舆论、思想和组织工作之后,建安十五年(公元210年)春,曹操发出了有时代意义的《求贤令》。

> 自古受命及中兴之君,曷尝不得贤人君子与之共治天下者乎? 及其得贤也,曾不出闾巷,岂幸相遇哉? 上之人求取之耳。今天下尚未定,此特求贤之急时也。"孟公绰为赵、魏老则优,不可以为滕、薛大夫"。若必廉士而后可用,则齐桓其何以霸世! 今天下得无有被褐怀玉而钓于渭滨者乎? 又得无有盗嫂受金而未遇无知者乎? 二三子其佐我明扬仄陋,唯才是举,吾得而用之。[①]

令文从人才的重要性讲起,指出自古以来受命及中兴君主,哪有不得到贤人君子与其共治天下的呢? 讲到现在天下未定,正是求贤之急时。进而讲到求贤的指导思想:第一,不应等贤上门,而应主动求取,即所谓古人得贤往往不出闾巷,"岂幸相遇哉? 上之人求取之耳";第二,量才录用。令文引用《论语·宪问》孔子的话:"孟公绰为赵、魏老则优,不可以为滕、薛大夫。"意谓像鲁国大夫孟公绰这样的人,能够做好赵、魏大国的家老(家臣的头头),但做不好滕、薛小国的大夫。据说,孟公绰性寡欲,赵、魏贪贤,家老无职,故优游有余;滕、薛小国,大夫职烦,则难为。一句话,就是要根据各人的优点和特点,授以适当的职务。这样,就能做到人尽其

[①] 《三国志·魏书·武帝纪》。

才;第三,惟才是举。"惟才是举"(惟,原文作唯)是《求贤令》的核心,表现着曹操的基本思想。曹操用了三个典故,其一"若必廉士而后可用,则齐桓公何以霸世",指谓管仲不是廉士,又是齐桓公的仇人,但他扶齐桓公九合诸侯,一匡天下,完成了霸业;其二"今天下得无有被褐怀玉而钓于渭滨者",指谓姜子牙怀才不遇、身穿粗布衣、垂钓于渭水河边,周文王访到了他,用为国师,周从此强盛起来;其三,"盗嫂受金"云云,指的是被刘邦重用的陈平。据《史记·陈丞相世家》说,周勃、灌婴等说陈平居家时私通其嫂子,做护军时接受诸将贿赂,刘邦责问推荐陈平的魏无知,无知说:臣所言也,能也;陛下所问者,行也。……楚汉相距,臣进奇谋之士,顾其计诚足以利国家不耳。且盗嫂受金又何足疑乎?刘邦重用陈平,终成大业。最后,曹操号召左右人等行动起来,帮助自己把那些出身卑贱而被埋没在穷乡僻壤的人才发掘出来,不要管什么品行,只要有才能即于推荐。

据载,在建安十七年冬十月,曹操即拟称魏公,所以有董昭"以丞相宜进爵魏公九锡备物,以彰殊勋"之议,只是因荀彧不同意,未成。不久,荀彧自杀。障碍既除,建安十八年(公元 213 年)五月,曹操遂假皇帝之诏以冀州十郡为魏公,加九锡,建国。

魏国建立,官职一如汉廷,置尚书、侍中、六卿及百官;地方官员亦缺员甚多。一时间,人才的选拔和任用更加成了急迫的问题。显然,按照常规,既重品行,又重才能,必将影响人才的选拔。怎么办?曹操果断地又发出了《取士勿废偏短令》,以广开选用才能之路。

夫有行之士,未必能进取,进取之士,未必能有行也。陈平岂笃行,苏秦岂守信邪?而陈平定汉业,苏秦济弱燕。由此言之,士有偏短,庸可废乎!有司明思此义,则士无遗滞,官无废业矣。①

很清楚,这是建安十五年《求贤令》的新发展。曹操指出,德行好、能力也好、十全十美的人是很少的,职能部门必须明白"士有偏短"的道理,选人不要求全责备。曹操认为,只要这样做了,那么有才能的人就不会被埋没,官府的事也自然就会有人去做。

《取士勿废偏短令》的重点是不要因为品行上的缺点而抛弃有能力的人不用。论者或谓曹操的用人路线是只重能力不重品行。如此理解,显然不对。细品"有行之士未必能进取,进取之士未必能有行"之文,不难发现曹操最理想的人才依然是德才兼备者,只不过是在此人才急需之际不要因为在品行上有某些缺点而弃而不用罢了。

曹操于建安二十一年(公元 216 年)五月晋爵为王,二十二年四月设天子旌旗,出入称警跸,加快了剥夺汉室名义权力的步伐,因而人才之需更加迫切。于是在同年八月发出了《举贤勿拘品行令》。

> 昔伊挚、傅说出于贱人,管仲,桓公贼也,皆用之以兴。萧何、曹参县吏也,韩信、陈平负污辱之名,有见笑之耻,卒能成就王业,声著千载。吴起贪将,杀妻自信,散金求官,母死不归,然在魏,秦人不敢东向,在楚,则三晋不敢南谋。今天下得无有至德之人放在民间,及果勇不顾,临敌力战;若文俗之吏,高才异质,或堪为将守;负污辱之名,见笑之行,或不仁不孝,而有治国用兵之术。其各举所知,无有所遗。②

令中列举了五种类型的人物说明"举贤勿拘品行"之见。第

---

① 《三国志·魏书·武帝纪》。
② 《三国志·魏书·武帝纪》注引《魏书》。

一类是出身微贱,但国家待之以兴的,如商代的伊尹和傅说。伊尹,亦名伊挚,出身奴隶,助汤灭夏;傅说,商代武丁时大臣,本为庸筑于傅岩(今山西平陆东)的奴隶,武丁得之举以为相,国遂大治;第二类是仇人,但助国以霸的,如春秋时齐国的管仲,曾用箭射中齐桓公的带钩,桓公释仇而用,终成霸业;第三类是名气不大,但甚有治才的,如汉初萧何、曹参。萧何初为沛县吏掾,后随刘邦起事打天下,论功萧何第一;曹参代萧何为丞相,举事"一遵萧何约束"①,国家称平。萧、曹皆为历史名相;第四类是"负污辱之名,有见笑之耻",但最终助成王业,名垂千古的,如汉初的韩信、陈平。韩信家贫,常从人寄食,曾受"跨下之辱"。史载,淮阴少年侮辱韩信说:"能死,刺我;不能,出跨下。"韩信"俯出跨下,一市皆笑信,以为怯"②。陈平,素有"盗嫂受金"之讥;第五类是不仁不孝,但有用兵之术者,如战国时的吴起。吴起,为了要作鲁国的将,把自己的齐国老婆杀了;为了求官,把家里的财产全部用光了;母死,不归,是个不仁不孝的人物。但仕鲁大破齐国,仕魏击秦拔五城,仕楚"明法审令","南平百越,北并陈、蔡、却三晋,西伐秦,诸侯患之"③,此即曹操所谓吴起"在魏,秦人不敢东向,在楚,则三晋不敢南谋"。曹操以此相类,希望大家各举所知,勿有所遗,不管是埋没在民间的"至德之人",还是"果勇不顾,临敌力战"的人;不管是普通小吏中的"高才异质"堪为将守者,还是自负污辱之名、见笑之行,甚至不仁不孝但有治国用兵之术者,统在荐举之列。

---

① 《史记·曹丞相世家》。
② 《汉书·韩信传》。
③ 《史记·吴起传》。

四、不拘一格用人

曹操唯才是举、选贤举能的思想路线表现在实际行动中便是广开贤路,不拘一格用人。曹操招致人才的具体方法和手段很多,用人的策略也多种多样,言其大者如:

1. 用人不避亲,把从征故旧置于重要军事岗位

曹操陈留起事,宗族亲友、谯县故旧多有从者。这些人构成了曹操集团最初的核心,是曹操最靠得住的心腹。因此,曹操自始至终都把他们放在重要岗位上,或官要职,或据重地。他们手握重兵,威足镇朝,或拥兵在外,权极一方。对于这些人,不管是功有大成,还是举措失宜,犯有过失,曹操始终将他们作为心腹,信用不疑。这些人中最重要的莫过于诸夏侯和诸曹。

夏侯惇,字元让。曹操初起,惇为裨将,不几年,操领兖州,以惇为陈留、济阴太守,加建武将军,封高安乡侯。曹操平河北,惇断后。破邺后,迁伏波将军,"领尹如故,使得以便宜从事,不拘科制"。惇好伎乐,建安二十二年(公元217年)曹操留惇督军居巢,特例优赐伎乐名倡。曹操驻军,常召惇"同载",并允出入卧内,"诸将莫能比"。建安二十四年,时诸将皆授魏官号,惇独汉官,乃上疏自陈不当不臣之礼,要求改魏官,曹操很客气地答复说:"吾闻太上师臣,其次友臣。夫臣者,贵德之人也,区区之魏,而臣足以屈君乎?"固请,乃拜为魏国前将军。

夏侯渊,字妙才,曹操起兵即以为别部司马、骑都尉从,后迁陈留、颍川太守,官渡战时行督军校尉,继拜典军校尉,以后历迁行领军、行征西将军、行护军将军,封博昌亭侯,让其独领西北军事,屡

建功勋,曹操称其"虎步关右,所向无前"。汉中平,曹操留渊守汉中,拜征西将军。后战定军山,为刘备所袭,战死。曹操本知渊非能将,但委以一方之重,实乃知人而非善任之举,是曹操用兵之一失。曹操失去心腹大将夏侯渊,非常悲伤,因谥其为愍侯。

曹仁,字子孝,曹操从弟。曹操起事,以仁为别部司马,行厉锋校尉;河北既定,封都亭侯;平荆州,行骁骑将军;屯樊,拜征南将军,假节;操即王位,拜仁车骑将军,都督荆、扬、益州诸军事,进封陈侯。

曹洪,字子廉,曹操从弟。历战有功,迁厉锋将军,封国明亭侯,再迁都护将军。

曹休,字文烈,曹操族子。曹操起事,曹休来投,操谓"此吾家千里驹也",使与曹丕一起住,"见待如子"。常从征战,负责保卫曹操的工作,领虎豹骑宿卫。曹操拔关中,拜中领军。

曹真,字子丹,曹操族子。曹操壮其骛勇,使将虎豹骑,作自己的保卫;以偏将军将兵击刘备别将于下辩,拜中坚将军;后领中领军,拜征蜀护军,督徐晃等军事。①

曹操重故旧。有胡质者,少与蒋济俱知名江淮间,仕州郡。一天,操问别驾蒋济,"胡通达,长者也,宁有子孙否?"济答:"有子曰质,规模大略不及于父,至于精良综事过之。"曹操即召质为顿丘令,后辟为丞相属②。有王凌者,是汉司徒王允的侄子,为发干长,"遇事髡刑五岁,当道扫除",曹操车过问状,说:"此子师(王允)兄子也,所坐亦公耳。"于是主者选为骁骑主簿,迁中山太守,辟丞相掾属③。

---

① 以上参见《三国志·魏书·诸夏侯曹传》。
② 《三国志·魏书·胡质传》。
③ 《三国志·魏书·王凌传》并注。

2. 不疑归从，授以重任

曹操的诸多部属是别部或敌对一方的来归者。对于归从的人，曹操以诚相待，听其言，重其谋，授以重任，不以外人视之，致力于尽速将其变为自己的心腹。这种人，广而言之，诸如荀彧、郭嘉、贾诩、董昭、袁涣、王修、邴原、管宁、任峻、徐晃、朱灵、李通、许褚等皆是。这些人，有的归曹较早，或者前文中已经述及，如荀彧、郭嘉、贾诩、董昭、袁涣、任峻等，详情不另。后从者或未及介绍而对曹操政治、经济、军事决策产生重大影响的人物，如：

王修，字叔治，北海营陵(今山东临淄)人。曾为胶东令，袁谭为青州刺史，辟修为治中从事，闻谭死，遂诣操，乞收谭尸，操嘉其义，听之。操破袁谭南皮，阅修家，谷不满十斛，有书数百卷。曹操慨叹："仕不妄有名"，乃礼辟为司空掾，行司金中郎将。

邴原，字根矩，管宁，字幼安，均北海朱虚(今山东临朐东)人。原从公孙度于辽东，归操，操以邴原、管宁为司空掾。

许褚，字仲康，谯人。汉末，聚少年及宗族数千家，共坚壁以御寇，后以归操，操高兴地说："此吾樊哙也。"即日拜都尉，引入宿卫，后迁中坚将军。

李通，字文达，江夏平春(今湖北武汉境)人，建安初率众归操，操即拜通为振威中郎将。曹操与袁绍相拒官渡期间，袁绍遣使拜通为征南将军，刘表也派人招纳，"通皆拒焉"。部曲劝他归袁绍，他说："曹公明哲，必定天下。绍虽强盛，而任使无方，终为之虏耳。吾以死不贰"[①]。即斩绍使。操遂拜其为汝南太守，封都亭侯。

---

① 《三国志·魏书·李通传》。

3. 大胆用降，量功行赏

曹操属下屡建功勋的武将和卓有才华的文臣，有不少是其主人失败后投降曹操的。曹操对待这些人，尤其注意待之以诚，授以实权，使其冰释疑虑，尽力国事而不疑。这也是曹操用人思想的重大成功的表现。例如：

张辽，字文远，雁门马邑（今山西朔县境）人。本吕布属下骑都尉、领鲁相。操破吕布，辽将其众降，操拜其为中郎将，赐爵关内侯。数有战功，累迁裨将军，行中坚将军、荡寇将军，封都亭侯。辽等受操密教，迎击孙权，大获全胜，曹操"大壮辽，拜征东将军"。

张郃，字儁乂，河间鄚（今河北任丘）人。本袁绍部下宁国中郎将，谋不为袁绍所用，绍军溃，张郃、高览等降操，操即拜郃为偏将军，封都亭侯。操用将不疑，授以众，使之从攻邺、击袁谭。讨柳城，与张辽俱为先锋，以功迁平狄将军。后从夏侯渊督军西北，守汉中、拒刘备，拜荡寇将军，夏侯渊战死，众推为军主，曹操遣使假节，关中"诸将皆受郃节度"，长期屯镇陈仓，为西方主帅。

文聘，字仲业，南阳宛人。本刘表大将，表死，刘琮降操。文聘归操，操问为什么来迟，聘答："先日不能辅弼刘荆州以奉国家，荆州虽没，常愿据守汉川，保全土境，生不负于孤弱，死无愧于地下，而计不得已，以至于此。实怀悲惭，无颜早见耳。"曹操闻言不仅为之怆然，说："仲业，卿真忠臣也。"于是厚礼待之，并示之以诚，使将北兵追讨刘备于长坂，随后以聘为江夏太守，使典北兵，委以边事，官至讨逆将军，封延寿亭侯。①

庞德，字令明，南安狟道（今甘肃境）人。本马超部将，曹操定

---

① 《三国志·魏书·文聘传》。

汉中,超奔蜀投刘备,德降操。曹操素闻庞德骁勇,拜立义将军,德常说:"我受国恩,义在效死"。大战关羽,汉水暴溢,矢尽,为羽所得,羽劝其降,德大骂关羽:"竖子,何谓降也。魏王带甲百万,威镇天下。汝刘备庸才耳,岂能敌耶! 我宁为国家鬼,不为贼将也。"遂为关羽所杀,曹操"闻而悲之,为之流涕,封其二子为列侯"。①

另,文官如陈琳,字孔璋,广陵人。汉末为何进主簿,避难冀州,为袁绍所用,使典文章,写了《讨曹檄文》。袁氏败,陈琳归操,操对陈琳说:"卿昔为本初(袁绍)移书,但可罪状孤而已,恶恶止其身,何乃上及父祖耶?"陈琳表示谢罪,曹操"爱其才而不咎",遂以琳与阮瑀并为司空军谋祭酒,管记室。据载,"军国书檄,多琳、瑀所作也。"后琳徙门下督,瑀为仓曹掾属。②

4. 拔将才于卒伍之间

曹操用人不拘一格,最为突出的表现当属拔将才于卒伍之间。不管是别人推荐,还是自己发现的,只要看准了即予重用,建功即擢,有的人,不几年,即由士卒而为将军。如:

乐进,字文谦,阳平卫国(今河南范县西)人。本为曹操帐下吏,曹操派他回本郡募兵,得千余人,被授军假司马,后从击吕布等,皆先登有功,封广昌亭侯、讨寇校尉,从击袁氏兄弟有功,行游击将军。建安十一年(公元 206 年)曹操表称乐进、于禁、张辽,说:

武力既弘,计略周备,质忠性一,守执节义。每临战攻,常

① 《三国志·魏书·庞德传》。
② 《三国志·魏书·陈琳传》、《阮瑀传》。

为率督,奋强图固,无坚不陷,自援枹鼓,手不知倦。又遣别征,统御师旅,抚众则和,奉令无犯,当敌制决,靡有遗失。论功纪用,各宜显宠。①

韩非有言:"宰相必起于州郡,猛将必发于卒伍。"曹操拔于禁于行列之间,取张辽于亡虏之内。应该说,这也是他揽韩商之术的表现。

于禁,字文则,泰山钜平(今山东宁阳东南)人。本为济北相鲍信部从,曹操领兖州,鲍信战死,禁与其党至操,操召见与语,即拜军司马,频建军功,历任陷阵都尉、平虏校尉。官渡战时,竟以二千人拒袁绍于延津,焚烧袁绍保聚三十余屯,斩首获生各数千,迁偏将军,继拜虎威将军,与张辽、乐进、张郃、徐晃同为曹操的五大名将。曹操每有战伐,前进时往往以此五人为军锋(前头部队),还军时则以此五人为后拒(断后部队)。后迁左将军,假节。可惜,建安二十四年讨关羽,遇汉水暴溢,水淹七军,被迫降关羽。孙权斩杀关羽后,于禁在吴,直到曹丕继位后孙权始遣其还魏。

典韦,陈留己吾(今河南宁陵西南)人。本张邈部下士卒,后属夏侯惇,因功拜司马,曹操战吕布,组织敢死队,典韦应募,建功,拜都尉,即收作自己的护卫,"将亲兵数百人,常绕大帐",迁校尉。典韦,"性忠至谨重,常昼立侍终日,夜宿帐左右,稀归私寝",甚得曹操心。曹操征张绣失利,典韦为护卫曹操,力战而死。操闻典韦死,"为流涕,募间取其丧,亲自临哭之,遣归葬襄邑,拜子满为郎中。车驾每过,常祠以中牢(谓用猪羊祭祀)"②。

---

① 《三国志·魏书·乐进传》。
② 《三国志·魏书·典韦传》。

5. 征召地方官吏和布衣俊秀

曹操罗致文官谋臣最常用的办法是征、召、拜、辟。征，征聘；召，召募；拜，据礼授官；辟（bì），亦征召意，但通常是指对已有相当地位的人的征召。这些办法的共同特点是，朝廷和身居高位的人以敕令和公文形式提拔、招致下级官员和地方贤能，并授予官职。曹操身居汉相，位尊王公，切实地利用了职权。他不仅能在自己的辖区内征召官员，而且还可以以皇帝的名义在对立诸方征召官员。

历史证明，曹操的司空军谋、丞相掾属和建国的领导班子成员及其他重要部属，大都是通过征召途径罗致的。根据礼法和传统，一经征召，便从形式上成了征召者的人。这些人，在建立、维护、巩固曹魏政权方面，大都发挥了重要作用，建立了卓越功勋。

从历史记载看，曹操以朝廷名义直接征召并授以重要权力的人物有数十人之多，其中如荀攸，曾为中军师，建国期间（下同）官至魏国尚书令；凉茂，官至左军师、魏国尚书仆射；国渊，官至太仆，位居列卿；徐奕，官至丞相留府长史、魏国尚书、尚书令；何夔，官至丞相东曹掾、魏国尚书仆射；邢颙，官至太子太傅；鲍勋，官至侍御史；司马芝，官至大理正；卫觊，官至尚书，魏国侍中；刘廙，官至丞相掾属，魏国黄门侍郎；陈矫，官至尚书；和洽，官至魏国侍中；崔林，官至魏国御史中丞。其他如刘放、刘馥、司马朗、司马懿、梁习、郑浑、桓阶、陈群、徐宣、韩暨、高柔、王观、辛毗、杨阜、高堂隆、满宠、田豫、牵招、徐邈、胡质、王凌等等，均得显官。曹操死后，这些人中的未故者，继仕曹丕，大都是曹魏政权的中坚力量，官阶日隆，多至中枢者。特别应该提到的是曹操从敌方征召来的地方官，也同样为其所用。因为曹操对待这些人，同样以诚相待，授以实权，所以大都很快便成为自己的心腹。如华歆、王朗等。华歆曾为汉尚书郎、豫章太守,为人并不完全如《三国演义》中说得那样坏,据说为官"政清而不烦,吏民感而爱之"。后依孙策于江东。曹操表征华歆,孙权不得已而遣之。歆至,曹操先拜其为议郎,参司空军事,继而入为尚书,转侍中,代荀彧为尚书令,后为魏国御史大夫,文帝时官至相国。华歆在离开孙权时曾对孙权说:"使仆得为将军效心,岂不有益乎?"实际上表征入朝后,对曹操忠心不二,因而甚得曹操的欣赏,为操做了不少大事,诸如策收伏皇后,行事残忍,为史所非。王朗,亦本汉官,为会稽太守,被孙策打败后,投靠了孙策,孙策以王郎儒雅,"诘让而不害"。曹操表征王朗,拜谏议大夫,参司空军事,官至魏国少府、奉常、大理。文帝时,亦官至三公,为御史大夫、司空。

五、不用则杀之

曹操出于功利的目的,虚怀待人,不惜爵赏,使许多人,不管是归投名贤,还是征召入朝的地方官员或乡隐俊士,都甘为其用。一大批知识分子集中邺下,形成了事实上的文人集团;众多的智能人士,被破例授官,出则牧守,入则列卿或中枢要津。这是曹操谋取大业的人才资本,是他"任天下之智力,以道御之"取得的实际效果。当然以曹操之为人,待人处事亦难免谲诈,有时已经把不合己意的人杀了,还表示痛惜,为之欷歔流涕;有时表面和气而内实恨之,伺机而除之。

可以看出,曹操用人思想的两面性特点是非常突出的,能用者,诚待而用;不为我用或不欲用者,虚以宽容,待机而黜或杀之。下述几个特例。

1. 迫荀彧自杀

荀彧建功最著，曾被曹操大加褒赏，表称其"以亡为存，以祸为福，谋殊功异"的奏文，读来令人感动；官至尚书令，频频封侯增邑，居守许都，为操直接控制着汉室朝廷，操用之不可谓不信，爵赏不可谓不厚。但当荀彧在几桩关键性事件上不支持曹操，提出了不合操意的建议时，曹操便即觉察到荀彧已非昔日打天下之可用，而成了阻碍预计目标实现的最有影响的阻力。于是便决意除之。荀彧曾阻止曹操恢复"古置九州"以广冀州之地的计划。曹操虽善其言，但内心不悦。及至建安十七年，荀彧又婉转而坚决地阻止曹操晋爵魏公，大使曹操"心不能平"。于是，便借用兵孙权之机，表请荀彧劳军于谯，把荀彧调离了汉廷枢要尚书令之职。荀彧留军，曹操馈赠食物，荀彧打开盒子一看，里面什么东西也没有，"乃空器也"，彧明曹操意喻自己没有什么用处了，于是饮药而死。

2. 忌杀孔融

融明儒善议，建安之前为北海相。刘备表融领青州刺史。建安元年，曹操慕其名而征入朝内，以为将作大匠、迁少府。但不久，曹操便知其难用，便想把他除掉。史载，孔融"自以智能优赡，溢才命世"，对操多有不敬。如《三国志》注引《汉纪》说，"融所建明，不识时务，又天性气爽，颇推平生之意，狎侮（戏耍）太祖（操）"。先是曹操欲借故杀太尉杨彪，融责操"横杀无辜，则海内观听，谁不解体？"曹操制酒禁，孔融上书调笑："天有酒旗之星，地列酒泉之郡，人有旨酒之德，故尧不饮千钟无以成其圣。且桀纣以色亡国，今令不禁婚姻也。"孔融恃其才望，经常戏侮曹操，曹操外虽宽容，而内不能平。御史大夫郗虑承曹操风旨，构成其罪，以法免官。孔融居家失势,本性不改,宾客日满其门,爱才乐酒,常叹说:"坐上客常满,樽中酒不空,吾无忧矣。"①郗虑更承曹操意,令丞相军祭酒路粹进一步构其罪,一曰昔在北海,"欲规不轨",二曰"与孙权使语,诽谤朝廷",三曰与白衣祢衡"跌荡放言,更相赞扬"②。操遂以"大逆"论处,杀融及其妻、子,并公布其罪状,"宣示诸军将校掾属,皆使闻见"。不过,曹操宣示的孔融的罪状仅属第三项,而不及一、二,避开政治问题,而说孔融"违天反道,败伦乱理,虽肆市朝,犹恨其晚"③。可见其用心良苦。

3. 疑杀崔琰

《三国志》作者、晋人陈寿说过:"太祖性忌,有所不堪者,鲁国孔融、南阳许攸、娄圭,皆以恃旧不虔见诛。而琰最为世所痛惜,至今冤之。"④

崔琰,字季珪,清河东武成(今山东武城西北)人。本仕袁绍为骑都尉,绍死,二子争欲得琰,琰称疾固辞,获罪被囚,幸赖陈琳等营救得免。曹操破绍,领冀州牧,辟琰为别驾从事。曹操为丞相,以琰为东西曹掾属从事,曹操给琰的教令状说:"君有伯夷之风,史鱼之直,贪夫慕名而清,壮士尚称而厉,斯可以率时者已。故授东曹,往践厥职。"崔琰与毛玠共为东西曹掾,典选举,"由是天下之士莫不以廉节自励,虽贵宠之臣,舆服不敢过度,⋯⋯吏洁于上,俗移于下。"⑤魏国初建,曹操以琰为尚书。时太子未立,曹操

① 《三国志·魏书·崔琰传》注引《汉纪》等文。
② 《资治通鉴》卷65,汉献帝建安十三年。
③ 《三国志卷·魏书·崔琰传》注引《魏氏春秋》。
④ 《三国志·魏书·崔琰传》。
⑤ 《资治通鉴》卷65,汉献帝建安十三年。

狐疑不定，密访于外，琰回答说："盖闻春秋之义，立子以长，加五官将(曹丕)仁孝聪明，宜承正统。琰以死守之。"植是崔琰侄女婿，而琰不为植说话。因而曹操贵其公亮，升授中尉。史称："琰声姿高畅，眉目疏朗，须长四尺，甚有威重，朝士瞻望，而太祖亦敬惮焉。"①大概问题就出在"太祖亦敬惮焉"。欲加其罪，何患无词。曹操终于找到除掉崔琰的借口。史载，崔琰曾荐杨训于操，操即礼辟之。后操为魏王，"训发表称赞功伐，褒述盛德。时人或笑训希世浮伪，谓琰为失所举。琰从训取表草视之，与训书曰：'省(察看)表，事佳耳。时乎时乎，会当有变时。'"崔琰的本意是"讥论者好谴呵而不寻情理"。人告琰书有傲世怨谤语，曹操大怒，因说："谚曰：'生女耳'，耳非佳语；'会当有变时'，意指不逊。"②于是罚琰为徒隶，继而赐死。

崔琰死后，另一位心腹毛玠也因此受到牵连。毛玠曾与琰并典选举，是曹操最初的心腹之臣。魏国初建，为尚书仆射，复典选举。崔琰既死，玠心中不悦。有人告发毛玠"出见黥面反者，其妻子没为官奴婢，玠言曰：'使天不雨者盖此也。'"③曹操大怒，遂将毛玠收狱。下令说："今言事者白玠不但谤吾也，乃复为崔琰触望(不满)。此损君臣恩义，妄为死友怨叹，殆不可忍也。"④幸桓阶、和洽等进言解救，从轻处罪，免除了一切职务。死于家。

另外还有一些被杀的人，不再一一赘述。反正曹操只要感到难以为用，不管功劳多大，旧情多深，都会设法除掉。诸如娄圭，本操旧交，只是在跟随操家父子出游时说了一句"此家父子，如今日

---

① 《三国志·魏书·崔琰传》。
② 《三国志·魏书·崔琰传》。
③ 《三国志·魏书·毛玠传》。
④ 《三国志·魏书·和洽传》。

为乐也"，操遂以"有腹诽意"诛之。"腹诽"云云，足见其杀人没有什么事实根据和标准，全靠个人臆断。至于许攸、杨修等人被杀，实属咎由自取。许攸，自恃官渡有功，且为曹操旧交，不分场合，时与曹操相戏，甚至直呼曹操小字曰："某甲，卿不得我，不得冀州也。"①历史上的政治家，处理大事胸怀坦荡、宽宏大度者多有，但大都对那些自套近乎、自恃其功、自伐其能，以至戏侮不尊、偶发自己所短者，不能容忍。曹操当然也不例外。杨修，做丞相主簿常常自作聪明，揣知曹操之意而宣之，如操出教令"鸡肋"，修知曹操将要回师，便公然宣其意于众。这在客观上便扰乱了军心。又加杨修与曹植交好，曹操既然已立曹丕，疑修对曹丕不利。于是把他杀了。对于杨修杀则杀矣，曹操残忍不在于此，而在于杀了以后竟给其父亲杨彪写去一信，并送了一些礼物，表示慰问。曹操在信中说：

> 操白：与足下同海内大义，足下不遗，以贤子见辅。比中国虽靖，方外未夷，今军征事大，百姓骚扰。吾制钟鼓之音，主簿宜守。而足下贤子，恃豪父之势，每不与吾同怀，即欲直绳，顾颇恨恨。谓其能改，遂转宽舒，复即宥贷，将延足下尊门大累，便令刑之。念卿父息之情，同此悼楚，亦未必非幸也。今赠足下锦裘二领，八节银角桃杖一枚，青毡床褥三具，官绢五百匹，钱六十万，画轮四望通幰七香车一乘，青犗牛二头，八百里骅骝马一匹，赤戎金装鞍辔十副，铃耗一具，驱使二人，并遗足下贵室错采罗縠裘一领，织成靴一量，有心青衣二人，长奉左右。所奉虽薄，以表吾意。足下便当慨然承纳，不致

---

①　《三国志·魏书·崔琰传》注引《魏略》。

往返。①

曹操所为,殊为残忍,殊非常人之所能为。前曾述及,曹操初秉汉政时曾借口杨彪与袁术有姻亲关系,诬称其"欲图废立,奏收下狱,劾以大逆"。由于孔融、荀彧、满宠等为其备述利害,"若罪不明白,必大失民望",只好赦免了②。这一次,曹操为什么不借杀杨修之机也把故太尉杨彪杀了呢?究其原因,主要是三点,一是杨家从杨震到杨彪已四代太尉,杨彪虽然"遂称脚挛不复行,积十年"③,但其社会影响及其家族势力依然很大;二是曹操诛杀孔融,社会反响波及很广,社会舆论压力很大,如果继续诛杀汉朝大僚,于己不利;三则不排除曹操有意这样做以折磨杨彪。杨彪既不敢怒,也不敢言,儿子被人杀了,还要受到"豪父"之责,被讥讽为"未必非幸也",被说成是给予的恩典,以免"尊门大累"。送来的礼物和"驱使"、"青衣"(未必不是奸细)也只得忍辱"承纳",不敢"往返"。本来事已至此就算完了吧,但曹操仍不作罢,找机会再往杨彪受"伤"的心口上撒一把盐。《后汉书·杨彪传》记载,杨修被杀了,"操见彪问曰:'公何瘦之甚?'(彪)对曰:'愧无日磾先见之明,犹怀老牛舐犊之爱。'曹操为之动容。"④这算是杨彪略微表示了一下不满。

另据《三国志·刘表传》注引《零陵先贤传》说:曹操还曾派刺客把一个年仅十七岁的少年周不疑杀了。周不疑,字元直,零陵

---

① 严可均校辑《全三国文》卷3《魏武帝》。
② 《资治通鉴》卷62,汉献帝建安二年。
③ 《后汉书·杨彪传》。
④ 日磾,指金日磾。金本匈奴休屠王太子,父被杀后,没入官,后来官至侍中驸马都尉、光禄大夫,封秺侯。日磾有子二人,为汉武帝"弄儿",常在帝侧。其后"弄儿"壮大,不谨,自殿下与宫人戏,日磾适见之,恶其淫乱,遂杀弄儿。参见《汉书》卷68《金日磾传》。

人。《先贤传》称"不疑幼有异才,聪明敏达,太祖欲以女妻之,不疑不敢当;太祖爱子仓舒(曹冲),夙有才智,谓可与不疑为俦。及仓舒卒,太祖心忌不疑,欲除之。文帝谏以为不可,太祖曰:'此人非汝所能驾御也。'乃遣刺客杀之。"自己的儿子死了,"心忌"同自己的儿子差不多的人,出于揣测,怕将来子孙不能"驾御",就把一个年轻人杀了。诸如此类,曹操常为人非,实非偶然。

第十七章　抑制兼并,改革租税制度

为了说明曹操的一些经济主张,本章时或追述一下给曹操以重大影响的两汉社会存在的突出经济问题。

封建主义的社会制度必然导致土地兼并和赋役不均的现象。豪民侵夺,土地集中,小民兼赋,陷入极度贫困。正如《汉书·食货志》所说:"庶人之富者累钜万,而贫者食糟糠。"亦如董仲舒所说,自秦用商鞅之法,"除井田,民得买卖,富者田连仟佰,贫者亡立锥之地。又颛川泽之利,管山林之饶,荒淫越制,逾侈以相高;邑有人君之尊,里有公侯之富,小民安得不困?"事实证明,历代统治者凡能妥善地解决这个问题者就能得到民人的拥护,百姓乐业,生产发展,社会稳定;反之,如秦时"男子力耕不足粮,女子纺绩不足衣服",就难免"海内愁怨,遂用溃畔";亦难免如董仲舒所论,"民愁亡聊,亡逃山林,转为盗贼"。

在中国的历史上,西汉曾经有过一度繁荣时期,经济和文化都有了不少发展。这个时期,就是汉代统治者轻徭薄赋、抑制兼并的时期。史载,汉兴,天下既定,刘邦约法省禁,"轻田租,什五而税一,量吏禄,度官用,以赋于民。"汉文帝前元十二年(公元前168年)"赐农民今年租税之半";以后又全免了租税,"其除田之租税。赐天下孤寡布帛絮各有数。"直到汉景帝二年(公元前155年)亦即十三年后,才恢复了田租,"令田半出租。"半租,就是三十税之一。体恤民人疾苦,薄赋的结果是,其后至汉武帝之初七十年间,国家无事,非遇水旱,"则民人给家足,都鄙廪庾尽满,而府库余财。京师之钱累百钜万,贯朽而不可校。太仓之粟陈陈相因,充溢露积于外,腐败不可食。"但自此之后,汉武帝"外事四夷,内兴功利,役费并兴,而民去本"。董仲舒说,力役三十倍于古,"或耕豪民之田,见税什五",大概是接近事实的。所以,王莽篡汉后下令说:"汉氏减轻田租,三十而税一,常有更赋(以钱代役),罢癃(老弱残疾人)咸出,而豪民侵陵,分田劫假(豪民分田给农民,用收租的方式劫掠农民的收获),厥名三十,实什税五也。"①

汉武帝时是汉朝鼎盛时期,也是走向衰落的开始,问题已相当严重。社会矛盾不断激化,统治者和被统治者都感到了问题的严重性。董仲舒提出"限民名田"(限制私人占田的数量)的主张。农民起而反抗,频有起义暴动之事发生。

东汉初年,光武帝刘秀接受历史的教训,又曾实行薄赋政策。建武六年(公元 30 年)下诏说:"顷者师旅未解,用度不足,故行什一之税。今军士屯田,粮储差积。其令郡国收见田租三十税一,如旧制。"②可见,刘秀开始行什一税,后来行三十税一之旧制。这一政策,大概执行了几十年。直到中期以后还常见减免税赋的诏书。诸如和帝永元四年(公元 92 年)诏:"今年郡国秋稼为旱蝗所伤,其什四以上勿收田租、刍藁"③。

尽管东汉时期没有抑制住"田宅过制",本想通过"度田"的办法检核天下田亩与人口,以便考虑租税标准,由于受到地方官吏与豪强的反对,结果也失败了。但轻徭薄赋的结果还是明显的。《后汉书·明帝纪》说,永平十二年(公元 69 年)"天下安平,人无

①　以上参见《汉书·食货志》。
②　《后汉书·光武帝纪下》。
③　《后汉书·和帝纪》。

徭役,岁比登稔,百姓殷富,粟斛三十,牛羊被野。"①不过,这种情况为时并不很久,天灾频仍,人祸不断,统治集团的腐败加重了天灾的损害,豪民乘天下动乱之机,大肆兼并土地,以致出现了仲长统在其《昌言》中所说的那样:"豪人之室,连栋数百,膏田满野,奴婢千群,徒附万计"、"豪人货殖,馆舍布于州郡,田亩连于方国。……不为编户一伍之长,而有千室名邑之役。荣乐过于封君,执(势)力侔于守令。财赂自营,犯法不坐。刺客死士,为之投命。……虽亦由网禁疏阔,盖分田无限使之然也。"②

曹操面对的就是仲长统所说的局面。仲长统,字公理,山阳高平人。尚书令荀彧闻统名,举为尚书郎,后参丞相曹操军事。曹操死后的第二年以病卒。可以想象,仲长统之《昌言》首先就是写给曹操、荀彧等人看的。因此也不难推见,曹操既秉汉政,面对社会现实,鉴于历史的经验与教训,尽管把主要的精力用在军事和政治上,但为了政治地位的巩固和社会安定也不得不认真对待经济问题,尤其是抑制豪强兼并、体恤民瘼、减轻百姓负担的问题。

一、重豪强兼并之法

建安九年(公元204年),曹操先后打败袁绍父子,基本上控制了河北以后,针对袁绍弊政所造成的恶果和战乱以来民生凋敝、经济萧条以及豪民兼并的严重情况,发出了两道命令,一为《蠲河北租赋令》,令说:

---

① 《后汉书·明帝纪》。
② 《后汉书·仲长统传》。

河北罹袁氏之难,其令无出今年租赋。①

这是一种恤民性质的临时措施,虽然仅免一年的租赋,但对于争取民心当有极大好处。另一道命令是更能反映曹操思想的重要材料:《抑兼并令》。令文说:

"有国有家者,不患寡而患不均,不患贫而患不安。"袁氏之治也,使豪强擅恣,亲戚兼并;下民贫弱,代出租赋,衒鬻家财,不足应命。审配宗族,至乃藏匿罪人,为逋逃主;欲望百姓亲附,甲兵强盛,岂可得邪! 其收田租亩四升,户出绢二匹,绵二斤而已,他不得擅兴发,郡国守相明检察之,无令强民有所隐藏,而弱民兼赋也。②

此令的中心思想是抑制兼并,制止强民将其负担转嫁到小民身上;同时反映了曹操秉政期间一改汉代租赋制度而向租调制度的转变。这里先就抑制兼并的问题作些分析。

1. 从儒家思想中撷取理论根据

曹操抑制兼并的理论根据和前提是孔子对冉有和子路说的两句话。《论语·季氏》说,季氏将伐颛臾,冉有和子路(二人时为季氏家臣)去告诉孔子,孔子表示反对并批评了二位弟子,然后阐明了自己的思想:"有国有家者不患寡而患不均,不患贫而患不安。盖均无贫,和无寡,安无倾。"根据"均无贫,和无寡,安无倾"分析孔子的前两句话,应作"有国有家者不患寡而患不和,不患贫而患不均。"当然,曹操引用时并未作此考证,只是从中汲取其思想内涵而已。这就是说,曹操抑兼并、重豪强兼并之法的思想是很明确

---

① 《三国志·魏书·武帝纪》。
② 《三国志·魏书·武帝纪》注引《魏书》。

的,就是减少不均,缓和矛盾,从而减少或避免社会的不和、不安。

2. 重兼并之法的现实意义在于抑制豪强、争取与心

历史表明,东汉是土地兼并的最厉害的历史时期之一。如果说,在其初年尚能注意这个问题,时有"假民公田"(将公田租赁给贫民使用)和"赋民公田"(将荒芜的公田赐给贫民)的记载,如汉明帝诏令"郡国以公田赐贫人各有差"[①];章帝"诏以上林池田赐与贫人"。又诏"今肥田尚多,未有垦辟,其悉以赐贫民"[②]。及至后期,本已势力很强的豪族地主和官僚地主的势力迅速地膨胀起来,如梁冀竟然占有西至弘农(河南灵宝北),东界荥阳,南极鲁阳(河南鲁山),北达河(黄河)、淇(淇水)的方圆千里的土地。豪强广占土地推动了田园经济的膨胀,又进一步促进了兼并的加剧。豪强地主、官僚地主、商贾地主的田园,既是一个经济实体,又是一个地方武装实体。到了东汉末年,情势便完全如仲长统所言:"百夫之豪,州以千计","豪人之室,连栋数百,膏田满野,奴婢千群,徒附万计"。这样的实体发展的结果,一方面是"民无立锥之地",或啼饥号寒,挣扎在死亡线上,或不得不投入豪强、官僚地主门下,成为依附民;另一方面,对于朝廷来说,无疑是一股股离心力量。他们拥有自己的武装力量可以自保,他们把负担国家租赋的编户齐民变为自己的依附民,直接损害了国家赋税的收入和徭役的征发。因此,作为执掌国家政权的曹操甚知,要想巩固中央集权,必须给地方豪强以限制;要保证社会的稳定,必须考虑小民活命的基本条件;要想提高自己的威信,必须争取与心。

---

① 《后汉书·明帝纪》。
② 《后汉书·章帝纪》。

338

豪强地主经济的发展和土地兼并的加剧,就当时来说,全国皆然。曹操所以首在河北抑制豪强、抑制兼并的原因概在以下几点:(1)河北本为社会矛盾、阶级矛盾特别尖锐的地区,前时巨鹿(今河北平乡)人张角兄弟发动的黄巾起义,博陵(今河北蠡县南)人张牛角、常山真定(今河北正定)人张飞燕等发动并领导的黑山军起义,都发生在河北地区,足见民心思变,社会不稳;(2)袁绍自中平六年(公元189年)为勃海太守,后领冀州牧,统冀、幽、青、并四州之地,至建安九年(公元204年),前后十五年,社会问题不仅没有得到解决,反而日趋严重,正如曹操令中所说:"袁氏之治也,使豪强擅恣……下民贫弱,代出租赋衒鬻家财,不足应命"。根据历史记载分析,当时河北的豪强地主经济较之其他地区的确更为集中。不仅原来宗族豪强地主得到发展,如田畴入徐无山中,"营深险平敞地而居","百姓归之,数年间至五千余家。"①而且还因为东汉末年中原战乱更巨,一些外地豪族也迁到河北,投靠袁绍,并建起了自己的地主经济。如荀彧、高柔等就是从河南迁往河北的。史载,荀彧本颍阴人,"将宗族至冀州","弟谌及同郡辛评、郭图,皆为绍所任"②。高柔本陈留人,亦是"举宗"到了河北③。(3)袁绍被打败,同时打击了依附于袁氏的诸豪强,相对削弱了反抗力量,如审配宗族的势力本来就很大,"至乃藏匿罪人,为逋逃主",审配被诛,自然就树倒猢狲散了。其田产或即收归公有,亦未可知。(4)袁氏的统治不得人心,"信用群小,好受近言,肆志奢淫,不知稼穑之艰难","邑有万户者,著籍不盈数百,收赋纳税,参分

① 《三国志·魏书·田畴传》。
② 《三国志·魏书·荀彧传》。
③ 《三国志·魏书·高柔传》。

不入一。招命贤士不就,不趋赴军期,安居族党,亦不能罪也。"①
曹操趁河北初附,正可铲除袁氏弊政。(5)最后,也是最重要的一
条,曹操打败了袁氏,占有邺城,立即自领冀州牧,目的是要在河北
建立自己的根据地,因而除旧弊,立新政,减轻民人负担,稳定社会
秩序,便成了争取与心、巩固地盘的不可或缺的应有之议。

　　抑制兼并是曹操的重要的经济思想,但其具体措施史记不多。
严格说来,曹操对于豪强地主及其兼并活动,并没有采取很严厉的
打击和限制。曹操《营缮令》规定"诸私家不得有艨冲等船"②,另
外还有一些试图削弱地方武装的作法。这说明,他对地方武装还
是有所注意的,因而对于地主武装可能作过限制。但在经济及其
经营规模上,则没有明确的规定和措施。

　　曹操抑兼并的措施主要是试图解决豪强广占土地而隐匿所
有、逃避负担、从而将负担转嫁给弱民身上的问题。具体说来,第
一,他要解决袁氏遗留下来的"邑有万户者,著籍不盈数百,收赋
纳税参(三)分不入一"的问题,即把所有豪强庄园经济统统登记
入册,"无令强民有所隐藏";第二,他要解决"豪强擅恣,亲戚兼
并;下民贫弱,代出租赋"的问题。所谓"代出租赋",可作两方面
的理解,一是"下民"的土地已被豪强兼并去了,但仍要照旧负担
租赋;二是豪强广占土地而逃避租赋,这些负担自然摊转到了"下
民"身上。从曹操的令文中看出,这些负担是相当重的,致使贫弱
小民变卖了家产,还"不足应命";第三,制定并执行统一的租赋标
准,按亩缴租,按户出调,田多者多负担,田少者少负担,并令郡国
守相进行检察,从而通过租赋政策给豪强地主以限制。在曹操看

---

　　① 《三国志·魏书·袁绍传》注引《九州春秋》。
　　② 《御览》卷770。

来,这几条做到了,兼并就会受到抑制,弱民兼赋的问题也就解决了。

综上可见,曹操的所谓抑兼并,并没有治本的措施。他既没有提出如董仲舒的"限民名田"的主张,也没提出如师丹之"限田"措施。甚至时人荀悦提出的"宜以口数占田,为之立限,人得耕种,不得买卖,以赡贫弱,以防兼并,且为制度张本,不亦宜乎"的意见①,以及仲长统的"犹当限以大家,勿令过制"的意见②,也没有认真地考虑。所以,对其评价不宜过高。但是,在解决土地问题上,他没有接受司马朗、仲长统等人的行井田的复古主张,证明了他的头脑很清醒,而且他的一些具体作法,对于解决"下民"负担过重,缓和社会矛盾也终究有一定益处。史载,曹操"重豪强兼并之法,百姓喜悦"③,也非完全是一句空话。再加他在政治上确曾给了豪强以打击和限制,并支持了地方官惩办逃避徭役、"征调不肯如法"的豪族势力④,所以还是应该给予一定肯定评价。

二、减轻赋役,恤民疾苦

重民赋,搜刮民脂民膏,是统治集团走向腐朽的表现,无异于自掘坟墓。因为残酷的租赋和徭役,使得广大老百姓难为生计,离开了土地,甚至亡逃山林,沦为"盗贼"。相反,薄赋役,减轻负担,

---

① 《后汉书·荀悦传》。
② 《后汉书·仲长统传》。
③ 《三国志·魏书·武帝纪》。
④ 参见《三国志·魏书·司马芝传》和《贾逵传》注引《魏略·杨沛传》。司马芝为菅(今山东章丘西北)长,因郡主簿刘节藏匿宾客拒不服役,芝强以刘节代客服役;杨沛为长社(今河南长葛东)令,对"征调不肯如法"的曹洪宾客,"挝折其脚,遂杀之"。

民人乐业,倒使统治者获得拥护,社会得到安定,当权者的地位也巩固了。

曹操自秉汉政,即试图行农战之策达到富国强兵的目的。州郡例置田官,实行屯田,是其重要决策之一。同时他对广大的自耕农也给了应有的注意。例如,建安四年(公元 199 年)曹操同意治书侍御史卫觊的建议,利用卖盐得到的钱买耕牛,"若有归民,以供给之"①,并常对重农、劝农的官吏予以嘉奖。史载曹操征关中,郑浑为京兆尹,"浑以百姓新集,为制移居之法……勤稼穑,明禁令,以发奸者。由是民安于农,而盗贼止息。及大军入汉中,运转军粮为最。"因此,郑浑受到曹操的嘉赏提拔,而"复入为丞相掾"②。杜畿为河东太守,"班下属县,举孝子、贞妇、顺孙,复(免)其繇(徭)役,随时劝勉之。渐课民畜牸牛、草马,下逮鸡豚犬豕,皆有章程。百姓勤农,家家丰实。"及至曹操西征至蒲阪,"军食一仰河东。及贼破,余畜(蓄)二十余万斛"。于是曹操下令以孔子赞美夏禹的话赞美杜畿,并为他增秩,令说:"河东太守杜畿,孔子所谓'禹,吾无间然矣'。增秩中二千石。"③"禹,吾无间然矣"(《论语·泰伯》),原意是孔子说,对于夏禹,我没有什么批评的话好说。曹操转引之意是表示对杜畿非常满意。二千石,是指官秩。汉时,二千石的官,还有中二千石、比二千石之分。中是满的意思,中二千石一般只有朝廷的九卿,如太仆、太常、光禄勋、卫尉、廷尉、大鸿胪、大司农、宗正、少府卿等才可得;郡国守相一般都是二千石。因而时以"二千石"称呼郡太守;比二千石,一般授给一些武官,如各种名号的中郎将和校尉等。杜畿为郡守,本为二千石,改

① 《三国志·魏书·卫觊传》。
② 《三国志·魏书·郑浑传》。
③ 《三国志·魏书·杜畿传》。

为中二千石,就是增秩了,就相当于九卿的俸禄了。

曹操提倡重农、劝农,自然也注意老百姓的困苦。他曾作《谣俗词》一首,"瓮中无斗储,发箧无尺缯。友来从我贷,不知所以应。"①以表示对穷困者的同情。曹操常有一些恤民疾苦的政策发出。建安五年(公元200年),曹操、袁绍相拒官渡,袁绍举兵南侵,遣使招诱豫州诸郡,惟阳安郡(治今河南确山西南)不动,郡都尉李通急录户调,朗陵长赵俨见李通说:"方今天下未集,诸郡并叛,怀附者复收其绵绢,小人乐乱,能无遗恨",因说李通"缓调",并即与荀彧书:"今阳安郡当送绵绢,道路艰阻,必致寇害。百姓困穷,邻城并叛,易用倾荡,乃一方安危之机也。且此郡人执守忠节,在险不贰。微善必赏,则为义者劝。善为国者,藏之于民。以为国家宜垂慰抚,所敛绵绢,皆俾还之。"荀彧立即把这件事报告了曹操,因即"公文下郡,绵绢悉以还民",于是"上下欢喜,郡内遂安"②。又,长广太守何夔对曹操讲,按照"先王辨九服之赋以殊远近"的精神,长广郡(治今山东莱阳东)"宜依远域新邦之典"纳绵绢,曹操也同意了何夔的意见③。建安七年(公元202年),军谯,见旧土人民,死丧略尽,不由凄怆伤怀,因下令说:"其举义兵以来,将士绝无后者,求其亲戚以后之,授土田,官给耕牛,置学师以教之。"④建安九年(公元204年),河北平定后,全额免除了河北的当年租赋,"河北罹袁氏之难,其令无出今年租赋。"建安十四年秋七月,特令存恤战死之家,"其令死者家无基业不能自存者,县官

---

① 《初学记》卷18。
② 《三国志·魏书·赵俨传》。
③ 《三国志·魏书·何夔传》。
④ 《三国志·魏书·武帝纪》。

勿绝廪"①。"县官勿绝廪",就是政府保证供给国家米仓里的米。建安二十三年(公元218年),又针对上年冬天发生严重瘟疫,老百姓病死者甚多,农田垦殖减少,发出了《赡给灾民令》说:"去冬天降疫疠,民有凋伤,军兴于外,垦田损少,吾甚忧之。其令吏民男女,女年七十已上无夫子,若年十二已下无父母兄弟,及目无所见,手不能作,足不能行,而无妻子父兄产业者,廪食终身。幼者至十二止。贫穷不能自赡者,随口给贷。老耄须待养者,年九十已上,复不事,家一人。"②这是一道救济性的文告,讲了三条赈灾措施,一是寡妇七十岁以上和孤儿十二岁以下,以及残疾而无产业者,由国家养起来,"廪食终身"(幼者十二岁止);二是贫穷无力养活自己的,政府给予帮助,借给粮食,"随口给贷";三是耄耋老人需要人照顾,年九十以上者,免其家中一人的徭役,"复(免除)不事,家一人"。

以上说明,曹操甚明统治之术,颇知存恤贫民的必要。建安期间,曹操统治地区的天灾,较之以往,尚不算频繁、严重。从《后汉书·献帝纪》看,发生过几次大水和瘟疫。曹操的一些措施大都是针对天灾人祸的实际情况发出的,因而必然收到实际的效果。孔子认为,如有博施于民,而能济众,"必也,圣乎,尧舜其犹病诸!"(《论语·雍也》)所以,对曹操的恤民和减免赋役政策应该看到它的积极意义。当然也不宜估价过分。因为相对来说,第一,曹操虽然有过免赋役的政令,但与西汉、东汉之较稳定时期相比不及其多,也不及其广;第二,曹操统治地区的赋役负担远较吴、蜀为重,所以民反之事也较多;第三,他的重农思想也不及诸葛亮的劝

---

① 《三国志·魏书·武帝纪》注引《魏书》。
② 《三国志·魏书·武帝纪》注引《魏书》。

农思想明确。诸葛亮主张"唯劝农业,无夺农时;唯薄赋敛,无尽民财"①。诸葛亮接受刘备托孤,辅后主刘禅,首先考虑并于建兴二年(公元 224 年)推出的是"务农殖谷,闭关息民"②的政策。在战争期间他还常常通过"休士劝农"的方式,以解决军食,减轻农民的负担,因此得到好评,"亮之治蜀,田畴辟,仓廪实,器械利,蓄积饶,朝会不华,路无醉人。"③对曹操,则未见此等誉词出于时人或后人之口。质言之,诸葛亮治蜀,经济得到了恢复与发展,人口也有了增加④;而曹操统治区,虽然不无恢复,但严格说来,始终没有恢复元气,"天下户口耗减,十裁一在"⑤,直至魏明帝太和年间(公元 227—232 年)杜恕上疏还说:"今大魏奄有十州之地,而承丧乱之弊,计其户口不如往昔一州之民"⑥。青龙年间(公元 233—236 年)陈群上疏也说:"今丧乱之后,人民至少,比汉文景之时,不过一大郡"⑦。不宜对曹操的经济政策及其思想过高评价,原因概在于此。

三、改税制,开租调制之先

前述曹操于建安九年《抑兼并令》中说"其收田租亩四升,户出绢二匹,绵二斤而已,他不得擅兴发",并且责令郡国守相进行

---

① 《诸葛亮集·文集》卷 3。

② 《三国志·蜀书·后主传》。

③ 《三国志·蜀书·诸葛亮传》注引《袁子》。

④ 《三国志·蜀书·后主传》注引《蜀书》载,蜀亡时户 28 万,口 94 万;《晋书·地理志上》载,蜀初有户 20 万,口 90 万。

⑤ 《三国志·魏书·张绣传》。

⑥ 《三国志·魏书·杜恕传》。

⑦ 《三国志·魏书·陈群传》。

检查，"无令强民有所隐藏，而弱民兼赋"。这是一项轻民赋、抑兼并的政策，但其重要意义不全在此，更在于它透露了一项重要的租税制度的改革，以租调制代替了两汉的租赋制，开始了中国历史上租税制度的新的一页。

1. 关于曹操租调制的内容和推行地区

遍查历史记载，涉及曹操租调制内容的只有上述一条，即田租每亩四升，户调绢二匹，绵二斤。由于还有"他不得擅兴发"一句，不少学者认为，曹操的租调制，除田租、户调外，免除了其他一切负担，包括汉时刍、藁之征[1]。有的学者不同意这一论断，认为老百姓直至魏明帝时仍然"当供藁秸铚粟之调"[2]。其实何止是征收刍藁，而且"收田租亩四升，户出绢二匹，绵二斤"，亦非通例，而是针对河北的特殊情况而发。

这条法令是曹操刚刚占据了邺城、自领冀州牧之后发出的。他平定河北后，立意经营邺城以为自己的根基，法令本身带有明显的优恤性质。因此，不妨作如下理解，第一，"他不得擅兴发"，就是在河北地区，除田租和户调绢、绵以外，免除一切负担，当然包括刍藁在内。第二，既然是针对河北而发，那么一条完整的令文的前半部分，当然也是针对河北而发的。换言之，"收田租亩四升，户出绢二匹，绵二斤而已，他不得擅兴发"当是曹操的一项地方性政策。理由在：就当时全国形势来说，建安九年九月，曹操刚占邺城，袁氏兄弟还没有最后消灭，他既忙于安定河北，又急于作根除袁氏兄弟以及对付三郡乌桓的部署，此其一。其二，曹操当时的身份是冀州牧，在

---

① 参阅高敏：《魏晋南北朝社会经济探讨》，人民出版社 1987 年版，第 59 页。

② 参见马植杰：《三国史》，人民出版社 1993 年版。引文见《三国志·魏书·高堂隆传》。

中央原来的官职是司空,行车骑将军,尽管他已经权极朝廷,百官总己以听,但至少在名义上,他绝无资格向全国发布如此重大的命令。这一点,我们还可以从别的事情上得到旁证,诸如,在此前后,曹操对于重要人物的任免、爵赏,虽然是自己的意见,但在形式上总要表奏皇帝,办理皇帝的任免手续。至建安十三年,罢三公官,曹操自为丞相,情况才发生了重大变化。凡是实行重大的全国性的经济政策,必须是由天子行诏。历史上都是这样做的。远者不说,近如桓帝延熹九年(公元 166 年),皇帝下诏:"比岁不登,民多饥穷,又有水旱疾疫之困……其灾旱盗贼之郡,勿收租,余郡悉半入。"①灵帝熹平四年(公元 175 年),"令郡国遇灾者,减田租之半;其伤害十四(即十分之四)以上,勿收责。"②所以说,曹操建安九年发布的蠲免河北租赋令和公布租调之制都是他职权范围内的事,因为不见于汉献帝的诏书,只能是地方性法令,不具有全国性效力。

2. 关于曹操租调制颁行的时间

对此史学界也存在不同看法,如范文澜《中国通史简编》、郭沫若主编《中国史稿》、翦伯赞主编《中国史纲要》大都以建安九年九月为始,根据就是曹操发布的《抑兼并令》(亦名《收田租令》);唐长孺先生则认为,当在建安五年二月,根据是阳安都尉李通"急录户调"的时间当在袁绍举兵南侵之时③;另有不少人主张,应在建安五年七月,根据是司马光《资治通鉴》将李通"急录户调"系于建安五年七月条;高敏先生认为,大抵先有户调制,后有田租制,户调制最早可能肇端于曹操领有兖、豫以后的建安三四年间,颁行于

① 《后汉书·桓帝纪》。

② 《后汉书·灵帝纪》。

③ 《魏晋南北朝史论丛》,生活·读书·新知三联书店 1955 年版,第 60 页。

四年八九月至五年二月之前;二月至十月间又增加了新的田租制,九年九月推广于河北地区,遂成普遍推行的新制。高敏先生的根据一是李通建安三年五月为阳安郡都尉,曹操抗袁绍南侵应于建安四年八九月间,李通"急录户调"即在此期间;二是何夔为长广太守和曹操破袁绍以后,这两件事发生在建安五年十月前后;三是建安九年九月令,是曹操推行新的租调制于河北地区的时间而非始创这一制度的时间。

诸家之说皆有自己的根据,其中以高敏先生说理最多,引证最广,亦最具说服力。但是,论者往往忽略了一个最重要的问题,即李通也好,赵俨也好,何夔也罢,都没有说自己是按照曹操制定的新的租调制度而"急录户调"和"又收租税绵绢"的。论者或把"是时太祖始制新科下州郡,又收租税绵绢"视为一件事,以为新科即新的租调制。这完全是一种误解。第一,科不同于课,科指法律条文,《后汉书·酷吏传序》有云:"自中兴以后,科网稍密";课指课税,是按照政府的规定征收赋税。因此,"始制新科"和"收租税绵绢"是两回事,其中用一个"又"字隔开,已很清楚;第二,何夔上言已把"科"的内容说明白。夔以郡初立,近以师旅之后,不可卒绳以法,"……所下新科,皆以明罚敕法齐一大化也。所领六县,疆域初定,加以饥馑,若一切齐以科禁,恐或有不从教者。有不从教者不得不诛,则非观民设教随时之意也……"①显然,所谓"新科"就是新的科禁之法。对此,司马光大概惟恐人们误解,因而以更准确的语言进行了表达,他说:"时操制新科,下州郡,颇增严峻,而调绵绢方急"②。新科"颇增严峻"是一回事,"调绵绢方急"是另

---

① 《三国志·魏书·何夔传》。
② 《资治通鉴》卷63,汉献帝建安五年。

一回事。

既然李通"急录户调"和何夔"又收租税绵绢"（或谓"调绵绢方急"）都没有确证是根据曹操租调制行事，那么也就很难确证曹操此前已经制定出租调制的具体办法，而且在一个比较大的范围内已经实行。

既然如此，那么此前的"户调"之征又是根据什么呢？这就是要研究的第三个问题。

3. 关于曹操户调制的起源和曹操 推行户调之前是否已经有了 实际上的户调的问题

历史表明，曹操迎帝都许以后已经有了关于"征调"、"发调"的记录，而且，这些记录都同曹操有些关联。《三国志·贾逵传》注引《魏略·杨沛传》说："及太祖辅政，迁沛为长社令。时曹洪宾客在县界，征调不肯如法，沛先挝折其脚，遂杀之。"《三国志·曹洪传》注引《魏略》说："初，太祖为司空，以己率下，每岁发调，使本县平赀。"可见，建安初年在曹操的直接控制区域以内，已有"征调"存在。但这不能说明户调制是曹操的创建。因为在此之前，据《三国志·王修传》记载，初平年间（公元190—193年），胶东多贼寇，北海相孔融令王修守胶东令，"胶东人公沙卢宗强，自为营堑，不肯应发调。修独将数骑径入其门，斩卢兄弟，公沙氏惊愕莫敢动。"胶东属青州，不是曹操的管辖范围。因此，有的学者认为户调制出现在献帝初平年间，并非曹操独家所创，亦难断定是哪家首先提出并实行的。这是当时的情况所使然。

此论不无道理。因为自董卓乱后，天下分崩离析，经济凋敝，人口流亡，已经完全失去以往按口征赋的条件。按照汉制，除田亩税即田租之外,还有按人口和年龄计征的算赋和口赋。田租是比率田租制,如前所述,先是十五分之一,汉文帝"赐民田租之半"变成三十税一,遂为成例。不过也有不同的时候,一如王莽所说,"厥名三十,实什税五",二如刘秀初行什一之税,等等。口赋是对少年儿童征收的人头税,规定七至十四岁的儿童每年缴纳 20 钱;算赋是对成年人征收的人头税,规定十五至六十五岁的人出 120 钱为一算,商人与奴婢倍算。东汉末年,一方面是土地大量集中变成豪强地主庄园,一方面是大片土地成为荒地,而广大劳动者则没有或少有自己的土地。还有一个严重问题是,"汉自董卓之乱,百姓流离,谷石至五十万钱"①。用通俗的话说,就是钱不值钱。因此,再按原额计赋实属滑稽之举。这是一方面的问题。另一方面还有谷贱钱贵的时候,据《晋书》卷 26《食货》说,曹操罢董卓铸的小钱,复用五铢钱,"是时不铸钱既久,货本不多,又更无增益,故谷贱无已"。谷贵钱贱或谷贱钱贵都可以使得原来的租赋制度难以兑现或无法坚持下去。怎么办? 史有明载,早在西汉昭帝元凤二年(公元前 79 年)就曾允许"三辅、太常郡得以叔(菽)粟当赋";六年(公元前 75 年)又诏:"今三辅、太常谷减贱,其令以叔粟当今年赋"②。及至东汉,情况相反,是因谷贵钱贱,而以实物代钱。典型的例子就是汉章帝诏以布帛为租,"时谷贵,县官给用不足,尚书张林上言:'谷所以贵,由钱贱故也,可尽封钱,一取布帛为租,以通天下之用。'从之。"③自此,正式开了以布帛为租的先例。至于原来的口赋与算赋,既然难以计钱而征,自然也就以布帛为代了。所以,东汉末年虽然还讲到过口赋、算赋的事情,如安帝元初

---

① 《晋书·食货》。
② 《汉书·昭帝纪》。
③ 《文献通考·田赋二》。

元年(公元114年)"诏除三辅三岁田租、更赋、口算"[1];顺帝永和三年(公元138年)"除今年田租,尤甚者勿收口赋"[2];桓帝永寿元年(公元153年)"诏太山、琅琊遇贼者,勿收租赋,复(免)更、算三年"[3]。但实际上只不过是一种示恤的形式,它没有涉及用什么缴纳和怎么缴纳口赋和算赋的问题。因此,真正的现实已是各地封疆大吏、郡国守相,针对人口流散,谷贵钱贱和无钱可用的形势,不得不各在自己的统区内改人头税而为按户征调,这是非常自然的事。同理,改以钱计征而为征调绵绢等实物更是非常自然的事。及至曹丕继位之后,索性就宣布"罢五铢钱,使百姓以谷帛为市"[4]了。况且改制并不完全违背祖训,因为溯其渊流,至少东汉初期在边远地区就有变通实行"租调"的例子。如汉明帝即位之初"赦陇西囚徒,减死一等,勿收今年租调"[5]。这里"调"字是作名词用的,不同于屡见于秦汉记载中的"征调""发调"之"调"。可见已有租调之制。如此,甚或可以作如下概论:东汉朝的前期、中期的租税制度当以租赋制为主,而辅之以租调制;及至末造,租赋之制已难实行,仅存其名,事实上已被租调制所代替。

既然各州郡都是按照各自的实际情况改赋为调,自然其标准就不会是统一的。大率无外按照原来赋算之实值折合当时绵绢之值,因而带有很大的随意性。总的趋势是加大剥削,而不是减轻剥削。由此也可作如下结语:建安九年曹操推行定额租调制于河北之前,国内已有定额租调存在,但标准极不统一。即使曹操先后直

① 《后汉书·安帝纪》。
② 《后汉书·顺帝纪》。
③ 《后汉书·桓帝纪》。
④ 《晋书·食货》。
⑤ 《后汉书·明帝纪》。

领的各州郡,也必然是随时因变、随地制宜,标准不会统一。但有一点是无疑的,即其征收总值必然超过曹操建安九年推行于河北之制。否则,曹操就不会以其所定之制作为优抚政策在河北推行。也正是这个原因,所以,我认为曹操在建安九年之前已经实行了租调制;但不认为曹操已经实行了具有量的规定性的租调制。具有明确量的规定性的租调制,即如"田租亩四升,户调绢二匹、绵二斤"是从建安九年九月"公令"(即《抑兼并令》)开始的。曹操的贡献也正在于此。因为具有量的规定性,在中国赋税制度上产生过重大影响的租调制真正的开始了。

4. 关于曹操租调制的作用和影响

曹操推行于河北的租调制对于稳定形势、减轻农民负担起了很好作用,当是无疑的;对于中国租税制度的变革和魏晋以后田制、税制的变化都产生过直接或间接影响也是无疑的。

第一,它减轻了河北农民的负担。综合各方面的材料断定,各州郡,包括曹操先期领有的兖、豫诸州,不管是采用什么形式的赋税制度,其征量大都是在十分之五左右,最低不会少于十分之一。屯田民固然要交十分之五或十分之六,甚至十分之七八,如果能做到"持官牛者,官得六分,百姓得四分;私牛而官田者,与官中分",那么就会收到"百姓安之,人皆悦乐"的效果①;普通农民的负担,名义上是三十分之一,实际上是"或耕豪民之田,见税什五",即使不耕豪民之田,也往往是"厥名三十,实什税五"。这并非臆断。因为如果不是这样,那么仲长统就绝不会在其上呈的《昌言》中,呼吁十一之税。仲长统说:"今田无常主,民无常居,吏食日禀,班

---

① 《晋书·慕容皝传》。

禄未定。可为法制,画一定科,租税十一,更赋如旧。今者土广民稀,中地未垦;虽然,犹当限以大家,勿令过制。"①仲长统呼吁的十一税,当指租赋(或调)全部,"更赋如旧",说明"十一"之内不包括更赋(代役钱);仲长统主张占田"犹当限以大家,勿令过制",那"制"是多少呢?查两汉书皆无明确记录,若以古制论,大率"私田百亩",或谓"上田夫百亩,中田夫二百亩,下田夫三百亩";若从赵过为代田考察,提及"率十二夫为田一井一屋,故亩五顷"。邓展注谓"九夫为井,三夫为屋,夫百亩,于古为十二顷。……古千二百亩,则得今五顷。"当时的亩产量,按晁错的说法是"农夫五口之家,其服役者不下二人,其能耕者不过百亩,百亩之收不过百石(斛)",即每亩一斛;按赵过代田之法,"一岁之收常过缦田(指不按代田法做的田)亩一斛以上",大约每亩两斛左右②;按仲长统的说法"通肥饶之率,计稼穑之入",约为一亩三斛。当然还有更多者,如傅玄所说"白田收十余斛,水田收数十斛"③,但不代表普遍现象。

姑以农夫之家能耕百亩和亩产三斛以及仲长统"亩及三斛,斛取一斗,未为甚多"的精神,计其负担。什一之税的公式是:

$$3(斛) \times 100(亩) \times 1/10 = 30(斛)$$

即使按亩产一斛计,也需缴纳 10 斛。而曹操定额田租制是亩收四升,另加户调绵二斤、绢二匹。则得公式如下:

$$0.04(斛) \times 100(亩) = 4(斛)$$

这个数字若以亩收三斛计仅为七十五税一;若以亩收一斛计,约为二十五税一,大体接近三十税一的比率。事实上,群雄割据,战乱不停,对于各州郡和国家来说,什一之征肯定不足军政之用。

---

① 《后汉书·仲长统传》。

② 均见《汉书·食货志上》。

③ 《晋书·傅玄传》。

如果是达到什五的比率，那么同曹操的定额田租相比较，差别就更为巨大了。这就是我之所以说曹操租调制减轻了河北农民的负担，而不同意说曹操已在河北以外更广大的地区实行了他推行于河北的租调制的重要原因。理由很简单，如非和平安定时期，这样的低租制是不能满足军国支出的。

第二，它促进了河北地区农业经济的发展，对于稳定曹操后方起了很好的作用。历史证明，曹操对河北的统治是成功的。东汉末年，河北地区是最不稳定的地区，几股大的、重要的农民起义，如张角黄巾以及随后而起的张牛角和褚飞燕领导的黑山军等都起自河北。公孙瓒、袁绍先后残酷镇压。公孙瓒迎击黄巾、黑山于东光（今县），斩首三万余级，收得生口七万余人；袁绍击左髭丈八、刘石、青牛角、李大目等，斩首数万级；曹操也曾协助袁绍镇压黑山军，但始终没把起义军镇压下去。相反，黑山军数万人竟然联合魏郡反兵攻下袁绍老巢邺城，杀魏郡太守。质言之，袁绍统治下的河北，一直是义军蜂拥，社会处于动荡之中。及至建安九年，曹操拔邺，自领冀州牧、颁布免除河北当年租赋和租调令后，情况很快起了变化。九月颁令，次年四月，张燕便率十万黑山军投降了。嗣后，河北地区再无大的起义，直到曹操西征韩遂、马超期间，才有河间民田银、苏伯的起义，但很快便被镇压下去。当时，国渊为居府长史，统留事，参与镇压，在其回答曹操的问话时，特意提到："河间在封域之内，银等叛逆，虽克捷有功，渊窃耻之。"[1]足见当时曹操的"封域"之内起而反抗曹操统治的是不多的。所以取得如此效果，固然与曹操的势力不断壮大有关，同时也与本地区经济恢复、稳定，人心思业，百姓乐安有关。经济的稳定与发展促进了社

---

[1] 《三国志·魏书·国渊传》。

会的稳定;社会的稳定,尤其是河北的稳定,又带动了整个北方地区的稳定和经济的恢复与发展,使曹操无后顾之忧,放心用兵天下。从这个道理上说,我们对曹操统一北方、发展北方经济作肯定评价的时候,不能不充分估价曹操推行的诸多经济政策,尤其是抑兼并、减轻民赋的政策。

第三,它对后代赋税制度的改革提供了一个可资参考的蓝本,产生了积极影响。严格说来,曹操推行于河北的租调制并不是一项完整的制度。完整的租调制度,必须是同占田制度相结合的。曹操面临严重的土地问题,当时荀悦、仲长统等人都看得很清楚,并提出过建议。荀悦进言:"宜以口数占田为之立限"[1];仲长统提出:"限夫田以断兼并"[2]。作为一个政治家的曹操当然不会看不到问题的严重性,也绝不是不愿听取这些建议,实是尚未具备进行这样重大改革的条件。光武、明、章之时,度田尚且难行,分夺豪强之田,谈何容易。因此,对曹操未能制定限田、占田政策不应责备。但作为一个问题的研究,我们又必须注意到曹操没有走此一步,便大大限制了其"租调"制度的积极作用。田租很低,按户出调,何人得利最多?不言而喻,当然是广占田地的豪强大户。

尽管如此,曹操推行租调制的积极作用仍然是首先应肯定的。对老百姓来说,承包性质的定额田租多产不多收,较之比率地租,能够更大地调动劳动者的积极性;按户征收绢、绵,较之按口计赋,亦削减了农家人口之累,利于人口增长。对统治者来说,租调制为其解决租税问题提供了新路子。曹操开租调制之先,后代统治者便可在此基础上考虑得失,不断充实,从而提出较为相对合理的土

---

① 《文献通考·田赋一》。
② 《后汉书·仲长统传》。

地、租赋制度。

以西晋为例，我们就可以明显地看到它的继承性。晋武帝司马炎平吴之后，鉴于曹魏之弊，立即开始了限田和"制户调之式"的工作。《晋书》卷26《食货》记载：

> 又制户调之式：丁男之户，岁输绢三匹，绵三斤，女及次丁男为户者半输。其诸边郡，或三分之二，远者三分之一……

征收量增加了，但发展了曹操的办法，区分了丁男户和女及次丁男户，区分了内地与边郡，因而也更相对合理了。更重要的是，西晋统治者已经看到了不建立于田制基础上的曹操租调制的弊端，因而确定了占田课田制度。同上书记载：

> 男子一人占田七十亩，女子三十亩。其外丁男课田五十亩，丁女二十亩，次丁男半之，女则不课①。

另外，还规定了官吏的占田限额，"其官品第一至于第九，各以贵贱占田。"最高第一品占田五十顷，以五顷为差，至第九品占田十顷。关于田租，《晋书》不载，据《初学记》卷27《绢第九》条说：

> 《晋故事》：凡民丁课田，夫五十亩，收租四斛，绢三匹，绵三斤②。

可见西晋之租调制比曹操推行于河北之制完善多了，其最为突出之点就是把租调同占田、限田制度以及人丁状况联系起来，也不再含有曹操制度的临时性与地方性特点了。因为它不再是亩收四升，而是五十亩收四斛，即亩收八升了。客观地说，太少不足支用。所以东晋在和平时期曾一度改收亩三升或二升，但不久便无

---

① 《晋书·食货》载明："男女年十六已上至六十为正丁，十五已下至十三、六十一已上至六十五为次丁，十二已下六十六已上为老小，不事。"

② 转引自韩国磐：《魏晋南北朝史纲》，人民出版社1983年版，第128页。

法施行,从而破坏了田租制而改为口税制,结果反比西晋田租加重了许多。历史证明,凡行占田、均田制而规定亩租仅数升者,无不另有田税、口税、杂税。据韩国磐先生计算,唐代行租庸调制,但农民一般不能全额受田,平均受田三十亩产粮三十石,按规定一丁交租二石,另外还有地税亩二升(合六斗),共需二石六斗。但不管怎么说,我们永远不能忽视一个事实,即没有曹操推行于河北的租调制,便不会有略呈完善的西晋的占田课田制。就是以后北朝的均田制及其赋役制度,逮至唐代租庸调制度等等,都可在这里找到其最初的源头。

四、重视水利事业,倡行盐铁官营

1. 重视水利事业

曹操一生的主要精力大都用在军事、政治斗争上,但也注意到国计民生对于战争和政治斗争的影响,因而时或表现出对经济,特别是对农业的重视。小如马踏麦田"割发代刑",颁行禁杀耕牛之令[1],大如行屯田,恤民疾苦,颁行减轻民赋之策。

对于水利事业曹操虽无系统言论,亦无可称之大举,但其实践表明,他是相当重视的。曹操的水利事业,主要是为适应战争和屯田的需要而建立的。因此,也可反过来说,战争和屯田推动了曹操及其后代的水利事业。

第一,鼓励将守建设水利,以利屯田,惠及民人。

---

[1] 《三国志·陈矫传》载,曲周(今县)民父病,杀牛为父祈祷,按法当判死刑,陈矫考虑到他是个孝子,表请赦之,得到曹操的同意。

建安初年,曹操以刘馥为扬州刺史。刘馥既受命,单马到达合肥空城,建立州治,"于是聚诸生,立学校,广屯田,兴治芍陂及茹陂、七门、吴塘诸堨以溉稻田,官民有畜。"①据《三国志集解》注引《方舆纪要》说,芍陂在寿州安丰城南(今安徽寿县南),亦名期思陂,周围224里,引淠水开六门灌田万顷;茹陂(《御览》茹作茄)在光州固始县(河南今县)东;七门堰在庐州庐江县(安徽今县)东南,刘馥断龙舒水,灌田千五百顷。七百年后宋人刘敞《七门庙记》记谓七门三十堰灌田"凡二万顷";吴塘在舒州怀宁县(治今安徽潜山)西。可见其规模之广大,收益之丰,利及后世。

建安六年,曹操自谯至浚仪(今河南开封),亲自督治睢阳渠。建安七八年间,大旱蝗虫起,夏侯惇"乃断太寿水作陂,身自负土,率将士劝种稻,民赖其利。"②建安十五年,曹操在邺建铜雀台,凿渠引水自邺城西,向东经铜雀台下伏流入城,穿城过,名长明沟。因此,曹操《登台赋》有"引长明,灌街里"之句③。

曹操亲督水利并鼓励将守重视水利,对于他的许多遗臣以及儿子曹丕都有影响。操死当年,曹丕以操之爱臣、谏议大夫贾逵为豫州刺史,贾逵"外修军旅,内治民事,遏鄢、汝,造新陂,又断山淄长溪水,造小弋阳陂,又通运渠二百余里"④。

文帝即位后,郑浑为沛郡太守,"郡界下,患水涝,百姓饥乏。浑于萧(今安徽萧县西北)、相(今安徽濉溪县西北)二县界,兴陂遏,开稻田。……遂躬率吏民,兴立功夫,一冬间皆成。比年大收,

①《三国志·魏书·刘馥传》。
②《三国志·魏书·夏侯惇传》。
③《水经注·浊漳水》。
④《三国志·魏书·贾逵传》。

顷亩岁增,租入倍常,民赖其利,刻石颂之,号曰郑陂。"①

另如牵招为雁门太守,"因山陵之宜,凿原开渠,注水城内,民赖其益"②;野王(今河南沁阳)典农中郎将司马孚在沁水上垒石为堰,以资溉田,谓之石门。

第二,凿运渠,通粮道,以利军事。曹操甚知水运之便,因而甚重开凿运渠事宜。

建安九年正月,为征袁尚,"济河,遏淇水入白沟以通粮道"③;建安十一年,将征乌桓,"筑渠,自呼沲(今滹沱河)入泒水,名平虏渠;又从沟河口凿入潞河(今北运河前身),名泉州渠,以通海"④。另外还为了沟通泉州渠与濡水(今滦河),修了一条人工渠,名曰新河⑤。十八年,又"凿渠引漳水入白沟以通河"⑥。

2. 倡行盐铁监卖与禁酒

盐铁酒榷一向为封建王朝所重视。秦赋盐铁之利,二十倍于古,汉兴循而未改,汉武帝元狩四年(公元前119年)置盐铁官,"敢私铸铁器鬻盐者,钛左趾,没入其器物"⑦。东汉初期,"郡有盐官、铁官者,随时广狭置令长及丞";和帝时"罢盐铁禁"⑧。由此可知,献帝建安以前,盐铁均已弛禁。

曹操秉汉政以后,实行了一种近乎官营,但带有折中性质的政

---

① 《三国志·魏书·郑浑传》。
② 《三国志·魏书·牵招传》。
③ 《三国志·魏书·武帝纪》。
④ 《三国志·魏书·武帝纪》。
⑤ 见《水经注·濡水》。
⑥ 《三国志·魏书·武帝纪》。
⑦ 《文献通考·征榷二》。
⑧ 《文献通考·征榷二》。

策。史载,建安初曹操以治书侍御史卫觊使益州,至长安,因道路不通,留镇关中。卫觊与荀彧书说:"盐,国之大宝也,自乱来散放,宜如旧置使者监卖,以其直(值)益市犁牛。若有归民,以供给之。"荀彧以卫觊书告诉曹操,"太祖(操)从之,始遣谒者仆射监盐官,司隶校尉治弘农"①。从卫觊的"宜如旧置使"和曹操"始遣谒者仆射监盐官"看,曹操恢复了盐官和食盐专卖;但又不像西汉和东汉和帝以前那样严格,似乎也未把盐的生产完全控制到官府手中,对私制和贩卖者也没有严格的处罚制度。这种既监卖,又不控制过死的做法,体现了曹操从实际出发的关于食盐政策的指导思想。

铁的生产,依然由政府派出的铁官控制。史载,韩暨由乐陵太守"徙监冶谒者。旧时冶作马排(排为吹火工具),每一熟石用马百匹;更作人排,又费功力;暨乃因长流为水排,计其利益,三倍于前。在职七年,器用充实。制书褒叹,就加司金都尉,班亚九卿。"②这条史料说明,铁的生产不仅规模较大,而且不断进行技术上的革新,收益也归了国家,主事者还升了官,所以只能是官营的。

酒禁是自古迄汉的老大难问题。汉兴有酒禁之令,律谓"三人以上无故群饮酒,罚金四两"③。汉武帝天汉三年(公元前98年)"初榷酒酤",昭帝时从贤良文字之议弛禁,王莽时"始立法,官自酿酒卖之"④;东汉亦多酒禁之令,但均收益不大。曹操鉴于年饥兵兴,天下穷困,表制酒禁。但孔融"频书争之",大讲了一顿饮酒的好处,"发辞偏宕,多致乖忤"。争论之后,没有下文。据分

---

① 《三国志·魏书·卫觊传》。
② 《三国志·魏书·韩暨传》。
③ 《文献通考·征榷四》。
④ 《文献通考·征榷四》。

析,曹操表奏酒禁没有行得通。其实,曹操本人就是好酒者,"对酒当歌,人生几何","何以解忧?惟有杜康","朝日乐相乐,酣饮不知醉",不少诗文中充满着酒气。由此可知,曹操从国家的大政出发,主张禁酒;但其态度不会是很坚决的,所以经孔融一争,就不了了之了。酒禁之奏表,成为一具空文。

3. 谋复钱币之用

货币是担负一般等价物社会职能的特殊商品。中国古人虽然不能从理论上认识到这一点,但却在实践中不断加深着对货币的认识,从而不断丰富着中国的货币思想。

等价物是必须要有的,这是不以人的意志为转移的历史必然。但等价物的内容与形式却存在着极大的差异。中国自春秋后期金属货币已广泛流通,汉兴以为秦钱重,令民铸荚钱,开始了任民铸钱的政策。任民铸钱,带来币制混乱、恶钱流行的弊病,诸多思想家如贾谊、晁错、桑弘羊等都反对任民铸钱,主张把铸钱的权力收归中央。中间虽有盐铁会议上贤良文学们的激烈反对,但汉武帝终于建起了集权于中央的统一的五铢钱制度。

在金属货币和货币思想获得稳定与发展的同时,也不断受到实物论思想的干扰。他们提出:"疾其本者绝其末,宜罢采珠玉金银铸钱之官,亡复以为币,市井勿得买卖,除其租铢之律,租税禄赐皆以布帛及谷,使百姓一归于农,复古道便。"①王莽篡汉,搞乱了货币制度,破坏了比较行之有效的五铢钱。东汉光武帝废除了王莽货币,因而东汉初期不得不"货币杂用布帛金粟"。后来"复铸五铢钱,天下以为便"。汉章帝时,谷价贵,县官经用不足,一度用

---

① 《汉书·贡禹传》。

尚书张林言，令天下悉以布帛为租，市买皆用布帛，封钱勿出。但不久就废止了。至董卓焚宫室，劫銮驾西幸长安，悉坏五铢钱，更铸小钱，尽取洛阳及长安铜人、飞廉之属，充鼓铸。其钱无轮廓文章，不便时人，由是货轻而物贵，"谷一斛五十万"（或谓"谷一斛至钱数百万"）①。

由上可见，曹操秉汉政，在货币问题上，第一，面对着董卓留下的小钱流行，物贵钱贱的局面；第二，面临着用钱、用布帛两种思想的选择。不难看出，曹操在建安初年虽然迫于谷贵钱贱的形势，不得不改按人头征收钱币为主的口赋、算赋制而为以户征收绵绢的户调制；但他并没有接受废钱而用布帛作等价物的思想，而是经过一段准备，在建安十三年担任丞相以后，毅然宣布罢董卓小钱，恢复五铢钱。当然，他对形势的严峻性，估计有点不足，没有考虑到"是时，不铸钱既久，货本不多，又更无增益"，会出现另一方面的问题，即谷贱而钱贵的问题。很可惜，他没有来得及解决这个问题，而他的后继者又没有能力解决这个问题。魏文帝黄初二年宣布罢五铢钱，使百姓以谷帛为市买。这是愚蠢的表现，不久废钱用谷的弊病就暴露出来。"至明帝代，钱废。谷用既久，人间巧伪渐多，竞湿谷以要利，作薄绢以为市，虽处以严刑而不能禁也"。最终又不得不听司马芝等人的意见。司马芝等"以为用钱非徒丰国，亦所以省刑，今若更铸五铢，于事为便"。于是魏明帝"更立五铢钱"。史载，"至晋用之，不闻有所改创"②。折腾了一顿还是回到了曹操的主张上，足见曹操较其子孙要聪明得多。

---

① 参阅《通典·食货八》。
② 参阅《通典·食货八》。

第十八章　整顿风俗,倡办教育

对于曹操如何管理社会,以及有关教育、文化等方面的主张或措施,历史上留下的可供深入研究的资料很少。但有一点是非常清楚的,即:他对这些方面亦曾给予了充分的注意。

一、整顿社会风俗

曹操重视社会风俗、辟除邪淫之气、倡导淳厚之风,从其刚刚出仕、初露峥嵘之时就有过精彩的表演。禁断淫祀就是其突出的表现。禁断淫祀,始为于郡国(济南相任上),后行于封域,既秉汉政,"普除淫祀",在历史上产生过积极而重大的影响,已如前述。

曹操平定冀州后,瞻望形势,前途可喜,因而在其军事之余,根据河北实际,不仅轻其民赋,而且立即开始谋略稳定社会和整顿社会风气、兴办教育等诸多治国大计问题。他赦免了在袁氏统治时期为袁氏做事的人,发布了《赦袁氏同恶令》:"其与袁氏同恶者,与之更始。"与此同时,他有针对性地发出了一些有关整顿社会秩序与社会风气的教令,见于史者,一是"令民不得复私仇,禁厚葬,皆一于法。"可惜不知此法有些什么具体规定,亦不知"令"文全部内容。二是作《整齐风俗令》,令文说:

> 阿党比周(相互勾结,结党营私),先圣所疾也。闻冀州俗,父子异部,更相毁誉。昔直不疑(西汉文帝时人)无兄,世

人谓之盗嫂;第五伯鱼(第五伦字伯鱼,东汉人)三娶孤女,谓之挝妇翁;王凤(西汉末人,王莽的叔叔)擅权,谷永(西汉末人)比之申伯(西周末人,辅佐周宣王中兴);王商(西汉末人)忠义,张匡(西汉末人)谓之左道:此皆以白为黑,欺天罔君者也。吾欲整齐风俗,四者不除,吾以为羞。

两个令文,主要涉及三大问题,(1)不准许复私仇;(2)禁止厚葬之风;(3)反对阿党比周,欺天罔君。

复私仇是个严重的社会问题。互相仇杀,宗族械斗,一向影响社会安定。仅据《三国志》列传所见,就不乏报私仇之例,大者如公孙度官报私仇。公孙度以玄菟(治今朝鲜咸镜南道咸兴)小吏进身,为辽东郡所轻,后为辽东太守,到官即把轻视自己的襄平(今辽宁辽阳)令公孙昭杀掉,同时把郡中名豪大姓田韶等"宿遇无恩"者,"皆以法诛,所夷灭百余家"①。小者以忿轻杀,如夏侯惇,"年十四,就师学,人有辱其师者,惇杀之"②;典韦,志节任侠,襄邑刘氏与睢阳李永为仇,"韦为报之",怀匕首入李永家杀永及其妻,徐出步去,一市尽骇③;韩暨,同县豪右陈茂诬其父兄,暨"阴结死士",杀茂,"以首祭父墓"④。另外,河北地近少数民族地区,多受原始风俗的影响,又加袁氏统治十数年,政令不通,礼教不行,人少谦让之礼,更加助长了复仇风气的盛行。曹操进驻河北,立即将其作为一个重要问题加以整顿,可见复私仇之风的普遍和严重。嗣后,终操一生,河北地区尚称稳定,从另一个角度证明了曹操禁复私仇的禁令确曾发生过作用。

---

① 《三国志·魏书·公孙度传》。
② 《三国志·魏书·夏侯惇传》。
③ 《三国志·魏书·典韦传》。
④ 《三国志·魏书·韩暨传》。

厚葬之风,其来久矣,孔孟犹尚病诸!孔子说,"礼,与其奢也,宁俭;丧,与其易(易,杨伯峻注为"仪文周到")也,宁戚。"(《论语·八佾》)虽然如此,厚葬之风,仍愈演愈烈,其最重要的原因当然是帝王自为奢葬,天下效之。厚葬,劳民伤财,对于政治尚未安定,经济尚未复苏的河北来说,的确是又一大的鄙俗。此风不除,同样不利于社会、经济的稳定与发展。因此,曹操必欲尽速除之。败袁氏之后,他立即发出了禁止厚葬令。反对厚葬是曹操的一贯思想,这同他的凡有生命的东西"莫不有终期"、"神龟虽寿,犹有竟时"的世界观是有关系的。他不仅这样对社会、对别人,也这样对自己。十五年后,他在《遗令》中就曾嘱咐后人,他的丧事从简。因此,对曹操的禁厚葬令,应作为他立意移风易俗的思想加以肯定。

《整齐风俗令》的中心思想是反对"阿党比周"。凡居统治地位者莫不痛疾"阿党比周"。因为这是对于统治政权极为不利的。曹操所谓"先圣所疾"的道理也在于此。从《令》中可知,河北在袁绍的统治下,形成了一种极坏的风气,人们结成了不同的派别,党同伐异,互相攻击。曹操严厉斥责了人们各归一派,甚至"父子异部,更相毁誉"的习俗。父子分属不同派别,互相攻击,不顾人伦大义,派别之间为了达到自己的目的,不惜颠倒黑白。曹操决心除此风俗。他引述了四个历史故事,以说明"阿党比周"、谎言惑众的危害。

西汉中大夫直不疑朝见汉文帝时,有人诋毁说:"不疑状貌甚美,然特毋奈其善盗嫂何也!"不疑说:"我乃无兄。"[①]东汉第五伦朝见光武帝,帝戏谓,听说你做小官的时候曾经打过老丈人?伦回

---

① 《汉书·直不疑传》。

答说："臣三娶妻皆无父。"刘秀听后，大笑①。西汉成帝的舅父王凤擅权，谷永"阴欲自托"，上奏吹捧王凤就像周之申侯扶立外甥周平王一样，"骨肉大臣有申伯之忠"②。西汉成帝丞相王商"为人多质有威重"，王凤怨商，以大中大夫张匡诬王商"执左道以乱政"③。曹操认为，这些事例都是"以白为黑，欺天罔君"的行为，要想整齐风俗，这类事情不得不予以清除。

曹操重视整齐风俗，甚至对于有伤人们身体健康的生活习俗也注意到。他征讨高干时得知太原、上党、西河、雁门诸郡有"冬至百五日皆绝火寒食"的风俗，毅然下了一道命令，"令到，人不得寒食。若犯者，家长半岁刑，主吏百日刑，令、长夺一月俸。"④

曹操整齐风俗，重在谋求社会稳定，旨在惩前毖后，并不想扩大打击面，因而此前还发过一个《为徐宣议陈矫下令》：

> 丧乱以来，风教凋薄，谤议之言，难用褒贬。自建安五年以前，一切勿论，其以断前诽议者，以其罪罪之。

陈矫本为刘氏子，出继舅父后娶本族女为妻，徐宣常常引以为辞非议陈矫。曹操从稳定大局出发，遂有此令；同时也不排除是阻止人们谈论"同姓不婚"这个对于曹氏来说非常敏感的话题。断限止谤，说明曹操对于整顿风俗不仅决心很大，而且某些具体措施考虑得也很细致。

诸此都说明，曹操对于整顿风俗确曾下过真功夫。因而对于淳厚风气，摒除鄙俗也必定产生过积极作用。

---

① 《后汉书·第五伦传》。
② 《汉书·谷永传》。
③ 《汉书·王商传》。
④ 《明罚令》，《御览》卷28。

二、以先王之道为教

曹操打败袁绍、进据河北以后，不几年便发布了不少教令，既有政治、军事和经济的，也有教育和文化的。不难看出，他对教育事业是重视的；他的以先王之道为教的教育思想是非常明确的。

建安八年（公元 203 年）曹操发布了《修学令》。

> 丧乱以来，十有五年，后生者不见仁义礼让之风，吾甚伤之。其令郡国各修文学，县满五百户置校官，选其乡之俊造而教学之，庶几先王之道不废，而有以益天下。

这个教令反映出，第一，十数年来，战乱不断，严重地影响了教育。所谓"十有五年，后生者不见仁义礼让之风"，就是说自从黄巾起义、军阀混战以来，民不安居，庠序不兴，太学不存，教育已经停办了。汉制举士三途，即举贤良方正，举孝廉，博士弟子，均难执行下去。汉桓帝永康元年（公元 167 年）最后一次"诏公、卿、校尉举贤良方正"①。灵、献时期，天下既乱，不再有诏举之事。献帝初平四年（公元 193 年）最后一次"试儒生"，并"太学行礼"②。所以，曹操不拘一格用人，惟才是举，实乃形势使然。第二，曹操看到教育不兴问题的严重性。曹操的用人思想颇多光辉，但是如果用人只是强调惟才是举，必然会带来另一方面的问题。丞相东曹掾何夔说："自军兴以来，制度草创，用人未详其本，是以各引其类，时忘道德。"③曹操认为何夔的话说得对，而且自己亦"甚伤"仁义礼让之风之不行，他为"后生者"即年轻人缺乏教育、不尚仁义、不懂礼

---

① 《后汉书·桓帝纪》。

② 《后汉书·献帝纪》。

③ 《三国志·何夔传》。

让而伤，亦为朝臣不明礼让之用而伤，因此时或发出号召，倡导朝臣礼让："里谚曰：'让礼一寸，得礼一尺，'斯合经之要矣。"①"辞爵逃禄，不以利累名，不以位亏德之谓让。"②这都是对朝臣说的话。诸此都说明曹操甚知教育不能不兴。第三，曹操力倡恢复正式的官办教育，提出了既原则又具体的办法，"其令郡国各修文学，县满五百户置校官，选其乡之俊造者而教学之"。不难看出，这是三点内容，一是各郡国都要重视文化教育事业；二是各县每满五百户即设校官主持学校教育事宜③；三是选其乡之优秀青年即所谓"俊士"（《礼记·王制》："司徒论选士之秀者而升之学，曰俊士。"）、"造士"（《礼记·王制》说，"升入司徒者不征于乡，升入学者不征于司徒，曰造士"；郑玄注说："不征，不给其徭役。造，成也，能习礼则为成士。"）入学学习。无疑，这是遵旧制而建学校。其课目，当然亦应是"顺先王诗书礼乐以造士，春秋教以礼乐，冬夏教以诗书"（《礼记·王制》）了。第四，教令说明曹操的教育思想是以先王之道为教。所谓"庶几先王之道不废"，意即在此。先王之道是什么呢？不言而喻当然是文、武、周、孔之道，亦即诗、书、礼、乐、春秋之教了。曹操主张以儒家的思想为教还可从其他方面得到证实。比如前已述及，他尊崇儒学名人，喜欢博学经典之人，任用、提拔重教育、宣德教的人，还经常督促自己的儿子读诗书。

这样说来，那是不是同他的唯才是举的用人思想相矛盾呢？当然不是。曹操把二者有机地统一了起来。就培养人来说，他当

---

① 《礼让令》，《御览》卷 424。

② 《艺文类聚》卷 21 引《魏武帝杂事》。

③ 通释"县满五百户置校官"为"满五百户的县设校官"。非是，应为各县每满五百户以上即可设管理教育的校官，下接"选其乡……"句即可为证。曹操曾说过"邺县甚大，一乡万数千户，兼人之吏，未易得也"。邺县一个乡就有"万数千户"，因此当时人口虽少，但不满五百户的县恐或仅有。

然希望造就通诗书、懂仁义、讲道德、晓礼让,并习知射、御、术、数的全面人才,即所谓"百官群司,军国通用,随时之宜,以应政机"①;但就用人来说,他当然更注意实际才干。论者往往忽视一个大的前提,即所谓"取士勿废偏短"、"举贤勿拘品行"、"唯才是举"云云,都强调的是把那些虽有缺点,甚至是严重缺点的但有能力的人使用起来,而完全没有否认道德仁义、诗书礼乐教育的意思。"若必廉士而后用,则齐桓何以霸世?(《求贤令》)"不能反其意而说,用人就是要用那种非廉之士。"陈平岂笃行,苏秦岂守信邪?而陈平定汉业,苏秦济弱燕"(《敕有司取士勿废偏短令》),原意非常清楚,曹操是在承认其有严重缺点的前提下,而肯定他们的功业。《举贤勿拘品行令》,曹操是把"今天下得无有至德之人放在民间"作为第一种,然后述及"高才异质",最后讲到虽有缺点而有"治国用兵之术"者,也是完全不存在否定品德教育的问题。所以,我认为曹操的教育思想和用人思想二者是统一而不悖的。其实,道理很简单,造反而有天下者,总不希望再培养造反者。

曹操恢复教育的决心很大,指导思想也很明确,封域之内定然收得不少效果。当然,与其重视他的业绩,毋宁重视他的思想的研究。如果究其实效,则不能估价过高,否则便无法理解《三国志·王肃传》注引魏人鱼豢《魏略》的一段话。鱼豢说,"从初平之元,至建安之末,天下分崩,人怀苟且,纲纪既衰,儒道尤甚。至黄初元年之后,新主乃复始扫除太学之灰炭,补旧石碑(指熹平石经)之缺坏,备博士之员录,依汉甲乙以考课。"也难理解颇受曹操重用的高柔后来上明帝疏中所说,"太祖(操)初兴,愍其如此(指'礼乐崩坏'),在于拨乱之际,并使郡县立教学之官。高祖(丕)即位,遂

---

① 《三国志·魏书·傅嘏传》。

阐其业,兴复辟雍,州立课试,于是天下之士,复闻庠序之教,亲俎豆之礼焉。"①可见,真正的复办教育,包括太学的恢复,那是曹丕继位以后的事。

三、戒奢尚俭

曹操一生节俭,不好华丽,因而为史家所称。他雅好节俭,影响着社会,也影响着朝臣及其妻妾子女。

1."虽贵宠之臣,舆服不敢过度"

建安十三年(公元 208 年)曹操罢三公官,自为丞相,即以崔琰、毛玠分别担任西曹掾、东曹掾,并典选举。琰、玠"所举用皆清正之士,虽于时有盛名而行不由本者,终莫得进。拔敦实,斥华伪,进冲逊(谦谨),抑阿党。由是天下之士莫不以廉洁自励,虽贵宠之臣,舆服不敢过度……吏洁于上,俗移于下"。曹操很欣赏琰、玠所为,因而高兴地说:"用人如此,使天下人自治,吾复何为哉!"②不过,当时做得有点过分了。据说,"至乃长吏还者,垢面羸衣,独乘柴车,军吏入府,朝服徒行"③,因而引出了丞相掾属和洽的一篇奏言。和洽说:"天下大器,在位与人,不可以一节俭(检)也。俭素过中,自以处身则可,以此节格物,所失或多。今朝廷之议,吏有著新衣、乘好车者,谓之不清;长吏过营,形容不饰,衣裘敝坏者,谓之廉洁。至令士大夫故污辱其衣,藏其舆服;朝府大吏或自挈壶餐以入官寺。夫立教观俗,贵处中庸,为可继也。今崇一概

---

① 《三国志·魏书·高柔传》。
② 《资治通鉴》卷65,汉献帝建安十三年。
③ 《资治通鉴》卷65,汉献帝建安十三年。

难堪之行以检殊涂,勉而为之,必有疲瘁。古之大教,务在通人情而已。凡激诡之行,则容隐伪矣。"①后人对于曹操初秉汉政,立即倡俭抑奢,并且取得了相应成果,与和洽"不可以一节检也"的意见一般都给予肯定的评价。如晋人孙盛说:"魏承汉乱,风俗侈泰,诚宜仰思古制,训以约简,使奢不陵肆,检足中礼,进无蜉蝣之刺,退免采莫之讥,如此则治道隆而颂声作矣。夫矫枉过正则巧伪滋生,以克训下则民志险隘,非圣王所以陶化民物,闲邪存诚之道。和洽之言,于是允矣。"②

诚然,事情就是这样,好事做过了头,往往变成坏事;不切实际的高要求,往往使企利之徒弄虚作假,巧饰伪装。这就是历史辩证法。不过,曹操针对两汉侈糜之风,训以约简,抑制奢华,提倡节俭,是对的。他尽管做过了头,但其戒奢倡俭的思想必须肯定。历史证明,曹操在世时,社会风气大改汉俗,用崔琰、毛玠"拔敦实,斥华伪",的确取得了实效。"由是天下之士莫不以廉洁自励,虽贵宠之臣,舆服不敢过度",这说明尚廉、戒奢、倡俭曾经付诸实际行动,并产生了切实的社会影响。

2. "食不过一肉,衣不用锦绣"

曹操其人,喜声好色,不足为戒。但在日常生活方面却是以身作则厉行节俭的。《三国志·武帝纪》注引《魏书》说,曹操"雅性节俭,不好华丽,后宫衣不锦绣,侍御履不二采,帷帐屏风,坏则补纳,茵蓐取温,无有缘饰。"这个评语,并非浮饰之辞,而是根据他的朝臣所共睹,而且常常谈及的事实缀录在一起的。

---

① 《三国志·魏书·和洽传》。
② 《三国志·魏书·和洽传》。

曹操死后,他的遗臣们常以其事劝谏后继者。如侍中卫觊,明帝时为尚书,针对当时"千里无烟,遗民困苦"而"陛下(魏明帝)不善留意,将遂凋弊不可复振"的情况,对明帝曹睿说:"武皇帝(操)之时,后宫食不过一肉,衣不用锦绣,茵蓐不缘饰,器物无丹漆,用能平定天下,遗福子孙。此皆陛下所亲览也。"①另一侍中,即对曹操戒奢倡俭做得过分提出意见的和洽,也曾针对现实对魏明帝说以曹操"不饰无用之宫,绝浮华之费"的作风。和洽说:"……自春夏以来,民穷于役,农业有废,百姓嚣然,时风不至,未必不由此也。消复之术,莫大于节俭。太祖(操)建立洪业,奉师徒之费,供军赏之用,吏士丰于资食,仓府衍于谷帛,由不饰无用之宫,绝浮华之费……"②

这说明,曹操的节俭精神对臣属的影响很深。他们既然敢于据此劝谏新帝,当然是有事实根据的。

3. 内诫妻妾子女

曹操在其最后的几年里,似乎已经预见到奢风难抑,因而常以身说法教育妻妾及其子女。

曹操对妻妾子女讲过的一些倡俭戒奢的话,有的行诸文字而流传下来。清人严可均辑《全三国文》时将其拢在一起,总称为《内诫令》。《内诫令》是曹操亲口面对妻妾子女说的话,因而其内容表现着他的真实思想。令文针对"吏民多制文绣之服",和妻妾子女追求奢华而说以自己身穿补纳之衣。"吾衣被皆十岁也,岁岁解浣补纳之耳。"这就是说,他穿的衣服、盖的被子已经用了十

---

① 《三国志·魏书·卫觊传》。
② 《三国志·魏书·和洽传》。

年了,每年拆洗一次、缝补一下破的地方,继续使用。因而他要求家人,一是衣不锦绣。由于有言在先,所以曹操可以借口曹植妻子身穿锦绣而赐死;二是履不二采。"履丝不得过绛紫、金黄"。古代以朱红和金黄色为贵,所以不准用。他还特别提醒,以前南征刘表时在江陵得到杂彩丝履,给了家人,当时已经说定,穿完了这些丝履(鞋子),"不得效作"。另据晋人傅玄说:"魏太祖以天下凶荒,资财乏匮,拟古皮弁,裁缣帛以为帢,合于简易随时之义,以色别其贵贱,于今施行,可谓军容,非国容也。"可见这也是从节俭出发,他仿造古代武将皮帽的样式,用丝织品做成"帢"(帽之一种),自己戴,也让大家戴。这种白色的帽子虽然被非议为"非国容",但其精神是不应非议的。

令文还表明他对日常用品亦不好华丽,并且希望后人能继承他的这种精神。他说:"孤不好鲜饰严具,所用杂新皮韦笥,以黄韦缘中。遇乱世无韦笥,乃更作方竹严具,以皂韦衣之,粗布作里,此孤之平常所用者也。内中妇曾置严具,于时为之推坏。今方竹严具缘漆甚华好。"严具,指梳妆柜。曹操说他不喜欢装饰得很漂亮的梳妆用具,日常用的皮箱子是用杂皮做的,黄皮捆在中间。遇乱世,皮箱子没有了,于是另做了一个方形的竹箱子,用黑皮子作套,粗布作里。后来,这个箱子坏了,又做了一个,表面上了一层漆,自己觉得已经很是豪华。这与汉时尚金银器用、金银饰品,以及缇绣雕文,被饰于土木的风气相比形成了鲜明的对照。

曹操怕别人不理解他尚俭的用心,特意对两件事作出了解释。第一件事是他曾用银器储水卧头。他说:"孤有逆气病,常储水卧头。以铜器盛,臭恶。前以银作小方器,人不解,谓孤喜银物,今以木作。"曹操为了使人知其尚俭的用意,消除群下误会他"喜银物",银器盛具已经做好了,又改以木制品。第二件事是禁止家内

熏香。熏香之用,相当于今天人们洒香水。曹操对其妻妾子女说:
"昔天下初定,吾便禁家内不得香熏。后诸女配国家为其香,因此
得烧香。吾不好烧香,恨不遂所禁,今复禁不得烧香,其以香藏衣
著身亦不得。"家内熏香,既是地位的体现,也是奢华的表现。曹
操初禀汉政,天下既定,禁止家内熏香,但后来女儿嫁给皇帝,按制
应该烧香,他"恨不遂所禁"。但最后他还是不管那些,而下决心
禁止烧香,甚至"以香藏衣著身亦不得"。不过,他提出了一个变
通的办法,等于是开了一个小口子。"房屋不洁,听得烧枫胶及蕙
草"。枫胶,指枫树脂,蕙草是一种香草,烧着以后皆有一种香味。

《内诫令》还提到曹操的三个女儿成了汉献帝贵人以后,位高
爵丰,曹操并没有拘于旧礼而不教。而是特意诫之说:"今贵人位
为贵人,金印蓝绂,女人爵位之极。"作为女人,爵位已经到了顶
了,禄赏已经够多了,不要再企求更高的奢华。至于对其他女儿的
要求似乎就更严了。据《傅子》说:"太祖愍嫁娶之奢僭,公女适
人,皆以皂帐,从婢不过十人。"所谓皂帐就是不华丽的黑帐子。
曹操把嫁娶的奢侈无度和超越礼制亦看作是必须整肃的社会问
题。因而也从自己做起。拟于天子的魏公(王)的女儿,嫁妆是黑
帐子,从婢不过十人,可见是非常简朴的。

《内诫令》大都是曹操晚年所言,实际也是"终令"性质的。"人
之将死,其言也善"。《内诫令》同其《遗令》一样,有着不少光辉。

毫无疑问,曹操尚俭戒奢精神和这些令文,对其妻妾子女都曾
产生过积极影响。

四、本着移风易俗的精神安排丧事

建安十年(公元 205 年),曹操平定河北以后,曾经"令民不

得复私仇,禁厚葬,皆一于法。"如果说,那个法令是针对社会、针对老百姓的话,那么在其最后的岁月里发的一些教令却是针对自己的。由此证明,他的节葬思想不是虚伪的,而是一贯的,真实的。

从建安二十二年(公元217年)开始曹操大概已因久病缠身深感自己年寿不多,所以抓紧身后事的安排。其中立太子、立王后,都是从社会安定大局、防止身后诸子争立考虑的,带有更多的政治意义。而《内诫令》《终令》《遗令》等,则是突出了从我做起,具有更多的移风易俗的意义,体现了他的节葬思想。

1. 葬居瘠薄之地

建安二十三年(公元218年),即其死前一年多的时间,曹操开始考虑自己的墓地选址和营造问题,因作《终令》。

> 古之葬者,必居瘠薄之地。其规西门豹祠西原上为寿陵,因高为基,不封不树。《周礼》冢人掌公墓之地,凡诸侯居左右以前,卿大夫居后。汉制亦谓之陪陵。其公卿大臣列将有功者,宜陪寿陵,其广为兆域,使足相容。(《魏书·武帝纪》)

由此可见,第一,曹操肯定了"古之葬者,必居瘠薄之地"的做法,并愿身体力行。他选定邺城西边西门豹祠以西的丘陵薄地作为墓址;第二,曹操主张"因高为基,不封不树"。无疑这是对秦汉葬制的否定。秦始皇陵墓是在平地修建并堆积起来的,规模之大,亘古至今未有相匹者。汉时除汉文帝尚俭,在葬制上有所改革,主张"因山为藏,不复起坟"外[1],大都在营建皇帝陵墓时特重规模,如汉武帝继位后第二年即开始建茂陵,前后建了五十余年,并因陵

---

[1] 《史记·孝文本纪》《集解》引应劭语。

置县。陵墓的封土很高很大。秦始皇陵和汉武帝茂陵以及诸多帝王陵，不知耗费了多少劳动人民的膏血。曹操提出"因高为基"，就是在隆起的高地上开挖并修建墓穴，不封土而自然有其高。"不封不树"，虽然古已有之，《周易·系辞》说，"葬之中野，不封不树"。但曹操为自己的墓葬定制，仍然不失其改革陋俗的意义。曹操的"因高为基"，继承了因高为陵的做法，无疑对于后代帝王修墓建坟也有过启发作用。比如唐太宗昭陵、唐高宗与武则天合墓乾陵等，都是因山为陵，而不是另行"封土"为墓。当然，李世民、武则天等只是接受了"因山为陵"这种形式，并没有接受曹操的节葬思想，所以昭陵、乾陵之建依然是极尽豪华的。尽管我们常为其遗留的艺术珍品而慨叹，但绝不能因此而颂其死了还想追求奢华的思想。第三，曹操彰陪陵之制，出发点当在表彰有功。古代有一种功臣配享制度，即有功的大臣死了以后可以在其辅佐的先王庙庭里立上一个牌位，享受祭祀。如《尚书·盘庚上》就说过，"世选尔劳，予不掩尔善，兹予大享于先王，尔祖其从与享之。"这里说的就是配享制度。据载，魏齐王正始五年（公元244年）曾诏祀故尚书令荀攸于太祖（操）庙庭[①]。这也是配享的体现。陪陵之制，未知始于何时？但汉时已有，当属无疑。因为曹操令文中已经明确讲到汉有陪陵。曹操在规划陵地时，特意"广为兆域"，用意就是让"其公卿大臣列将有功者，宜陪寿陵"。曹操倡陪陵制对于后代也有很大影响，如盛唐时期，诸功臣的坟墓大都围绕在昭陵周围。不过，已非曹操有限度的"使足相容"的"广为兆域"，而是广布于数县之大的地域之内。

---

① 《三国志·魏书·三少帝纪》。

2. 天下未定，未得遵古

中国古代丧葬之礼相当繁缛，直到今天还有其残留影响，两汉时期自然受其影响更深。一部《仪礼》，很大部分谈的就是丧葬事，仅《丧服》就有很长的一篇，什么样的人穿什么样的丧服都有严格的规定。曹操在《遗令》中以"天下尚未安定，未得遵古也"为由，从自我做起，对古时丧葬之礼提出了挑战。

《遗令》是曹操弥留之时的遗嘱，是他最后的一篇教令，因全录如下：

> 吾夜半觉小不佳，至明日饮粥汗出，服当归汤。
>
> 吾在军中持法是也，至于小忿怒，大过失，不当效也。天下尚未安定，未得遵古也。吾有头痛，自先著帻。吾死之后，持大服如存时，勿遗。百官当临殿中者，十五举音，葬毕便除服；其将兵屯戍者，皆不得离屯部；有司各率乃职。敛以时服，葬于邺之西冈上，与西门豹祠相近，无藏金玉珍宝。
>
> 吾婢妾与伎人皆勤苦，使著铜雀台，善待之。于台堂上安六尺床，施繐帐，朝晡上脯糒之属，月旦十五日，自朝至午，辄向帐中作伎乐。汝等时时登铜雀台，望吾西陵墓田。余香可分与诸夫人，不命祭。诸舍中无所为，可学作组履卖也。吾历官所得绶，皆著藏中。吾余衣裘，可别为一藏，不能者，兄弟可共分之。[①]

可以看出，曹操的所谓"未得遵古"，略为以下内容。

第一，死后"敛以时服"。曹操生前惟恐丧事奢靡不禁，所以预先准备了送终的衣服，分春夏秋冬装在四个箱子里，并作遗言

---

① 《全三国文》卷3《魏武帝》。

说:"有不讳,随时以敛。金珥珠玉铜铁之物,一不得送。"①弥留之际,《遗令》中又一次强调"敛以时服",并告诉子孙与大臣们不要忘记,他死了以后,"持大服如存时"。就是说,死后穿的礼服如同活着的时候一样就行了。不要按照古制另办寿衣。这同汉时郡国王侯觉得生时衣锦不足显贵,死后还要穿金缕玉衣相比,奢侈厚葬与俭朴薄葬两种截然不同的观念,自然就非常清楚了。

第二,不准以"金玉珍宝"陪葬。曹操遗言中反复提到不得用金玉珍宝陪葬。这一点,他的儿子曹丕甚明其意,所以继位后在黄初四年便作了一条规定:"饭含无以珠玉,无施珠襦玉柙"②。饭玉,指以碎玉拌米放入死人嘴里;含玉,指把玉放在死人嘴里或用玉把左右的牙齿撑起来;珠襦,指镶满珍珠的短上衣;玉柙,指用宝玉做的匣子。为什么作这样的规定呢? 曹丕说:"昔者,季孙玙璠敛,孔丘譬之'暴骸中原'"。真可谓一语中的。陪葬的宝物多了,墓葬自然就容易被盗,既已被盗尸骸自然就暴露于旷野之中了。

第三,举哀适度,葬毕除服。曹操要求百官临殿中者哭十五声就行了,葬毕便除服。这也是接受汉文帝改革葬制的主张,强调葬仪从简和短葬的意思。汉文帝死前曾下令说:"无发民哭临宫殿中。殿中当临者,皆以旦夕各十五举音,礼毕罢。非旦夕临时,禁无得擅哭。"还规定,"其令天下吏民,令到出临三日,皆释服"③。汉文帝定制无疑是对古制"服丧三年"的重大改革。但后来汉平帝死时,"王莽欲眩惑天下,示忠孝,使吏六百石以上皆服丧三年"④,又恢复了服丧三年的制度。曹操"葬毕除服",无疑又是一

① 《全三国文》卷3《魏武帝》。
② 《通典·丧制二》。
③ 《汉书·文帝纪》。
④ 《通典·礼·总论丧期》。

次对"服丧三年"制的否定。

第四,不墓祭。令文表明,曹操只提出在铜雀台上设六尺灵床,挂上一个稀疏的麻布灵幔,早晚摆上一点干肉干粮作祭品,婢妾与伎人住在铜雀台上,每月初一、十五向帐中作伎乐,并希望儿子们"时时登铜雀台,望吾西陵墓田",而没有提出祭陵的问题。正是因为不祭陵,子孙谒陵也没有定制,所以不几年曹操的陵殿便毁坏了。于是,曹丕索性下诏说:"先帝躬履节俭,遗诏省约。子以述父为孝,臣以继事为忠。古不墓祭,皆设于庙。先帝高陵上殿皆毁坏,车马还厩,衣服藏府,以从先帝俭德之志。"①遂革上陵之礼。

另外,曹操惟恐散失、浪费,所以死前对自己的贵重衣物特意作了安排。其中《遗令》中提到的有,余下的香料一类的东西不准用于祭祀,可分给诸夫人;为官以来所得的绶带,妥为保存,收藏库中;遗留下的衣服皮袄,可另为一库保存。如果不便入库保存,准许儿子们,即曹丕兄弟(包括异母弟)可以一起分掉。

曹操死后,群臣根据他的遗命,将其灵柩运回邺。丧事历时近一个月,建安二十五年(即黄初元年,公元220年)二月丁卯(4月11日)葬邺城西之"高陵",即曹操《终令》和《遗令》中的所谓"寿陵"和"西陵"。曹丕和大臣们是完全按照曹操生前的遗愿办理丧事的。陵墓是已经造好了的,"因高为基,不封不树";墓中没有贵重的随葬品;高陵上的祭殿建筑,既不豪华,也不坚固,所以只有几年的工夫,"殿皆毁坏",曹丕索性宣布"车马还厩,衣服藏府,以从先帝俭德之志"②。

---

① 《通典·礼十二》。

② 曹丕在位六年多,即使此诏是其最后一年下的,也不过七年,可见陵殿之不固。

正是由于墓葬隐蔽，且世人皆知墓中没有什么贵重的东西，所以历时几代曹操的陵墓便湮没在历史的陈迹中，不为人知了。在那盗墓盛行的岁月中，历史上的诸多帝王墓大都被盗掘了，但曹操却安然躺在地下，而至今不为盗者所惊。当然，也正是由于曹操生前的安排，曹操墓地在哪里很快便成了历史之谜。从记载看，唐代之前人们尚知其具体位置，南朝齐人谢朓《铜雀悲》诗云："落日高城上，余光入穗帷，寂寂松林晚，安知琴瑟悲。"可见，这是诗人登上铜雀台西望曹陵而发的。唐太宗李世民出征高丽，过邺，曾经"自为文祭魏太祖"。但到了宋代便无人知其具体位置了，于是便有了"七十二疑冢"之说。罗贯中写《三国演义》为了塑造曹操奸诈形象吸收了"七十二疑冢"的说法。罗贯中写道：操"遗命于彰德府讲武城外，设立疑冢七十二，'勿令后人知吾葬处，恐为人所发掘故也。'"在罗贯中的笔下，传说变成了"遗命"，顿现曹操一息尚存而不忘诡谲之谋，陡增其奸诈形象。[①] 其实，如能客观的分析，与其用来证明曹操以诡诈终其一生，毋宁用来证明曹操一息尚存仍然表现出他的睿智谋远之明。

---

① 曹操墓的具体位置，邯郸市的学者刘心长根据历史记载和实地考察认为在河北磁县时村营乡中南部和讲武城乡西部。这里符合曹操《遗令》中关于"与西门豹祠相近"、"瘠薄之地"等诸多条件。参见 1997 年 9 月 27 日《邯郸晚报》。（按：2009 年 12 月 27 日，国家文物局认定，经考古发掘位于河南省安阳市安丰乡西高穴村之古墓即为曹操墓高陵。——作者重印记）

第十九章　文学贡献

史载,曹操昼讲武策,夜思经传,登高必赋,横槊赋诗,所作新诗,"被之管弦,皆成乐章"。他的这种精神,对于社会,对于他的儿子们都有深刻影响。曹丕称颂父亲"雅好诗书文籍,虽在军旅,手不释卷"(《典论·自叙》);曹植追念父王"既总庶政,兼览儒林,躬著雅颂,被之琴瑟"(《武帝诔》)。可见,曹操不仅是一位军事家、政治家,而且爱好学问,尤擅文学。他留下了诸多颇有影响的诗歌和表章、令教式散文。这些作品,发展、充实了中国固有的文艺形式,体现着作者的文学见解,对后代文学的创作与文艺思想的演进产生了不小影响,从而也使曹操在中国文学发展史上占据了重要的、承前启后的一页,成为人所公认的文学家。

一、继承并推动了乐府诗的发展

曹操传世诗作二十余篇,均为乐府诗体,但又不完全拘泥于汉代乐府,因而可以就其实际概之为:继承了乐府的传统,推动了五言诗的发展,焕发了四言诗的新生,开一代诗风。

曹操对于民间乐府的采集与整理,很难说是有什么贡献。因为史无明记,不可妄言。揣言之,曹操在世,忙于军事,实难顾及此类事情。然而,曹操本人性爱辞章,兼善音乐,尤工乐府之作,对于社会不能不有所影响。因此,在他的带动下,文人乐府有了空前的发展与活跃。进而推动了魏晋时期的文学发展，呈现"彬彬之盛"的景象。刘勰《文心雕龙·时序》说："自献帝播迁，文学蓬转，建安之末，区宇方辑。魏武以相王之尊，雅爱诗章；文帝以副君之重，妙善辞赋；陈思以公子之豪，下笔琳琅。并体貌英逸，故俊才云蒸。"不失为有识之见。

下面具论曹操的贡献与思想。

1. 为乐府诗的创作开辟了更为自由的天地

汉末建安之前，乐府诗虽然仍有一些好的作品留世，但总的来看，渐趋式微。所以出现这种情势，与乐府诗固定的程式及其音乐套式有一定关系。曹操冲破旧的藩篱，为乐府诗的新发展走出了新路，其一就是"以旧瓶装新酒"，即借用原有曲牌，歌唱新的词章，或依声作诗，或作诗入乐，曲名同诗词内容完全分离或不相干。这样，便为乐府诗的创作开辟了更为自由的天地。

乐府，历代有各种不同的分类。宋人郭茂倩《乐府诗集》分为郊庙、燕射、鼓吹、横吹、相和、清商、舞曲、琴曲、杂曲等十二类。原来古曲名与诗词内容是一致的。如《相和歌·相和曲》之《平陵东》，歌词的头一句便是"平陵东，松柏桐，不知何人劫义公。"《十五》的头一句便是"十五从军征，八十始得归。"再如《琴调曲》之《妇病行》开头便是"妇病连年累岁，传呼丈人前，一言当言。未及得言，不知泪下一何翩翩。"内容与形式完为一体。曹操自创新歌，更多的是利用旧的曲调歌咏新的内容。例如《陌上桑》，本写一采桑女子同调戏自己的过路官吏周旋的故事。曹操用其曲，抒发了自己慕仙之思，二者完全不相干。《相和歌·清调曲》之《秋胡行》，本写秋胡戏妻事，曹操用来写战事之难和心中惆怅。现实与情思融为一体，读来毫无勉强之感。《薤（xiè）露》、《蒿里》，晋人崔豹《古今注》说："《薤露》、《蒿里》并丧歌也,出田横门人。横自杀,门人伤之,为之悲歌,言人命如薤上之露,易晞灭也。亦谓人死魂归于蒿里。故有二章。"田横,秦末齐国相,韩信灭赵后,使郦食其说齐王田广、相田横,愿与联合,田横信以为真,放松警惕,韩信乘机破齐,田横自立为王,刘邦称帝,召田横,田横惧诛,自杀,从者五百余人,闻横死,均自杀。曹操借用这两个题目,叙述时事,表达自己的哀伤和怜民之情。从哀伤"贼臣持国柄,杀主灭宇京。荡覆帝基业,宗庙以燔丧"(《薤露》)和"白骨露于野,千里无鸡鸣。生民百遗一,念之断人肠"的角度说,似与挽歌有某种联系,但实际也在内容与形式上达到了令人叹服的新的统一。不可否认,曹操"以旧瓶装新酒"的乐府诗创作,必然对后世"填词"形式的出现,有过重要的启示作用。因此,从一定意义上(不是全部意义)不妨说,曹操乐府诗的创作实乃后人"填词"之滥觞。

2. 焕发了四言诗的新生

曹操乐府诗有五言、四言、杂言三种。其叙事体乐府多用五言,抒情体乐府则多用四言。诸多学者认为,曹操作诗,尤工四言。四言诗从《诗经》开始,已有一千余年,形式僵化,极少佳作出现。曹操竟在新的历史条件下,发展、充实了这种诗体,使其获得新生。沈德潜《古诗源》说:"曹公四言,于三百篇外,自开奇响。"这一评价,当是受之无愧的。诸如《短歌行》、《步出夏门行》等都是绝好的四言诗。

> 对酒当歌,人生几何? 譬如朝露,去日苦多。慨当以慷,忧思难忘。何以解忧,惟有杜康。青青子衿,悠悠我心,但为君故,沉吟至今。呦呦鹿鸣,食野之苹。我有嘉宾,鼓瑟吹笙。明明如月,何时可掇? 忧从中来,不可断绝。越陌度阡,枉用

相存,契阔谈宴,心念旧恩。月明星稀,乌鹊南飞。绕树三匝,何枝可依? 山不厌高,水不厌深,周公吐哺,天下归心。(《短歌行》)

明人钟惺评论此诗说:"四言至此,出脱《三百篇》殆尽。此其心手不粘带处。'青青子衿'二句,'呦呦鹿鸣'四句,全写《三百篇》,而毕竟一毫不似,其妙难言。"对于诗中"但为君故,沈吟至今",和"越陌度阡,枉用相存"句,明人谭元春分别评说:"热肠余情,八字之外,含吐纸上";"此等句,开唐人四言妙境"。明人徐祯卿说:"曹公《短歌行》、子建《来日大难》,工堪为则矣。"(《谈艺录》)近人萧涤非亦颇赞赏此诗,认为"四言简短,易为板垛,而操此作,不惟语句自然,且气魄雄伟,音调壮阔,故不可及。"[1]可见,曹操此诗确已达到相当高的境界。

> 神龟虽寿,犹有竟时。腾蛇乘雾,终为土灰。老骥伏枥,志在千里。烈士暮年,壮心不已。盈缩之期,不但在天。养怡之福,可以永年。幸甚至哉,歌以咏志。(《步出夏门行·龟虽寿》)

曹操此诗是学界共认的千古绝唱。从它诞生的一天起即为世所重。据《世说新语·豪爽篇》载,晋人王敦,每酒后辄咏"老骥伏枥"四句,以如意打唾壶,壶口尽缺。明人胡应麟说:"(汉)高帝《黄鹄歌》是'月明星稀'诸篇之祖,非雅颂体也。然气概横放,自可不及。后惟孟德'老骥伏枥'四语,奇绝足当。"(《诗薮·内篇》)清人王夫之评说:"孟德乐府,固卓荦惊人,而意抱渊永,动人以声不以言。"(《船山古诗评选》)吴乔说:"作四字诗,多受束于《三百篇》句话,不受束者,惟曹孟德耳。"(《围炉诗话》卷2)陈祚

---

① 萧涤非:《汉魏六朝乐府文学史》,人民文学出版社 1984 年版,第 129 页。

明更谓曹操《龟虽寿》"名言激昂,千秋使人慷慨。孟德能于《三百篇》外,独辟四言声调,故是绝唱。"(《采菽堂诗集》卷5)

当然,也有不以为佳或虽以为佳但以"文奸"视之者,如宋人朱熹以曹操诗有"周公吐哺"一类句子,谓其"不惟窃国之柄,和圣人之法也窃了。"(《朱子语类》卷140)明人杨慎说:"曹孟德'月明星稀'……此直后世四言耳,工则工矣,比之《三百篇》,尚隔寻丈也。"(《升菴诗话》卷3)又说,曹孟德乐府脍炙人口久矣,"不特句法高迈,而识趣近于有道,可谓文奸也已。"(同上,卷10)朱嘉征说:"余颇颂其歌诗所陈,未尝不悲其志,悯其劳也。但托喻周公吐哺,以西伯自处,举明辟付之后人,此为英雄欺人。"(《乐府广序》卷8)可见,否定之语,大都为政治观念所使然;而就其诗歌本身的艺术性而言,则完全否者极少。

3. 开唐五言之端

五言诗非自曹操始,两汉期间已盛行,而且已有不少很好的五言古诗。流传的枚乘、李陵的诗,固然被历代文学大家疑为后人之作,但就一种诗体的发展说,东汉末年既有《古诗十九首》那样的佳作,必当有一个过程。所以说,五言诗产生于西汉当是无疑的。《汉书·五行志》收成帝时民谣一首:"邪径败良田,谗口害善人。桂树华不实,黄雀巢其颠。古为人所羡,今为人所怜。"就是一首颇好而不够成熟的五言体诗。近人刘大杰先生说,到了东汉,纯粹的五言诗出现了。如果严格地说来,的确是这样。诸如《陌上桑》、《十五从军征》、《羽林郎》、《孔雀东南飞》以及蔡邕《饮马长城窟行》、张衡《同声歌》等都是脍炙人口的五言诗。

《古诗十九首》中的五言诗,古今文学评论家大都给予好的评价。刘勰《文心雕龙·明诗》说:"观其结体散文,直而不野;婉转附物,怊怅(悲伤。怊音 chāo)切情,实五言之冠冕也。"清人沈德潜《说诗晬语》说:"古诗十九首,不必一人之辞,一时之作。大率逐臣弃妇,朋友阔绝,游子他乡,死生新故之感。或寓言,或显言,或反复言。初无奇辟之思,惊险之句,而西京古诗,皆在其下。"这里所以要讲几句《古诗十九首》的话,是为了特别强调一下古诗十九首大都产生在建安时代。所以会这样,绝不是偶然的。第一,这些著作反映了东汉末年大动荡、大变乱时代人民的思想情感,因而真切动人,是时代的产物;第二,一个时代能有较多同类内容的真切反映时代的作品,往往同当政者的喜好(至少是不惮不忌)与提倡是分不开的。

事实证明,曹操很喜五言诗,而且有较深造诣,因而五言诗作得也很出色。曹操存诗中,五言体和五言杂体(以五言为主,杂以长短句)超过一半,其中尤佳者有《薤露》、《蒿里》、《苦寒行》、《秋胡行》(二首)、《善哉行》(之二、三)、《却东西门行》等。对于这些著作的评价,毋须过多置言,只要翻看一下前人评论,略摘数则,即知一般。

对于《薤露》、《蒿里》,明人谭元春在《古诗归》中说:"如此着想,如此寄意,翻尽从来拟古门户。"清人陈祚明在《采菽堂诗集》中评《薤露》说:"老笔直断。禾黍之思,不须摹写,而悲感填胸。此第一高手。"评《蒿里》说:"笔下整严,老气无敌"。方东树评《薤露》说,"此诗浩气奋进,古直悲凉,音节词旨,雄恣真朴。一起雄直高大,收悲痛哀远。"称《蒿里》"真朴、雄阔、远大。"(《昭昧詹言》卷2)

对于《苦寒行》,明人张溥在《魏武帝集题辞》中说,"阅读本集,《苦寒》、《猛虎》、《短歌》、《对酒》,乐府称绝"。清人吴淇对于《苦寒》诗之技巧特加推崇,他在《六朝选诗定论》中说:"魏武雄盖一世，横槊赋诗，其所为《短歌》、《苦寒》二篇，直欲夺汉家两风之座"；"凡诗人写寒，自有一应写寒事物，大要曰风，曰雪，其余事物皆倘然夹凑，倍写其苦耳。此诗未写风雪，先写太行之险，所谓骇不存之地，进退两难，则寒不可避，方是苦也。"进而指出，"羊肠"二句，极写其险。下方写风，然却不遽写，曰'树何萧条'……寒气棱棱，已有雪意，不遽写雪，而先写'少人民'者，即伏下文之'无宿栖'也。……无人民之上，又先写'熊罴'二句者，凡人晚行，虽无栖宿，犹可望之前途，'熊罴'云云，则前途亦无望矣。……此诗极写苦寒，原是收拾军士之心，却把自己平生心事写出。"王夫之在《船山古诗评选》中用两个字评《苦寒行》，曰"绝好"。陈祚明认为《苦寒行》写征人之苦，淋漓尽情，"笔调高古，正非子桓兄弟所能及"。方东树则给了更高的评价，他说《苦寒行》"不过从军之作，而取境阔远，写景悲壮，用笔沉郁顿挫，比之《小雅》，更促数噍杀。后来杜公(甫)往往学之。大约武帝诗沉郁直朴，气真而逐层顿断，不一顺平放，时时提笔换气换势；寻其意绪，无不明白；玩其笔势文法，凝重屈蟠。诵之令人满意。可谓千古诗人第一之祖。"(《昭昧詹言》卷2)

对于《秋胡行》，王夫之认为此诗的写作技巧已经达到了一种极难学到手的境界。他说："当其始唱，不谋其中，言之已中，不知所毕，已毕之余，波澜合一，然后知始以此始，中以此中，此古人天文斐蔚夭矫引申之妙。盖意伏象外，虽所至而与俱流，虽令寻行墨者，不测其绪。"陈祚明认为《秋胡行》"序述回曲转变，反复循环不穷，若不究其思端，殊类杂集，引绪观之，一意凄楚，成佳构矣。笔古无俟言。"

对于《却东西门行》，王夫之在《船山古诗评选》中说，"着意处皆以兴比写生。'万岁不相当'，情真悲极。"宋长白和张玉谷都对诗的最后四句"神龙藏深泉,猛兽步高岗,狐死归首丘,故乡安可忘",给以很高的评价。张玉谷在《古诗赏析》中说:"'神龙'三句,物各安居,死又恋土,两层三比,然后一句拍合陡收,笔势凌厉,通首增色。"

当然,也有人以为,若将其五言体同其四言体相比,则不能不承认稍逊一筹。如钟嵘所论,"曹氏父子,高古之骨,苍凉之气,洵是乐府妙手。五言诗则减价。"窃以为,曹操的诗,不管是四言,还是五言,都有好有差,五言中的佳作同四言中的佳作一样,都已达到了相当高的水平。四言中有被誉之为"奇响"、"绝唱"的篇章,五言中同样也有甚得高人之高评者,因之被人目为作五言诗的"第一高手"、"千古诗人第一之祖"。曹操五言诗多慷慨古直悲凉之句,常为唐人所效,因而清人王尧衢在《古唐诗合解》中竟称曹操的诗"格调古朴,开唐五言之端"。此论亦当是很有道理。

当然,这里必须赘述一句:曹操杂言诗也不乏佳作,如《对酒》《陌上桑》等。近人萧涤非在《汉魏六朝乐府文学史》一书中说:"世多谓乐府为诗之一体,实则一切诗体皆由乐府生也。汉乐府多杂言及五言,四言甚少,至六言七言,则更绝无其作。魏则诸体毕备,吾国千百年来之诗歌,虽古近不同,律绝或异,要其大体,盖莫不导源于此时也。"诸体毕备,既源于魏,自然是要首推曹操了。

二、歌以咏志——曹操的文学思想

本节重在探讨曹操的文学思想。曹操不像他的儿子曹丕那样有《典论》一篇,清楚地表明自己的文学主张,但他的著作,特别是他的诗作中,同样透视着他的文学见解。

1. 有感而发，推尚现实主义

两汉乐府，包括民间乐府和文人乐府，多有感人之作，其生命力就在于"感于哀乐，缘事而发"。以东汉为例，诸如《善哉行》："来日大难，口燥唇干。今日相乐，皆为喜欢。"《怨诗行》："天德悠且长，人命一何促。百年未几时，奄若风吹烛。"《悲歌》："悲歌可以当泣，远望可以当归。思念故乡，郁郁累累。欲归家无人，欲渡河无船。心思不能言，肠中车轮转。"《东门行》："出东门，不顾归。未入门，怅欲悲。盎中无斗米储，还视架上无悬衣。"另如《雁门太守行》、《病妇吟》、《孤儿行》、《十五从军征》等等亦无不贯穿着这种精神。曹操继承并发扬了"感于哀乐，缘事而发"的传统，作诗为文，本于实感，重视现实。诸如《薤露》、《蒿里》、《苦寒行》等都体现着现实主义精神。

> 惟汉二十二世，所任诚不良。沐猴而冠带，知小而谋强。犹豫不敢断，因狩执君王。白虹为贯日，己亦先受殃。贼臣持国柄，杀主灭宇京。荡覆帝基业，宗庙以燔丧。播越西迁移，号泣而且行。瞻彼洛城郭，微子为哀伤。(《薤露》)

此诗完全是感于汉末无能之辈何进谋除宦官而召董卓入京，以至董卓窃权，汉室荡覆而发，记录了事实，也反映了他对于汉末外戚与宦官之争、董卓"贼臣持国柄"以至汉室宗庙化为灰烬、幼主西迁的态度，同时自比微子，哀伤京城大破，明寓匡复之意。

> 关东有义士，兴兵讨群凶。初期会盟津，乃心在咸阳。军合力不齐，踌躇而雁行。势利使人争，嗣还自相戕。淮南弟称号，刻玺于北方。铠甲生虮虱，万姓以死亡。白骨露于野，千里无鸡鸣。生民百遗一，念之断人肠。(《蒿里》)

这是比《薤露》更为生动感人的记实诗。它记录了关东诸郡国守相合兵讨董卓,但各怀私心,军力不齐,以至自相火并,最终酿成了长期的军阀混战。战争的残酷及其破坏性之大,跃然纸上。"白骨露于野,千里无鸡鸣。生民百遗一,念之断人肠",读来令人感伤。如果没有真情实感是写不出这样的句子的。明人谭元春在《古诗归》卷 7 中说得很对:"一味惨毒人,不能道此,声响中亦有热肠,吟者察之。"

北上太行山,艰哉何巍巍!羊肠坂诘屈,车轮为之摧。树木何萧瑟,北风声正悲!熊罴对我蹲,虎豹夹路啼。溪谷少人民,雪落何霏霏!延颈长叹息,远行多所怀。我心何怫郁?思欲一东归。水深桥梁绝,中路正徘徊。迷惑失故路,薄暮无宿栖。行行日已远,人马同时饥。担囊行取薪,斧冰持作糜。悲彼《东山》诗,悠悠令我哀。(《苦寒行》)

这是曹操最为脍炙人口的诗作之一,写的是建安十一年(公元 206 年)正月,曹操自邺出发北上太行山征讨袁绍的外甥高干的事。诗中对于征人之苦的描写,透露着真实、肃然,地势、天气、环境、困苦、饥寒同人的心情融合在一起,令人读来如临其境,如闻其声。诗的最后两句,曹操又以周公自况,常为人非。其实,这里反映着他感于战争之苦而渴望通过战争结束战争的意愿。即使明喻自己要作周公,要把天下统一于自己手上,也没有什么不好。所以如朱熹指斥曹操连圣人之法也窃了,未免责之不当。

另如《秋胡行》之一解,实同《苦寒行》异曲同工。"晨上散关山,此道当何难!晨上散关山,此道当何难!牛顿不起,车堕谷间",描写了建安二十年(公元 215 年)三月西征张鲁,兵出散关山的艰难。

以上可证,曹操很善于从纷乱复杂的事件和变幻不定的人事关系里面提炼材料,集中典型,且文字质朴,言近实录而不乏文采。

因此说曹操推尚现实主义,并且对后世文学创作产生了积极影响,当不为过。正如明人钟惺所说,曹作"真诗史也"(《古诗归》卷7);清人沈德潜所说,曹作"汉末实录也","借古乐写时事,始于曹公"。(《古诗源》卷5)

2. 抒发理想,饱含浪漫主义

曹操的一些抒发理想的诗作和仙游诗,大都以浪漫主义的手法表达自己的理想和心情,因而增强了诗作的感召力。表现在:

(1)借古抒意。曹操熟读经史,所以特别善于借古喻志。他将古人的一些零见于不同记载的理想化的语言集中到一起,重新编织、铺陈成一幅新的充满浪漫气息的图画。比如《度关山》泛用古典,描述了一个国家统一、民人繁息、刑狱公正、兼爱尚同的社会;《对酒》集述经传之意,表达自己的理想,使一个吏不呼门、主贤臣良、民无所争、路不拾遗、囹圄空虚、恩泽广及草木昆虫的美好的社会环境跃然纸上。

(2)时见仙气。曹操仙游诗中最富浪漫主义。"驾六龙,乘风而行,路下之八邦。历登高山临溪谷,乘云而行。"(《气出唱》一)腾云驾雾,云游八方,何等逍遥;"仙人玉女,下来翱游。"(《气出唱》一)每到一处,都有仙人相迎,玉女同游,何等气派;"吹我洞箫,鼓瑟琴,何闾闾。"(《气出唱》二)鼓乐齐鸣,何等快乐;"食芝英,饮醴泉,拄杖桂枝,佩秋兰。绝人事,游浑元。"(《陌上桑》)又是何等超脱,似有绝人世而去的架势。"金阶玉为堂,芝草生殿旁。"(《气出唱》三)寥寥数语,把仙居佳境描绘得极尽辉煌。这些描写,虽属渺茫无稽,但它透露着一种人生的惆怅和向往。壮志不能得酬,忧愤之情,陡然喷发纸上。但它的表现形式,却不是愤懑之句,更不是忧伤之词,而是漫游仙境的感慨,期得永寿,期得"长乐甫始宜子孙"，把希望寄托在后代子孙身上。读来虽觉不免虚枉，但亦觉在艺术上颇多值得玩味、欣赏。

（3）取譬生动。曹操诗中取譬，有不少非常生动自然，韵味流长。诸如慨叹人生："譬如朝露，去日苦多"；形容求才心切："月明星稀，乌鹊南飞，绕树三匝，何枝可依？"并取典"周公吐哺"（以上《短歌行》一）；描述征伐行路之苦："羊肠坂诘屈，车轮为之摧"（《苦寒行》），"牛顿不起，车堕谷间"（《秋胡行》）；谈及苦寒中大军暴师山野时，不见一字言寒言冷，而使读者如临一种极度寒冷的景象之中："树木何萧瑟，北风声正悲。熊罴对我蹲，虎豹夹路啼。溪谷少人民，雪落何霏霏。"（《苦寒行》）抒发军人念乡之情，并将自己比做"出塞"的"鸿雁"与田中"转蓬"。（《却东西门行》）

3."诗言志"，重视内容与形式的统一

曹操在《秋胡行》二首和《步出夏门行》诗中，每解之后分别有"歌以言志"、"歌以咏志"之语。从形式上看，不过是辞赋的一种格式。据说，古代乐曲开始一章叫"升歌"，最后一章是"合乐"，"升歌"谓之"始"，"合乐"谓之"乱"。因此，或谓"歌以咏志"云云，是为了入乐，与正文内容无关。实则不然。"乱"，并不是一定要用"歌以咏志"表现。换言之，并不是任何一首诗赋中的"乱"都要用"歌以咏志"结束。所以，"歌以咏志"，不仅仅是为了入乐的需要，而更重要的是它要表现"乱"的另一意义，即总结全篇要旨。因此可以断定，曹操诗中的"歌以言志"、"幸甚至哉，歌以咏志"等等，并不是虚词，而是包含着实际内容。其一，它表明诗中所言完全是发自内心的；其二，它反映了诗人的文艺思想，即推尚中国古来即有的"诗言志"的传统观点，并将其贯彻在自己的诗作中。这一点，我们从所有曹操的诗作中，甚至包括仙游诗在内，都能清楚

地看到或体会到。诸如,"坐盘(磐)石之上,弹五弦之琴。作为清角韵,意中迷烦。歌以言志,晨上散关山。"(《秋胡行》)反映的是其以天子自比,讨伐不臣,意不得酬而烦恼的情绪。欲为仙去,实是大业难成而苦人生不永的一种感慨。"飘飖八极,与神人俱。思得神药,万岁为期"、"不戚年往,忧世不治。存亡有命,虑之为蚩。歌以言志,四时更逝去。"无不如此。至于"老骥伏枥,志在千里。烈士暮年,壮心不已"(《步出夏门行·龟虽寿》)云云,更见其"诗以咏志"之长。诗人在"诗言志"方面,做到了内容与形式的完美统一,因而产生了重大的感染力。

在更多的乐府诗中,曹操并没有赘及"诗言志"之语,但其精神却并不因此而减退。诸如,"山不厌高,水不厌深,周公吐哺,天下归心"(《短歌行·对酒当歌》)、"悲彼《东山》诗,悠悠令我哀",都是以周公自况,表露着志必大成之意。

三、"曹公古直,甚有悲凉之句"
——曹操乐府诗的特点

南朝梁人钟嵘说:"曹公古直,甚有悲凉之句。"(《诗品》卷下)唐人元稹说:"曹氏父子鞍马间为文,往往横槊赋诗,故其抑扬冤哀存离之作,尤极于古。"(《元氏长庆集》卷56)宋人敖陶孙说:"魏武帝如幽燕老将,气韵沉雄。"(《诗评》)明人王世贞亦称:"曹公莽莽,古直悲凉"(《艺苑卮言》卷3)。清人冯班说:"魏祖慷慨悲凉,自是此公文体如斯,非乐府应尔。"(《钝吟杂录》)王士禛说,曹氏父子"所为乐府,悲壮奥崛"(《带经堂诗话》卷1)。此类评语,还有许多。可见,曹操为诗"悲凉"、"沉雄"是古今评家人所共认的重要特点。

曹操诗作,包括描述乐舞的场面和仙游昊天名山在内,偶看似为逍遥,细审则无不透露着悲哀与苍凉。

> 自惜身薄祜,夙贱罹孤苦。既无三徙教,不闻过庭语。其穷如抽裂,自以思所怙。虽怀一介志,是时其能与?守穷者贫贱,恓叹泪如雨。泣涕于悲夫,乞活安能睹?……(《善哉行·自惜》)

这是曹操咏叹自己生平的诗。诗中所言虽非无稽,可也并非如此严重,但由于赋予诗的语言,便陡然生出一种悲怆的感受。

> 鸿雁出塞北,乃在无人乡。举翅万余里,行止自成行。冬节食南稻,春日复北翔。田中有转蓬,随风远飞扬,长与故根绝,万岁不相当。奈何此征夫,安得去四方?戎马不解鞍,铠甲不离旁。冉冉老将至,何时反故乡?神龙藏深渊,猛虎步高岗。狐死归首丘,故乡安可忘?(《却东西门行》)

这是一首描写争战之苦和征夫怀乡的诗。它同另一些佳作,诸如前述之《苦寒行》、《蒿里》等一样都以淋漓之笔描述了战争的苦难。在这些诗中,环顾景象,树木萧瑟,北风声悲,水深桥绝,中路徘徊,夜无宿处,人马同饥;征者自况,如田中转蓬,随风飞扬,冉冉老矣,不知何时才能结束战争;想想士兵和百姓,铠甲生虮虱,百姓以死亡,白骨蔽野,千里无烟,民百遗一,念之令人断肠。真可谓句句哀伤,字字悲凉。但是,我们必须承认曹操诗中的悲凉之情,极富感染之力,但并不产生消极作用。长期争战,不免厌战,久离故土,不免怀乡。但其终结,总是突现豪壮之情。厌战,不反战;怀乡心切,但其落脚点却是"神龙藏深渊,猛虎步高岗"、"悲彼《东山》诗,悠悠令我哀",意蕴决心以战争反对战争,进而结束战争。

曹操仙游各诗同样饱含悲凉。原因是:其一,他的仙游诗大都不是踌躇满志的作品,而是在满腹惆怅的情况下写成的。如:

东到泰山,仙人玉女,下来翱游。骖驾六龙,饮玉浆。河水尽,不东流。解愁腹,饮玉浆,奉持行。(《气出唱·驾六龙》)

诗人来到泰山,仙人玉女陪伴同游,坐着六龙拉的车子,喝着仙家美酒,河水已经断绝,不复东流,为解胸中愁思,手持酒杯,边走边饮仙家美酒。其二,他的仙游诗不少是在其忧伤年寿不永而事业难成的情况下写成的。如:

　　厥初生,造化之陶物,莫不有终期。莫不有终期,圣贤不能免,何为怀此忧?愿螭龙之驾,思想昆仑居。(《精列》)

　　若疾风游欻飘翩。景未移,行数千,寿如南山不忘愆。(《陌上桑》)

　　东西厢,客满堂,主人当行觞。"坐者长寿遽何央,长乐甫始宜孙子。"(《气出唱·游君山》)

　　经历昆仑山,到蓬莱。飘飖八极,与神人俱。思得神药,万岁为期。……不戚年往,忧世不治。……壮盛智慧,殊不再来。爱时进趣,将以惠谁?(《秋胡行·愿登泰华山》)

这些诗都反映着同一主题,即悲叹壮士暮年,期望上天与神仙们给予更多年寿,以成大业。当然,这只是一种假托。前已说过,曹操是不信神仙的。

　　曹操爱好音乐,且喜欢把自己的诗作"被之管弦",但极少欢快愉悦之作。偶有言及歌舞,立意也总是由欢快转到悲凉,切入深沉的主题。如《善哉行·朝日乐相乐》,开头讲的是白日联欢,一边饮酒,一边听音乐,入会者皆欢悦异常。在这种欢畅的气氛下,曹操突感凉风入室,因发自戒之辞,"持满如不盈"、"所愁不但一"、"吐握不可失"。

　　诸上可见,自钟嵘开始,古来皆以"悲凉"概括曹操诗作的特点,的确最为恰当。至于刘勰所说:"至于魏之三祖,气爽才丽,音靡节平。观其《北上》(即《苦寒行》)、《秋风》列篇,或述酣宴,或伤羁戍,志不出于滔荡,辞不离于哀思。虽三调之正声,实韶夏之郑曲也。"将曹操的诗作称为"三调(指清、平、侧三调)之正声",当然是对的,但称其为"韶夏之郑曲",置评实属不公。"郑曲"即"郑声"。自从孔老夫子在《论语·卫灵公》谈到"乐则韶舞,放郑声,远佞人;郑声淫,佞人殆。"《礼·乐记》说,郑卫之音,乱世之音也。郑声便有了特定含义。曹操诗作,显然绝非郑声可比。

四、"改造文章的祖师"——曹操散文的特点

曹操现存散文 150 余篇,其中最多的是令教类,其次为书表类。曹操的散文同他的诗作一样,也很有特点。鲁迅认为,曹操"是一个改造文章的祖师","他胆子很大,文章从通脱得力不少,做文章时又没有顾忌,想写的便写出来"。鲁迅的话,简短而明确地概括了曹操在散文方面的功绩、创作思想及其风格特点。[①]

什么叫"通脱"呢?鲁迅的这个特定用语,实际就是言其写作放得开,不受拘束,胆子大,想写什么就写什么,因而能够客观地反映现实,比较真实地反映本人的思想。说实在的,曹操的尚通脱的文学思想,在其诗作中也同样表现得很充分。通过前面的叙述,我们已经看到曹操大胆地改造乐府,利用乐府,自由地利用乐府形式而反映新的内容,用挽歌咏怀时事,唱艳曲歌咏神仙。这种用乐府题目自作诗的本身就是一种"通脱"精神的表现。

曹操为文中的"通脱"精神主要表现在几个方面:

---

① 鲁迅:《魏晋风度及文章与药及酒之关系》。

第一，不受传统观念的束缚。比如他的几个求贤令公然提出非廉之士、盗嫂受金之人、甚至是不仁不孝的人，都可以用。

第二，谈古论今，鞭辟入里。曹操为文，时或非常自然地取譬于古而论今事。比如，他在表赏功臣时借刘邦封萧何之典，"是故先帝贵指踪之功，薄搏获之赏"，从而把武将比成了受人指挥的猎狗。

第三，言人之罪，不惜虚拟。曹操为文，颇喜罗致并极而言之。比如，他借孔融与祢衡有交往这件事，把祢衡的话罗织成孔融的大逆之罪而谓："融违天反道，败伦乱礼，虽肆市朝，犹恨其晚。"（《宣示孔融罪状令》）他赐死崔琰，令称："琰虽见刑，而通宾客，门若市人，对宾客虬须直视，若有所瞋。"（《赐死崔琰令》）令文就这样写，明显是"莫须有"之罪，但不怕别人说什么。

第四，坦说自己的胸怀，而不怕为人所非。曹操最好的散文莫过于《让县自明本志令》。文章坦述心志于纸上，写得既严整，又潇洒，既见其诚，又见其伪。把自己想说的真心话，直截了当地说出来。再如诸多让封、辞爵表文也写得非常潇洒，形式上是辞让，内容上是表功，言词上或谓不愿"苟取"，表示谦虚，本质上则极述"祖有大德"，并大陈自己的征战之功。

五、建安文学的组织者和领导者

述论曹操的文学贡献及其思想，自然要讲曹操对于建安文学的特殊贡献和影响。

1. 建安文人集团的组织者和领袖

钟嵘《诗品》说过："降及建安，曹公父子，笃好斯文。平原兄弟(植曾封平原侯),郁为文栋。刘桢、王粲,为其羽翼。次有攀龙托凤,自致于属车者,盖以百计。彬彬之盛,大备于时矣。"可见,当时在邺下的确形成了一个很大的文人集团。那么,这个集团是怎样形成的呢? 曹植在给杨修的一封信中很好地回答了这个问题。

> 仆少小好为文章,迄至于今二十有五年矣。然今世作者,可略而言也。昔仲宣(王粲)独步于汉南,孔璋(陈琳)鹰扬于河朔,伟长(徐干)擅名于青土,公干(刘桢)振藻于海隅,德琏(应玚)发迹于北魏,足下(指杨修)高视于上京,当此之时,人人自谓握灵蛇之珠,家家自谓抱荆山之玉,吾王(指曹操)于是设天网以该之,顿八纮(八方之极,大地的最远处)以掩之,今悉集兹国矣。(《与杨德祖书》)

这就是说,邺下所以"俊才云蒸"(刘勰语),形成了一个"盖以百计"的很大的文人集团是与曹操广泛罗致分不开的。曹植不无感触地将曹操的手段喻之为布下天罗地网。这虽然不免夸张,但也颇有道理。数百年后,唐太宗"见新进士缀行而出,喜曰'天下英雄入我彀中矣'。"(《唐摭言》卷1)实际也是这个意思。

自然,曹丕、曹植兄弟在这个集团的形成中也发挥了相当重要的作用。尤其曹丕,是人所共认的建安文学集团的实际组织者。

曹丕、曹植都曾谈及建安七子。从他们的著作中不难看出,曹丕同七子的关系较之曹植与七子的关系更为密切。所以,读其怀念诸子的文章,令人感伤。曹丕在给吴质的信中说:"昔年疾疫,亲故多离(罹)其灾,徐、陈、应、刘,一时俱逝,痛何可言邪? 昔日游处,行则同舆,止则接席,何尝须臾相失。每至觞酌流行,丝竹并奏,酒酣耳热,仰而赋诗。当此之时,忽然不自知乐也。谓百年已分,可长共相保,何图数年之间,零落略尽,言之伤心。"一同游玩,一同行止,一同饮酒,一同赋诗,未曾一刻分开。寥寥数语,生动地说明了邺下诸子是如何非常紧密地团结在曹丕的周围。曹丕的核心作用和组织作用可谓昭然纸上。诸子也有自言其当时同曹丕通宵达旦在一起赋诗的,如刘桢《增五官中郎将》诗说:"凉风吹沙砾,霜气何皑皑。明月照缇幕,华灯散炎辉。赋诗连篇章,彻夜不知归。君侯(丕)多壮思,文雅纵横飞。小臣信顽卤,黾俛(mǐn miǎn,勉力,努力)安能追。"(《文选》卷23)这说明,诸子不仅佩服曹丕,而且觉得同他在一起为文赋诗非常快乐,所以是自觉地团结在他的周围。

曹丕对于建安诸子相继逝去,很为悲伤。为了纪念他们,他亲自"撰其遗文,都为一集"。他说,在编纂七子遗文时,"观其姓名,已为鬼录,追思昔游,犹在心目"。此言亦当是其真实的心情写照。

曹丕在编纂七子文集的过程中详细阅读并研究了七子的文词书赋,并加以对比,从而作出了恰当的评价,进而在此基础上形成了自己的文学理论。因此可以这样说,七子之文得曹丕之力而流传不失;曹丕因七子之文成其文学理论。

建安七子之称,出自曹丕《典论》。曹丕说:

> 今之文人,鲁国孔融文举,广陵陈琳孔璋,山阳王粲仲宣,北海徐干伟长,陈留阮瑀元瑜,汝南应玚德琏,东平刘桢公干。斯七子者,于学无所遗,于辞无所假,咸以自骋骐騄(lù,跑得很快的良马)于千里,仰齐足而并驰。

曹氏父子与建安诸子共创建安文学,而其中起主导作用的当然是曹操。曹操把这些有才能的文人,网于身边,置于麾下,不仅为他们提供了创作条件,而且言传身教,或令其与自己的儿子共题作文,或以自己的诗作示众。因此,我们清楚地看到,建安时代的文风，虽然从根本上说是时代使然，但与曹操的提倡和无形的影响有着密切的联系。所以，我们不妨说，所谓"建安风骨"，首先就是曹操的诗文风骨。

下面具体看一看曹操同建安七子在文学创作方面的关系。

七子之中，孔融最长。不少人认为，孔融比其他人大二十多岁，比曹操尚长二岁，曹丕将其列入七子之中是件很不调和的事情。实则不然。孔融其人虽然意广才疏，没有什么治国才能，但学识渊博，写得一手好文章。曹操正是看中了这一点，所以迎帝都许后立即将其从北海相任上征为将作大匠，后迁少府。孔融建安元年被征，十三年被杀。从时间上说，他虽然未与建安相始终，但已占大半。如同王粲相比，粲建安十三年归操，二十二年死去，附操仅有九年时间。其他诸子也都先曹操而死，均未与建安相始终。所以不必从时间上计较，主要视其在建安时代的文学影响。曹丕说，"孔融体气高妙，有过人者，然不能持论，理不胜词，以至乎杂以嘲戏；及其时有所善，扬（雄）、班（固）俦也。"（《典论》）刘勰（xié）说，"孔融之守北海，文教丽而罕于理"（《文心雕龙》卷4）。这大概是整体观察其作品的风格。曹丕、刘勰都肯定了孔融的文章，但同时都指出了孔融文章的重大缺点，即"理不胜词"、"文教丽而罕于理"。用通俗的话来说，就是：孔融的文章虽然写得很漂亮，但于理不协，喜欢强词夺理，还"杂以嘲戏"。但就其流传下来的仅存作品看，不可否认，刘勰说得很对："孔融所创，有慕伯喈"。但同时我们也能看出孔融诗文之中亦不乏豪直之气，且极称曹操功德，因此也无愧建安之风。诸如他悼伤幼子的《杂诗》一首就很感人。

> 远行送新客，岁暮乃来归。入门望爱子，妻妾向人悲。闻子不可见，日已潜光辉。孤坟在西北，常念君来迟。褰（qiān，

套裤)裳上墟丘,但见蒿与薇。白骨归黄泉,肌体乘尘飞。生时不识父,死后知我谁。孤魂游穷暮,飘飘何所依。人生图嗣息,尔死我念追。俯仰内伤心,不觉泪沾衣。人生自有命,但恨生日希。

诗中"悲凉"之气,不亚曹操伤感之作。另如建安九年写给曹操的《论盛孝章书》,亦不失为一篇杰出的散文作品。"岁月不居,时节如流,五十之年,忽焉已至。公(操)为始满,融又过二。海内知识(指相知相识的人),零落殆尽,惟会稽盛孝章尚存。"[1]开头数语即将时光不永,倏忽暮年之感跃于纸上。文章较曹操"烈士暮年,壮心不已"语早出三年。固然不能硬说二者有什么必然的联系,但亦不能排除二者思想上的相通之义。至于文中称颂曹操"匡复汉室"之功、备陈"得贤"之要,我们同样不排除二人间的相互影响。宋人苏轼说孔融此文"慨然有烈丈夫之风"(《乐全先生文集叙》),当然是极有道理的。

王粲,字仲宣,先依刘表,后归曹操,"善属文,举笔便成,无所改定,时人常以为宿构,然正复精意覃思(深思),亦不能加也。"[2]他的诗文较孔融表现着更多的"悲凉"之气,因而也更多地与曹操的作品相通。他不像孔融在政治上反操,而是忠心追随曹操,作过丞相掾、军谋祭酒、侍中,并曾随军出征,作《从军诗》等大颂曹操武功。王粲的代表作有《七哀诗》和《登楼赋》等。

西京乱无象,豺虎方遘患。复弃中国去,委身适荆蛮。亲戚对我悲,朋友相追攀。出门无所见,白骨蔽平原。路有饥妇人,抱子弃草间。顾闻号泣声,挥涕独不还。未知身死处,何

---

① 《三国志·吴书·孙韶传》注引《会稽典录》。
② 《三国志·魏书·王粲传》。

能两相完？驱马弃之去，不忍听此言。南登霸陵岸，回首望长安，悟彼下泉人，喟然伤心肝。(《七哀诗》)

王粲的此类诗同曹操诸多叙史诗立意没有两样，然其哀伤之情尤过曹操"悲凉"之气。王夫之评论此诗说："落笔刻，发音促，入手紧，后来杜陵(杜甫，号少陵)有作，全以此为祢祖。"(《船山古诗评选》卷4)《登楼赋》也是一篇成就很高的作品，"路逶迤而修迥兮，川既漾而济深。悲旧乡之壅隔兮，涕横坠而弗禁"。写尽怀才不遇，有乡难回之思、之苦、之难、之悲。全篇感情深沉，哀婉悲凉。王粲是建安七子中成就最大，因而也最为后人重视的一人，刘勰说："仲宣溢才，捷而能密，文多兼善，辞少瑕累，摘其诗赋，则七子之冠冕乎！"(《文心雕龙·才略》)王粲所以为诗如此，原因是多方面的，其一当如南朝宋人谢灵运《拟魏太子邺中诗序》所说："王粲，家本秦川，贵公子孙，遭乱流寓，自伤情多。"(《文选》卷30)就是说，这是时代特点及其自身经历所决定的。其二，当是邺下文人的共同"风骨"，乃时风所尚。这里，自然不能否认曹操的影响。

阮瑀，字元瑜，曾与陈琳同为曹操的司空军祭酒，管记室。"太祖尝使瑀作书与韩遂，时太祖适近出，瑀随从，因于马上具草，书成呈之。太祖揽笔欲有所定，而竟不能增损。"[①]这说明，第一，阮瑀的文章写得好，言简意明，想增加一个字或删掉一个字都是不容易的；第二，阮瑀深能体会曹操的思想，并且颇善曹操为文风格。可惜此书未传，不得而知。但我们从现存的阮瑀曾受曹操之命以曹操名义撰写的一封给孙权的信，完全可以证明如此评价是恰当的。阮瑀有诗《驾出北郭门行》一首，写的是一孤儿受后母虐待，深切怀念亲生母亲，在生母坟上对作者的哭诉。

---

① 《三国志·魏书·王粲传》注引《典略》。

驾出北郭门,马樊不肯驰(意谓马像被关在笼子里不肯
前行。樊,关鸟兽的笼子)。下车步踟蹰,仰折枯杨枝。顾闻
丘林中,嗷嗷有悲啼。借问啼者出:"何为乃如斯?""亲母舍
我殁,后母憎孤儿。饥寒无衣食,举动鞭捶施。骨消肌肉尽,
体若枯树皮。藏我空室中,父还不能知。上冢察故处,存亡永
别离。亲母何可见,泪下声正嘶。弃我于此间,穷厄岂有
赀?"传告后代人,以此为明规。

后人评论此诗大都使用近于评曹操诗之文,如清人陈祚明说,"质
直悲酸,犹近汉调"(《采菽堂古诗选》)。

　　曹丕说,"为太子时,北园及东阁讲堂并赋诗,命王粲、刘桢、
阮瑀、应瑒称同作"(《叙诗》)。此处所谓"命",当然是指曹操之
命。可见,阮瑀、王粲概同曹氏父子有着近似的文风,绝不是偶
然的。

　　陈琳,字孔璋。关于其先依袁绍,后归曹操,曾为袁绍写过
《讨曹檄文》,曹操爱其才而不罪的生平史,前已论及,此不再赘。
晋人鱼豢《艺文类聚》卷58《檄》引《典略》说,"陈琳作诸书与檄,
草成,呈太祖。太祖先苦头风,是日疾发,卧读陈琳所制,翕然而
起,曰:'此愈我病。'数加厚赐。"可见,曹操对于陈琳的文章是特
别欣赏的。他同阮瑀同掌记室,因而人们常喜欢将他们放在一起
加以评论。曹丕说:"琳、瑀之章表书记,今之隽也。"(《典论·论
文》)又说:"孔璋章表殊健,……阮瑀书记翩翩。"(《与吴质书》)
刘勰说,"琳、瑀表章,有誉当时,孔璋称健,则其标也"(《文心雕
龙》卷5)。陈琳有名的诗作当为乐府古题《饮马长城窟行》,诗中
有云:

　　长城何连连,连连三千里。边城多健少,内舍多寡妇。作
书与内舍,"便嫁莫留住。善事新姑嫜,时时念我故夫子。"报

书往边地,"君今出语一何鄙!""身在祸难中,何为稽留他家子?生男慎莫举,生女哺用脯。君独不见长城下,死人骸骨相撑拄!""结发行事君,慊慊心意关。明知边地苦,贱妾何能久自全?"

清人沈德潜说,此诗"可与汉乐府诗竞爽"(《古诗源》卷6);陈祚明说:"孔璋《饮马》一篇,可与汉人竞爽。辞气俊爽,如孤鹤唳空,翻堪凌霄,声闻于天。"(《采菽堂古诗选》卷7)可见,陈琳为文、作诗几近汉响,又备邺下之风,因多曹氏之韵。

另,刘桢字公干,应玚字德琏,皆有文名,因而都受到曹操的重用,都被任用为丞相掾属。

徐干字伟长,似乎是惟一没有做官的"建安七子"之一。所以曹丕在《与吴质书》中说:"观古今文人,类不护细行,鲜能以名节自立。而伟长独怀文抱质,恬淡寡欲,有箕山之志,可谓彬彬君子矣。著《中论》二十余篇,辞义典雅,足传于后。"①所谓"箕山之志",就是学习古人许由避世隐居,不为世所累。相传:尧时有高士许由,因为尧想让位给他,他不愿接受,隐居箕山。

除了建安七子之外,据《三国志·王粲传》说:"自颍川邯郸淳、繁钦、陈留路粹、沛国丁仪、丁廙、弘农杨修、河内荀纬等,亦有文采,而不在此七人之例。""亦有文采"云云,说明这些人的文章都是非常出众的。邯郸淳曾受到曹氏父子三人的重视,曹操"素闻其名,召与相见,甚敬异之";曹丕"宿闻淳名",因而向曹操打报告,要求让淳做自己的"文学官属";曹植也向操"求淳"。曹操"遣淳诣植",曹植高兴得手舞足蹈。淳"屡称植材,由是五官将(丕)

---

① 《三国志·魏书·王粲传》。

颇不悦"。但后来他"作《投壶赋》千余言奏之,文帝以为工,赐帛千匹"①,又讨得了曹丕的喜欢。繁钦,以"文才机辩"闻名,"既长于书记,又善为诗赋",官丞相主簿,曾作《与太子书》,"记喉转意,率皆巧丽"②。路粹,为军谋祭酒,与陈琳、阮瑀等同典记室,留世著作大都与曹操杀孔融有关,不管是《为曹公作书与孔融》,还是承曹操旨意上奏"数致融罪",文采大都很好,因而"融诛之后,人睹粹所作,无不嘉其才而畏其笔也。"建安十九年,"路粹转为秘书令,从大军至汉中,坐违禁贱请驴伏法"③。贱值得到一头驴子,何止杀头,所以实是曹操借机将其杀掉,以平时人对孔融被诛之愤。丁仪兄弟、杨修与曹氏父子的关系,前均论及,不赘。荀纬,少喜文学,建安中召署军谋掾、魏太子庶子,稍迁至散骑常侍、越骑校尉,其名不及七子与繁、路、丁、杨等。

2. 曹操与蔡文姬《悲愤诗》

如论建安时代颇负文名、且与曹操紧密相关者,不能不论及蔡文姬。近人郭沫若甚痛文姬身世,因作剧《蔡文姬》,并为文《谈蔡文姬的〈胡笳十八拍〉》,以此为契机,大作为曹操翻案的文章,从而引发了"替曹操翻案"的大讨论,推动了对于曹操的研究。

蔡琰,字文姬,陈留圉(今河南杞县南)人,是汉代著名学者蔡邕的女儿。史载,蔡文姬"博学有才辩,又妙于音律","兴平中,天下丧乱,文姬为胡骑所获,没于南匈奴左贤王,在胡中十二年,生二子。曹操素与邕善,痛其无嗣,乃遣使者以金璧赎之,而重嫁于

①　《三国志·王粲传》注引《魏略》。
②　《三国志·王粲传》注引《典略》。
③　《三国志·王粲传》注引《典略》。

（董）祀。"①她的作品，《后汉书》载其《悲愤诗》二章，一为五言体，一为楚辞体。宋人苏东坡认为二诗"明白感慨，颇类木兰诗，东京无此格"，是伪作；后人大都认为诗中肺腑之言，决非他人所能代。另有《胡笳十八拍》，郭沫若认为是"自屈原《离骚》以来最值得欣赏的长篇抒情诗"，是用整个灵魂吐诉出来的绝唱，没有那种亲身经历的人，写不出那样的文字来，断非伪作。但近人胡适、郑振铎、刘大杰等都认为是伪托之作。窃以为，《悲愤诗》决非伪作，《后汉书》本传载其文，苏东坡等证据不足，难以证伪；《胡笳》虽如郭沫若所论甚近情理，但细品诗文，不能不承认，文多泛溢后人托作之气。

这里特别要讲的是，设无曹操，便不可能有蔡文姬归汉，因而也不可能有《悲愤诗》这样在中国文学史上占有地位的作品问世。曹操以大量金钱珠宝赎归蔡文姬这件事，论者通常是大加肯定的。我总以为，此事应作两面观。其一，曹操闻文姬没于匈奴，痛友人无嗣，将其赎回，无论其是否别有所图，无可非议；其二，曹操迎文姬归汉，没有给文姬带来欢乐，反而造成了精神上的极大创伤。严格说来，文姬最大的"悲愤"莫过母子分离。因此亦可断言，如无母子分离这种断肠事，《悲愤诗》或不之作，亦属可能。所以，曹操迎文姬，不宜过高评价，更不必扯上爱国主义。

蔡文姬的《悲愤诗》百另八句。诗人极其真切地历述汉末战乱之苦：

> ……卓众东来下，金甲耀日光。平土人脆弱，来兵皆胡羌。猎野围城邑，所向悉破亡。……马边悬男头，马后载妇女。……所略有万计，不得令屯聚。或有骨肉俱，欲言不敢

---

① 《后汉书·列女传·蔡琰传》。

语。失意机微间,辄言"毙降虏,要当以亭刃,我曹不活汝!"岂复惜性命,不堪其詈骂。或便加棰杖,毒痛参并下。旦则号泣行,夜则悲吟坐。欲死不能得,欲生无一可。彼苍者何辜,乃遭此厄祸。

这种现实主义、诗史般地描述,既具汉、魏古风而又过之,读来令人扼腕。诗人紧接着叙述自己没入匈奴后的思乡之情:

边荒与华异,人俗少义理。处所多霜雪,胡风春夏起,翩翩吹我衣,肃肃入我耳。感时念父母,哀叹无穷已。有客从远来,闻之常欢喜。迎问其消息,辄复非乡里。

思乡之情溢于言表,言真意切,无半毫虚假。随后便是诗的核心主体部分:

邂逅徼时愿,骨肉来迎己。己得自解免,当复弃儿子。天属缀人心,念别无会期。存亡永乖隔,不忍与之辞。儿前抱我颈,问母欲何之?人言"母当去,岂复有还时?""阿母常仁恻,今何更不慈?我尚未成人,奈何不顾思?"见此崩五内,恍惚生狂痴。号泣手抚摩,当发复回疑(意谓当要出发时频频回眸,迟疑不行)。兼有同时辈,相送告离别。慕我独得归,哀叫声摧裂。马为立踟蹰,车为不转辙。观者皆嘘欷,行路亦呜咽。去去割情恋,遄征日遐迈。悠悠三千里,何时复交会?念我出腹子,凶(胸)臆为摧败。

诗人将发自内心的恋子之情,喷发纸上,肝胆俱碎,以至精神失常。哭声一片,连拉车的马儿都为之动情而踟蹰不走。"号泣手抚摩,当发复回疑。"当此之时,诗人竟发出了是否应该归汉的迟疑。既已回汉,曹操并没有给文姬新的安适,他将其"重嫁"于屯田都尉董祀。不久,董祀犯法,曹操要将其处死,文姬面临再寡,顾不得许多,蓬首徒行,向操求情。史载,"祀为屯田都尉,犯法当死,文姬诣曹操请之。时公卿名士及远方使驿坐者满堂,操谓宾客曰:'蔡伯喈女在外,今为诸君见之。'及文姬进,蓬首徒行,叩头请罪,言辞清辩,旨甚酸哀,众皆为之改容。"曹操也被文姬的言辞感动,赦免了董祀。归汉的感受和遭遇,便成了诗人在《悲愤诗》中最后一段的倾诉。

> 既至家人尽,又复无中外。城郭为山林,庭宇生荆艾。白骨不知谁,从横莫覆盖。出门无人声,豺狼号且吠。茕茕对孤景,怛咤糜肝肺。登高远眺望,魂神忽飞逝。奄若寿命尽,旁人相宽大。为复强视息,虽生何聊赖!托命于新人,竭心自勖励。流离成鄙贱,常恐复捐废,人生几何时,怀忧终年岁![①]

《悲愤诗》熔个人遭遇、社会动乱及人民的苦难于一炉,感情迸发,盛极悲凉,语言质朴,泣声动人。当代文学家刘大杰认为,《悲愤诗》"笔力深刻,概括性很强,与曹操的《蒿里》、王粲的《七哀诗》有共同的特色。"的确如此。

蔡文姬为什么能写出如此动人之作呢? 其一,固然是悲惨的身世所使然。战乱中的痛苦遭遇,异域的生活感受,母子分离的切肤之痛,从而激发了她的心中悲愤,丰富了她的创作内涵,提高了作品的思想性和艺术个性;其二,汉魏文风,特别是以曹氏父子为代表的建安"风骨"的影响。我们可明显地看到,《悲愤诗》的"悲凉"之气,既类于曹氏父子与七子之作,而又过之;其三,本人文化功底厚实,甚得家传之精。据载,文姬自言,其父曾"赐书四千卷许,流离涂炭,罔有存者",而晚年尚能"诵忆"四百余篇,曹操令其写出来,文姬"缮书送之,文无遗误"[②]。可见,家学影响之大。通

---

① 《悲愤诗》引文据《后汉书·列女传·蔡琰传》。
② 《后汉书·列女传·蔡琰传》。

过以上分析,不难看出,除第三点原因外,其他两点都与曹操有着直接或间接的联系。因此,我们不妨说,蔡文姬虽非建安七子,未曾直接受制于操,但其创作成就都同七子一样与曹操有着密切的干系。没有曹操,很难想象蔡文姬会有《悲愤诗》之作。

第二十章　多才多艺及其谲诈性格

曹操不仅是一个政治家、军事家,而且是一个多才多艺的人。同时也是一个两重性矛盾性格突出的人。

一、喜好艺术

《三国志·武帝纪》注引晋人张华《博物志》说,"汉世,安平崔瑗、瑗子实,弘农张芝、芝弟昶并善草书,而太祖(操)亚之。桓谭、蔡邕善音乐,冯翊山子道、王九真、郭凯等善围棋,太祖皆与埒能。又好养性法,亦解方药,招引方术之士,庐江左慈、谯郡华佗、甘陵甘始、阳城郄俭无不毕至。又习啖野葛至一尺,亦得少多饮鸩酒。"张华在这里讲了曹操几个方面的技能和爱好。

1. 好书法

张华认为曹操写的草字仅次于东汉末年的书法名家崔瑗、崔实父子和张芝、张昶兄弟。崔瑗字子玉,顺帝时曾官济北相,以"宿德大儒"称。"瑗高于文辞,尤善为书、记、箴、铭";子崔实字子真,桓帝时著《政论》名于当时与后世,官至辽东太守,亦善书,所著亦类其父,大都碑、论、箴、铭、书等①。张芝字伯英,弟昶字文

---

① 《后汉书·崔骃传》。

舒,史谓:"并善草书,至今称传之。"①尤其是张芝,有"草圣"之称。《后汉书·张奂传》注引王音《文志》说,"芝少持高操,以名臣子勤学,文为儒宗,武为将表。……尤好草书,学崔、杜之法,家之衣帛,必书而后练。临池学书,水为之黑。下笔则为楷则,号忽忽不暇草书,为世所宝,寸纸不遗,韦仲将谓之'草圣'也。"曹操的字竟被张华比之于名世大家,虽称"亚之",肯定亦是相当可观了。南朝梁人庾肩吾在《书品》中把书法家分为上、中、下三等,每等中又分上、中、下,共九品,曹操被列入中之中,誉称"魏主(操)笔墨雄瞻"。唐人张怀瓘著《书断》,分书为神、妙、能三品,称操"尤工章草,雄逸绝伦",将其列入妙品。可见在唐人眼里,曹操的字也是得到很高的评价。

曹操喜好书法,对他的儿子们亦有影响。据说曹植的字写得就很好,所以张怀瓘《书断》称,操子植,"亦工书"。甚至,由于自己爱好书法,竟影响到对于部属的任命和使用。当时有两个很有名气的书法家,一是钟繇,一是梁鹄。钟繇在曹操秉汉政之前已是侍中尚书仆射。曹操秉政之后,以繇持节督关中事,屡有功劳,拜前军师,魏国初建为大理,迁相国。可见,钟繇是个很有政绩的人物。钟繇不是以书法进身,但其书法对于当代和后代都产生了很大影响。张怀瓘《书断》说,钟繇"真书绝世,刚柔备焉,点画之间,多有异趣,可谓幽深无际,古雅有余,秦汉以来,一人而已。"在书法史上,钟繇与张芝并称"钟张",与东晋王羲之并称"钟王"。这样的书法成就自然不能不引起曹操另眼相看。梁鹄,《武帝纪》注引晋人卫恒《四体书势序》说,梁鹄善书,汉代后期以字写得好官拜选部尚书。当时曹操想做洛阳令,可梁鹄派他去做北部尉。曹

---

① 《后汉书·张奂传》。

操平荆州后,点名召鹄,不究以往而让其"勒书自效"。曹操将梁鹄的字挂在帐中,钉在墙上,以后还让其题写魏宫殿的所有匾额。可见其对于好的书法是何等欣赏。

曹操曾对尚书部门的官员提出严格的书法要求。下行上达的文书,字若写得不好,有关人员是要受处分的。其教令说:

> 国家旧法,选尚书郎,取年未五十者,使文笔真草,有才能谨慎,典曹治事,起草立义,又以草呈示令、仆讫,乃付令史书之耳。书讫,共(供)省读内(纳)之。事本来台郎统之,令史不行知也。书之不好,令史坐之;至于谬误,读省者之责。若郎不能为文书,当御令史,是为牵牛不可以服箱,而当取办于茧角也。①

曹操的字大都已不存在。但不难看出,既然唐人还对曹操的字有所评论,那么肯定当时还有其书迹流传。南宋人朱熹在《晦庵题跋》中也提到题曹操帖:"余少时曾学此表"。后来便散失了。据学者们考究,曹操的字仅有很少的几个留存至今,如其西征汉中时,在褒城石门(今陕西勉县东北),见褒水湍急,书"衮雪"二字,刻于河内礁石上(现存汉中博物馆);另有几个草书字"来"、"出"、"写"、"曹"、"短"等见于《行草大字典》。

2. 善音乐

张华把他同桓谭、蔡邕相比,认为其音乐水平不相上下。桓谭

---

① 《选举令》,《御览》卷215,严可均辑《全三国文》卷2《魏武帝》。"文笔真草",文,指韵文;笔,指散文(刘勰《文心雕龙·总术》有云:"无韵者笔也,有韵者文也"。);真,指楷书;草,指草书。"牵牛不可以服箱",典出《诗经·小雅·大东》,意思是牵牛星虽然叫牛,但不能拉车,名不符实。茧角,此处指刚长出角的小牛。

字君山,官拜议郎给侍中,东汉初期的哲学家、经学家,以反对谶纬神学名流后世。他的父亲曾为太乐令。史称"谭以父任为郎,因好音律,善鼓琴"[1];蔡邕字伯喈,官至左中郎将,东汉末年文学家,史称"妙操音律","善鼓琴"[2]。桓谭、蔡邕都是于史有征的著名音乐家。张华以曹操与桓、蔡二人相匹,足见给予了极高的评价与肯定。事实证明,曹操也的确是很善音乐的。

第一,他很喜欢汉代乐府诗的曲调。曹操存诗二十余首,大都是按照乐府曲调写的。如《气出唱》、《精列》、《陌上桑》属乐府的《相和歌·相和曲》,《蒿里》、《薤露》属《挽歌曲》,《秋胡行》属《相和歌·清调曲》,《善哉行》、《却东西门行》、《步出夏门行》属《清商曲·瑟调》,等等。史载,曹操"登高必赋,及造新诗,被之管弦,皆成乐章"[3]。可见,他作的诗,是可以演唱的,而演唱的时候是可以用乐府的曲调伴奏的。这一点,从曹操乐府诗的格律形式,如常用叠句或赘语"一解"、"二解"云云,足可证明。无疑,曹操喜好音乐,喜好乐府诗,不仅从中得到娱悦,同时也激发了他创作新的乐府诗激情。换言之,曹操有这许多乐府诗流传下来,应当说是与其爱好音乐有着直接关系的。

第二,他喜欢听音乐,也喜欢引吭高歌。曹操常说"诗言志"。他在苦闷和高兴的时候,常常是一边喝酒,一边唱歌。诸如《短歌行》说,"对酒当歌,人生几何! 譬如朝露,去日苦多。慨当以慷,忧思难忘。何以解忧,惟有杜康(酒)。"反映的是苦闷时的情况;《善哉行》,"朝日乐相乐,酣饮不知醉。悲弦激新声,长笛吹清气。弦歌感人肠,四座皆欢悦。"反映的是心情愉快时的情况。他还喜

① 《后汉书·桓谭传》。
② 《后汉书·蔡邕传》。
③ 《三国志·魏书·武帝纪》注引《魏书》。

欢用音乐招待客人，"我有嘉宾，鼓瑟吹笙"。曹操的诗中常提到"歌以言志"、"歌以咏志"，虽是诗赋形式的需要，也实是他高歌自己作品时的一种情绪反映。"登高必赋"，就是每次登高都要引吭吟咏。曹操不仅活着的时候喜欢音乐，略如《曹瞒传》所说："太祖为人佻易无威重，好音乐，倡优在侧，常以日达夕。"甚至希望死了以后还能听到美妙的歌声。因而生前便留下遗嘱："吾婢妾与伎人皆勤苦，使著铜雀台，善待之。于台堂上安六尺床，施繐帐，朝晡上脯糒之属，月旦十五日自朝至午，辄向帐中作伎лн。"[1]

第三，喜欢音乐人才。诸如阮瑀、杜夔等都得到他的特别器重。阮瑀，建安七子之一，写得一手好文章，已如前述。而且由于他少受学于蔡邕，"善解音，能鼓琴"，很有音乐修养。有一次，曹操招待宾客，因瑀不主动同自己说话，很不高兴，"使就技人列"，将其同技人安排在一起。阮瑀"遂抚弦而歌，因造歌曲曰：'奕奕天门开，大魏应期运。青盖巡九州，在东西人怨。士为知己死，女为悦者玩。恩义苟敷畅，他人焉能乱？'为曲既捷，音声殊妙，当时冠坐，太祖(操)大悦。"[2]杜夔字公良，河南人，汉末以知音为雅乐郎，避乱荆州，曹操平荆州，获杜夔，以为军谋祭酒，参太乐事，因令创制雅乐。"夔善钟律，聪思过人，丝竹八音，靡所不能，惟歌舞非所长。时散郎邓静、尹齐(一作尹商)善咏雅乐，歌师尹胡能歌宗庙郊祀之曲，舞师冯肃、服养晓知先代诸舞，夔总统研精，远考诸经，近采故事，教习讲肄，备作乐器，绍复先代古乐，皆自夔始也。"[3]当时，曹操既喜欢雅乐，也喜欢俗乐，因而《通典·乐一》有云："而柴玉、左延年之徒，妙善郑声被宠"。柴玉为郎中令铸钟

① 《遗令》，《宋书·礼志二》。
② 《三国志·魏书·阮瑀传》注引《文士传》。
③ 《三国志·魏书·杜夔传》。

工,有巧思,多所造作,为时人所知。杜夔令柴玉铸铜钟,"其声均清浊多不如法,数毁改作,玉甚厌之,谓夔清浊任意,颇拒捍夔。夔、玉更相白于太祖,太祖取所铸钟,杂错更试,然后知夔为精而玉之妄也,于是罪玉及诸子,皆为养马工。"①

雅乐、俗乐二者相比,曹操平时可能更喜欢俗乐。《宋书·乐志三》记载,"但歌四曲,出自汉世。无弦节,作伎,最先一人倡,三人和。魏武帝尤好之。"曹操的乐府诗,也大都取乐府之相和曲调,"相和,汉旧歌也。丝竹更相和,执节者歌。"可见,《但歌》、《相和》都属于俗乐。

综上可见,曹操爱好音乐、提倡音乐,虽然同其娱悦"声色"的因素有重要而直接的关系,但不可否认的是,他把音乐视为社会文化现象而给予了重视,因此应该承认他在中国音乐史上至少有两点贡献,一是由于他的确甚通音律,因而能支持正确的意见,避免了谬种流传,影响后代音乐的发展;二是战乱之后古代雅乐已经逐步流失,曹操获杜夔、用杜夔,从而"绍复先代古乐"。曹操时的"先代古乐"是否流传至今,很难断言,但其历史的影响当是不可否认的。魏晋时期,同统治者的腐朽相称,音乐歌舞曾有过繁荣。史载,魏时有短箫铙歌十二曲,诸如《楚之平》、《获吕布》、《克官渡》、《旧邦》、《定武功》、《屠柳城》、《平南荆》、《平关中》等,大都是歌颂曹操功业的②。这些歌曲都没有流传至今。但任何艺术领域的发展都不应割断历史,都应注意到它的内在的必然联系。历史证明,晋人就是在曹魏基础上改进律尺,发展音乐的。史载,杜夔调律尺(即魏尺,合 0.242 米),并不是很准确。晋武帝时,"张

① 《三国志·魏书·杜夔传》。
② 参见《文献通考·乐十四》。

华、荀勖校魏杜夔所造钟律,其声乐多不谐和,乃出御府古今铜竹律二十五铜尺,铜斛七具,校减新尺,短夔尺四分,因造十有二笛,具五音以应京房之术……"①。新尺,即晋荀勖律尺,合 0.231 米,较杜夔律尺短 0.011 米。由此可证,晋人曾经是在曹操用杜夔"绍复先代古乐"的基础上进一步恢复并发展了中国音乐,尤其是汉代音乐。

3. 懂建筑,善治土木工程

王沈《魏书》说曹操"及造作宫室,缮治器械,无不为之法则,皆尽其意"。这说明,他是一个水平相当不错的建筑"工程师"。事实确实如此。

史载,建安十五年(公元 210 年)冬,曹操作铜雀台于邺。作铜雀台,一则表明他将以邺作为新的重要政治中心和自己的长居地而营建;二则表明他好大喜功,喜欢通过实际的形象展示自己的势力;三则因为铜雀台的主要功能是娱欲、宴饮场所,表明他确实属于喜好声色的人物。诸此,点到为止。本书在此主要是想展示曹操的艺术才能。无疑,铜雀台是他的杰作之一。铜雀台高十丈,周围殿屋 120 间,楼顶建置大铜雀,舒翼若飞,故名。建筑之精美,今已不见,不妨引诗为证。建安十七年曹操率诸子登铜雀台,使各为赋。据载,"植援笔立成,可观,太祖甚异之。"曹植《登台赋》谓:

> 从明后之嬉游兮,聊登台以娱情。见天府之广开兮,观圣德之所营。建高殿之嵯峨兮,浮双阙乎太清。立冲天之华观兮,连飞阁乎西城。临漳川之长流兮,望众果之滋荣。仰春风之和穆兮,听百鸟之悲鸣。天功恒其既立兮,家愿得而获呈。

---

① 《文献通考·乐四》。

扬仁化于宇内兮,尽肃恭于上京。虽桓文之为盛兮,其足方乎圣明。休矣美矣! 惠泽远扬。翼佐我皇家兮,宁彼四方。同天地之矩量兮,齐日月之辉光。永尊贵而无极兮,等年寿于东王。①

此赋开首即发出对乃父的崇敬和随父登台游赏的兴奋之情;既而书尽台之巍峨壮观,"建高殿之嵯峨兮,浮双阙乎太清。立冲天之华观兮,连飞阁乎西城",并且非常自然地同操的圣德联系起来,"扬仁化于宇内"、"惠泽远扬",最后落脚到"同天地之矩量兮,齐日月之辉光。永尊贵之无极兮,等年寿于东王"。东王,指神人东王公。这样的情景交融、才气横溢的辞赋,自然得到了时人的重视。所以曹操对其"深异之"亦绝非偶然。曹丕不及曹植来得快,然而其作亦为可观。曹丕《登台赋》词为:"登高台以骋望,好灵雀之丽娴。飞阁崛其特起,层楼俨以承天。步逍遥以容与,聊游目于西山。溪谷纡以交错,草木郁其相连。风飘飘而吹衣,鸟飞鸣而过前。申踌躇以周览,临城隅之通川。"②此赋文辞秀丽,亦不失为描写景观之佳作。但也应该承认,如与曹植同题作相比,的确不及其情景交融,寓意深切。但从极书建筑本身的雄伟而言,则有过之。

铜雀台是曹操的建筑艺术代表作。另外,还有金虎、冰井二台和晚年在洛阳动工的建始殿,都是他亲自规划的。《水经注》说,铜雀台北,有冰井台,建安十九年建成,高 8 丈,有屋 140 间;南,有金虎台(又名金凤台)建安十八年建成,高 8 丈,有屋 190 间。两台规模亦很大,但高度不及铜雀台。

曹操还有许多方面的技能。他一身好武艺,"才力绝人,手射

---

① 见《曹植集校注》,人民文学出版社 1984 年版。
② 《全三国文·魏文帝》。

飞鸟,躬禽猛兽"①。围棋下得好,可与世之高手相匹。会打铁,能"与工师共作卑手刀";还曾设计并命有司打造"百辟"宝刀五把。他的《百辟刀令》记载了百辟刀事:"往岁作百辟刀五枚适成,先以一与五官将。其余四,吾诸子中有不好武而好文学,将以次与之。"②曹植得到百辟刀后很高兴,特作《宝刀赋》颂扬曹操的功德及其巧思,其中有云:"规圆景以定环,摅神思而造象。垂华纷之葳蕤(枝叶茂盛),流翠采之滉瀁(水深广貌)。故其利:陆断犀革,水断龙角,轻击浮截,刀不纤削。逾南越之巨阙(宝剑名),超西楚之太阿(宝剑名)。实真人之攸御,永天禄而是荷!"③他还善发明,如作"霹雳车",以对付敌人高橹。战争中,常常因时因地之宜而兴水土之建,或作地道,或为沟渠,或树栅为甬,或集沙成垒,无不尽其妙,成其用。爱好酿酒,曾特意向皇帝《奏上九酝酒法》。曹操所以如此多能,与其年轻时的社会经历及其勤奋好学的精神是分不开的。

二、好养性之法,善结方术之士

曹操的诗中透露出,他是特别重视养生的。"传告无穷闭其口,但当爱气寿万年"、"闭门坐自守,天与期气"(《气出唱》),"思得神药,万岁为期"(《秋胡行》),"盈缩之期,不但在天,养怡之福,可以永年"(《步出夏门行》)。诸此都说明,他期望长寿,因而特重养生。所以,当其得知有人年过百岁时,便即写信求其养生方

---

① 《三国志·魏书·武帝纪》注引《魏书》。
② 《艺文类聚》卷60。
③ 《曹植集校注》第160页,人民文学出版社1984年版。

法。吃什么东西,怎样锻炼身体,都是他所关心的。曹操对于吃的东西很讲究。从他留下的《四时食制》看,他大概特别喜欢吃鱼,文中列其常吃的鱼达十四五种,不仅介绍了形状,而且还介绍了产地。鱼乃健身利脑的高蛋白食品。曹操对鱼如此重视,当非偶然。

曹操期望长寿,知道养怡可以延年,因而对于药草不仅重视,而且颇有研究。张华说他"解方药",就是这个意思。曹操习啖野葛,大概是因为葛有医用效能,可以退热解毒消火,还有扩张血管的作用;他经常饮少量鸩酒,实是为了不断增强身体的抵抗力,以防像御医吉平一类人用毒酒谋害自己。他虽然没有像秦皇、汉武那样急切谋求长生不老,但也表现出了对于"神药"的向往。"上到天之门,来赐神之药","思得神药,万岁为期",都是这种情绪的流露。

曹操因为喜好养生之法,重视身体的保健,对于医疗和方药也有研究,进而便特别重视这方面的人才。曹植在《辩道论》中说,"世有方士,吾王悉所招致"①;张华《博物志》说,曹操"招引方术之士,庐江左慈、谯郡华佗、甘陵甘始,阳城郄俭无不毕至"。左慈,字元放,少有神道,实是一位魔术大师。史载,曹操宴请宾客,因无吴松江鲈鱼而表示遗憾,左慈"因求铜盘贮水,以竹竿饵钓于盘中,须臾引一鲈鱼出"。与会者大为惊奇。操说,一条鱼不够大家吃,左慈"乃更饵钓沈之,须臾复引出,皆长三尺余,生鲜可爱。"操说,需要蜀中生姜为作料,左慈说:"亦可得也。"曹操怕他就近所取,因说,我此前派人到蜀买锦,可顺便告诉使者,多买两端。话音刚落,"即得姜还,并获操使报命"。后来操使从蜀回来,"验问

---

① 《曹植集校注》第186页,人民文学出版社1984年版。

增锦之状及时日早晚,若符契焉"①。有一次,曹操近郊游猎,士大夫从者百许人,"慈乃为赍酒一升,脯(肉干)一斤,手自斟酌,百官莫不醉饱",操感到奇怪,派人查找原因,"行视诸鑪(鑪,指小酒馆),悉亡其酒、脯矣"。附近酒肆的存酒和肉干都被他摄取一空了。曹操因此很不高兴,想把他抓起来杀掉,"慈乃却入壁中,霍然不知所在。或见于市者,又捕之,而市人皆变形与慈同,莫知谁是。后人逢慈于阳城山头,因复逐之,遂走入羊群……"②。有些话,显系附会无稽之词,实际上是已经杀了。至于《三国演义》中的左慈,经过文学上的夸张增补,故事更加荒诞,因而也就更加不可信了。关于郄俭、甘始,曹丕和曹植都曾论及。曹丕《典论》说,郄俭"能辟谷(即不吃粮食),饵伏苓",甘始"善行气,老有少容",左慈"知补导之术",三人都为曹操"军吏"。曹植《辩道论》说,"(甘)始能行气导引,(左)慈晓房中之术,(郄)俭善辟谷";导引,就是体操活动或进行气功锻炼。又说,"甘始者,老而有少容,自诸术士咸共归之。"另外,还有东郭延年、封君达、王真、郝孟节等,皆善养气,因而"皆为操所录,问其术而行之"③。

特别需要单独讲一讲的是曹操如何对待华佗的。《三国演义》说,华佗欲为曹操开颅治头风病,曹操疑其谋害自己,便将其收死狱中。华佗的确是被曹操杀的,但言其有开颅之术却于史无征。史载,华佗字元化,沛国谯人,"晓养性之术,年且百岁而犹有壮容,时人以为仙","精于方药,处齐(剂)不过数种,心识分铢,不假称量。针灸不过数处。若疾发结于内,针药所不能及者,乃令先

① 《后汉书·方士列传》。
② 《后汉书·方士列传》。
③ 《后汉书·方士列传》。

以酒服麻沸散,既醉无所觉,因刳破腹背,抽割积聚。若在肠胃,则断截湔洗,除去疾秽,既而缝合,傅以神膏,四五日创愈,一月之间皆平复。"有五禽戏传其弟子,据云:五禽之戏,"亦以除疾,兼利蹄足,以当导引。体有不快,起作一禽之戏,怡而汗出,因以著粉,身体轻便而欲食。"曹操闻知华佗之名而召之,常在左右。曹操的头风病(可能是神经性头痛)很严重,疼痛难忍,华佗为其作针灸治疗,效果颇好,所以有云"操积苦头风眩,佗针,随手而差。"①差,通瘥,即病愈之意。华佗为人脾气很不好,难得意,且本作士人,以医见业,常自后悔,他"久远家,思归",于是假托妻子有病而归,多次延期不返,曹操多次写信催他回来,并命令郡县把他押送回来,"佗恃能厌食事,犹不上道。太祖大怒,使人往检。若妻信病,赐小豆四十斛,宽假限日;若其虚诈,便收送之。于是传付许狱,考验首服。"②据载,荀彧曾为其讲情。说:"佗术实工,人命所县(悬),宜含宥之。"曹操说:"不忧,天下当无此鼠辈耶?"华佗临死,拿出一卷书给狱吏,说"此可以活人",狱吏畏法不敢受,"佗亦不强,索火烧之。"可见,华佗的医书是其自己烧掉了,非如《三国演义》所说是送给狱吏后被狱吏的妻子烧掉。华佗死后,曹操的头风病仍常反复,后来爱子仓舒病重不治,因而便有点后悔了,不由感叹地说:"吾悔杀华佗,令此儿强死也。"③

曹操重视方技,善结方术之士,尤其喜欢养生之道和医学方药。无疑,曹操的支持与提倡,给了这诸多方面以很大鼓励,所以

---

① 《后汉书·方士列传》。
② 《三国志·魏书·方技传》。
③ 《三国志·魏书·方技传》。《三国演义》第78回把曹操杀华佗放在曹操将死之时,显系错误。第一,曹操在曹冲(字仓舒)病死时后悔杀了华佗,说明华佗至少在建安十三年或以前已经被杀了。第二,荀彧在世时曾为华佗求情,荀彧于建安十七年饮药而死,华佗当然应该被杀于此前。

术士多愿归附,从而使得医疗技术和方药有过一个时期的发展。这里有曹操的贡献。但他固有的"不为我用则杀之"的用人思想,不容一些学有专长、技有专精的人有违自己的意志,杀了一些不应该杀的人。因此而为后人所诟,亦实乃自取其谤。当然,我们更应重视的是他的政治目的。这就是曹植在《辩道论》中所说的:"世有方士,吾王(操)悉所招致,……本所以集之于魏国者,诚恐此人之徒,接奸诡以欺众,行妖恶以惑民,故聚而禁之也。岂复欲观神仙于瀛洲,求安期于边海,释金辂而顾云舆,乘文骥而求飞龙哉!"

曹操因好学而多能。因而他的技能与好学精神对于他的儿子们有着极大的影响。曹丕《典论·自叙》说:"上(操)雅好诗书文籍,虽在军旅,手不释卷,每每定省从容,常言人少好学则思专,长则善忘,长大而能勤学者,唯吾与袁伯业耳。余是以少诵《诗》、《论》,及长而备历五经、四部、《史》、《汉》、诸子百家,靡不毕览。"曹操好学,名闻当世,所以竟有孙权以曹操例说吕蒙、蒋钦"宜学问以自开益"的事,孙权说:"孟德亦自谓老而好学,卿何独不自勉勖邪?"[①]

三、两重性性格

曹操做事善谋,但为人谲诈。多疑、嗜杀的性格,常为历史所非。他的"宁我负人,毋人负我"的极端利己主义做人信条,应该给予否定。他的两重性的矛盾性格,表现突出。前面的叙述表明,他嗜杀,动辄数万、数十万地杀人,又时而表现出极大的宽容;他"不念旧恶"(陈寿语),甚至对杀了自己儿子的人如张绣也可以

---

① 《三国志·吴书·吕蒙传》注引《江表传》。

用,但又睚眦必报,不管功劳多大,才能多高,既不我用,即予除之。他甚至把人杀了,还嘘唏流涕,表现出心有不忍。他把人家的儿子杀了,还写信并送去礼物表示慰问。

《三国志·武帝纪》注引《曹瞒传》和《世说新语》都集中披露了曹操酷虐变诈的一面。《曹瞒传》说,曹操"持法峻刻,诸将有计画胜出己者,随以法诛之,及故人旧怨,亦皆无余。其所刑杀,辄对之垂涕嗟痛之,终无所活"。这个评价,不全面,但事出有因,有一定道理。杨修、许攸、娄圭等被杀,就有这方面的因素。另据《曹瞒传》载,"初,袁忠为沛相,尝欲以法治太祖,沛国桓邵亦轻之,及在兖州,陈留边让言议颇侵太祖,太祖杀让,族其家,忠、邵俱避难交州,太祖遣使就太守士燮尽族之。桓邵得出首,拜谢于庭中,太祖谓曰:'跪可解死邪!'遂杀之。"刻画了曹操睚眦必报的心态。

曹操自幼谲诈,长而不改。历史上留下了不少这方面的故事。他能够借别人的人头以缓解军士对自己克扣军粮的不满。《曹瞒传》载:"常讨贼,廪谷不足,私谓主者曰:'如何?'主者曰:'可以小斛以足之。'太祖曰:'善。'后军中言太祖欺众,太祖谓主者曰:'特当借君死以厌众,不然事不解。'乃斩之,取首题徇曰:'行小斛,盗官谷,斩之军门。'"他竟设下圈套,杀死亲近的身边人,以证明自己的诡言,达到惧众的目的。《世说新语·假谲》说:"魏武常言,人欲危己,己辄心动,因语所亲小人曰:'汝怀刃密来我侧,我必说心动,执汝,使行刑,汝但勿言,其使无他,当厚相报。'执者信焉,不以为惧,遂斩之。此人至死不知也。左右以为实,谋逆者挫气矣。"又说:"魏武常云,'我眠中不可妄近,近便斫人,亦不自觉,左右深慎。'此后阳眠,所幸一人,窃以被覆之,因便斫杀。自尔,每眠,左右莫敢近者。"同书《忿狷篇》说:"魏武有一妓,声最清高而情性酷恶,欲杀则爱才,欲置则不堪。于是选百人,一时俱教。少时还,有一人声及之,便杀恶性者。"以计杀人,颇不光明磊落。至于"望梅止渴"①、"以发代刑",我以为虽谲而情有可原,不仅不宜过责,而且应该肯定其积极意义。

曹操的种种谲诈行为,常人殊难理解,但这正是封建时代诸多政治家性、术之所在,只不过是他表现得更加典型而已。这其中,如果究其原因,政治利益上的考虑当然是主要的,但同时与他的家庭出身以及少年养成的习性很有关系。所以对他的谲诈之行,要区别情况,作历史的分析:有的出于大局的考虑,有的则为性之所使,有的则兼而有之。

---

① 《世说新语·假谲》载:"魏武行役失汲道,军皆渴。乃令曰:'前有大梅林,饶子甘酸,可以解渴。'士卒闻之,口皆出水,乘此得及前源。"

第二十一章　妻妾及子女

　　曹操好色，妻妾成群，知其姓氏者就有十五人。据《三国志·魏书·武文世王公传》载，其中十三人为其生子二十五人：卞后生丕、彰、植、熊；刘夫人生昂、铄；环夫人生冲、据、宇；杜夫人生林、衮；秦夫人生玹、峻；尹夫人生矩；王昭仪生干；孙姬生上、彪、勤；李姬生乘、整、京；周姬生均；刘姬生棘；宋姬生徽；赵姬生茂。

　　妻妾虽众，犹难厌欲。为了女人，他甚或得意忘形，不顾后果，从而铸成大错。如纳张济妻，断送了儿子曹昂、侄子安民和悍将典韦的命；纳秦宜禄妻杜氏，使关羽"心不自安"。《三国志·蜀书·关羽传》注引《蜀记》说："曹公与刘备围吕布于下邳，关羽启公，布使秦宜禄行求救，乞娶其妻，公许之。临破，（羽）又屡启于公。公疑其有异色，先遣迎看，因自留之，羽心不自安。"《三国志·魏书·明帝纪》亦说："布之被围，关羽屡请于太祖，求以杜氏为妻。太祖疑其有色，及城陷，太祖纳之"。另外，还纳何进的儿媳尹氏，并收养尹氏子何晏为养子。正因其好色，所以后人常有附会之作，如南朝人刘义庆说他曾想纳袁熙之妻甄氏，结果曹丕先行一步，不得已只好为丕迎娶。说："魏甄后惠而有色，先为袁熙妻，甚获宠。曹公之屠邺也，令疾召甄，左右曰：'五官中郎（丕）已将去。'公曰：'今年破城，正为奴。'"（《世说新语·惑溺》）照此说来，曹操攻邺是为了一个女人，操、丕均想纳甄氏，而儿子抢先一步弄到手。《三国演义》对此大加渲染。这种记载实是有意污操。以曹操之谲智，既已知甄氏被儿子弄去,怎么还能如此自污;把这样大规模用兵屠城说成仅仅是为了一个女子,更与事实不符。后人还附会说,他征孙权时,还想把孙策的妻子大乔,周瑜的妻子小乔弄到手。唐人杜牧作《赤壁》诗说:"东风不与周郎便,铜雀春深锁二乔"。本为"桥",后人作"乔"。其实,赤壁战时铜雀台还没有建呢!诸此附会之说,都是不真实的。但从另一个角度说明,曹操"好色"当是真的。

一、卞后与丁夫人

曹操的妻妾虽众,但音容言德,除卞后和丁夫人外,在历史上大都没有留下什么记载。

丁夫人是他的嫡妻。《三国志·后妃传》注引《魏略》说,"太祖有丁夫人,又刘夫人生子修(曹昂字子修)及清河长公主。刘早终,丁养子修。子修亡于穰,丁常言:'将我儿杀之,都不复念!'遂哭泣无节。太祖忿之,遣归家。"后来,曹操去看她,想把她接回来,她正在织布,"踞机如故",不予理睬。曹操"抚其背曰:'顾我共载归乎!'夫人不顾,又不应。"曹操走出门外,再次停下步来用商量的口气说:"得无尚可邪!"丁夫人仍不应,"太祖曰:'真诀矣。'遂与绝,欲其家嫁之,其家不敢。"死后,曹操从卞氏之请,将其归葬于许城南。曹操一直觉得对不起丁夫人,"后太祖病困,自虑不起,叹曰:'我前后行意,与心未曾有所负也。假令死而有灵,子修若问"我母所在",我将何辞以答!'"[1]可见,曹操将死之时仍然怀念着丁夫人。

古之帝王,妻妾既众,生子亦多,因而适时确立后妃名分和适

---

① 《三国志·魏书·后妃传》注引《魏略》。

时确立太子都是有关社稷安定与否的大计。曹操晋爵为王,已年逾花甲,因而这两件大事显得更加重要。否则便难免袁氏兄弟争立的局面重演。史载,"太祖建国,始命王后,其下五等:有夫人,有昭仪,有婕妤,有容华,有美人。"

丁夫人被逐之后,卞氏在曹操所有妻妾当中地位便是最高的了。卞氏,琅邪开阳(今山东临沂北)人。她虽然"本倡家",家世不显,但一直受宠待。一是因为她跟随曹操最久。曹操二十五岁的时候,待机乡间,卞氏二十岁,"太祖于谯纳为妾,后随太祖至洛。"后来,曹操每有征伐,亦常常携卞氏随军照料起居。二是卞氏处事谨慎、得体,甚得曹操之意。史载,董卓为乱时,曹操只身东归,未及将卞氏带出洛阳,"袁术传太祖凶闻,时太祖左右至洛者皆欲归,后止之曰:'曹君吉凶未可知,今日还家,明日若在,何面目复相见也?正是祸至,共死何苦!'遂从后言。太祖闻而善之。"三是"抚养诸子,有母仪之德"。史载,"建安初,丁夫人废,遂以后为继室。诸子无母者,太祖皆令后养之。"四是曹操长子曹昂既死,卞氏的几个儿子便是年龄最大,势力最强,才智亦最得曹操重视与欣赏的了,继承人非卞氏子莫属。母以子贵,自古皆然。曹操是先立太子,后立王后的。曹丕立为太子时,卞氏的表现尤使曹操高兴。"文帝为太子,左右长御贺后曰:'将军拜太子,天下莫不欢喜,后当倾府藏赏赐。'后曰:'王自以丕年大,故用为嗣,我但当以免无教导之过为幸耳,亦何为当重赐遗乎!'长御还,具以语太祖。太祖悦曰:'怒不变容,喜不失节,故是最为难。'"建安二十四年(公元 219 年)七月,曹操立卞氏为王后,策曰:"夫人卞氏,抚养诸子,有母仪之德。今进位王后,太子诸侯陪位,群卿上寿,减国内死罪一等。"①

---

① 以上皆《三国志·魏书·后妃传》。

卞后还有不少优点，常被史家称道。（1）为人不念旧恶。《三国志·后妃传》注引《魏略》说，"初，丁夫人既为嫡，加有子修，丁视后母子不足。后为继室，不念旧恶，因太祖出行，常四时使人馈遗，又私迎之，延以正坐而己下之，迎来送去，有如昔日。"丁夫人很受感动，曾不安地对卞氏说："废放之人，夫人何能常尔邪！"她还说服曹操按礼归葬丁氏。可见，为人颇为大度。（2）性好节俭。《三国志·后妃传》注引《魏书》说："后性约俭，不尚华丽，无文绣珠玉，器皆黑漆。"甚至在国家困难的时候，"以国用不足，减损御食，诸金银器物皆去之"。这种精神一直贯彻终生。史载，"太后（卞后）每见外亲，不假以颜色，常言'居处当务节俭，不当望赏赐，念自佚也。外舍当怪吾遇之太薄，吾自有常度故也。吾事武帝四五十年，行俭日久，不能自贬为奢，有犯科禁者，吾且能加罪一等耳，莫望钱米恩贷也。'帝（曹丕）为太后弟秉起第，第成，太后幸第请诸家外亲，设下厨，无异膳。太后左右，菜食粟饭，无鱼肉，其俭如此。"（3）善知为人之道。据载，有一次，曹操得到"名珰数具"，让卞氏先自选一具，卞氏选了一具中等品色的，曹操问其故，卞氏答曰："取其上者为贪，取其下者为伪，故取其中者。"（4）有体恤民苦之心。史载，卞氏"每随军征行，见高年白首，辄住车呼问，赐与绢帛，对之涕泣曰：'恨父母不及我时也。'"①

曹操于其死前几个月，且率军在外，竟然利用暂住长安之时，毅然宣布立卞氏为后，可谓明智之举。因为他洞知卞氏的优点，也感到了事情的紧迫性。俗谓"预则立"。事实证明，立后之举为太子继位和免除兄弟争立提供了有力保证。

---

① 《三国志·魏书·后妃传》并注。

二、曹昂、曹冲、曹衮和曹彪

曹操的二十多个儿子，或早薨，或功业平平，虽然大都封侯，但引起曹操重视的除丕、彰、植三兄弟，只有一个曹冲。另外，可以称得上有点作为的还有曹昂、曹衮、曹彪。

曹昂字子修，是曹操的长子，约比曹丕年长十岁左右，二十岁举孝廉。建安二年，跟随曹操南征张绣。曹操被张绣掩袭，"所乘马名绝影，为流矢所中，伤颊及足"，自己也被射中右臂。曹昂为了救助父亲，"进马于公（操），公故免，而昂遇害"，献出了自己年轻的性命①。

曹冲字仓舒，"少聪察岐嶷（岐嶷，峻茂之状，常用比喻年少聪明），生五六岁，智意所及，有若成人之智"。曹冲"称象"，直到今天仍然是一个家喻户晓的开发幼儿智力的生动故事。据说，孙权曾送给曹操一头大象，"太祖（操）欲知其斤重，访之群下，咸莫能出其理。"仅有五六岁的曹冲对操说："置象大船之上，而刻其水痕所至，称物以载之，则校可知矣。"曹操听后，非常高兴，立即用曹冲的办法，知道了大象的重量。曹冲"仁爱识达"，甚得曹操喜爱，因而提出的意见，也常为曹操所接受，"凡应罪戮，而为冲微所辩理，赖以济宥者，前后数十"。据载，"时军国多事，用刑严重。太祖（操）马鞍在库，而为鼠所啮，库吏惧必死，议欲面缚首罪，犹惧不免。"冲对库吏说，你先躲起来，三天后再去报告。"冲于是以刀穿单衣，如鼠啮者，谬为失意，貌有愁色。太祖问之，冲对曰：'世俗以为鼠啮衣者，其主不吉。今单衣见啮，是以忧戚。'太祖曰：

---

① 《三国志·魏书·武帝纪》并注。

'此妄言耳，无所苦也。'俄而库吏以啮鞍闻，太祖笑曰：'儿衣在侧，尚啮，况鞍县(悬)柱乎？'一无所问。"曹操在群臣面前经常称赞曹冲的才智，表现出"有欲传后意"。这就是说，曹操曾把曹冲作为一棵苗子培养过。不幸，建安十三年，曹冲十三岁，得病死了。病重期间，曹操"亲为请命"，及亡，放声大哭。当时曹丕上前劝慰曹操，操说："此我之不幸，而汝曹之幸也。"意思很明白，曹冲死去，对曹丕兄弟来说，去掉了一个重要的竞争对手。①

曹衮，建安末先后受封平乡侯、东乡侯、赞侯。为人有三个特点，一是喜欢读书，深受儒学思想的影响。《三国志·曹衮传》说，曹衮"少好学，年十余岁能属文。每读书，文学左右常恐以精力为病，数谏止之，然性所乐，不能废也。""每兄弟游娱，衮独覃思经典"。二是处事谨慎，惟恐引起朝廷的疑虑。黄初年间，晋爵为公，官属们向他道贺，他说："夫生深宫之中，不知稼穑之艰难，多骄逸之失。诸贤既庆其休，宜辅其阙。"曹衮的作为，感动了朝廷派到他身边的监督官们。文学防辅相与言曰："受诏察公举错，有过当奏，及有善，亦宜以闻，不可匿其美也。"于是一起上表称衮之美。衮闻之，大惊惧，便对文学们说："修身自守，常人之行耳，而诸君乃以上闻，是适所以增其负累也。且如有善，何患不闻，而遽共如是，是非益我者。"监督者据实说几句好话，竟使曹衮如此惊慌，可见其处事是何等谨慎。三是崇尚约俭，"教敕妃妾纺绩织纴，习为家人之事"。黄初末封中山王，青龙三年(公元235年)病死于国。死前嘱其继承者说："与其守宠罹祸，不若贫贱全身也。"

曹彪字朱虎，建安二十一年封寿春侯，黄初年间晋爵为公，先后徙封弋阳王、吴王、白马王、楚王。他同曹植的关系很好。因为

---

① 《三国志·魏书·曹冲传》。

世传曹植《赠白马王彪》长诗,彪名益彰。黄初四年五月,曹植与任城王曹彰、白马王曹彪"俱朝京师"。六月,曹丕先将曹彰毒死。七月,曹植与白马王曹彪还国,"欲同路东归,以叙隔阔之思,而监国使者不听。"曹植发愤告离而作《赠白马王彪》长诗,"郁纡(忧思萦绕貌)将何念?亲爱在离居。本图相与偕,中更不克俱。鸱枭(chī xiāo,猫头鹰)鸣衡轭,豺狼当路衢;苍蝇间黑白,谗巧反亲疏。"愤懑之情迸然而出。其诗最后一段写道:"变故在斯须,百年谁能持。离别永无会,执手将何时?王其爱玉体,俱享黄发期。收泪即长路,援笔从此辞。"可见情感之深。后来,曹彪因为违背藩王无诏不得朝京师的制度,青龙元年(公元233年)受到削减封地的处分。嘉平元年(公元249年),太尉王凌与兖州刺史令狐愚谋废齐王曹芳而立曹彪,谋泄,朝廷"赐彪玺书切责之,使自图焉。彪乃自杀。妃及诸子皆免为庶人,徙平原。彪之官属以下及监国谒者,坐知情无辅导之义,皆伏诛。"[①]

三、曹丕、曹彰、曹植及其争立太子的斗争

1. 曹 丕

曹丕字子桓,曹操的第二个儿子,东汉中平四年(公元187年)冬生于谯(今安徽亳州市),母卞氏。

曹操很重视对儿子们的培养,在曹丕五岁的时候,便教其学射,六岁的时候,便教其学骑。因而,曹丕八岁的时候,便能骑马射箭。嗣后常被带到前沿阵地,熟悉战阵,观摩战事。建安二年(公

---

① 《三国志·魏书·曹彪传》。

元 197 年)年仅十一岁的曹丕跟随父亲南征张绣。张绣降而复叛,曹操为流矢所中,险些送了性命,大儿子曹昂、侄儿安民均被杀,而曹丕却靠得自己的机警和善骑,在混乱中乘马冲出重围。

《三国志·文帝纪》注引《魏书》说,曹丕"年八岁,能属文。有逸才,遂博观古今经传诸子百家之书。善骑射,好击剑"。他自己也说:"余于他戏弄之事少所喜,唯弹棋略尽其巧,少为之赋。……上雅好诗书文籍,虽在军旅,手不释卷,每每定省从容,常言人少好学则思专,长则善忘,长大而能勤学者,唯吾与袁伯业耳。余是以少诵诗、论,及长而备历五经、四部、史、汉、诸子百家之言,靡不毕览。"这段话,既道出了他从父亲那里受到的影响,又对自己的学问作出了非常自信的估计。

曹丕的青年时代,没有多少功业可称,因而史书也没有多少有分量的记录。我们只能从《武帝纪》和同曹丕有关系的其他列传以及他自己的一些记述中加以梳理。

建安八年(公元 203 年),曹丕十七岁,从征袁氏兄弟到黎阳(今河南浚县东)。军旅之中作诗四首,诗中有云:"千骑随风靡,万骑正龙骧,金鼓震上下,干戚纷纵横。"写得颇有气势。

建安九年,曹操攻克邺城,住在袁绍的府第中,曹丕"亲涉其庭,登其堂,游其阁,寝其房"(《典论·内诫》),遂纳袁绍次子袁熙的妻子甄氏为妻。

建安十一年,曹丕二十岁,开始预政。是年正月,"曹操自将击高干,留其世子丕守邺,使别驾从事崔琰傅之"①。十三年,从征刘表,未见其有什么武功,惟作《述征赋》留世。"荆楚傲而拂臣,命元司以简旅,予愿奋武乎南邺。"就其文意看,当为振兵待发或

---

① 《资治通鉴》卷 65,汉献帝建安十一年。

征途之中的作品。十四年三月，曹丕随军至谯。曹操在谯，作轻舟，治水军，重练士卒，不数月，战败后的又一支颇具规模的水军建起来了。曹丕参与了这次重整军旅的活动，并随军东征，情绪很高涨，因作《浮淮赋》，其序说："建安十四年，王师自谯东征，大兴水运，泛舟万艘。时余从行。始入淮口，行泊东山，睹师徒，观旌帆，赫哉盛矣。虽孝武盛唐之狩，舳舻千里，殆不过也。"及至师无大功而还谯，曹氏父子均始面对现实，冷静地考虑问题。于时，曹丕有《感物赋》之作，其序说："丧乱以来，天下城郭丘墟，惟从太仆君宅尚在。南征荆州，还过乡里，舍焉。乃种诸蔗于中庭，涉夏历秋，先盛后衰。悟兴废之无常，慨然永叹，乃作斯赋。"序文及其赋反映了曹丕赤壁失败后感世事变化无常的情绪，多有悲凉之气，不似出征时所作《述征赋》和《浮淮赋》那样慷慨奋发。

建安十六年（公元 211 年），曹丕二十五岁，是其人生道路上的重要一年。"春正月，天子命公（操）世子丕为五官中郎将，置官属，为丞相副。"①五官中郎将秩比二千石，是皇帝的侍从官。曹操突破原来的框框，让曹丕为五官中郎将，并为其置官属，宣布为"丞相副"，实际就是将其放在自己的助手地位上。

曹丕为五官中郎将后，于史可征者有两个方面的事，一是一批文人迅即团结到他的周围。《三国志·王粲传》说："始文帝（丕）为五官将，及平原侯（植）皆好文学。粲与北海徐干字伟长、广陵陈琳字孔璋、陈留阮瑀字元瑜、汝南应玚字德琏、东平刘桢字公干，并见友善。"徐、陈、应、刘死后，曹丕曾在《又与吴质书》中回忆说："昔年疾疫，亲故多离其灾，徐、陈、应、刘，一时俱逝，痛何可言邪！昔日游处，行则同舆，止则接席，何尝须臾相失！每至觞酌流行，丝

---

① 《三国志·魏书·武帝纪》。

竹并奏,酒酣耳热,仰而赋诗。当此之时,忽然不自知乐也。"①可见相交之密。二是遣将镇压了河间民田银、苏伯的起义。《三国志·常林传》说,"太祖西征,田银、苏伯反,幽、冀扇动。文帝……遣将往伐,应时克灭。"

曹丕为五官中郎将的几年,也正是乃父曹操加强权力的几年。曹操对于大事无不亲躬,所以曹丕建功机会甚少,功业不著,除时或从征以外,主要致力于同曹植争立太子的斗争和组织邺下文人从事文学方面的活动,从而在实际上形成了以自己为中心的文人集团,自己也创作了不少诗赋。其中可称者有《登台赋》等。建安十七年,曹操率诸子登铜雀台,使各为赋。据载,"植援笔立成,可观,太祖甚异之。"曹丕不及曹植来得快,然而其作亦为可观。曹丕《登台赋》其词为:"登高台以骋望,好灵雀之丽娴。飞阁崛其特起,层楼俨以承天。步逍遥以容与,聊游目于西山。溪谷纡以交错,草木郁其相连。风飘飘而吹衣,鸟飞鸣而过前。申踌躇以周览,临城隅之通川。"②此赋文辞秀丽,不失为描写景观之佳作。但也应该承认,如与其弟曹植同题作相比,的确不及其情景交融,寓意深切。此后,曹丕还因友人阮瑀早亡,伤其妻孤寡,作《寡妇》诗、《寡妇赋》留世;十八年,再从曹操南征孙权,作《临涡赋》;曾随曹操出猎,因作《校猎赋》;十九年,作《槐赋》;二十年,作《柳赋》等等;二十二年,立为太子。二十五年,曹操病死,曹丕承袭乃父曹操的事业,秉汉政,为魏王,进而逼禅代汉,成为三国魏朝的第一代皇帝。

---

① 《三国志·魏书·王粲传》注引《魏略》。
② 《全三国文·魏文帝》。

2. 曹　彰

曹彰字子文,曹丕同母弟,长于曹植。为人好武,不善读书。《三国志·曹彰传》载,彰"少善骑射,膂力过人,手格猛兽,不避险阻,数从征伐,志意慷慨。太祖尝抑之曰:'汝不念读书慕圣道,而好乘汗马击剑,此一夫之用,何足贵也!'课彰读诗书,彰谓左右曰:'丈夫一为卫(青)、霍(去病),将十万骑驰沙漠,驱戎狄,立功建号耳,何能作博士邪?'太祖尝问诸子所好,使各言其志。彰曰:'好为将。'太祖曰:'为将奈何?'对曰:'被坚执锐,临难不顾,为士卒先,赏必行,罚必信。'太祖大笑"。建安二十一年(公元216年),封鄢陵侯。二十三年,曹操以彰为北中郎将伐代郡乌桓,临发,特意告诫说:"居家为父子,受事为君臣,动以王法从事,尔其戒之!"曹彰没有辜负曹操的期望,身自搏战,"铠中数箭,意气益厉,乘胜逐北,至于桑乾(今河北蔚县东北),去代二百余里",斩首获生以千数,取得了战争的胜利;时鲜卑大人轲比能率领数万骑观望强弱,见曹彰力战,所向皆破,亦请归服。曹操在长安得到"北方悉平"的消息,即召曹彰到长安。二十五年初,曹操东返,留彰行越骑将军,镇守长安。曹操至洛阳,"得疾,驿召彰,未至,太祖崩"。曹丕即位后,他同曹植等均被遣就封国。黄初四年,朝京都,暴薨。世人大都以为是被曹丕毒死的。

3. 曹　植

曹植字子建,曹操的第四个儿子,曹丕同母兄弟。东汉献帝初平三年(公元192年)生,魏明帝太和六年(公元232年)病故,终年四十一岁。

曹操很重视对曹植文功武略的培养。曹植十四岁从征袁谭,

"东临沧海";十六岁从征乌桓,"北出玄塞";二十岁从征马超,"抱疾以宾从";二十一岁、二十二岁又两度同其兄曹丕一起从征孙权。

明人胡应麟在《诗薮·续编卷一》中说:"古今才人早慧者,多寡大成;大成者未必早慧。兼此二者,独魏陈思。"这是从实际中得出的评价。《三国志·曹植传》载,曹植"年十岁,诵读《诗》《论》及辞赋数十万言,善属文。太祖(操)尝观其文,谓植曰:'汝倩人邪?(倩人,谓请人代写)'植跪曰:'言出为论,下笔成章,顾当面试,奈何倩人?'时邺铜雀台新成,太祖悉将诸子登台,使各为赋。植援笔立成,可观,太祖甚异之。性简易,不治威仪。舆马服饰,不尚华丽。每进见难问,应声而对,特见宠爱。"这就是年轻时的曹植。他同曹丕一样,喜欢读书,且善写作,以至写出的文章被曹操怀疑为请人代作。曹丕、曹植的《登台赋》都是佳作,而曹植之赋尤显才气横溢。

> 从明后之嬉游兮,聊登台以娱情。见天府之广开兮,观圣德之所营。建高殿之嵯峨兮,浮双阙乎太清。立冲天之华观兮,连飞阁乎西城。临漳川之长流兮,望众果之滋荣。仰春风之和穆兮,听百鸟之悲鸣。天功恒其既立兮,家愿得而获呈。扬仁化于宇内兮,尽肃恭于上京。虽桓文之为盛兮,其足方乎圣明。休矣美矣!惠泽远扬。翼佐我皇家兮,宁彼四方。同天地之矩量兮,齐日月之辉光。永尊贵而无极兮,等年寿于东王。①

此赋开首即发出对乃父的崇敬和随父登台游赏的兴奋之情;既而

---

① 见《曹植集校注》,人民文学出版社 1984 年版。以下引曹植著作,除注明者外,均出此书,只注篇名。

书尽台之巍峨壮观,并且非常自然地同操的圣德联系起来。这样的情景交融、才气横溢的辞赋,自然得到了时人的重视。所以曹操对其"深异之"亦绝非偶然。

建安十六年(公元 211 年)正月,曹植被封为平原侯。十九年,徙封临淄侯。七月,曹操征孙权,留曹植守邺。《三国志·曹植传》载,"太祖征孙权,使植留守邺,戒之曰:'吾昔为顿邱令,年二十三。思此时所行,无悔于今。今汝年亦二十三矣,可不勉与!'"可以看出,曹操令植守邺,实是示以重用。十九年,是曹植最为得意的一年。曹操的态度,使曹植及其羽翼加强了争嗣的步伐和决心。《三国志·曹植传》说:"植既以才见异,而丁仪、丁廙、杨修等为之羽翼。太祖狐疑,几为太子者数矣。"但不久,曹操的态度变了,形势也便起了变化。

建安二十年、二十一年、二十二年,曹操于三年之中都没有给曹植什么重要的事情作。曹操既以曹丕为太子,立即开始抑制曹植,陡然间,他陷入惶惶不可终日、"内不自安"中。及至曹操死去、曹丕继位,他更是成了俎上之肉,任人宰割了。

黄初元年(公元 220 年),曹植被迫离开了都城,到了自己的封国临淄。黄初二年,险些送了性命。"监国谒者灌均希指,奏'植醉酒悖慢,劫胁使者'。有司请治罪,帝以太后故,贬爵安乡侯。"他由郡一级的侯爵贬为乡一级的侯爵。不久又改封鄄城侯(县侯)。黄初三年三月,曹丕在封诸弟十一人皆为郡王以后,四月间也开恩封曹植为鄄城王(县王)。但不久,又有东郡太守王机、防辅吏仓辑等诬告曹植。曹植再次获罪,召至京都。曹植甚知"身轻于鸿毛,而谤重于泰山",因而鼓起勇气,自我辩白。曹丕免了他的罪,使他大受感动。此后一段时间,心情颇好。据《洛神赋序》看,他在这次朝京返国途中"还济洛川",自谓感宋玉对楚王神女之事，遂作《洛神赋》。继而连连上表贺瑞。

黄初四年五月，曹植与任城王曹彰、白马王曹彪"俱朝京师"。《曹植传》注引《魏略》说，曹植自念有过，"科头负鈇鑕，徒跣诣阙下"，"伏地泣涕，太后为之不乐"。六月，曹丕先将曹彰毒死，然后"复欲害东阿（植）"，幸太后出面说话，"彼已杀我任城，不得复杀我东阿"，得免一死（《世说新语·尤悔》）①。是年，曹植回到鄄城后，又被徙封雍丘王。每次得封和徙封，曹植照例都写谢表，重点突出两个方面的内容，一是颂丕之德，一是自陈自罪。曹植卑辞求恕，从保护自己说，比曹彰高明，因而有"帝嘉其辞义，优诏答勉之"的记载。黄初六年，曹丕东征，过雍丘时，还特地到曹植住的地方看了看，为其增邑五百。

这里，顺便谈一下影响深广的曹丕令曹植作《七步诗》的问题。南朝宋人刘义庆《世说新语·文学篇》说，文帝令东阿王七步中作诗，不成者行大法，曹植应声便为诗一首："煮豆持作羹，漉菽以为汁，萁在釜下然，豆在釜中泣，本自同根生，相煎何太急！"②《太平广记》卷137《曹植条》说，文帝曾与曹植同辇出游，逢见两牛在墙间斗，一牛不如，坠井而死。曹丕令植赋《死牛诗》，不得道是牛，亦不得云是井，不得言其斗，不得言其死，走马百步，成四十言，步尽不成，加斩刑。植策马而驰，遂揽笔赋诗："两肉齐道行，头上带横骨，行至凵土头，峍起相唐突。二敌不俱刚，一肉卧土窟，非是力不如，盛意不得泄。"赋成，步犹未竟，重作《煮豆》诗。《三国演义》将两件事置于同一环境，大加渲染，说操死后，植不奔丧，丕派许褚把植从临淄捉到邺城，欲杀之，母亲下后求情，丕已答应

---

① 太后出面说话可能是真的，但此话不确切，因为此时曹植还没有封为东阿王。

② 《七步诗》本六句，头三句何时演化成"煮豆燃豆萁"一句，无定说。

不杀植,然而又愤不能平,听华歆之"以才试之。若不能即杀之;若果能,即贬之,以绝天下文人之口",遂命七步为诗,先作《死牛》,后作《煮豆》。经《三国演义》这样一说,世人皆以为是。其实,这是完全不可能的。第一,时序不对。曹植是在曹丕为魏王以后就国的,此时用不着把他从临淄捉回来;第二,度于理,曹丕虽昏,但不可能用命作七步诗的方法,以期达到杀植的目的。因为这样做法,过于暴露阴险残毒的面目;第三,曹植本是"软骨头",曹丕为王称帝后,植说过许多拍马和表现可怜相的话,诸如"明明天子,时笃同类,不忍我刑,暴之朝肆,违彼执宪,哀予小子","追思罪戾,昼分而食,夜分而寝"。所以,他没有胆量在众目睽睽下当着曹丕的面作出含义如此尖刻的诗;第四,时之曹丕最恨曹植,欲除之心昭然若揭,虽然答应母后不杀,但是既睹此诗,必然怒不可遏,必不复谅。因此,我认为有两种可能,第一,如《诗纪》所说"本集不载,疑出附会";第二,《死牛》低俗无华,形同打油,非植所作;《煮豆》当是自伤自叹之作,初不示人,所以"本集不载",及至曹丕物故,自然为人所称,所以南朝任昉有"陈思见称于七步"之语。笔者以第二种可能为是。

黄初七年(公元 226 年),曹丕病死,儿子曹叡继位。在此转折之机,曹植试图改变自己的境遇。先是写了一篇很长的《文帝诔》表示哀悼之情。废话、空话、违心话,洋洋洒洒千余言,只见美辞,不露怨言,足见其用心之苦。当然,如果将其置于当时的环境,我们从其引经据典,堆积辞藻,卖弄文采想想,自然也透露着一种抑制着的兴奋情绪。

其实,曹丕死后,曹叡完全继承了曹丕对待诸侯王的既定政策。太和元年(公元 227 年),徙曹植为浚仪王;二年又令其复还雍丘。史载,"植常自愤怨,抱利器而无所施"。他以为新主执柄,情势会有变化,因而立即"上疏求自试"。《求自试表》中卑辞陈诚,在自己的侄子面前大讲君臣之道。进而提出:"窃不自量,志在效命,庶立毛发之功,以报所受之恩。若使陛下出不世之诏,效臣锥刀之用,使得西属大将军,当一校之队,若东属大司马,统偏舟之任,必乘危蹈险,骋舟奋骊,突刃触锋,为士卒先。"最后备述不得重用之痛,"臣闻骐骥长鸣,则伯乐照其能;卢狗悲号,则韩国(古代善相狗者)知其才。……今臣志狗马之微功,窃自惟度,终无伯乐、韩国之举,是以于邑而窃自痛也。"

太和三年(公元 229 年),再次徙封东阿王。五年,再次上疏求用。魏明帝对于曹植的数次上疏,"辄优文答报",并诏准诸王于太和六年正月朝京,但就是不打算起用他。太和六年二月,以陈四县徙封曹植为陈王。曹植在朝京期间,"每欲求别见独谈,论及时政,幸冀试用,终不能得。"既还,"怅然绝望"。据载,"时法制,待藩国既自峻迫,寮属皆贾竖下才,兵人给其残老,大数不过二百人。又植以前过,事事复减半,十一年中而三徙都,常汲汲无欢,遂发疾薨,时年四十一。"死后谥曰"思",后世因称"陈思王"。《谥法》说:"追悔前过为思"。可见"思"字并非美谥。

4. 争立太子的斗争以及曹丕为帝后的作为

在封建社会世袭制度下,立嗣一直是干系社稷安危的大事。为了争立太子,兄弟相残,以致酿成杀父弑君的事,比比皆是。曹操很明白这一点,因而他在尚未封功建国之前即已开始考虑继承人的问题。

曹操有二十五个儿子,长子曹昂和爱子曹冲已死,按照立嫡立长的封建传统,卞氏所生的儿子曹丕、曹彰、曹植便是最有资格继承王位的了。因此,曹氏诸子争立的斗争也就主要在一母所生的

440

三个儿子间展开。

曹冲死的时候，曹操对丕说"汝曹之幸"。"汝曹"之"曹"乃是"辈"意，可见非指一人。这说明至少在建安十三年前以谁作为继承人，曹操还没有定。也正是这个原故，所以丕、彰、植三兄弟都在积极准备，并为此展开了明争暗斗。

应该承认，曹植的聪明的确曾经得到曹操的重视。及至建安十六年曹丕为五官中郎将以后，曹操欲立曹丕的态度已经比较明朗，但争夺立嗣的斗争却更趋白热化。双方的策略大致相同，一是揣测曹操的意向以进言；二是努力在曹操面前表现自己的才能与孝诚；三是窥伺对方，挟嫌攻击，破坏对方在曹操心目中的形象。

说曹操有意于曹植，史有明载。《三国志·王粲传》注引《魏略》说，"世子未立，太祖俄有意于植"；《明帝纪》裴注说，骑都尉孔桂得到曹操信任，"太祖既爱桂，五官将及诸侯亦皆亲之。其后桂见太祖久不立太子，而有意于临淄侯，因更亲附临淄侯而简于五官将"；《曹植传》注引《文士传》说，丁廙曾在曹操面前大赞曹植"天性仁孝，发于自然，而聪明智达，其殆庶几。至于博学渊识，文章绝伦。当今天下之贤才君子，不问少长，皆愿从其游而为之死，实天所以钟福于大魏，而永授无穷之祚也。"曹操听了丁廙的说辞后说："植，吾爱之，安能若卿言！吾欲立之为嗣，何如？"丁廙虽然不敢直接回答，但也非常清楚地表明了自己的态度，因说："今发明达之命，吐永安之言，可谓上应天命，下合人心，得之于须臾，垂之于万世也。"曹操颇为赞赏丁廙的话，"深纳之"。

但是，曹操最终还是立了曹丕。原因在于：第一，曹丕的支持者更善于以微言大义说操。《三国志·贾诩传》载，曹操问诩立嗣事，诩以"思袁本初、刘景升父子也"（指袁绍、刘表立嗣不以长，酿成兄弟相争）之语对。《崔琰传》载，崔琰露板（文书不加封）答曹操问嗣事:"盖闻《春秋》之义,立子以长,加五官将仁孝聪明,宜承正统。琰以死守之。"《毛玠传》载,毛玠密谏曹操说:"近者袁绍以嫡庶不分,覆宗灭国。废立大事,非所宜闻。"《邢颙传》载,邢颙对曹操问:"以庶代宗,先世之戒也。愿殿下深重察之!"《桓阶传》载,桓阶"数陈文帝德优齿长,宜为储副,公谏密谏,前后恳至"。第二,曹丕在自己的支持者的辅助下能够尽度曹操心理,从而隐其诡诈,以敦朴、无华、纯孝的形象面对乃父。他们很明白,靠卖弄机灵和文采,曹丕不是曹植的对手,与其在这方面争锋,毋宁趋长避短,以木讷敦厚、崇德尚孝相抗。《贾诩传》说,贾诩曾教曹丕以自固之术,"愿将军恢崇德度,躬素士之业,朝夕孜孜,不违子道,如此而已"。曹丕接受贾诩的意见,"深自砥砺";《吴质传》注引《世语》载,曹操有一次出征,曹丕和曹植都在路旁送行,"植称述功德,发言有章,左右属目,王(操)亦悦焉"。面对此种情势,曹丕"怅然自失",不知如何是好,他的心腹支持者吴质立即小声对其说"流涕可也"。于是便出现了如下场面:"及辞,世子泣而拜,王及左右咸嘘欷,于是皆以植辞多华,而诚心不及也。"文无一章,言无一句,"泣而拜","诚孝"之心昭然,一下子就把曹植比下去了。又有一次,曹丕把朝歌长吴质装在废簏(簏,音鹿,用竹或柳条、藤条编成的筐形容器)中用车拉回,与其谋划对付曹植的事。结果被曹植的人知道了,杨修报告了曹操,但曹操没有来得及当场检查。曹丕有点害怕,问吴质怎么办? 吴质说:"无害也。"数日后,吴质"复以簏载绢以入",杨修以为簏内仍然装的是吴质,又立即报告了曹操,曹操马上派人检查,结果尽是丝绢。曹操"由是疑焉"。疑什么呢? 疑曹植、杨修等共谋陷害曹丕。[①]

---

① 《三国志·魏书·曹植传》注引《世语》。

不几年的工夫,植败丕胜便成大势所趋。曹植虽然"言出有论,下笔成章",文章写得好,但"任性而行,不自雕励,饮酒不节";曹丕则"御之以术,矫情自饰,宫人左右,并为之说"。① 建安二十二年(公元 217 年)十月,曹操最终决定,以曹丕为魏太子。并同时发出《告子文》说:"汝等悉为侯,而子桓独不封,而为五官中郎将,此是太子可知矣。"②以表白自己欲立曹丕为太子是早在建安十六年诸子封侯时就定了的。

曹丕既立为太子,更加"深自砥砺",但暗地里却喜不可耐,竟失态地抱着议郎辛毗脖颈说:"辛君知我喜不?"辛毗把这件事告诉自己的女儿宪英,宪英对此很反感,叹曰:"太子代君主宗庙社稷者也。代君不可以不戚,主国不可以不惧,宜戚而喜,何以能久?魏其不昌乎!"③

曹操为了身后安定,既立太子,便即开始了确保曹丕继位、避免动乱的诸多安排,除了抓紧时间立王后,以备有朝一日保太子得承懿旨而立外,最重要的是削弱曹植的势力,压抑曹植气焰。最为明显的事例有三:(1)曹植乘车行驰道中,开司马门出。曹操为此大怒,"公车令坐死。由是重诸侯科禁,而植宠日衰"④。元人胡三省注《通鉴》说,"汉《令乙》:骑乘车马行驰道中,已论者没入车马改具。又《宫卫令》:出入司马门者皆下。是司马门犹可得而出入也。若魏制,则司马门惟车驾出乃开耳。"⑤可见,曹植行驰道中和出司马门都属于违制、僭越不轨的行为。因为曹植不是太子,更不

① 《三国志·魏书·曹植传》。
② 《御览》卷 241 引《魏武令》。
③ 《三国志·魏书·辛毗传》注引《世语》。
④ 《三国志·魏书·曹植传》。
⑤ 《资治通鉴》卷 68,汉献帝建安二十二年。

是王,没有资格从这里出入。曹操借此,狠狠地打击了曹植,杀了为曹植提供方便的公车令①,并有针对性的"重诸侯科禁"。《曹植传》注引《魏武故事》说,曹操"始者谓子建,儿中最可定大事",自"植私出,开司马门至金门,令吾异目视此儿矣"。又说:"从子建私开司马门来,吾都不复信诸侯也。"据此,曹植好像是由于私出司马门而失宠,从而彻底动摇了地位。其实,时之曹植已经失宠,但他不知自励,曹操完全是借机而发,有意而抑之。(2)曹植的妻子穿着锦绣衣服到铜雀台,"操登台见之,以违制命,还家赐死。"曹操虽然有吏民文绣之服,"复丝不得过绛紫金黄"一类的诫令,但并未谈到罪可至死。这里的所谓"违制命",显然也是指其超越了她的身份。因为她不是太子之妻。(3)剪除曹植心腹,杀杨修。杨修其人自作聪明,为曹操所难容,杀身之祸确属咎由自取。但是,如果将这件事放在当时的政治背景下,便不难看出,另一重要原因是,杨修与丁仪兄弟谋立曹植为太子。曹操初欲立植,故不为意,既至太子已立,他便立即从另一个重要角度考虑问题。他确信杨修、丁仪、丁廙等不会为曹丕所用,因此,为了避免死后兄弟争立,避免袁氏兄弟各有自己一帮人的覆辙重蹈,确保曹丕能够顺利承继大统,于是毅然走出了杀植羽翼的这一步。再加当时曹丕用阴谋手段制造假象,离间了曹植及其心腹与曹操的关系,使操更加感觉不除杨修等则国家难安。"太祖既虑终始之变,以杨修颇有才策,而又袁氏之甥也,于是以罪诛之。"②杨修的重罪有二:一是"前后漏泄言教",二是"交关诸侯"。所谓"漏泄言教",概如前述"鸡肋"和"忖度操意,预作答教,……操怪其捷"类;所谓"交关诸

---

① 公车令,秩六百石,掌殿门。《后汉书·百官志》注:"掌宫南阙门,凡吏民上章,四方贡献,及征诣公车者。"

② 《三国志·魏书·曹植传》。

侯"，实际就是指其为曹植羽翼。

杨修被杀之后，问题已很明朗，曹植已完全明白是怎么回事，更加"内不自安"，唯饮酒解忧。曹丕乘机火上浇油，以达到彻底破坏曹植形象的目的。建安二十四年（公元219年），曹操"以罪除杨修"之后，曾以植为南中郎将，行征虏将军，南救曹仁（时曹仁为关羽所围）。临行前，曹操呼植"有所敕戒"，但此前曹丕已预料到这一点，因而先此将曹植叫去饮酒，名为饯行，"逼而醉之。王（操）召植，植（醉）不能受王命，故王怒也。"①曹操一怒便收回了成命。

曹操杀杨修仅仅是剪除曹植心腹的开始，"修死后百余日而太祖薨，太子立，遂有天下"②。就是说，他还没有来得及杀其他人就死了。这件事，不久便由曹丕完成。"文帝（丕）即王位，诛丁仪、丁廙并其男口"③。

可以看出，曹操为了确保曹丕能够顺利地继位，不惜杀人，做得是有点过分了。但这是我等常人之见。在曹操看来，确保太子是大事、大局。大局定则世不乱，世不乱就能避免兄弟征伐残杀，就能避免死更多的人。史学研究工作者就应从这样的角度看问题。所以，我把曹操晚年抓紧时间果断地立太子，并为太子继位创造条件、扫清道路这件事加以肯定。被杀的人，不管是杨修、丁仪兄弟，还是曹植妻子、公车令，都是政治斗争中的牺牲品，固然有点可怜，但这就是历史。

至于曹彰，自称"好为将"，但不善读书。所以，曹操从未把他作为继承人考虑。但曹彰的自我感觉良好，因而也不无觊觎之心。

---

① 《三国志·魏书·曹植传》注引《魏氏春秋》。
② 《三国志·魏书·曹植传》注引《曲略》。
③ 《三国志·魏书·曹植传》。

曹丕对他也有所提防。曹彰北征乌桓,得胜。当时,曹操在长安,为对付刘备,召彰。彰自代往长安,经过邺,曹丕对其说:"卿新有功,今西见上,宜勿自伐(自诩),应对常若不足者。"据说,彰到长安后,如曹丕言,归功诸将,因而曹操很高兴,手持曹彰的胡须曰:"黄须儿竟大奇也。"①不让曹彰居功自傲,看似好意,实际也是为了泯其功劳,尽力消减其影响。历史上,先王宾天之时,往往亦是诸子争立的激烈之时。史载,曹操疾甚,"驿召彰"。曹操为什么急急召彰,史无明记。据《曹彰传》注引《魏略》说,"彰至,谓临淄侯植曰:'先王召我者,欲立汝也。'"这是曹彰个人的揣测,并无实际根据。时曹植自知难与曹丕抗衡,所以急谓:"不可,不见袁氏兄弟乎!"其实,曹彰本人倒的确是表露了觊觎之意。《三国志·贾逵传》说:"太祖崩洛阳,逵典丧事。时鄢陵侯(曹彰)行越骑将军,从长安来赴,问逵先王玺绶所在。逵正色曰:'太子在邺,国有储副。先王玺绶,非君侯所宜问也。'"曹彰没有得到大臣们的支持,想拉曹植也没有成功,只好作罢。但从此埋下了不得其死的原因。《曹彰传》注引《魏氏春秋》说"初,彰问玺绶,将有异志,故来朝不即得见。彰忿怒暴薨",指的就是这件事。《世说新语·尤悔》说:"魏文帝忌弟任城王骁壮,因在卞太后阁共围棋,并啖枣。文帝以毒置诸枣蒂中,自选可食者而进。王弗悟,遂杂进之。既中毒,太后索水救之,帝预敕左右毁瓶罐,太后徒跣趋井,无以汲,须臾遂卒。"

曹丕为太子后,甚知韬光养晦之要,少问政事,精力主要放在两个方面,一是从事著述,并为友人编选文集;一是加强同重要臣僚的联系,以期得到支持。

---

① 《三国志·魏书·曹彰传》。

446

《文帝纪》注引《魏书》说："帝初在东宫,疫疠大起,时人凋伤,帝深感叹,与素所敬者大理王朗书曰:'生有七尺之形,死唯一棺之土,唯立德扬名,可以不朽,其次莫如著篇籍。疫疠数起,士人凋落,余独何人,能全其寿?'故论传所著《典论》、诗赋,盖百余篇,集诸儒于肃成门内,讲论大义,侃侃无倦。"可见其用功之勤。

《钟繇传》说,魏国初建,钟繇为大理,迁相国,"文帝在东宫,赐繇五熟釜,为之铭曰:'于赫有魏,作汉藩辅,厥相惟钟,实干心膂……'"。繇传注引《魏略》又说:"繇为相国,以五熟釜鼎范因太子铸之,太子与钟繇书曰:'昔有黄三鼎,周之九宝,咸以一体使调一味,岂若斯釜五味时芳?盖鼎之烹饪,以飨上帝,以养圣贤,昭德祈福,莫斯之美。故非大人,莫之能造,故非斯器,莫宜盛德。今之嘉釜,有逾兹美。……今执事寅亮大魏,以隆圣化。堂堂之德,于斯为盛。诚太常之所宜铭,彝器之所宜勒。故作斯铭,勒之釜口,庶可赞扬洪美,垂之不朽。'"这实在是如同为钟繇生前建祠、树立颂德碑一样。另对御史大夫华歆、大理王朗等,均予称誉。可见其用心之苦。

对于曹丕来说,建安二十五年(延康元年,魏黄初元年,公元220年)无疑是最为重要的一年。正月,嗣魏王位,为丞相,领冀州牧。丧事毕,立即按照自己的意愿处理政事。其中最重要的一点便是:想法把自己的亲兄弟狠狠地整整,使他们尽快离开政治中心地,明令曹彰、曹植等与诸侯都马上回到自己的封国去。

几件事情做过以后,内外稳定了,逼禅代汉便提到日程上了。为了夺禅,他同臣僚们频作"双簧"表演,大作舆论上的准备。汉献帝明白,与其等死,不如主动让位,庶可保住性命。延康元年十月丁卯(公元220年12月7日)汉献帝使御史大夫张音最后一次持节奉玺绶禅位,诏书从尧舜禅让,天命不常,惟归有德说起,然后述曹操之功,最后落脚到"天之历数在尔躬,允执其中,天禄永终;君其祗顺大礼,飨此万国,以肃成天命"①。三天后,庚午(12月10日)曹丕便筑坛繁阳(繁阳亭在今河南临颍境),"登坛即阼,百官陪位。事讫,降坛,视燎成礼而反。改延康(汉纪年)为黄初(魏纪年),大赦"②。

曹丕黄初元年十月为帝,七年五月驾崩,做了不到六年的皇帝,四十岁就死了。无庸讳言,这是三国魏的重大损失。因为他的才能较其后继者实在是强多了。

六年中,曹丕在军事方面的作为,远不及乃父功业之恢宏。尽管他自己很自负,但算不上什么军事家,更难说是军事思想家。总的来看,曹丕对于三国鼎立的形势一直缺乏清醒的认识,因而在军事和处理同吴、蜀的关系上都出现了错误。该出兵时不出兵,错过战机;不该出兵时出兵,构恶关系。孙权利用了曹丕的错误和弱点,对魏外卑而内亢,从来不抱幻想;用得着时,借魏胁蜀,用不着时,考虑到自身的长远利益,则联蜀抗魏,纵横捭阖倒是颇为自如。

曹丕在政治上,颇有一些对后世有所影响的作为。

曹丕甚知外戚与宦官交互专权与斗争是东汉走向衰亡的重要原因。因而初为魏王,即宣布:"置散骑常侍、侍郎各四人,其宦人为官者不得过诸署令。"并将此规定作为一项不变之策,"藏之石室"③。这是明确地告诉人们,散骑常侍不再任用宦者而皆用士人。因为宦者既然不过六百石,当然就没有资格担任官秩二千石的散骑常侍了。无疑,这是在政制方面的一项重大改革。

曹丕在限制宦官权力的同时,也没有忘记妇人与政、外戚专权

---

① 汉献帝禅位诏书内容,文帝本纪与注引《献帝传》记载不尽同,此取本纪。
② 《三国志·魏书·文帝纪》。
③ 《三国志·魏书·文帝纪》。

的危害。黄初三年九月，下了一道同样严厉的诏书："夫妇人与政，乱之本也。自今以后，群臣不得奏事太后，后族之家不得当辅政之任，又不得横受茅土之爵。以此诏传后世，若有背违，天下共诛之。"

从曹丕开始，藩王不得朝觐成为一条规矩。曹丕的诸多做法都是为削弱藩王的力量，固然有防诸弟谋为不轨之虞，亦当有鉴于两汉历史的考虑。《三国志》作者陈寿对此评论说："魏氏王公，既徒有国土之名，而无社稷之实，又禁防壅隔，同于囹圄；位号靡定，大小岁易；骨肉之恩乖，《常棣》(《诗经》篇名。意喻兄弟之义)之义废。为法之弊，一至于此。"陈寿的话，固然不无道理，但忽视了曹丕试图稳定政权的积极的一面。

曹丕在职官和用人方面的重要思想概为两点，一是有鉴于历史和乃父丞相擅权的经验与教训，废丞相而复三公之制，从而加强皇帝的权力；二是用陈群之议，行"九品官人之法"，从而在客观上开门阀制度之先。曹丕罢丞相、复三公的同时，在实际上又开始了中国职官制度的新的一页：这就是政归中书的新体制。《通典·职官一》载，"魏改丞相为司徒，而文帝复置中书监令，并掌机密，自是中书多为枢机之任，亦宰相也。"曹丕同乃父一样，都很重视举人、用人，操有三次求贤令，丕行"九品官人之法"，都在历史上产生了重大影响。

九品官人之法作为一项选举制度，是尚书陈群首先提议的。《通典·选举》与《文献通考·选举》均载其事说："魏文帝为魏王时，三方鼎立，士流播迁，四人(民)错杂，详核无所。延康元年，吏部尚书陈群以天朝选用不尽人才，乃立九品官人之法，州郡皆置中正，以定其选。择州郡之贤有识见者为之区别人物，第其高下。"

不过，如果溯其源流，则应推及曹操。《宋书·恩幸传序》说：

"汉末丧乱,魏武始基,军中仓卒,权立九品,盖以论人才优劣,非为世族高卑。因此相沿,遂成为法,自魏至晋,莫之能改。"

九品中正是适应历史的需要而产生的一种选举制度。天下丧乱,士人流散,原来的举人和征辟制度已无法施行,影响了国家对于人才的选拔,于是便有了以人才优劣"权立九品"的办法。初始做法似乎也无可非议。先是州郡县各取本地"德充才盛"、"贤有识鉴"的人作大小中正;然后由大小中正将辖区所管人物根据其能力大小,而不以世族高卑,区别高下,定为九等,并且随时根据每个人的言行优劣,或升或降其等。政府则根据其品第授以官职。但后来弊端非常严重,只重门阀,不辨贤愚,从而成为一种"高门华阀有世及之荣,庶姓寒人无寸进之路"的无形而又实际的封建世袭制度。但这都是推行过程中出现的问题,并不是九品中正的原有之义。就曹丕、陈群的本意是期求建立一种适应历史时代的、具有进步意义的举人制度,所以对他们应作肯定的评价。

曹丕为帝后,接受了乃父尚儒的一面,立即把尊孔崇儒的思想付诸行动。数其著者,一为封孔子之后。据载,西汉元帝时曾封孔子后为褒成君,平帝和东汉光武帝曾封孔子后为褒成侯,汉末其国已绝。曹丕于黄初二年正月复封孔子后,号宗圣侯,赐邑百户;同时令鲁郡重修孔子旧庙,置百户吏卒以守卫之,并在孔庙周围广为室屋以居学者(《三国志·魏书·文帝纪》)。二为编集经传。曹丕本纪载,曹丕"使诸儒撰集经传,随类相从,凡千余篇,号曰《皇览》"。当时,不少名儒如王象、桓范、刘劭、韦诞、牛弘等都参加了这项工作。《皇览》既成,产生了重大影响,第一,开始了为皇帝编书的先河。后世所谓《御览》、《集成》、《大典》一类的书,追其源,均当在此;第二,开始了类书的先河。正如宋人王应麟辑《玉海》在《艺文·承诏撰述篇》所说:"类书之事,始于《皇览》";第三,在相当长的一段历史时间内，发挥了工具书的作用。三是制五经课试之法。曹丕为帝不久，便采纳了华歆的意见，凡举孝廉必须通过"经试"。《文帝纪》说，黄初五年四月，"立太学，制五经课试之法，置《春秋穀梁》博士。"课试之法，《王肃传》注引《魏略》说："从初平之元，至建安之末，天下分崩，人怀苟且，纲纪既衰，儒道尤甚。至黄初元年之后，新主乃复始扫除太学之灰炭，补旧石碑之缺坏，备博士之员录，依汉甲乙以考课。"补旧石碑之缺坏，当指修补熹平石经的缺损；备博士之员，当指按照以往成法置博士。曹丕的崇儒行动取得了不少效果，所以高柔上魏明帝的疏中说："高祖（丕）即位，遂阐其（操）业，兴复辟雍（太学），州立课试。于是天下之士复闻庠序之教，亲俎豆之礼焉。"（《文献通考·学校七》）

曹丕发布过一些体恤民苦的诏令，不管其影响大小，都值得肯定。然而，他的有涉大局的诸多经济措施却是利弊共存，有待别论了。他继承王位以后不久，即于延康元年二月发布了《除禁轻税令》："关津所以通商旅，池苑所以御灾荒，设禁重税，非所以便民；其除池籞之禁，轻关津之税，皆复什一。"（《三国志·文帝纪》注引《魏书》）这是应该肯定的。但罢钱币，以谷帛为市，却对社会经济的发展带来严重的影响。《晋书·食货》说："魏文帝罢五铢钱，使百姓以谷帛为市。至明帝世，钱废谷用既久，人间巧伪渐多，竞湿谷以要利，作薄绢以为市，虽处以严刑而不能禁也。"中国货币经济在曹丕的错误决策下，走了一段弯路，受到了一次挫折。

曹丕的重要历史贡献不在政治、经济和军事，而在文学。他是邺下文人集团的实际组织者。邺下文人集团的形成首先是曹操善为罗致的结果。首功应该是曹操的。但曹丕兄弟的核心作用和实际组织作用，亦当肯定。特别是曹丕，由于他的地位重要，所以其作用也就更为突出。刘勰《文心雕龙·时序篇》和钟嵘《诗品》都曾对曹氏父子的作用加以概述。刘勰说："自献帝播迁，文学蓬转。建安之末，区宇方辑，魏武以相王之尊，雅爱诗章；文帝以副君之重，妙善辞赋；陈思以公子之豪，下笔琳琅。并体貌英逸，故俊才云蒸。"钟嵘说："降及建安，曹公父子，笃好斯文，平原兄弟，郁为文栋。刘桢、王粲为其羽翼。次有攀龙托凤，自致于属车者，盖以百计。彬彬之盛，大备于时矣。"可见，他们对于曹操、曹丕、曹植在建安文学中的组织、影响作用都给了肯定。

曹丕是中国文学史上最早从事文学评论、在理论上有重要建树的人之一。他开中国文学批评史的先河；他的文学理论，在中国文学史上开辟了新的一页；他的《典论·论文》是我国最早的文学理论专著；他的文学创作，对于后代，特别是对于唐代的诗歌创作产生着极大影响。

曹丕为文颇多可称可美者，然而世人常常抑丕而扬植，以为曹丕的才智和文学创作都去曹植甚远。实际证明，在政治上，曹植善为小聪明，基本不具备政治家的才智与胆识，远不及曹丕处事果断、长于应变、隐诈善谋；在文学上，曹植思捷而才俊，创作丰于曹丕，然而如果因此而等而下之，却属不然。况且曹丕的文学理论远较曹植为胜。刘勰说过："魏文之才，洋洋清绮，旧谈抑之，谓去植千里。然子建思捷而才俊，诗丽而表逸；子桓虑详而力缓，故不竞于先鸣。而乐府清越，《典论》辩要，迭用短长，亦无懵焉。但俗情抑扬，雷同一响，遂令文帝以位尊减才，思王以势窘益价，未为笃论也。"（《文心雕龙》卷10）此论不无道理。

四、女儿曹节等

曹操女儿，不知几多。知其名者只有曹宪、曹节、曹华，知其封号者只有清河公主、金乡公主、安阳公主、高城公主。

曹操对待女儿原则,可取之处是要求严格,不仅常对她们进行俭朴教育,而且还对她们的穿戴、生活、婚嫁做了若干制度上的规定。前述"履不二采"、"禁室内薰香"、"公女适人,皆以皂帐,从婢不过十人"等,都是这方面的说明。不可取之处是,他常把女儿作政治砝码使用。

《后汉书·皇后纪》载,"建安十八年,操进三女宪、节、华为夫人,聘以束帛玄纁(xūn,浅红色)五万匹,小者待年于国。十九年,并拜为贵人。及伏皇后被弑,明年,立节为皇后。"这几年,正是曹操加紧掌握权力,已把皇帝完全架空,而且谋划事业的根本性变化的年代。既如此,那他为什么还把三个女儿奉献给皇帝呢? 目的不言自明:一是自固,二是更加有效地控制皇帝。三个女儿入宫后都做了些什么,没有记载。她们入宫后的第二年,伏皇后"密图"曹操的事暴露了,操"遂将(伏)后下暴室,以幽崩。所生二皇子,皆鸩杀之。后在位二十年,兄弟及宗族死者百余人"(《后汉书·伏后纪》)。《三国志·荀彧传》注引《献帝春秋》说,伏后密书除掉曹操的事是因为父亲伏完妻弟(可能是伏后的亲舅舅)背叛,将密书送给曹操而暴露的。但事发如此之快,不仅杀了皇后,而且还杀了皇帝的两个儿子,这会不会与曹氏三女有某种内在的联系? 会不会还有曹操为自己女儿入主后宫的考虑? 都是值得深思的问题。

应该承认,皇后曹节及其姐妹并不完全理解乃父的用心,所以既为帝妇,对于汉室江山和献帝本人都还是尽心尽力的。曹节对于曹丕逼禅,很反感,曾经试图抵制。据《后汉书·曹皇后纪》说,"魏受禅,遣使求玺绶,后怒不与。如此数辈,后乃呼使者入,亲数让(责)之,以玺抵轩下,因涕泣横流曰:'天不祚尔!'左右皆莫能仰视。"

曹节挡不住曹丕的逼禅大势，做了六年的皇后，随着汉献帝被废为山阳公，也被降为山阳夫人。此后又活了四十一年，魏景元元年(公元260年)死去，合葬于汉献帝陵，"车服礼仪皆依汉制"。

清河公主，与曹昂同母，是刘夫人所生，史称清河长公主，可见是曹操的长女。曹操将她嫁于心腹夏侯惇的中子夏侯楙。从仅有的一点记载看，夫妻二人很不和睦。后来发展到清河公主竟然诬告夏侯楙。《三国志·夏侯惇传》注引《魏略》载："文帝少与楙亲，及即位，以为安西将军、持节，承夏侯渊处都督关中。楙性无武略，而好治生。至太和二年，明帝西征，人有白楙者，遂召还为尚书。楙在西时，多畜伎妾，公主由此与楙不和。其后，群弟不遵礼度，楙数切责，弟惧见治，乃共构楙以诽谤，令主奏之，有诏收楙。帝(明帝)意欲杀之，以问长水校尉京兆段默，默以为'此必清河公主与楙不睦，出于潜构，冀不推实耳。且伏波(夏侯惇曾为伏波将军)与先帝有定天下之功，宜加三思'。帝意解，曰：'吾亦以为然。'乃发诏推问为公主作表者，果其群弟子臧、子江所构也。"夏侯楙险些被自己的妻子送上了断头台。

金乡公主，母杜夫人，曹操将其嫁于养子何晏为妻。晏，魏晋时期玄学家。《三国志·诸夏侯曹传》注引《魏末传》说，晏在世时"无所顾惮，服饰拟于太子，故文帝特憎之"，且又好色，为官也不正派，"为尚书，主选举，其宿与之有旧者，多被拔擢"。公主对于何晏的为人很担心，曾对其母说："晏为恶日甚，将何保身？"生有一子。司马懿杀死何晏后，想把他的儿子也杀掉，因"闻晏妇有先见之言，心常嘉之，且为沛王故，特原不杀"。

安阳公主，曹操在以荀彧为得力心腹时将她嫁给荀彧的儿子荀恽为妻，生二子。

高城公主,据李善《文选》注陆机《吊魏武帝文》引《魏略》说,"太祖杜夫人生沛王豹(林)及高城公主"。曹操死时,她年纪尚幼,后来不知嫁于何人。

第二十二章　今古论曹评议

　　曹操,一个对于中国历史有着重大影响,但千百年来褒贬不一、终难盖棺论定的人物。对于他的功业及其为人,评论之多,意见分歧之大,可谓世所罕有。基于此,特将古今对曹操的一些主要评论集中述论于后,当会有助于读者更好地阅读本书、了解历史、了解曹操、了解一代人物群体,进而了解历史是怎样对待曹操的。

一、时人褒贬

　　曹操在世的时候,已有各种不同的评论。

　　他少年时期"飞鹰走狗,游荡无度",但表现出一股聪明劲,"机警,有权数"。因而引起曾任汉太尉的桥玄和司空府属官何颙等人的注意。桥玄鼓励曹操说,"天下将乱,非命世之才不能济也,能安之者,其在君乎!"①这是历史上第一个给曹操以肯定评价的人,而且是极高的评价:把曹操视为定国安邦的"命世之才"。何颙也给操以相同的评价,认为"汉家将亡,安天下者必此人也。"②

　　当时,最为后人重视的是专门"核论乡党人物"的许劭给曹操

---

　　① 《三国志·魏书·武帝纪》。
　　② 《后汉书·党锢列传》。

的评价。许劭虽然卑视曹操的为人,但非常看重曹操的才能。他预言曹操将是"清平之奸贼,乱世之英雄"①。不管是"奸贼",还是"英雄",都意味着曹操将是一个影响历史的人物。这个评语在晋人孙盛《异同杂语》中篡改成"治世之能臣,乱世之奸雄"。这个被颠倒了的评语,经过《三国志》的注引和《三国演义》的渲染,塑造出一个"乱世奸雄"形象,一直深深地影响着人们对曹操的看法。

严格说来,桥玄、何颙、许劭等人对曹操的评价都是在未见曹操功业有成的前提下的揣度之见。虽然人们常常试图用曹操的终生所为以验证这些预见性论评的正确,但从科学的角度说,不宜视为对曹操的真正的历史评价。

应该说,首先对曹操的才能和功业作出评价的是他的臣僚以及敌国、政敌。

1.荀彧、郭嘉等以"十胜"誉操

荀彧、郭嘉都曾是曹操的心腹,他们认为曹操在十个方面胜过袁绍,即所谓"绍有十败,公(操)有十胜"。十胜指道、义、治、度、谋、德、仁、明、文、武。荀彧、郭嘉等的"十胜"之誉,本于实际,较之对比,虽然不乏溢美之词,但确实代表了一大批文武臣僚和旁观者的看法。如贾诩从明、勇、用人、决机四个方面称许曹操;鲍信、程昱以"略不世出"美化曹操。另如,董昭劝说张杨归曹:"曹今虽弱,然实天下英雄也";凉州从事杨阜对关右诸将说,曹公有雄才远略,决机无疑,法一而兵精,能用度外之人,等等,皆属此类。这是曹操部属或者后来成为曹操部属对他的评价。

---

① 《后汉书·许劭传》。

2. 诏称"虽伊尹格于皇天,周公光于四海,方之蔑如也"

建安十八年,汉献帝让御史大夫郗虑拿着尚书左丞潘勖承曹操之意起草的诏书策命曹操为魏公。诏书备述曹操功勋十数项,称曹操之"定天下之功",比伊尹之于殷商和周公之于成周的功劳还要大。建安二十一年进封魏王,诏书再次称曹操"勤过稷、禹,忠侔伊、周"。按照《后汉书·献帝纪》的记载,曹操是"自立为公加九锡"和"自进号为魏王"的。如果是这样,那么"虽伊尹、周公方之蔑如也"云云,就是曹操自吹自己了。当然,也可以不这样看,因为策文是综合僚属的意见而由一人执笔写成的,代表了荀攸、钟繇、诸夏侯、诸曹,以及程昱、贾诩、董昭等一大批人的意见。虽为诏书,但不代表汉天子的旨意。因此,仍然不妨看作是被曹操认可了的部属的评价。

3. 敌国视操为汉贼

曹操对于汉朝来说,是功臣还是奸贼,自然有两种截然不同的意见,一是以曹操及其心腹为代表的看法,认为如无曹操汉家早就不存在了,汉家借操之力又延续了几十年,如曹操所说,"设使国家无有孤,不知当几人称帝,几人称王。"再如魏国诸僚劝操受魏公、魏王之封时的劝进表都充分表述着汉祚已尽、赖曹氏而存的观点。然而,站在敌国的角度,就不是这样看问题了。他们骂曹操的为人,不时揭露曹操的待机篡汉的野心。曹操的敌人,理所当然地要攻击曹操,因而不足为怪。最先骂操,而且连祖宗三代也骂了的是袁绍和后来归操的建安七子之一的陈琳。建安五年,袁绍让陈琳起草的《讨曹操檄文》称操"赘阉遗丑,本无令德"、"乘资跋扈,肆行酷烈,割剥元元,残贤害善"、"身处三公之官,而行桀虏之态,殄国虐民，毒流人鬼"、"历观古今书籍，所载贪残虐烈无道之臣，于操为甚"①。周瑜骂得更干脆："操虽托名汉相，其实汉贼也。"②刘备则称，"曹操阶祸，窃执天衡"、"剥乱天下，残毁民物"③。敌国之言，意在煽动，尽管不无事实的影子，但出于敌意，故彰其恶，每每言不符实，因而，我们只能将其视为敌国之论，而不能据以评价曹操。但是，另一方面敌国也往往发出一些佩服曹操的言论，倒是值得重视的。例如诸葛亮说曹操以弱为强，打败袁绍，"非惟天时，抑亦人谋也"④；说曹操"智计殊绝于人，其用兵也，仿佛孙、吴"⑤。孙权说："操之所行，其惟杀伐小为过差，及离间人骨肉，以为酷耳。至于御将，自古少有"⑥。这都表现出他们对曹操才能的肯定。

二、魏晋期间治史者的评论

曹操死后，曾经有过一度吹捧曹操的热潮。曹植在《武帝诔·序》中说到曹操丧葬时的情景，"华夏饮泪，黎庶含悲。神翳功显，身沉名飞。敢扬圣德，表之素旗。"这绝不是毫无根据的说辞。可以肯定，曹操死后，在他的统治区域以内，确曾举国同悲过一阵子。

曹丕代汉以至终魏一代，曹操旧属仍然经常以曹操的功业和睿智为据，谋事、劝政。如和洽以曹操"不饰无用之宫，绝浮华之

① 《三国志·魏书·袁绍传》注引《魏氏春秋》。
② 《三国志·吴书·周瑜传》。
③ 《三国志·蜀书·先主传》。
④ 《三国志·蜀书·诸葛亮传》。
⑤ 《三国志·蜀书·诸葛亮传》注引《汉晋春秋》。
⑥ 《三国志·吴书·诸葛瑾传》。

费"，卫觊以曹操"食不过一肉，衣不用锦绣"劝诫明帝。这说明，曹操的事功和形象，曾经有力地影响着曹魏政权。

但是，魏亡之后，情况便有所不同了。曹操的形象不再那么神圣，一些论操及三国事的书，不仅谈曹操的事功，而且也言曹操的过失及其为人。特别是晋人的著作开始披露曹操诸多酷虐变诈，为人诡谲、忌刻的事实。所以，从诸多著作看出，曹操的形象，从晋开始，便不那么高大了，而不是人们常说的是在宋代以后。

1. 陈寿誉操为"非常之人，超世之杰"

就史家而言，陈寿对曹操的评价是比较高的。陈寿本蜀国人，曾仕蜀为观阁令史，但长期受压抑，"屡被遣黜"；其父本为马谡参军，马谡失街亭被诸葛亮处死，寿父连坐被处髡刑。诸葛亮的儿子诸葛瞻也看不起陈寿。因此，陈寿对蜀没有好感。不过，他在《三国志》中还是给了诸葛亮以比较客观的评价的。但唐人房玄龄等撰《晋书》时仍认为，陈寿对诸葛亮的评价低了，"寿为亮立传，谓亮将略非长，无应敌之才，言瞻惟工书，名过其实。议者以此少之。"①相对来说，陈寿之于曹操则没有这方面的问题，所以评价也更客观些。陈寿给曹操的总评语是：

> 汉末，天下大乱，雄豪并起，而袁绍虎眎四州，强盛莫敌。太祖运筹演谋，鞭挞宇内，揽申、商之法术，该韩、白之奇策，官方授材，各因其器，矫情任算，不念旧恶，终能总御皇机，克成洪业者，惟其明略最优也。抑可谓非常之人，超世之杰矣。

陈寿在这里肯定了曹操鞭挞宇内的统一事业，肯定了曹操的智慧和才能，同时也肯定了曹操的谋略和揽申商法术的思想，肯定

---

① 《晋书·陈寿传》。

了曹操任用贤能的思想。他不把曹魏最后代汉视作篡逆,而认为"终能总御皇机,克成洪业"乃曹操"明略最优"的结果。因而,他盛赞曹操为"非常之人,超世之杰"。这个评语,的确要比给予诸葛亮的评语"识治之良才,管(仲)、萧(何)之亚匹"要高些。至于给刘备的"机权干略,不逮魏武"的评语,更见其"等而下之"之意。不过,陈寿对于曹操的为人亦时有所非,如谴其征陶谦,"所过多残戮"①。

另外还有一些高度评价曹操的晋代著作,诸如王粲《英雄记》、王沈《魏书》、司马彪《续汉书》等,其中王沈《魏书》可为代表作,影响亦最大。王沈,好书,善属文,魏时累官中书门下侍郎、治书侍御史、尚书、豫州刺史、征虏将军,入晋转骠骑将军、录尚书事,居官两朝,均受重用,是个很有影响的既有文才、又善武事的人物。他在所撰《魏书》中虽然没有对操作"非常之人,超世之杰"的评语,但其具体置评则远超陈寿之上。他不仅仅是简单地以魏为正统,而且蔑称其他包括吴、蜀在内的军事集团为"群丑"。因此便有"太祖自统御海内,芟夷群丑"之语。他从几个方面充分肯定了曹操。其中主要之点有:第一,他将曹操与孙武、吴起相较,高度美誉其军事才能与思想,"行军用师,大较依孙吴之法,而因事设奇,谲敌制胜,变化如神";第二,他推尚曹操的用人思想,认为曹操"知人善察,难眩以伪";第三,他佩服曹操的智能,认为曹操是文武全才,"创造大业,文武并施,御军三十余年,手不舍书,昼则讲武策,夜则思经传,登高必赋,及造新诗,被之管弦,皆成乐章";第四,他赞许曹操的俭朴作风,说曹操"雅性节俭,不好华丽";第五,他颂扬曹操严明赏罚的作为,"勋劳宜赏,不吝千金,无功望施,分

① 以上分见《三国志·魏书·武帝纪》、《蜀书·诸葛亮传》、《先主传》等。

毫不与"①。

毋庸讳言,陈寿对曹操的评语中有明显的曲笔回护之辞。什么"不念旧恶"云云,实属以偏概全。至于王沈《魏书》,先代早有定论,唐人房玄龄等撰《晋书》时在《王沈》本传中指出,王沈"与荀顗、阮籍共撰《魏书》,多为时讳,未若陈寿之实录也"。"多为时讳",点出了问题的关键所在。以此观之,就不难理解陈寿、王沈为什么竭力誉操而较少披露其酷虐变诈了。以"纪"述曹,以"传"记孙、刘,从根本上来说,就是因为陈寿、王沈等入晋后做了晋朝官,他们的著述力求适应于晋的政治需要。晋承魏后,从继统的关系来说,"帝魏"就是承认晋的正统地位;司马氏在曹魏时代卓有功勋,彪炳曹操的事功,对于司马氏是增荣的事,而绝无伤害。清人赵翼在《二十二史札记·三国志书法》中说得很对:"盖寿修书在晋时,故于魏晋革易之处,不得不多所回护。而魏之承汉,与晋之承魏一也。既欲为晋回护,不得不先为魏回护"。

2. 陆机二分评操

陆机,本吴国陆逊的孙子,入晋为祭酒,累迁太子洗马、著作郎、郎中令,转殿中郎、中书郎等。晋元康八年(公元 298 年),陆机曾作《吊魏武帝文》给曹操以很高评价,其中有云:

接皇汉之末绪,值王途之多违,伫重渊以育鳞,抚庆云而遐飞。运神道以载德,乘灵风而扇威。摧群雄而电击,举勃敌其如遗。……扫云物以贞观,要万途而来归。丕大德以宏覆,援日月而齐晖。济元功于九有,固举世之所推。……威先天而盖世,力荡海而拔山。厄奚险而弗济,敌何强而不残。每因

---

① 《三国志·魏书·武帝纪》注引《魏书》。

祸以禔福,亦践危而必安。……①

这是陆机"游乎秘阁,而见魏武《遗令》,忾然叹息,伤怀者久之"以后发的议论。他备赞曹操,所谓"运神道以载德,乘灵风而扇威。摧群雄而电击,举勍敌其如遗",以及"威先天而盖世,力荡海而拔山"云云,实是对曹操武功与才智的肯定;所谓"丕大德以宏覆,援日月而齐晖",乃是以德配天地而与日月同辉的传统誉词,对曹操的功业加以歌颂;至于"济元功于九有(九有,即九州),固举世之所推",则表明陆机认为曹操有大功于神州,因而得到"举世"的推崇。陆机在这篇吊文中几乎没有谈到曹操的缺点,大概是受祭悼性文体限制的缘故。所以,只能代表一个方面的评价,不宜视为全面评价。全面评价则表现在他的《辨亡论》中说的既简单而又明确的话,"曹氏虽功济诸华,虐亦深矣,其民怨矣"②。就是说,曹操虽然有功于国,但为政酷虐,老百姓对他没有好感。

3. 孙盛《异同杂语》和晋时吴人所作
《曹瞒传》首开非议曹操为人之先

南朝宋人裴松之注陈寿《三国志》注引图书二百余种,其中仅《武帝纪》注引的书籍就达二十余种。这些书籍大都是魏晋时人所作,因而也大都尊曹魏为正统,称曹操为太祖。但对曹操的态度,却有显著不同。王沈《魏书》等竭力回护曹操,孙盛《异同杂语》等书和吴人《曹瞒传》则在讲述曹操事功的同时,不时披露曹操酷虐变诈的一面。比如,《曹瞒传》以"少好飞鹰走狗,游荡无度"评议曹操少年所为;极力渲染曹操遣华歆收杀伏皇后的残忍,

---

① (清)严可均校辑《全晋文》卷99《陆机》。
② (清)严可均校辑《全晋文》卷98《陆机》。

"歆坏户发壁,牵后出",后披发赤足,执帝手曰"不能复相活邪?"帝曰:"我亦不自知命在何时也"。《曹瞒传》对曹操的总评归为三点,一是"为人佻易无威重";二是"持法峻刻,诸将有计画胜出己者,随以法诛之,及故旧怨,亦皆无余";三是"酷虐变诈",乱杀无辜。孙盛仕晋秘书监加给事中,也是晋官,但对曹操似无好感,因而评价亦大异于他人。首先,他将许劭对曹操"君清平之奸贼,乱世之英雄"的预测评语篡改为"子治世之能臣,乱世之奸雄",使曹操由"英雄"变成"奸雄";第二,曹操杀吕伯奢一家,《魏书》说是因为吕伯奢的儿子与宾客"共劫太祖,取马及物",所以"太祖手刃击杀数人";孙盛则说是"太祖闻其食器声,以为图己,遂夜杀之",进而说曹操凄怆而曰"宁我负人,毋人负我",生动地刻画了曹操人格之非;第三,曹操伐徐州陶谦,所过多残杀,孙盛指称"罪谦之由,而残其属部,过矣";第四,曹操攻下邺城,"临祀绍墓,哭之流涕,慰劳绍妻,还其家人宝物,赐杂缯絮,廪食之。"孙盛评说:"……尽哀于逆臣之家,加恩于饕餮之室,为政之道,于斯踬矣。夫匿怨友人,前哲所耻,税骖旧馆,义无虚涕,苟道乖好绝,何哭之有? 昔汉高失之于项氏,魏武遵谬于此举,岂非百虑之一失也"①。

《曹瞒传》和《异同杂语》等书反映着包括部分士大夫在内的人的看法。这些看法,不仅影响于当时,而且深深影响着后人,遂为南北朝以后小说家作品中,包括明人罗贯中《三国演义》在内的曹操形象的渊源。

在此附带说一点南朝宋人裴松之的态度。裴松之对于孙盛著史的态度本有看法,曾说:"凡孙盛制书,多用左氏以易旧文,如此者非一。"但他依然把孙盛诸多非操之论引入书中。由此,我们不

---

① 以上引文均见《三国志·魏书·武帝纪》并注。

妨认为裴松之也是不赞赏曹操的为人的。

4. 习凿齿首倡操为"篡逆"之说

习凿齿东晋时人,博学洽闻,以文笔著称,累官西曹主簿、荆州别驾、荥阳太守等。著《汉晋春秋》。论者常说,古代历史著作,包括《资治通鉴》在内都是以曹魏为正统的,只是南宋以后人们受朱熹《通鉴纲目》以及南宋偏安江南的事实的影响,才将曹操斥为篡逆,"帝蜀"而"寇曹"。实则不然。开其先者当为习凿齿。习凿齿有两个重要观点,第一,三国时以蜀为正。他说:"于三国之时,蜀以宗室为正,魏武虽受汉禅晋,尚为篡逆";又说,"自汉末鼎沸五六十年,吴魏犯顺而强,蜀人杖正而弱";可见他是以蜀为正统的;第二,汉亡而晋兴,"皇晋宜越魏继汉"。在继统关系上,他试图把魏抹去,由晋直接承汉。他的理由是,"汉氏失御,九州残隔,三国乘间,鼎峙数世,干戈日寻,流血百载,虽各有偏平,而其实乱也。……除三国之大害,静汉末之交争,开九域之蒙晦,定千载之功者,皆司马氏也。而推魏继汉,以晋承魏,比义唐虞,自托纯臣,岂不惜哉!"他认为,曹魏没有资格继汉为正统。他说:"今若以魏有代王之德,则其道不足;有静乱之功,则孙刘鼎立。道不足则不可谓制当年,当年不制于魏,则魏未曾为天下之主;王道不足于曹,则曹未始为一日之王矣。"习凿齿甚至不承认司马氏立功于魏,而认为"宣皇祖考(司马懿)立功于汉。"可见,习凿齿的封建正统观念是非常强的。为争正统,不惜曲解历史。当然,习凿齿视曹魏为"篡逆"也是不足为怪的事。因为东晋与以后的南宋一样,地处一隅,情势同于蜀汉而殊于曹魏。但值得我们重视的是,他的观点的确对后世发生了深刻影响。

三、南北朝及唐宋时期,曹操的形象江河日下

南北朝时期,尤其是南朝,以及唐宋以后,人们对曹操的评价,甚受孙盛、习凿齿等人的影响。不少人专择有损曹操形象的事实与传说而宣之。

1.刘义庆例说曹操"假谲"之行

刘义庆,南朝宋武帝刘裕的侄子,爵袭临川王,官居刺史,加都督,著述甚多,行于世者有《世说新语》和《集林》等。刘义庆以魏晋逸闻轶事为内容的小说集《世说新语》,录有不少曹操故事。然而所述故事,大都是说曹操之非,数曹操之短的。他视曹操为假谲之人,因而把曹操的不少故事,收入《假谲篇》中。如讲曹操怕人暗算,常对人说:"我眠中不可妄近,近便斫人,亦不自觉,左右宜深慎此。"后来,操假意已经熟睡,有一侍候他的很得信任的人怕他受凉给他盖被,他便顺手把此人杀了。从此以后,睡眠时便再也没有人敢接近了;还有一个"心动杀人"的故事说,"魏武尝言:'人欲危己,己辄心动。'因语所亲小人曰:'汝怀刃密来我侧,我必说心动,执汝使行刑,汝但勿言其使,无他,当厚相报。'执者信焉,不以为惧,遂斩之。此人至死不知也。左右以为实,谋逆者挫气矣。"另外同篇中还讲了大家熟知的"望梅止渴"的故事:军队失道,士卒渴甚,曹操以"前有大梅林,饶子甘酸,可以解渴"诳骗士卒。如此等等。

刘义庆论曹,代表着南朝统治集团对曹操的看法。所以,不足为怪。但必须注意的是,南北朝时,曹操为人谲诈的一面虽然常为人非,但其政治手段却常为人效。历史表明,南北朝常有帝王逼禅

的事,而这些逼禅的帝王很喜欢用曹操三让而后受之的程式。他们的辞让表,在形式上也全效曹操,如出一辙。正如赵翼《二十二史札记》所论:"古来只有禅让征诛二局。其权臣夺国,则名篡弑,常相戒而不敢犯。……至曹魏则既欲移汉之天下,又不肯居篡弑之名,于是假禅让为攘夺。自此例一开,而晋、宋、齐、梁、北齐、后周以及陈、隋,皆效之。"(《禅代》)又说:"每朝禅代之前,必有九锡文,总叙其人之功绩,进爵封国,赐以殊礼,亦自曹操始(案王莽篡位已先受九锡,然其文不过五百余字。非如潘勖为曹操撰文格式……)其后晋、宋、齐、梁、北齐、陈、隋皆用之,其文皆铺张典丽,为一时大著作。"(《九锡文》)可见,曹操在其后七八百年、十数代的帝王心目中还是值得学习的。

2. 李世民两面评曹操

唐人对曹操的评价,总体来说褒贬不一。不少人推崇曹操。如杜牧很看重曹操军事才能,"注曹公所定孙武十三篇行于代"[①];杜佑作《通典》重视客观纪事,不没曹操事功;杜甫在《丹青引赠曹将军霸》诗中称曹操为"英雄":"将军魏武之子孙,于今为庶为清门,英雄割据虽已矣,文采风流今尚存。""文采风流今尚存"是称誉曹操的风度遗传到了子孙后代身上。当然,这并不表明这些人对曹操为人诡诈的一面也很佩服。就杜甫来说,他的一些诗中讲到诸葛亮,其崇尚之情远远超过曹操之上。"诸葛大名垂宇宙,忠臣遗像肃清高","出师未捷身先死,长使英雄泪满襟"。杜甫既称曹操为"英雄",也视诸葛亮为"英雄",从评价历史人物的角度说,是不矛盾的,二者完全可以共存不悖。

---

① 《旧唐书·杜牧传》。

必须注意到,唐人评操,砝码是不断向贬的一头倾斜的。其中最有影响的评价出于太宗皇帝李世民的笔下。贞观十九年(公元645年二月),唐太宗从洛阳出兵高丽,过邺,见曹操墓,自为文祭曹操。在这篇《祭魏太祖文》中,李世民说:"帝以雄武之姿,当艰难之运,栋梁之任同乎曩时,匡正之功异乎往代。"在这里,李世民以"雄武之姿"誉操,说明他佩服曹操;他把曹操比之于商代伊尹和汉代霍光,称其为国之栋梁,肯定了其匡正之功。无疑,这是正面的评价,因而常为誉操者所引用。但李世民的祭文中还有另一面的内容,他说曹操"观沉溺而不拯,视颠覆而不持。乖徇国之情,有无君之迹"①。意思是说,曹操并没有真正拯救、扶持汉帝国,用一个"乖"字(乖,背离、乖违之意),刻画了曹操的诡诈,明喻曹操的一切事功出发点不是为了匡扶汉室;"有无君之迹"一句话,把曹操钉在了"奸臣"的耻辱柱上。李世民是受人推崇的唐朝皇帝,他的这篇祭文无形中为唐人评操定了调子。我们看到,唐人善为诗,但言操者少,颂操者更少,偶见几首,大都深寓讥讽之意,如李邕在《铜雀妓》中说:"颂声何寥寥,唯闻铜雀诗。君举良未易,永为后代嗤。"②"君举良未易",是说曹操所做的一切都是历史,是不会改变的;"永为后代嗤",是说曹操将永远被后代人所讥笑,嗤之以鼻。元稹《董逃行》说:"刘虞不敢作天子,曹瞒篡乱从此始",更是严厉的谴操之语。杜牧《赤壁》诗云"东风不与周郎便,铜雀春深锁二乔",实亦讽操之句。

史家刘知几,不否定曹操的诸多事功,但说曹操"贼杀母后,幽迫主上,罪百田常,祸千王莽"③。田常,春秋时齐国人,杀齐简

---

① 《全唐文》卷10。
② (唐)李邕:《铜雀妓》。《全唐诗》卷115。
③ (唐)刘知几:《史通·探赜》。

公,立齐平公,自专齐国政,为后来田氏代齐奠定了基础;王莽,西汉末以外戚专权,杀死汉平帝,自称假(代)皇帝,后自立为帝,改国号为新。田常、王莽都是弑君夺国者。刘知几认为,曹操的罪名百倍于田常,千倍于王莽。可见仇视到何种程度。

另从诸多诗文的记载可知,早在唐,甚至隋末三国故事已开始被艺术化,甚至搬上了舞台。《太平广记》卷 226 收唐人颜师古《大业拾遗记》记,隋炀帝敕学士杜宝修《水饰图经》15 卷,作木偶戏,其中便有"刘备乘马渡檀溪"。李商隐《骄儿诗》"或谑张飞胡,或笑邓艾吃(指口吃)",说的就是人们观看演出时的情形。既有刘关张的舞台形象,肯定也少不了曹操登台亮相。

3. 司马光未以曹魏为正统

论者或谓曹操的形象主要是南宋以后被丑化了,北宋时司马光以曹魏继汉统,尚是"帝魏寇蜀"、"尊曹抑刘"的正统派。无疑,这是一种形式主义的看问题的方法。司马光在其《资治通鉴》中,形式上确实是以曹魏继汉统的,曹丕代汉,即以魏之黄初代汉之纪年,前后相衔无间;曹操秉汉政期间,始终奉献帝建安正朔,因而曹氏所为也大都记在了献帝建安账上。但这绝不说明司马光承认曹氏的正统的地位。对此,司马光大概是惟恐被人误解,所以在黄初二年(公元 221 年)四月刘备即帝位,改元章武的记载后,写上了一篇很长的议论,其中有云:"及汉室颠覆,三国鼎峙。晋氏失驭,五胡云扰。宋、魏(指南北朝时之宋、魏)以降,南北分治,各有国史,互相排黜,南谓北为索虏,北谓南为岛夷,朱氏(指朱温,建后梁)代唐,四方幅裂,朱邪(指李克用,建后唐)入汴,比之穷、新(指将朱梁比之于有穷篡夏、王莽篡汉),运历年纪,皆弃而不数,此皆私己之偏辞,非大公之通论也。臣愚诚不足以识前代之正闰,窃以为苟不能使九州合为一统,皆有天子之名而无其实者也。虽华夏仁暴,大小强弱,或时不同,要皆与古之列国无异,岂得独尊奖一国谓之正统,而其余皆为僭伪哉!"司马光的意见很明确,"不能使九州合为一统",都是徒有天子之名而无其实,因而不能"独尊奖一国谓之正统"。质言之,司马光这是特意声明,他并未尊曹为正统。因而,他进一步申明,"是以正闰之论,自古及今,未有能通其义,确然使人不可移夺者也。臣今所述,止欲叙国家之兴衰,著生民之休戚,使观者自择其善恶得失,以为劝戒,非若《春秋》立褒贬之法,拨乱世反诸正也。"既然如此,那为什么还以曹魏纪年继汉呢? 司马光说得更清楚:"然天下离析之际,不可无岁、时、月、日以识事之先后。据汉传于魏而晋受之,晋传于宋以至于陈而隋取之,唐传于梁以至于周而大宋承之,故不得不取魏、宋、齐、梁、陈、后梁、后唐、后晋、后汉、后周年号,以纪诸国之事,非尊此而卑彼,有正闰之辨也。"

司马光是个正直的历史学家,他的治史态度的确如其自己所说,"据其功业之实而言之"。他很重视曹操的事功,也很看重曹操的才能。他在评论荀彧时充分表露了这种意思,"汉末大乱,群生涂炭,自非高世之才不能济也。然而荀彧舍魏武将谁事哉?"又说:"建安之初,四海荡覆,尺土一民,皆非汉有。荀彧佐魏武而兴之,举贤用能,训卒厉兵,决机发策,征伐四克,遂能以弱为强,化乱为治,十分天下而有其八"。但是,综观《资治通鉴》汉献帝诸卷,不难发现,司马光对曹操的为人同样没有好感,因而在不少地方用材遣词也常带有明显的非其不轨、卑其为人的倾向。诸如他评论说,"以魏武之暴戾强伉,加有大功于天下,其蓄无君之心久矣。乃至没身不敢废汉而自立,岂其志不欲哉? 犹畏名义而自抑也。"[1]所谓"蓄

---

① 《资治通鉴》卷68,汉献帝建安二十四年。

无君之心”，实际就是“奸臣”的另一种表述；所谓“暴戾强伉”，就是乖戾残暴的代名词；所谓“没身不敢废汉而自立，岂其志之不欲哉？犹畏名义而自抑也”，则生动地刻画了曹操的既想立牌坊又想当婊子的心理状态。另外，表现在使用材料上，我们还看到：他引述许劭评操，舍《后汉书》记许劭语“乱世之英雄”不用，而用《三国志》中注引的非正式史记孙盛《异同杂语》中的“乱世之奸雄”。“乱世奸雄”的形象，经《资治通鉴》一倡，那较孙盛首倡者对后世的影响不知增加多少倍；记述曹操征陶谦，则恰恰相反，取材《后汉书》而舍《三国志》的记载。陈寿《三国志》所记不过是“所过多所残戮”①，“谦兵败走，死者万数，泗水为之不流”②；而范晔《后汉书》则称“凡杀男女数十万，鸡犬无余，泗水为之不流，自是五县城保，无复行迹”③。用《后汉书》的材料，显为重其罪愆；曹操欲杀杨彪事，《三国志·武帝纪》不详其事；《孔融传》注引《续汉书》说，操与彪有隙，因托彪与袁术婚姻执彪。司马光亦舍而不用而取《后汉书》之文：“时袁术僭乱，操托彪与术婚姻，诬以欲图废置，奏收下狱，劾以大逆。”一个“诬”字，进而“劾以大逆”，便把曹操蓄意害人的奸诈形象刻画得淋漓尽致了。另外，从其引述习凿齿论刘备“刘玄德虽颠沛而信义愈明，势逼事危而言不失道”④看，就人品论，司马光更崇刘备。不可否认，司马光虽在继统关系上为“尊魏抑蜀”者张目，但同时也在中国历史上“抑曹扬刘”的历史发展过程中发生了无可取代的作用。

①　《三国志·魏书·武帝纪》。
②　《三国志·魏书·陶谦传》。
③　《后汉书·陶谦传》。
④　《资治通鉴》卷65，汉献帝建安十三年。

4. 北宋时曹操的奸雄形象，已经定型，而且已深入民间

宋人孟元老《东京梦华录·京瓦伎艺》中记载，在东京汴梁街巷"瓦肆"中有各种靠卖艺为生的人，唱小唱的，演杂剧的，表演傀儡戏和影戏的，还有踢球、相扑和舞刀弄棒的，还有一些专门讲史、卖史书、猜谜、说诨话的。其中，孟元老特别提到有一个名叫霍四究的人"说三分"。"说三分"就是说三国故事。可见，当时在汴梁已有一种规模虽然不大但却是专门说三国的书场和很有一点名气的说书人。说书人既然能以此谋生，说明听说三国故事的人不在少数。推而论之，既然有这么多的人愿听三国故事，说明三国历史和三国人物通过艺术加工，更加生动化了，形象化了，因而具备了更大感染力。另据宋人高承《事物纪原》卷9《博弈嬉戏部·影戏》记载："宋朝仁宗时，市人有能谈三国事者，或采其说加缘饰作影人，始为魏、蜀、吴三分战争之像。"将三国人物作成"影人"以表演三国故事的"影戏"，窃以为，将这视为后世三国戏的雏形，当不为过。说三国故事，演三国戏，剧中人物当然少不了曹操、刘备等主要人物。那么，当时的艺人是如何刻画他们的呢？这一点，我们从苏东坡《志林》的记述中可以得到启示。苏东坡说："涂巷中小儿薄劣，其家所厌苦，辄与钱令聚坐听说古话。至说三国事，闻刘玄德败辄蹙眉，有出涕者，闻曹操败，即喜唱快。"苏轼的记载表明，第一，当时不仅成年人愿听三国，而且成年人也特愿让小孩子们去听三国；第二，说书人和听书人都同情刘备，站在了刘备一边，闻刘备败，有的人竟哭了，而对曹操却极为憎恨，闻曹操败，便欢呼歌唱。这说明，北宋期间，白脸曹操的形象已是深深地印在了人们的脑海中。

郭沫若说过一个意思：在封建时代人民的意识中的糟粕"是

支配阶级蓄意培植的"(《替曹操翻案》)，所以，曹操的形象被歪曲，责任不在人民。曹操的形象是否被歪曲，姑且不论，但说人民的意识要受统治阶级的影响，却是有道理的。司马光、苏轼都是支配阶级的上层人物；即使说书人，也不外是民间知识分子，阶级属性似乎亦应划在统治阶级一边。他们的看法和著作，当然影响着老百姓。前面已经讲过司马光，这里再着重讲讲苏轼对曹操的评论。

　　苏轼写过《魏武帝论》、《诸葛亮论》，以及《孔北海赞》等文。在《魏武帝论》中，苏轼分析三国鼎立，孙、刘不足以敌曹，然曹操最终不能统一中国的原因说："魏武长于料事，而不长于料人。是故有所重发而丧其功，有所轻为而至于败。刘备有盖世之才，而无应卒之机，方其破刘璋，蜀人未附，一日而四五惊，斩之不能禁。（曹）释此时不取，而其后遂至不敢加兵者终其身。孙权勇而有谋，此不可以声势恐喝取也。魏武不用中原之长，而与之争于舟楫之间，一日一夜，行三百里以争利。犯此二败以攻孙权，是以丧师于赤壁，以成吴之强。"可见，苏轼给曹操的评价要比同时代人司马光给曹操的评价低得多。他虽然承认曹操"用兵制胜"的才能，但是很有限度。他认为曹操的根本问题是"不长于料人"。论者有为曹操辩解者，说苏轼对曹操的评价不正确，认为曹操不仅善于料事，而且也"长于料人"。其实，苏轼这里说的主要是曹操对刘备、孙权所"料"不够，他没有很好地利用刘备"无应卒之机"，而蜀人未附，一日四五惊的情势取蜀；他没有认识到孙权勇而有谋，而试图用"声势恐喝（吓）"取之，又加"不用中原之长而与之争于舟楫之间"，结果"丧师于赤壁，以成吴之强"。应该说，苏轼的评价从一定意义上说也是对的。苏轼在《诸葛亮论》一文中，将诸葛亮同曹操作了对比，说诸葛亮"言兵不若曹操之多，言地不若曹操之广，言战不若曹操之能，而有以一胜之者，区区之忠信也"；又在《孔北海赞》中直书"曹操阴贼险艰，特鬼蜮之雄者耳"。可见，苏轼虽然有限度地承认了曹操的才能，但对曹操的为人是极为卑视的，不仅视为一般的奸臣和缺乏"忠信"之人，而鄙为"鬼蜮之雄"。

司马光、苏轼等人在其文字中表述的观点，当然会在政界、士人和庶民百姓中产生重大影响。但另一方面，我们也必须承认广大庶民百姓的道德选择。曹操为人诡谲奸诈，自然不为百姓接受。换言之，曹操的形象日落，既有统治阶级的思想及其宣传的影响，也有庶民百姓自己的道德向往，两方面的原因都有，不宜偏执一词。

5. 南宋时，"天心大讨曹"

赵宋南渡，形同孙、刘偏居一隅。形势所使，南宋人极度仇视曹操。其中尤以一些倡导忠君、爱国的人们如朱熹、陆游等更是视曹操若寇仇。

朱熹是晋人习凿齿以后第一个真正把曹魏从历史文字的记载中排除到正统以外的人。朱熹作《通鉴纲目》，不顾历史事实，径改《资治通鉴》以曹丕黄初承汉建安的纪年关系而为刘备章武承汉建安纪年。显然，这是不科学、不严肃的。历史的事实是，曹操死于建安二十五年正月，曹丕办完了丧事，继为丞相、袭爵魏王，三月改元为（汉）延康元年；十月受汉禅，废汉纪元而为魏纪元，即黄初元年。一年之内，三个年号，两次改元；（汉）建安——（汉）延康——（魏）黄初。三个年号，前后紧相衔接。而章武是刘备于黄初二年四月称帝后的年号，若以章武承建安，中间要断时数月，出现了时间上的空档。这正是司马光不取章武而用黄初的重要原因之一，"天下离析之时，不可无岁、时、月、日以识事之先后"。

朱熹纂史用章武纪年而不用黄初纪年,是其尊刘抑曹、帝蜀寇魏观念的具体表现。至于文字的表述,也不像《三国志》、《资治通鉴》那样相对客观而更加突显褒贬之义,径称曹操为"篡盗"。

朱熹心目中的曹操非"盗"即"贼"还表现在他的其他著作里。据《朱子语类》卷140《论文下》,朱熹评操说:"曹操作诗必说周公,如云'山不厌高,水不厌深。周公吐哺,天下归心。'又《苦寒行》云:'悲彼东山诗'。他(操)也是做得个贼起,不惟窃国之柄,和圣人之法也窃了。""诗见得人,如曹操虽作酒令,亦说从周公上去,可见是贼。"

南宋时期,视操为贼,已是人们的共识。陆游有《得建业倅郑觉民书》诗云:"邦命中兴汉,天心大讨曹",反映的正是这种情况和情绪。洪迈在《容斋随笔》中虽然极称曹操知人善任"实后世所难及",但同时说:"曹操为汉鬼蜮,君子所不道"。"鬼蜮"之谓,显本苏轼之说;"君子所不道",则在鄙视曹操的人品方面更上了一个新的台阶。

四、元、明、清时期,曹操的"奸雄"艺术形象定型化

1. 艺术化了的曹操逐步取代了历史上的曹操

据学者们考证,叙说三国故事的话本在宋元时代已经有了。如元初至元年间《三分事略》话本。我们现在看到的三国故事的最早写定本是元代至治年间(公元1321—1323年)的新安虞氏刊刻的《全相三国志平话》,长达八万多字,三国故事的始末已粗具规模。金院本、元杂剧中存留至今的三国故事剧目也有四十多种,剧本一二十种。学界共认,罗贯中《三国演义》就是参照史籍、采

摘传说,并在这诸多已流传颇广的平话、杂剧的基础上写成的。因此,《三国演义》的思想倾向,代表着一个时代的思想。

《三国演义》是以什么指导思想对待曹操的,已是人所共知,勿须多说,撮其要:一是以"篡逆"视操,把曹魏排除在正统之外;二是以"谲诈"绘操,巧演历史,充分揭露、渲染曹操诡谲奸诈、残忍少信及其无君之心的一面。

《三国演义》是中国历史上最有影响的杰出的文艺作品之一。书中曹操、刘备、诸葛亮等诸多历史人物的事功及其形象,虽然大都本于事实或取自传说,但通过作者的艺术加工,或奸,或忠,都被典型化了。经过艺术加工过的曹操已不完全是原来意义上的曹操。诡谲奸诈的作为及其龌龊的心理状态突出了。因而造成了历史上的曹操与《三国演义》以及金、元以后的戏剧中的曹操有着很大的差距。

无疑,这种差距是应该允许的。因为,第一,《三国演义》等是文艺作品,是历史小说,而不是历史书;第二,《三国演义》的写作基本符合历史小说的写作要求,它在贯彻其尊刘抑曹的思想时,主要是通过铺陈细节、重组或调整事件的前后关系、刻画人物内心活动等手法完成的;书中重要事件本身的具体描写很少空穴来风、无中生有;第三,作品带着明显的时代烙印,反映着作者的思想意识和历史观。这是不能强求作者的。

这里,顺便就《三国演义》的历史作用说几句话。在诸多评论中,对于《三国演义》的历史作用,或谓宣传了英雄史观,或谓传播了错误的历史知识,或谓歪曲了曹操的形象。诸此,当然不能说完全没有道理,但我们必须历史地看待这些问题。事实上,包括所有历史典籍和历史小说在内无不体现着英雄造时势的观点,并非是《三国演义》的独有特点,时代使然,不必过责。在传播历史知识方面,《三国演义》虽然有一些不正确的东西,或给历史渗进了水分,掺入了杂质,但更主要的是通过艺术的手段使广大民众得到了汉末、三国的历史知识。直到今天,人们为什么对三国历史故事知道得较其他朝代多?《三国演义》在普及历史知识方面的作用是不能低估。关于曹操的形象,人民群众的确是通过《三国演义》以及据此编成的各种戏剧的熏陶,将其视为诡谲、奸诈、篡盗的化身的。所以,对此《三国演义》难辞其咎。但是,《三国演义》所塑造的这个反面形象,却始终起着正面的思想教育作用。这就是鞭挞奸诈,褒奖忠信,非议权术,提倡诚直。这正是我们的道德教育所需要的。因而,《三国演义》在这方面的积极作用也是不容低估的。

应该指出,在学人著作中的曹操,依然是个两面形象的人物。很多个人的学术著述承继了唐宋以来对于曹操的评价,即肯定其才能,非难其为人。如张溥《汉魏六朝百三名家集·魏武帝集题辞》中说,曹操"乐府称绝"、"文章瑰玮"、"多才多艺"、"汉末名人,文有孔融,武有吕布,孟德实兼其长";但当讲到为人时,便谓曹操"志窥汉鼎"、"称王谋逆"、"甘心作贼"。

2. 清高宗御定曹操"篡逆"名

清代否定曹操者多有,但以高宗乾隆皇帝最为彻底、干脆。他的态度是从编纂《四库全书》时对一篇宋人文章的评价表达出来的。史载,北宋皇帝宋真宗有一次经过亳州(即曹操的家乡谯县),见城东曹操庙已很破旧,即令曾做过参知政事、给事中、工部和刑部侍郎的时任亳州知府张知白主持重修。庙宇修缮之后,请当时著名古文家穆修写了一篇《亳州魏武帝帐庙记》。大概是因为碑、诔一类文字通常是为故人颂德而少言其劣迹的缘故,穆修这篇碑记多有颂操之文。他说,曹操"建休功,定中土,垂光显盛大之业于来世";又说,曹操"为乡里人所爱,后思怀其德,共自尊祀之,遂传于今不息"。这篇颂扬曹操功德的碑记,收在了穆修的《穆参军集》内。清乾隆年间编纂《四库全书》时准备收选穆修的文章。乾隆看到这篇碑记时,不禁大怒,认为穆修"奖篡助逆","大乖于名教","岂可使之仍侧简牍,贻玷汗青",因令"刊除此文,以彰衮钺"①。乾隆称操为"篡"为"逆",视操为巨奸大憝,遂成官方定评,从而成为一条无形的政治戒律,大大影响着清代后期学术,人少敢言曹操之优者。

现见清代相对客观评操者,大都在乾隆谴操之前。其中最有代表性的是王夫之。王夫之(1619—1692年),明末清初人,早年参加过抗清活动,后来隐居衡阳城外石船山下,因号船山,著述甚丰,晚年著有《读通鉴论》。在这部书中,王夫之表达了自己的历史观,对历代重要事件作出了自己的评论。王夫之很推赏曹操的智能,如谈到曹操表示不同意何进召董卓进京诛宦官时说:"(何)进之心胆失据,而(袁)绍无能辅也。曹操笑而袁绍忧,其智计之优劣,于斯见矣。"谈到袁绍欲立刘虞为主时又说:"于是而知操之视绍,其优劣相去之远也。"王夫之认为,"以操为早有擅天下之心者,因后事而归恶焉耳。"无疑,此论是很对的。王夫之同时也指出曹操的另一面,如评何进失败原因时说:"曹操识之明、持之定,而志怀叵测,听王室之乱"。在谈到曹操伐陶谦报私仇时说:"曹操父见杀而兴兵报之,是也;坑杀男女数十万人于泗水,遍屠城邑,则惨毒不仁,恶滔天矣。"王夫之对于曹操的所谓"任天下之智力"也有评论,认为"操之所以任天下之智力,术也,非道也。术者,有

---

① 《四库全书总目提要》卷152。

所可,有所不可;可者契合,而不可者弗能纳,则天下之智力,其不为所用者多矣。"①

乾隆之后情况就不同了,即使像赵翼这样置评多称公允的历史学家也少称曹操好的方面。他评论曹操用人时说,三国之主各能用人,而其用人各有不同,"曹操以权术相驭,刘备以性情相契,孙氏兄弟以意气相投",进而指出:"盖操当初起时,方欲藉众力以成事,故以此奔走天下,杨阜所谓曹公能用度外之人也。及其削平群雄,势位以定,则孔融、许攸、娄圭等,皆以嫌忌杀之,荀彧素为操谋主,亦以其九锡而胁之死。甚至杨修素为操所赏拔者,以厚于陈思王而杀之,崔琰素为操所倚信者,亦以疑似之言杀之。然后知其雄猜之性,久而自露,而从前之度外用人,特出于矫伪,以济一时之用,所谓以权术相驭也。"赵翼对于曹魏代汉,尤甚詈之。他说:"曹魏假称禅让以移国统,犹仿唐、虞盛事,以文其奸。及此例一开,后人即以此例为例,而并忘此例之所由仿,但谓此乃权臣易代之法,盖变本而加厉焉。"②无疑,这样的评论,正与官论相和。

五、近人论曹

清室祚尽,共和始兴,一个新的时代来临,然曹操的奸雄形象却在一段时间内不仅没有因此有所变化,而且随着印刷技术的发展、戏剧事业的繁荣而更加妇孺皆知了。一说曹操,人们自然就同奸诈联系起来。"曹操"的词意不再仅仅是人名,而且赋予了奸诈、残忍等特定的含义。此种情形,自然也就引起一些著名学者的重视。

---

① 以上引王夫之语见《读通鉴论》卷8、卷9。
② 《廿二史札记》卷7。

1. 胡适认为《三国演义》的谬处在"过抑曹孟德"

1917 年胡适在《新青年》杂志上同钱玄同讨论《三国演义》对曹操的评价问题。胡适撰文说:"《三国演义》在世界'历史小说'上为有数的名著。其书谬处在于过推蜀汉君臣而过抑曹孟德。然其书能使今之妇人女子皆痛恨曹孟德,亦可见其魔力之大。"胡适"魔力之大"的观点,受到钱玄同的责难。钱玄同说:"盖曹操固然是坏人,然刘备亦何尝是好人。论学、论才、论识,刘备远不及曹操。论居心之不良,刘备、曹操正是半斤八两。""戏台上《捉放曹》、《华容道》、《黄鹤楼》等戏,必是挤眉弄眼,装出许多丑态,仔细想想,真正可发大笑。"胡适辩解说:"吾谓此书'能使今之妇人女子皆痛恨曹孟德,亦可见其魔力之大',吾并非谓此书于曹孟德、刘备诸人褒贬得当。吾但谓以小说的魔力论,此书实具大魔力耳。"胡适同时为《三国演义》作如下辩白:"平心而论,《三国演义》之褒刘而贬曹,不过是承习凿齿、朱熹的议论,替他推波助澜,并非独抒己见。况此书于曹孟德,亦非一味丑诋。如《白门楼》杀吕布一段,写曹操人品实高于刘备百倍。此书写曹操用人之明,御将之能,皆远过于刘备、诸葛亮。无奈中国人早中了朱熹一流的毒,所以一味痛骂曹操。戏台上所演《三国演义》的戏,不是"逼宫",便是《战宛城》,凡是曹操的好处,一概不编成戏。此则由于编戏者之不会读书,而《三国演义》之罪不如是之甚也。"由上可见,胡适、钱玄同,特别是胡适,对于历史上包括习凿齿、朱熹、罗贯中等在内以及诸多戏剧"过抑曹操"表示了颇不赞同的意见。

2. 章太炎盛誉曹操"信智计之绝人,故虽谲而近正"

章太炎是近代第一个试图为曹操"翻案"的人物。他有《魏武

帝颂》一文,全面而很有深度地论述了曹操的事功。其要点略为:
第一,高赞曹操的武功,因谓"宣哲维武,民之司命。禁暴止戈,威
谋靡竞。夫其经纬万端,神谟天挺,出车而猃狁襄,戎衣而关、洛
定"。第二,称誉曹操礼贤下士,广罗人才,"登黎献乎衽席,折旄
倪乎隍阱"。"黎献"指庶民百姓中的贤者;"旄倪"指老人和儿童。
第三,欣赏曹操的俭朴、倡廉精神,"加之以恭俭,申之以廉靖。廷
有壶飧之清,家有绣衣之傲。布贞士于周行,遏苞苴于邪径"。苞
苴,指以财物行贿或行贿的财物。第四,肯定曹操重视农桑及其恤
民政策,"务稼穑故民孳殖,烦师旅而人不病"。第五,一反常人多
非曹操诡谲之行,而给予新的解释,说曹操"信智计之绝人,故虽
谲而近正"。"智计绝人",就是赞其才能非凡,同曹操部属称操
"略不世出"是相同的意思;"虽谲而近正",意谓行为或手段虽然
不无欺诈,但目的是无可非议的,所以这种欺骗是可以用的。章太
炎为曹操的诡谲之行辩护,从而全面肯定了曹操。

3. 鲁迅说曹操"至少是一个英雄"

章太炎全面肯定曹操,没有得到学界和庶民百姓的认同。这
是很自然的。因为这也不符合历史的事实。而鲁迅在给曹操以肯
定评价时,留下了余地,所以甚得人们心服。鲁迅在《魏晋风度及
文章与药及酒之关系》一文中说:"我们讲到曹操,很容易就联想
起《三国志演义》,更而想起戏台上那一位花面的奸臣,但这不是
观察曹操的真正方法。现在我们再看历史,在历史上的记载和论
断有时也是极靠不住的,不能相信的地方很多,因为我们通常晓
得,某朝的年代长一点,其中必定好人多;某朝的年代短一点,其中
差不多没有好人。……曹操在史上年代也是颇短的,自然也逃不
了被后一朝人说坏话的公例。其实,曹操是一个很有本事的人,至

少是一个英雄,我虽不是曹操一党,但无论如何,总是非常佩服他。""至少是一个英雄",实际就是肯定了曹操是"英雄";"非常佩服他",佩服什么? 当然是佩服曹操的才智与事功。鲁迅认为,曹操尚刑名是形势使然:"董卓之后,曹操专权。在他的统治之下,第一特色便是尚刑名。他的立法是很严的,因为当大乱之后,大家都想做皇帝,大家都想叛乱,故曹操不能不如此。"鲁迅认为,曹操的文章写得好,写得清峻、通脱,是一个改造文章的祖师。当然,鲁迅并不全面肯定曹操,特别是对其动辄杀人,给予了批判。如说:"曹操杀孔融,司马懿(按:当为司马昭)杀嵇康,都是因为他们和不孝有关,但实在曹操、司马懿何尝是著名的孝子,不过将这个名义,加罪于反对自己的人罢了。"

鲁迅评曹,自觉地将文艺作品中的曹操与历史实际中的曹操区别开来,不因《三国演义》等夸大曹操的谲思诡行而蔑曹,而重在探求历史的实际,所以能够做到客观置评。

4. 郭沫若"替曹操翻案"

20 世纪 50 年代末,郭沫若先后发表了《谈蔡文姬的〈胡笳十八拍〉》、《替曹操翻案》等文,一改千百年来对曹操的评价,试图重塑曹操形象。文章发表后,在学术界引起了极大反响,不数月便有数以百篇计的文章发表,诸如翦伯赞、王昆仑、吴晗、谭其骧、尚钺、束世澄、郑天挺、嵇文甫、唐长孺、缪钺、周一良、吴泽、何兹全、杨宽等一大批著名学者都参加了讨论。一时间形成了评操热潮。这次讨论,不仅推动了曹操的研究,而且也对繁荣学术作出了贡献。

郭沫若认为,曹操是一个伟大的人物,他对于民族的贡献应该高度评价,应该被称为一位民族英雄。理由约为:第一,他虽然是攻打黄巾起家的,但没有违背黄巾起义的目的,而是承继了黄巾运动,把这一运动组织化了;第二,他锄豪强,抑兼并,济贫弱,兴屯田,费了三十多年的苦心经营,把汉末崩溃了的整个社会基本上重新秩序化了,使北部中国的农民千百年来要求土地的渴望基本上得到了一些调剂;第三,他平息了北方边患;第四,他在文化上更在中国文学史中形成了建安文学的高潮;第五,关于曹操"杀人问题",应该根据事实重新考虑。郭沫若激愤地说:"然而自宋以来所谓'正统'观念确定了以后,这位杰出的历史人物却蒙受了不白之冤。自《三国志演义》风行以后,更差不多连三岁的小孩子都把曹操当成坏人,当成一个粉脸的奸臣,实在是历史上的一大歪曲。"①

郭沫若论出,翦伯赞即予响应,发表了《应该替曹操恢复名誉》,认为:"曹操不仅是三国豪族中第一流的政治家、军事家和诗人,并且是中国封建统治阶级中有数的杰出人物";曹操结束了汉末以来豪族混战局面,排除了游牧民族的威胁,恢复了黄河南北的封建秩序,替后来的西晋统一,铺平了道路。

郭沫若、翦伯赞替曹操翻案的文章,引发了关于历史上的曹操和《三国演义》、戏剧中的曹操,以及曹操的诸多事功和他在历史上的作用、个人品德等的大讨论。有的学者进一步深化了郭沫若的观点;更有不少学者对郭沫若的观点提出了不同意见。大家比较一致地认为,历史上的曹操和文艺作品中的曹操应该区别开来,白脸曹操的戏可以照演,但历史上的曹操应该复其历史的真实。有人主张,不妨编一些新的历史剧,正面塑造曹操的形象。至于具体事功的论评,意见分歧很大。谭其骧认为,对于曹操不存在翻案问题,因为古来对他的评价并不特别坏,不论是古代、近代,不论是

---

① 《曹操论集》,生活·读书·新知三联书店1960年版,第10页。

唐前、宋后，都是有毁有誉。他说，曹操有四大功劳，一是结束了汉末豪族军阀间的混战，统一了北方，二是征服了乌桓和鲜卑，保障了边境的安宁，三是打击了名门豪族，在一定程度上抑制了兼并，澄清了吏治，四是恢复了生产，在一定程度上还发展了生产；曹操的罪过也有四项，一是打了农民军，二是战争中杀人太多，三是所行屯田是一种高度剥削的制度，四是道德品质方面忌刻残忍。因此，谭其骧不赞成郭沫若过誉曹操，不赞成"翻案"之说，更不赞成因功而讳其罪，语谓："曹操是一个有优点、有缺点，功劳很大，罪孽也不小的历史人物。"①讨论中，大多数人不同意"曹操打了黄巾，但没有违背黄巾目的"的意见；也有不少人不同意曹操是"民族英雄"的提法；其或有的人从根本上否定曹操，认为人们唾弃曹操，绝非仅仅受了小说戏曲的影响，也绝非是封建主义正统观念所致，根本原因是他对人民犯下了极大的罪行。

20 世纪 50 年代末关于曹操的讨论大有裨益，尽管最终并未取得一致的意见，但一个对于中国社会既有功劳也有过失的人物形象得到了普遍的认同。

在此，附带说一下"文化大革命"时期对曹操的评价。"文化大革命"后期有所谓"评法批儒"运动，曹操被推崇为大法家、无神论者、唯物主义者和彻底反对儒家思想的斗士。一时间，光芒四射。但好景不永，随着"文化大革命"的否定，硬加在曹操身上的光彩也自然褪去了。曹操还是那个曹操，事功未闻增加一点，谲诈何曾稍减半分。"文化大革命"时期，学者属文，或为奉命之作，或形势使然，很难说就是作者的真实观点，因此不作具论。

---

① 《曹操论集》第 77 页。

主要参考书目

三国志	陈寿撰	中华书局 1982 年版标点本
三国志集解	卢弼著	中华书局 1982 年版影印本
三国志选注	缪钺主编	中华书局 1984 版
全上古三代秦汉三国文	严可均校辑	中华书局 1958 版
史记	司马迁撰	中华书局 1982 年版标点本
汉书	班固撰	中华书局 1982 年版标点本
后汉书	范晔撰	中华书局 1982 年版标点本
晋书	房玄龄等撰	中华书局 1987 年版标点本
宋书	沈约撰	中华书局 1983 年版标点本
旧唐书	刘昫撰	中华书局 1986 年版标点本
新唐书	欧阳修 宋祁撰	中华书局 1987 年版标点本
资治通鉴	司马光编著	中华书局 1956 年版标点本
通鉴纪事本末	袁枢撰	中华书局 1964 年版标点本
十三经注疏	阮元校刻	中华书局 1980 年版影印本
诸子集成		中华书局 1954 年重印世界书局版
通典	杜佑撰	上海商务印书馆 1935 年版
文献通考	马端临撰	商务印书馆 1936 年版
曹操集		中华书局 1974 年版
曹操集译注	安徽亳县《曹操集》译注小组	中华书局 1979 年版

曹集铨评　（清）丁晏纂　叶菊生校订 文学古籍刊行社 1957 年版

曹植集校注　　　　　赵幼文校注　　　　人民文学出版社 1984 年版

诸葛亮集　　　　　　　　　　　　　　中华书局 1960 年版

三曹资料汇编　河北师院中文系编　　　中华书局 1980 年版

魏晋南北朝文学史参考资料　北京大学中国文学史室编

　　　　　　　　　　　　　　　　　中华书局 1962 年版

十一家注孙子　孙武撰　曹操等注　　上海古籍出版社 1978 年版

文选　　（南朝·梁）萧统编　李善注　　中华书局 1977 年版

乐府诗集　　　　（宋）郭茂倩辑　　　中华书局 1979 年版

世说新语　（南朝·宋）刘义庆撰　　上海古籍出版社 1978 年版

太平御览　　　　（宋）李昉撰　　　　中华书局 1963 版

太平广记　　　　（宋）李昉撰　　人民文学出版社 1957 年版

艺文类聚　　　　（唐）欧阳询　　上海古籍出版社 1982 年版

太平经合校　　　王明编　　　　　中华书局 1960 年版

三国演义　　　　罗贯中著　　　人民文学出版社 1977 年版

读通鉴论　　　　　王夫之　　　　　中华书局 1975 年版

廿二史札记　　　　赵翼　　　北京市中国书店 1987 年影印本

曹操论集　　　　　生活·读书·新知三联书店 1962 年版

郭沫若全集·历史编(4)　　　　　人民出版社 1982 年版

中国通史简编(1—4)　范文澜著　　　人民出版社 1965 年版

简明中国通史　　　吕振羽著　　　　人民出版社 1955 年版

中国史稿(1—3)　郭沫若主编　　　　人民出版社 1976 年版

秦汉史　田昌五　安作璋主编　　　　人民出版社 1993 年版

魏晋南北朝史纲　韩国磐著　　　　　人民出版社 1983 年版

486

三国史　　　　　　　马植杰著　　　　　　人民出版社 1993 年版

隋唐五代史纲　　　韩国磐著　　　　　　人民出版社 1977 年版

秦汉官制史稿　安作璋　熊铁基著　　　　齐鲁书社 1984 年版

中国封建社会经济史(二)(三)　傅筑夫著　　　人民出版社版

魏晋南北朝史论丛　唐长孺著　　　三联书店 1978 年版

魏晋南北朝社会经济史探讨　高敏著　　人民出版社 1987 年版

中国哲学发展史(魏晋南北朝卷)　任继愈主编

　　　　　　　　　　　　　　　　人民出版社 1988 年版

中国农民战争史(魏晋南北朝卷)　朱大渭主编

　　　　　　　　　　　　　　　　人民出版社 1985 年版

中国历代战争史(第四册)　　　军事译文出版社 1983 年版

中国军事史(第二卷)　编写组编　　解放军出版社 1986 年版

中古文学风貌　　　王瑶著　　　　　棠棣出版社 1951 年版

中国文学发展史　刘大杰著　　　上海古籍出版社 1982 年版

中国文学史　　　钱基博著　　　　　中华书局 1993 年版

汉魏六朝乐府文学史　萧涤非著　　人民文学出版社 1984 年版

乐府诗史　　　　　杨生枝著　　　青海人民出版社 1985 年版

曹操大传　　　　　张亚新著　　　中国文学出版社 1994 年版

曹操新传　　　　　章映阁著　　　上海人民出版社 1989 年版

后　记

　　20 世纪 90 年代初应南京大学中国思想家研究中心约稿撰写《曹操评传》（附曹丕、曹植）。书成，字数竟达 40 余万。然后，大加砍削，并去掉了不少章节，才算符合了曹操本传不超过 25 万字、全稿控制在 30 万字左右的约稿要求。俗谓"敝帚自珍"，去掉这么多的内容，自然有点舍不得。幸人民出版社历史编辑室约写《曹操传》，删掉的内容才有了新的用场。这样，由南京大学出版社出版的《曹操评传》和由人民出版社出版的《曹操传》便有着共同的渊源和内在的必然联系。两书在事实取材和评论上繁简不一，各有侧重，但也有一些内容是相通的。前者更重视传主事功的得失分析，突出其思想的归纳、研究和评论；后者则尽量简化评论性文字，剔除一些专论思想的章节，而侧重于传主人生经历和事实本身的系统叙述，并作适量评论。因此，笔者谨请读者注意，为了不致浪费精力，不妨根据自己的需要，决定阅读前者还是后者。

　　人民出版社乔还田、杨美艳、诸晓军诸位同志为出版本书付出了许多辛苦，谨此志谢！

2000 年 1 月

重印后记

    本书及《曹操评传》、《刘备传》、《孙权传》都是学术性人物传记，重在人物的事功和思想探讨。出版后，有的读者反映有些引述文字或典故比较难懂，影响阅读。因此，谨趁这次重印之机，我作了一些解释性夹注，并对发现的第一版印制中的错讹作了订正。希望能对大家有所助益。同时，对过去为大家的阅读不便，表示歉意。

作　者

2020 年 12 月

责任编辑:于宏雷

图书在版编目(CIP)数据

曹操传/张作耀 著.－2 版.－北京:人

(中国历代帝王传记)

ISBN 978－7－01－014441－2

Ⅰ.①曹…　Ⅱ.①张…　Ⅲ.①曹

Ⅳ.①K827＝342

中国版本图书馆 CIP 数据核字(20

曹 操

CAOCAO 2

张作耀

人 民 出 版 社

(100706 北京市东城区

北京新华印刷有限公司印

2015 年 2 月第 2 版　2024 年

开本:850 毫米×1168 毫米 1/32

ISBN 978－7－01－014441

邮购地址 100706 北京市东

人民东方图书销售中心　电话（